C000144501

Duá i amím kí kitáb aur sákraminton kí tartíb, aur kalísyá kí dúsri rasm aur dastúron kí, England aur Airland kí muttahíd Balísyá ke taríqe ke mutábiq : aur zabúr kí kitáb

Church of England, Secundra Orphanage Press, Massachusetts Bible Society

Nabu Public Domain Reprints:

You are holding a reproduction of an original work published before 1923 that is in the public domain in the United States of America, and possibly other countries. You may freely copy and distribute this work as no entity (individual or corporate) has a copyright on the body of the work. This book may contain prior copyright references, and library stamps (as most of these works were scanned from library copies). These have been scanned and retained as part of the historical artifact.

This book may have occasional imperfections such as missing or blurred pages, poor pictures, errant marks, etc. that were either part of the original artifact, or were introduced by the scanning process. We believe this work is culturally important, and despite the imperfections, have elected to bring it back into print as part of our continuing commitment to the preservation of printed works worldwide. We appreciate your understanding of the imperfections in the preservation process, and hope you enjoy this valuable book.

DUÁ I ẠMÍM KÍ KITÁB

AUR

SÁKRAMINṬON̲ KÍ TARTÍB,

AUR

KALÍSYÁ KÍ DÚSRÍ RASM AUR DASTÚRON̲ KÍ,

England aur Airland kí muttahid Kalísyá ke

TARÍQE KE MUTÁBIQ:

AUR

ZABÚR KÍ KITÁB.

AGRA:

PRINTED AT THE SECUNDRA ORPHANAGE PRESS.

FIHRIST.

Safha.

AURÁD I MUQARRARÍ; JO SÁL BHAR KE ITWÁR AUR DÚSRE TEOHÁR KI SUBH O SHÁM KÍ NAMÁZ MEN PARHE JÁEN.

ITWÁR KE MUQARRARÍ AURÁD.

	SUBH.	SHÁM.	IKHTIYÁRÍ BANDAGÍ.
Masíh kí Ámad ká Pahlá Itwár, ...	Yasaiyáh 1 báb, ...	Yasaiyáh 2 báb, ...	Yasaiyáh 4 báb 2 áyat se.
— *Dúsrá* — ...	— 5 ...	— 11 báb 1—11,	— 24
— *Tísrá* — ...	— 25 ...	— 26 ...	— 28 báb 5—19.
— *Chauthá* — ...	— 30 báb 1—27,	— 32 ...	— 33 báb 2—23.
Krismasday ke bad ká Pahilá Itwár,	— 35 ..	— 38 ...	— 40
— *Dúsrá* —...	— 42 ...	— 43 ...	— 44
Apifaní ke bad Pahilá Itwár, ...	— 51 ...	—52 b. 13 se &. 53 b.,	— 54
— *Dúsrá* — ...	— 55 ...	— 57 ...	— 61
— *Tísrá* — ...	— 62 ...	— 65 ..	— 66
— *Chauthá* — ...	Aiyúb 27 ...	Aiyúb 28 ...	Aiyúb 29
— *Pánchwán* — ...	Amsál 1 ...	Amsál 3 ...	Amsál 8
— *Chhathwán* — ...	— 9 ...	— 11 ...	— 15
Tísrá Itwár qabl Lent ke, 1 wird,...	Paid. 1 aur 2 b. 1—4,..	Paid. 2 báb 4 áyat so,	Aiyúb 38
— 2 wird,...	Muk. 21 báb 1—9, ...	Muk. 21 báb 9 áyat se aur 22 bab 1—6.	

ITWÁR KE MUQARRARÍ AURÁD.

	SUBH.	SHÁM.	IḴHTIYÁRÍ BANDAGÍ.
Dúsrá Itwár qabl Lenṭ ke, 1 wird, ...	Paidáish 3 báb, ...	Paidáish 6 báb, ...	Paidáish 8 báb.
Pahlá Itwár qabl Lenṭ ke, 1 wird, ...	— 9 báb, 1—20,	— 12 báb, ...	— 13
Lenṭ ká Pahlá Itwár, ...	— 19 báb 12—30,	— 22 báb, 1—20,	— 23
— *Dúsrá* —	— 27 báb 1—41,	— 28	— 32
— *Tísrá* —	— 37 ...	— 39	— 40
— *Chauthá* —	— 42 ...	— 43 ...	— 45
— *Páṉchwáṉ* —	Ḳhurúj 3 ...	Ḳhurúj 5 ...	Ḳhurúj 6 báb 1—14.
— *Chhaṭhwáṉ* — 1 wird, ...	— 9 ...	— 10 ...	— 11 báb.
2 wird, ...	Matí 26 ...	Lúqá 19 báb 28 áyat se,	Lúqá 20 báb 9—21.
Isṭarḍay, 1 wird, ...	Ḳhurúj 12 báb 1—29,...	Ḳhurúj 12 báb 29 á se,	Ḳhurúj 14 báb.
2 wird, ...	Muk. 1 báb 10—19,..	Yúh. 20 báb 11—19, ...	Mukáshafát 5 báb.
Isṭar ke baʻd Pahlá Itwár, 1 wird, ...	Gintí 16 báb 1—36,...	Gintí 16 bab 36 áyat se,	Gintí 17 báb 1—12.
2 wird, ...	1 Qur. 15 báb 1—29,...	Yúhanná 20 báb 24—30.	
— *Dúsrá Itwár,*	Gintí 20 báb 1—14,...	Gintí 20 báb 14 áyat se aur 21 báb 1—10, ...	Gintí 21 báb 10 áyat se.

Fitar ke bad Tísrá Itwár, ...	Gintí 22 báb, ...	Gintí 23 báb, ...	Gintí 24 báb.
— *Chauthá* — ...	Istisná 4 báb 1—23,...	Istisná 4 báb 23—41,	Istisná 5 báb.
— *Páñchwáñ* — ...	— 6 báb, ...	— 9 báb, ...	— 10 báb.
Roz i Saúd ke bad ká Itwár, ...	— 30 báb, ...	— 34 báb, ...	Yashua 1 báb.
Rúh-ul-Quds ke utarne ká Itwár, 1 wird,	— 16 báb 1—18,	Yasaiyáh 11 báb, ...	Hizqíel 36 báb 25 se.
2 wird,	Rúmíon 8 báb 1—18,	Galátíon 5 báb 16 se,	Aamál 18 b. 24 se aur 19 báb 1—21.
Taslís ká Itwár, 1 wird,	Yasaiyáh 6 báb 1—11,	Paidáish 18 báb, ...	Paid. 1 aur 2 báb 1—4.
2 wird,	Mukáshafát 1 báb 1—9,	Afsíon 4 báb 1—17,...	Matí 3 báb.
Taslís ke bad ká 1 Itwár, ...	Yashua 3 báb 7 se aur 4 báb 1—15,...	Yashua 5 báb 13 se aur 6 báb 1—21, ...	Yashua 24 báb.
— 2 — ...	Qázíon 4 báb, ...	Qázíon 5 báb, ...	Qázíon 6 báb 11 se.
— 3 — ...	1 Samúel 2 báb 1—27,	1 Samúel 3 báb, ...	1 Sam. 4 báb 1—19.
— 4 — ...	— 12 báb, ..	— 13 báb ...	Rúth 1 báb.
— 5 — ...	— 15 báb 1—24,	— 16 báb, ...	1 Samúel 17 bab.
— 6 — ...	2 Samúel 1 báb, ...	2 Samúel 12 báb 1—24,	2 Samúel 18 báb.
— 7 — ...	1 Tawáríkh 21 báb, ...	1 Tawáríkh 22 báb, ...	1 Tawá. 28 báb 1—21.
— 8 — ...	— 29 báb 9—29,	2 Tawáríkh 1 báb, ...	1 Salátín 3 báb.
— 9 — ...	1 Salátín 10 báb 1—25,	1 Salátín 11 báb 1—15,	— 11 b. 26 se.
— 10 — ...	— 12 báb, ...	— 13 báb, ...	— 17 báb.
— 11 — ...	— 18 báb, ...	— 19 báb, ...	— 21 báb.
— 12 — ...	— 22 báb 1—41,	2 Salátín 2 báb 1—16,	2 Salátín 4 báb 8—38.
— 13 — ...	2 Salátín 5 báb, ...	— 6 báb 1—24,	— 7 báb.
— 14 — ...	— 9 báb, ...	— 10 báb 1—32,	— 13 báb.
— 15 — ...	— 18 báb, ...	— 19 báb, ...	— 23 báb 1—31.
— 16 — ...	2 Tawáríkh 36 báb, ...	Nah. 1 aur 2 báb 1—9,	Nahamiyáh 8 báb.

ITWÁR KE MUQARRARÍ AURÁD.

	SHÁM.	SUBH.	IKHTIYÁRÍ BANDAGÍ.
Taslís ke bad 17 *Itwár*, ...	Yaramiyáh 5 báb, ...	Yaramiyáh 22 báb, ...	Yaramiyáh 35 báb.
— 18 —	— 36 ...	Hizqíel 2 ...	Hizqíel 13 báb 1—17.
— 19 —	Hizqíel 14 ..	— 18 ...	— 24 báb 15 se.
— 20 —	— 34 ...	— 37 ...	Dáníel 1 báb.
— 21 —	Dáníel 3 ..	Dáníel 4 ...	— 5 báb.
— 22 —	— 6 ...	—7 báb 9 se, ...	— 12 báb.
— 23 —	Húsia 14 ...	Yúel 2 báb 21 se,	Yúel 3 báb 9 se.
— 24 —	Amús 3 ...	Amús 5 báb, ...	Amús 9 báb.
— 25 —	Míkáh 4 aur 5 báb 1—8,	Míkáh 6 báb, ...	Míkáh 7 báb.
— 26 —	Habaqquq 2 báb, ...	Habaqquq 3 báb, ...	Safaniyáh 3 báb.
— 27 —	Wáiz 11 aur 12 báb, ...	Hajjí 2 báb 1—10, ...	Malákí 3 aur 4 báb.

Wázih ho ki wird jo úpar ke khánon men Taslís ke bad sattáíswen Itwár ko liye muqarrar hain wo hamesha us Itwár ko parhe jáen jo Amad se pahle partá hai.

Agar Itwár ko tísrí bandagí ho to dúsrá wird us bandagí ke liye chár Injílon men se koí báb yá koí wird cháron Injílon men se jo Jadwal men muqarrar hain Khádim i Dín kí ráe ke muwáfiq parhá jáwe, magar sirf un Itwáron ko nahín jin ke wáste Ikhtiyárí bandagí ke liye úpar ke khánon men wird muqarrar hain.

TEOHÁROṆ KE MUQARRARÍ AURÁD.

		SUBH.	SHÁM.
Muqaddas Andaryás, ...	1 wird, ...	Yasaiyáh 54 báb, ...	Yasaiyáh 65 báb 1—17.
	2 wird, ...	Yúhanná 1 báb 35—43, ...	Yúhanná 12 báb 20—42.
Muqaddas Thúmá Rasúl, ...	1 wird, ...	Aiyúb 42 báb 1—7, ...	Yasaiyáh 35 báb.
	2 wird, ...	Yúhanná 20 báb 19—24, ...	Yúhanná 14 báb 1—8.
Masíh ká roz i tawallud yane Krismasday,			
	1 wird, ...	Yasaiyáh 9 báb 1—8, ...	Yasaiyáh 7 báb 10—17.
	2 wird, ...	Lúqá 2 báb 1—15, ...	Titus 3 báb 4—9.
Muqaddas Istíphán, ...	1 wird, ...	Paidáish 4 báb 1—11, ...	2 Tawáríkh 24 báb 15—23.
	2 wird, ...	Aamal 6 báb, ...	Aamál 8 báb 1—9.
Muqaddas Yúhanná Injílí,	1 wird, ...	Khurúj 33 báb 9 se, ...	Yasaiyáh 6 báb.
	2 wird, ...	Yúhanná 13 báb 23—36, ...	Mukáshafát 1 báb.
Masúmon ká din, ...	1 wird, ...	Yaramiyáh 31 báb 1—18, ...	Barukh 4 báb 21—31.
Khatna, ...	1 wird, ...	Paidáish 17 báb 9 se, ...	Istisná 10 báb 12 se.
	2 wird, ...	Rúmíon 2 báb 17 se, ...	Qulussíon 2 báb 8—18.
Apifaní, ...	1 wird, ...	Yasaiyáh 60 báb, ...	Yasaiyáh 49 báb 13—24.
	2 wird, ...	Lúqá 3 báb 15—23, ...	Yúhanná 2 báb 1—12.
Muqaddas Pulús ká rujú honá,	1 wird, ...	Yasaiyáh 49 báb 1—13, ...	Yaramiyáh 1 báb 1—11.
	2 wird, ...	Galátíon 1 báb 11 se, ...	Aamál 26 báb 1—21.
Kunwárí Maryam ká tuhrí nafás,	1 wird, ...	Khurúj 13 báb 1—17, ...	Hajjí 2 báb 1—10.
Muqaddas Matthiyás, ...	1 wird, ...	1 Samúel 2 báb 27—36. ...	Yasaiyáh 22 báb 15 se.
Hazrat Mariyam ke nawed páne ká roz,			
	1 wird, ...	Paidáish 3 báb 1—16, ...	Yasaiyáh 52 báb 7—13.

TEOHÁROṆ KE MUQARRARÍ AURÁD.

		SUBH.	SHÁM.
Ásh Wednesday, ...	1 wird, ...	Yasaiyáh 58 báb 1—13, ...	Yúnáh 3 báb.
	2 wird, ...	Marqus 2 báb 13—23, ...	Ibráníon 12 báb 3—18.
Pír Ístar ke áge, ...	1 wird, ...	Nauhá 1 báb 1—15, ...	Nauhá 2 báb 13 se.
	2 wird, ...	Yúhanná 14 báb 1—15, ...	Yúhanná 14 báb 15 se.
Mangal Ístar ke áge, ...	1 wird, ...	Nauhá 3 báb 1—34, ...	Nauhá 3 báb 34 se.
	2 wird, ...	Yúhanná 15 báb 1—14, ...	Yúhanná 15 báb 14 se.
Budh Ístar ke áge, ...	1 wird, ...	Nauhá 4 báb 1—21, ...	Dániel 9 báb 20 se.
	2 wird, ...	Yúhanná 16 báb 1—16, ...	Yúhanná 16 báb 16 se.
Jumarát Ístar ke áge, ...	1 wird, ...	Húsia 13 báb 1—15, ...	Húsia 14 báb.
	2 wird, ...	Yúhanná 17 báb, ...	Yúhanná 13 báb 1—36.
Gud Fraiday, ...	1 wird, ...	Paidáish 22 báb 1—20, ...	Yasaiyáh 52 báb 13 se aur 53 b.
	2 wird, ...	Yúhanná 18 báb, ..	1 Patras 2 báb.
Masíh ke jí uthne se peshtar,	1 wird, ...	Zakariyáh 9 báb, ...	Húsia 5 báb 8 se aur 6 báb 1—4.
	2 wird, ...	Lúqá 23 báb 50 se, ...	Rúmíon 6 báb 1—14.
Do shamba Ístar ke hafte ká,	1 wird, ...	Khurúj 15 báb 1—22, ...	Gazl-ul-Gazlát 2 báb 10 se.
	2 wird, ...	Lúqá 24 báb 1—13, ...	Matí 28 báb 1—10.
Mangal Ístar ke hafte ká,	1 wird, ...	2 Samúel 13 báb 14—22, ...	Hizqíel 37 báb 1—15.
	2 wird, ...	Yúhanná 21 báb 1—15, ...	Yúhanná 21 báb 15 se.
Muqaddas Marqus, ...	1 wird, ...	Yasaiyáh 62 báb 6 se, ...	Hizqíel 1 báb 1—15.
Muqaddas Failbús aur Yaqúb,	1 wird, ...	Yasaiyáh 61 báb, ...	Zakariyáh 4 báb.
	2 wird, ...	Yúhanná 1 báb 43 se. ...	

Roz i Saúd, ...	1 wird, ...	Dáníel 7 báb 9—15, ...	2 Salátín 2 báb 1—16.
	2 wird, ...	Lúqá 24 báb 44 se, ...	Ibráníon 4 báb.
Rúh-ul-Quds ke utarne bad Pír ká,	1 wird, ..	Paidáish 11 báb 1—10, ...	Gintí 11 báb 16—31.
	2 wird, ...	1 Qurintíon 12 báb 1—14, ...	1 Qur. 12 báb 27 se aur 13 báb.
Mangal ká, ...	1 wird, ...	Yúel 2 báb 21 se, ...	Míkáh 4 báb 1—8.
	2 wird, ...	1 Tassaluníqíon 5 báb 12—24, ...	1 Yúhanná 4 báb 1—14.
Muqaddas Barnábás, ...	1 wird, ...	Istisná 33 báb 1—12, ...	Nahúm 1 báb.
	2 wird, ...	Aamál 4 báb 31 se, ...	Aamál 14 báb 8 se.
Muqaddas Yúhanná Baptist,	1 wird, ...	Malákí 3 báb 1—7, ...	Malákí 4 báb.
	2 wird, ...	Matí 3 báb, ...	Matí 14 báb 1—13.
Muqaddas Patras, ...	1 wird, ...	Hizqíel 3 báb 4—15, ...	Zakariyáh 3 báb.
	2 wird, ...	Yúhanná 21 báb 15—23, ...	Aamál 4 báb 8—23.
Muqaddas Yaqúb, ...	1 wird, ...	2 Salátín 1 báb 1—16, ...	Yaramiyáh 26 báb 8—16.
	2 wird, ...	Lúqá 9 báb 51—57. ...	
Muqaddas Bartúlamá, ...	1 wird, ...	Paidáish 28 báb 10—18, ...	Istisná 18 báb 15 se.
Muqaddas Matí, ...	1 wird, ..	1 Salátín 19 báb 15 se, ...	1 Tawáríkh 29 báb 1—20.
Muqaddas Mikáel, ...	1 wird, ...	Paidáish 32 báb, ...	Dáníel 10 báb 4 se.
	2 wird, ...	Aamál 12 báb 5—18, ...	Mukáshafát 14 báb 14 se.
Muqaddas Lúqá, ...	1 wird, ...	Yasaiyáh 55 báb, ...	Síráh ke bete ki kitáb 38 báb 1—15.
Muqaddas Shamaún aur Yahúdá,	1 wird, ...	Yasaiyáh 28 báb 9—17, ...	Yaramiyáh 3 báb 12—19.
Sab Muqaddason ke din, ...	1 wird, ...	Hikmat 3 báb 1—10, ...	Hikmat 5 báb 1—17.
	2 wird, ...	Ibráníon 11 báb 33 se aur 12 báb 1—7, ...	Mukáshafát 19 báb 1—17.

Wázih ho ki agar in men se koí Teohár Itwár ke din paṛe aur Ámad ká 1 Itwár, Ístarday, Rúh-ul-Quds ke utarne ká din yá Taslís ká Itwár na ho to us Itwár yá Teohár ká muqarrarí wird Khádim-ud-Dín kí ráe ke muwáfiq paṛhá jáwe.

MUQARRARÍ ZABÚR BAZE DIN KE LIYE.

	SUBH.	SHAM.
Krismasḍay, ...	Zabúr, ... 19	Zabúr, ... 89
... ...	 45	 110
... ...	 85	 132
Ash Weḍnesḍay yąne Lenṭ ká pahlá din, ...	Zabúr, ... 6	Zabúr, ... 102
... ...	 32	 130
... ...	 38	 143
Guḍ Fraiḍay, ...	Zabúr, ... 22	Zabúr, ... 69
... ...	 40	 88
... ...	 54	... ...
Ísṭarḍay, ...	Zabúr, ... 2	Zabúr, ... 113
... ...	 57	 114
... ...	 111	 118
Roz i Sąúd, ...	Zabúr, ... 8	Zabúr, ... 24
... ...	 15	 47
... ...	 21	 108
Rúh-ul-Quds ke utarne ká Itwár,	Zabúr, ... 48	Zabúr, ... 104
... ...	 68	 145

JADWAL I TAQWÍM

NAQSHA I

AURA'D KE SA'TH.

JANWARI Mahíne ke 31 din haiṇ.

TARI'KH.	SUBH KI' NAMA'Z. 1 WIRD.	SUBH KI' NAMA'Z. 2 WIRD.	SHA'M KI' NAMA'Z. 1 WIRD.	SHA'M KI' NAMA'Z. 2 WIRD.
1	*Khatna.*			
2	Paidáish 1 báb 1—20, ...	Matí 1 báb 18 áyat se, ...	Paidáish 1 báb 20 se aur 2 báb 1—4, ...	Aạmál 1 báb.
3	— 2 báb 4 áyat se, ...	— 2 báb, ...	— 3 báb 1—20, ...	— 2 báb 1—22.
4	— 3 báb 20 se aur 4 báb 1—16, ...	— 3 báb, ...	— 4 báb 16 áyat se, ...	— 2 báb 22 áyat se.
5	— 5 báb 1—28, ...	— 4 báb 1—23, ...	— 5 báb 28 se &. 6 b. 1—9,	— 3 báb.
6	*Apifaní.*			
7	Paidáish 6 báb 9 áyat se,...	— 4 báb 23 se aur 5 báb 1—13, ...	— 7 báb, ...	— 4 báb 1—32.
8	— 8 báb, ...	— 5 báb 13—33, ...	— 9 báb 1—20, ...	— 4 báb 32 se aur 5 báb 1—17.
9	— 11 báb 1—10, ...	— 5 báb 33 áyat se, ..	— 12 báb, ...	— 5 báb 17 áyat se.
10	— 13 báb, ...	— 6 báb 1—19, ...	— 14 báb, ...	— 6 báb.

11	Paidáish 15 báb, ...	Matí 6 b. 19 se &. 7 b. 1—7,	Paidáish 16 báb, ...	Aamál 7 báb 1—35.
12	— 17 báb 1—23, ...	— 7 báb 7 áyat se, ...	— 18 báb 1—17, ...	— 7 báb 35 se &. 8 báb 1—5.
13	— 18 báb 17 áyat se, ...	— 8 báb 1—18, ...	— 19 báb 12—30, ...	— 8 báb 5—26.
14	— 20 báb, ...	— 8 báb 18 áyat se, ...	— 21 báb 1—22, ...	— 8 báb 26 se.
15	— 21 báb 33 se &. 22 báb 1—20, ...	— 9 báb 1—18, ...	— 23 báb, ...	— 9 báb 1—23.
16	— 24 báb 1—29, ...	— 9 báb 18 áyat se, ...	— 24 báb 29—52, ...	— 9 báb 23 áyat se.
17	— 24 báb 52 áyat se, ...	— 10 báb 1—24, ...	— 25 báb 5—19, ...	— 10 báb 1—24.
18	— 25 báb 19 áyat se, ...	— 10 báb 24 áyat se, ...	— 26 báb 1—18, ...	— 10 báb 24 se.
19	— 26 báb 18 áyat se, ...	— 11 báb, ...	— 27 báb 1—30, ...	— 11 báb.
20	— 27 báb 30 áyat se, ...	— 12 báb 1—22, ...	— 28 báb, ...	— 12 báb.
21	— 29 báb 1—21, ...	— 12 báb 22 áyat se, ...	— 31 báb 1—25, ...	— 13 báb 1—26.
22	— 31 báb 36 áyat se, ...	— 13 báb 1—24, ...	— 32 báb 1—22, ...	— 13 báb 26 se.
23	— 32 báb 22 áyat se, ...	— 13 báb 24—53, ...	— 33 báb, ...	— 14 báb.
24	— 35 báb 1—21, ...	— 13 báb 53 se &. 14 báb 1—13, ...	— 37 báb 1—12, ...	— 15 báb 1—30.
25	*Muqaddas Pulús ká rujú honá.* ...			
26	Paidáish 37 báb 12 áyat se,	Matí 14 báb 13 áyat se, ...	— 39 báb, ...	— 15 báb 30 se &. 16 báb 1—16.
27	— 40 báb, ...	— 15 báb 1—21, ...	— 41 báb 1—17, ...	— 16 báb 16 se.
28	— 41 báb 17—53, ...	— 15 báb 21 áyat se, ...	— 41 báb 53 se &. 42 báb 1—25, ...	— 17 báb 1—16.
29	— 42 báb 25 áyat se, ...	— 16 báb 1—24, ...	— 43 báb 1—25, ...	— 17 báb 16 áyat se.
30	— 43 báb 25 se &. 44 báb 1—14, ...	— 16 báb 24 se &. 17 báb 1—14, ...	— 44 báb 14 áyat se, ...	— 18 báb 1—24.
31	— 45 báb 1—25, ...	— 17 báb 14 áyat se, ...	— 45 báb 25 se &. 46 báb 1—8, ...	— 18 báb 24 se &. 19 báb 1—21.

FEBRUARY Mahíne ke 28 din haiṇ, aur San Malmás ke 29.

TÁRÍKH.	SUBH KI NAMÁZ. 1 WIRD.	SUBH KI NAMÁZ. 2 WIRD.	SHÁM KI NAMÁZ. 1 WIRD.	SHÁM KI NAMÁZ. 2 WIRD.
1	Paidáish 46 b. 26 se aur 47 báb 1—13, ...	Matí 18 báb 1—21, ...	Paidáish 47 báb 13 áyat se,	Aạmál 19 báb 21 se.
2	*Mariyam ká tuhr i nafás,* ...	— 18 báb 21 se &. 19 báb 1—3, ...	...	— 20 báb 1—17.
3	Paidáish 48 báb, ...	— 19 báb 3—27, ...	Paidáish 49 báb, ...	— 20 báb 17 áyat se.
4	— 50 báb, ...	— 19 bab 27 se aur 20 báb 1—17, ...	Ḳhurúj 1 báb, ...	— 21 báb 1—17.
5	Ḳhurúj 2 báb, ...	— 20 báb 17 áyat se, ...	— 3 báb, ...	— 21 báb 17—37.
6	— 4 báb 1—24, ...	— 21 báb 1—23, ...	— 4 b. 27 se &. 5 b. 1—15,	— 21 báb 37 se aur 22 báb 1—23.
7	— 5 báb 15 se aur 6 báb 1—14, ...	— 21 báb 23 áyat se, ...	— 6 báb 28 se aur 7 báb 1—14,	— 22 b. 23 se aur 23 báb 1—12.
8	— 7 báb 14 áyat se, ...	— 22 báb 1—15, ...	— 8 báb 1—20, ...	— 23 báb 12 áyat se.
9	— 8 b 20 se aur 9 b. 1—13,	— 22 báb 15—41, ...	— 9 báb 13 áyat se, ...	— 24 báb.
10	— 10 báb 1—21, ...	— 22 b. 41 se &. 23 b. 1—13,	— 10 b. 21 se aur 11 báb,	— 25 báb.

11	Ḳhurúj 12 báb 1—21,	Matí 23 báb 13 áyat se,	Ḳhurúj 12 báb 21—43,	Aạmál 26 báb.
12	— 12 báb 43 se aur 13 báb 1—17,	— 24 báb 1—29,	— 13 báb 17 se aur 14 báb 1—10,	— 27 báb 1—18.
13	— 14 báb 10 áyat se,	— 24 báb 29 áyat se,	— 15 báb 1—22,	— 27 báb 18 áyat se.
14	— 15 báb 22 se aur 16 báb 1—11,	— 25 báb 1—31,	— 16 báb 11 áyat se,	— 28 báb 1—17.
15	— 17 báb,	— 25 báb 31 áyat se,	— 18 báb,	— 28 báb 17 áyat se.
16	— 19 báb,	— 26 báb 1—31,	— 20 báb 1—22,	Rúmíon 1 báb.
17	— 21 báb 1—18,	— 26 báb 31—57,	— 22 báb 21 se aur 23 báb 1—10,	— 2 báb 1—17.
18	— 23 báb 14 áyat se,	— 26 báb 57 áyat se,	— 24 báb,	— 2 báb 17 áyat se.
19	— 25 báb 1—23,	— 27 báb 1—27,	— 28 báb 1—13,	— 3 báb.
20	— 28 báb 29—42,	— 27 báb 27—57,	— 29 báb 35 se aur 30 báb 1—11,	— 4 báb.
21	— 31 báb,	— 27 báb 57 áyat se,	— 32 báb 1—15,	— 5 báb.
22	— 32 báb 15 áyat se,	— 28 báb,	— 33 báb 1—12,	— 6 báb.
23	— 33 b. 12 se &. 34 b. 1—10,	Marqus 1 báb 1—21,	— 34 báb 10—27,	— 7 báb.
24	*Muqaddas Matthiyás Rasúl,*	— 1 báb 21 áyat se,		— 8 báb 1—18.
25	Ḳhurúj 34 báb 27 áyat se,	— 2 báb 1—23,	— 35 báb 29 se aur 36 báb 1—8,	— 8 báb 18 áyat se.
26	— 39 báb 30 áyat se,	— 2 b. 23 se &. 3 báb 1—13,	— 40 báb 1—17,	— 9 báb 1—19.
27	— 40 báb 17 áyat se,	— 3 báb 13 áyat se,	Ahbár 9 b. 22 se aur 10 báb 1—12,	— 9 báb 19 áyat se.
28	Ahbár 14 báb 1—23,	— 4 báb 1—35,	— 16 báb 1—23,	— 10 báb.
29	— 19 báb 1—19,	Matí 7 báb,	— 19 b. 30 se &. 20 b. 1—9,	— 12 báb.

MARCH Mahíne ke 31 din hain.

TÁRÍKH.	SUBH KI NAMÁZ.		SHÁM KI NAMÁZ.	
	1 WIRD.	2 WIRD.	1 WIRD.	2 WIRD.
1	Ahbár 25 báb 1—18, ...	Marqus 4 báb 35 se aur 5 báb 1—21, ...	Ahbár 25 báb 18—44, ...	Rúm. 11 báb 1—25.
2	— 26 báb 1—21, ...	— 5 báb 21 áyat se, ...	— 26 báb 21 áyat se, ...	— 11 báb 25 se.
3	Gintí 6 báb. ...	— 6 báb 1—14, ...	Gintí 9 báb 15 se aur 10 b. 1—11, ...	— 12 báb.
4	— 10 báb 11 áyat se, ...	— 6 báb 14—30, ...	— 11 báb 1—24, ...	— 13 báb.
5	— 11 báb 24 áyat se, ...	— 6 báb 30 áyat se, ...	— 12 báb, ...	— 14 & 15 b. 1—8.
6	— 13 báb 17 áyat se, ...	— 7 báb 1—24, ...	— 14 báb 1—26, ...	— 15 báb 8 áyat se.
7	— 14 báb 26 áyat se, ...	— 7 báb 24 se aur 8 báb 1—10, ...	— 16 báb 1—23, ...	— 16 báb.
8	— 16 báb 23 áyat se, ...	— 8 báb 10 se aur 9 báb, 2 áyat tak, ...	— 17 báb, ...	1 Qur. 1 báb 1—26.
9	— 20 táb 1—14, ...	— 9 báb 2—30, ...	— 20 báb 14 áyat se,...	— 1 báb 26 se & 2 b.
10	— 21 táb 1—10, ...	— 9 báb 30 áyat se, ...	— 21 báb 10—32, ...	— 3 báb.
11	— 22 báb 1—22, ...	— 10 báb 1—32, ...	— 22 báb 22 áyat se,...	— 4 báb 1—18.

12	Gintí 23 báb, ...	Marqus 10 báb 32 áyat se	Gintí 24 báb, ...	1 Qur. 4 báb 18 se aur 5 báb.
13	— 25 báb, ...	— 11 báb 1—27, ...	— 27 báb 12 áyat se, ...	— 6 báb.
14	Istisná 1 báb 1—19, ...	— 11 báb 27 se aur 12 báb 1—13, ...	Istisná 1 báb 19 áyat se, ...	— 7 báb 1—25.
15	— 2 báb 1—26, ...	— 12 báb 13—35, ...	— 2 báb 26 se aur 3 báb 1—18, ...	— 7 báb 25 se.
16	— 3 báb 18 áyat se, ...	— 12 báb 35 se aur 13 báb 1—14, ...	— 4 báb 1—25, ...	— 8 báb.
17	— 4 báb 25—41, ...	— 13 báb 14 áyat se, ...	— 5 báb 1—22, ...	— 9 báb.
18	— 5 báb 22 áyat se, ...	— 14 báb 1—27, ...	— 6 báb, ...	— 10 &. 11 b 1 átak.
19	— 7 báb 1—12, ...	— 14 báb 27—53, ...	— 7 báb 12 áyat se, ...	— 11 báb 2—17.
20	— 8 báb, ...	— 14 báb 53 áyat se, ...	— 10 báb 8 áyat se, ...	— 11 báb 17 se.
21	— 11 báb 1—18, ...	— 15 báb 1—42, ...	— 11 báb 18 áyat se, ...	— 12 báb 1—28.
22	— 15 báb 1—16, ...	— 15 báb 42 se &. 16 báb,	— 17 báb 8 áyat se, ...	— 12 b 28 se &. 13 b.
23	— 18 báb 9 áyat se, ...	Lúqá 1 báb 1—26, ...	— 24 báb 5 áyat se, ...	— 14 báb 1—20.
24	— 26 báb, ...	— 1 báb 26—46, ...	— 27 báb, ...	— 14 báb 20 se.
25	*Mariyam ke nawed ká roz,*	— 1 báb 46 áyat se, ...		— 15 báb 1—35.
26	Istisná 28 báb 1—15, ...	— 2 báb 1—21, ...	Istisná 28 báb 15—47, ...	— 15 báb 35 se.
27	— 28 báb 47 áyat se, ...	— 2 báb 21 áyat se, ...	— 29 báb 9 áyat se, ...	— 16 báb.
28	— 30 báb, ...	— 3 báb 1—23, ...	— 31 báb 1—14, ...	2 Qur. 1 báb 1—23.
29	— 31 báb 14—30, ...	— 4 báb 1—16, ...	— 31 báb 30 se aur 32 báb 1—44, ...	— 1 báb 23 se aur 2 báb 1—14.
30	— 32 báb 44 áyat se, ...	— 4 báb 16 áyat se, ...	— 33 báb, ...	— 2 b. 14 se &. 3 b.
31	— 34 báb, ...	— 5 báb 1—17, ...	Yashua 1 báb, ...	— 4 báb.

APRIL Mahíne ke 30 din haiṇ.

TÁRÍKH.	SUBH KÍ NAMÁZ.		SHÁM KÍ NAMÁZ.	
	1 WIRD.	2 WIRD.	1 WIRD.	2 WIRD.
1	Yashuạ 2 báb, ...	Lúqá 5 báb 17 áyat se, ...	Yashuạ 3 báb, ...	2 Qurintíoṉ 5 báb.
2	— 4 báb, ...	— 6 báb 1—20, ...	— 5 báb, ...	— 6 aur 7 b 2 á. tak.
3	— 6 báb, ...	— 6 báb 20 áyat se, ...	— 7 báb, ...	— 7 báb 2 áyat se.
4	— 9 báb 3 áyat se, ...	— 7 báb 1—24, ...	— 10 báb 1—16, ...	— 8 báb.
5	— 21 b 43 se &. 22 b 1—11,	— 7 báb 24 áyat se, ...	— 22 báb 11 áyat se, ...	— 9 báb.
6	— 23 báb, ...	— 8 báb 1—26, ...	— 24 báb, ...	— 10 báb.
7	Qázíoṉ 2 báb, ...	— 8 báb 26 áyat se, ...	Qázíoṉ 4 báb, ...	— 11 báb 1—30.
8	— 5 báb, ...	— 9 báb 1—28, ...	— 6 báb 1—24, ...	— 11 báb 30 se &. 12 báb 1—14.
9	— 6 báb 24 áyat se, ...	— 9 báb 28—51, ...	— 7 báb, ...	— 12 báb 14 se aur 13 báb.
10	— 8 b. 32 se &. 9 b. 1—25,	— 9 b 51 se &. 10 b 1—17,	— 10 báb, ...	Galátíoṉ 1 báb.
11	— 11 báb 1—29, ...	— 10 báb 17 áyat se, ...	— 11 báb 29 áyat se, ...	— 2 báb.
12	— 13 báb, ...	— 11 báb 1—29, ...	— 14 báb, ...	— 3 báb.
13	— 15 báb, ...	— 11 báb 29 áyat se, ...	— 16 báb, ...	— 4 báb 1—21.

14	Rúth 1 báb, ...	Lúqá 12 báb 1—35, ...	Rúth 2 báb, ...	Gal. 4 báb 21 se aur 5 báb 1—13.
15	— 3 báb, ...	— 12 báb 35 áyat se, ...	— 4 báb, ...	— 5 báb 13 áyat se.
16	1 Samúel 1 báb, ...	— 13 báb 1—18, ...	1 Samúel 2 báb 1—21,...	— 6 báb.
17	— 2 báb 21 áyat se, ...	— 13 báb 18 áyat se, ...	— 3 báb, ...	Afsíon 1 báb.
18	— 4 báb, ...	— 14 báb 1—25, ...	— 5 báb, ...	— 2 báb.
19	— 6 báb, ...	— 14 b 25 se &. 15 b 1—11,	— 7 báb, ...	— 3 báb.
20	— 8 báb, ...	— 15 báb 11 áyat se, ...	— 9 báb, ...	— 4 báb 1—25.
21	— 10 báb, ...	— 16 báb, ...	— 11 báb, ...	— 4 báb 25 se aur 5 báb 1—22.
22	— 12 báb, ...	— 17 báb 1—20, ...	— 13 báb, ...	— 5 báb 22 se aur 6 báb 1—10.
23	— 14 báb 1—24, ...	— 17 báb 20 áyat se, ...	— 14 báb 24—47, ...	— 6 báb 10 áyat se.
24	— 15 báb, ...	— 18 báb 1—31, ...	— 16 báb, ...	Filippíon 1 báb.
25	*M. Marqus Injílí,* ...	— 18 b 31 se &. 19 b 1—11,		— 2 báb.
26	1 Samúel 17 báb 1—31, ...	— 19 báb 11—28, ...	1 Samúel 17 báb 31—55,...	— 3 báb.
27	— 17 b 55 se &. 18 b 1—17,	— 19 báb 28 áyat se, ...	— 19 báb, ...	— 4 báb.
28	— 20 báb 1—18, ...	— 20 báb 1—27, ...	— 20 báb 18 áyat se, ...	Qul. 1 báb 1—21.
29	— 21 báb, ...	— 20 b 27 se &. 21 b 1—5,	22 báb, ...	— 1 báb 21 se aur 2 báb 1—8.
30	— 23 báb, ...	— 21 báb 5 áyat se, ...	— 24 aur 25 b. 2 áyát tak,	— 2 báb 8 áyat se.

MAI Mahíne ke 31 din haiṇ.

TARÍKH.	SUBH KÍ NAMÁZ.		SHÁM KÍ NAMÁZ.	
	1 WIRD.	2 WIRD.	1 WIRD.	2 WIRD.
1	*Muqaddas Failbús aur Muqaddas Yaqúb,* ...			Qul. 3 báb 1—18.
2	1 Samúel 26 báb, ...	Lúqá 22 báb 1—31, ...	1 Samúel 28 báb 3 áyat se,	—3 b 18 se & 4 b 1—7
3	— 31 báb, ...	— 22 báb 31—54, ...	2 Samúel 1 báb, ...	— 4 báb 7 áyat se.
4	2 Samúel 3 báb 17 á se, ...	— 22 báb 54 áyat se, ...	— 4 báb, ...	1 Tassalúníqíon 1 b.
5	— 6 báb, ...	— 23 báb 1—26, ...	— 7 báb 1—18, ...	— 2 báb.
6	— 7 báb 18 áyat se, ...	— 23 báb 26—50, ...	— 9 báb, ...	— 3 báb.
7	— 11 báb, ...	— 23 báb 50 se aur 24 báb 1—13, ...	— 12 báb 1—24, ...	— 4 báb.
8	— 13 báb 38 se aur 14 báb 1—26, ...	— 24 báb 13 áyat se, ...	— 15 báb 1—16, ..	— 5 báb.
9	— 15 báb 16 áyat se, ...	Yúhanná 1 báb 1—29, ...	— 16 báb 1—15, ...	2 Tassalúníqíon 1 b.
10	— 16 báb 15 se aur 17 báb 1—24, ...	—1 báb 29 áyat se, ...	— 17 báb 24 se aur 18 báb 1—18, ...	— 2 báb.

11	2 Samúel 18 báb 18 áyat se,	Yúhanná 2 báb, ...	2 Samúel 19 báb 1—24,...	2 Tassalúníqion 3 b.
12	— 19 báb 24 áyat se, ...	— 3 báb 1—22, ...	— 21 báb 1—15, ...	1 Timtáús 1 b. 1—18
13	— 23 báb 1—24, ...	— 3 báb 22 áyat se, ...	— 24 báb, ...	— 1 b. 18 se aur 2 b.
14	1 Salátín 1 báb 1—28, ...	— 4 báb 1—31, ...	1 Salátín 1 báb 28—49,...	— 3 báb.
15	1 Tawáríkh 29 báb 10 á se,	— 4 báb 31 áyat se, ...	— 3 báb, ..	— 4 báb.
16	1 Salátín 4 báb 20 áyat se,	— 5 báb 1—24, ...	— 5 báb, ...	— 5 báb.
17	— 6 báb 1—15, ...	— 5 báb 24 áyat se, ...	— 8 báb 1—22, ...	— 6 báb.
18	— 8 báb 22—54, ...	— 6 báb 1—22, ...	— 8 báb 54 se aur 9 báb 1—10, ...	2 Timtáús 1 báb.
19	— 10 báb, ...	— 6 báb 22—41, ...	— 11 báb 1—26, ...	— 2 báb.
20	— 11 báb 26 áyat se, ...	— 6 báb 41 áyat se, ...	— 12 báb 1—25, ...	— 3 báb.
21	— 12 báb 25 se aur 13 báb 1—11, ...	— 7 báb 1—25, ...	— 13 báb 11 áyat se, ...	— 4 báb.
22	— 14 báb 1—21, ...	— 7 báb 25 áyat se, ...	— 15 báb 25 se aur 16 báb 1—8, ...	Titus 1 báb.
23	— 16 báb 8 áyat se, ...	— 8 báb 1—31, ...	— 17 báb, ...	— 2 báb.
24	— 18 báb 1—17, ...	— 8 báb 31 áyat se, ...	— 18 báb 17 áyat se, ...	— 3 báb.
25	— 19 báb, ...	— 9 báb 1—39, ...	— 21 báb, ...	Filímún.
26	— 22 báb 1—41, ...	— 9 b. 39 se &. 10 b. 1—22,	2 Salátín 1 báb, ...	Ibráníon 1 báb.
27	2 Salátín 2 báb, ...	— 10 báb 22 áyat se, ...	— 4 báb 8 áyat se, ...	— 2 aur 3 báb 1—7.
28	— 5 báb, ...	— 11 báb 1—17, ...	— 6 báb 1—24, ...	— 3 báb 7 se aur 4 báb 1—14.
29	— 6 báb 24 áyat se, ...	— 11 báb 17—47, ..	— 7 báb, ...	— 4 b. 14 se aur 5 b.
30	— 8 báb 1—16, ...	— 11 báb 47 se aur 12 báb 1—20, ...	— 9 báb, ...	— 6 báb.
31	— 10 báb 1—18, ...	— 12 báb 20 áyat se, ...	— 10 báb 18 áyat se, ...	— 7 báb.

JUNE Mahíne ke 30 din haiṇ.

TÁRÍKH.	SUBH KI NAMAZ.		SHÁM KI NAMAZ.	
	1 WIRD.	2 WIRD.	1 WIRD.	2 WIRD.
1	2 Salátín 13 báb, ...	Yúhanná 13 báb 1—21, ...	2 Salátín 17 báb 1—24, ...	Ibráníoṇ 8 báb.
2	— 17 báb 24 áyat se, ...	— 13 báb 21 áyat se, ...	2 Tawáríkh 12 báb, ...	— 9 báb.
3	2 Tawáríkh 13, ...	— 14 báb, ...	— 14 báb, ...	— 10 báb 1—19.
4	— 15 báb, ...	— 15 báb, ...	— 16 aur 17 báb 1—14,	— 10 b. 19 áyat se.
5	— 19 báb, ...	— 16 báb 1—16, ...	— 20 báb 1—31, ...	— 11 báb 1—17.
6	— 20 báb 31 se aur 21 báb,	— 16 báb 16 áyat se, ...	— 22 báb, ...	— 11 báb 17 áyat se.
7	— 23 báb, ...	— 17 báb, ...	— 24 báb, ...	— 12 báb.
8	— 25 báb, ...	— 18 báb 1—28, ...	— 26 aur 27 báb, ...	— 13 báb.
9	— 28 báb, ...	— 18 báb 28 áyat se, ...	2 Salátín 18 báb 1—9, ...	Yaqúb 1 báb.
10	— 29 báb 3—21, ...	— 19 báb 1—25, ...	2 Taw. 30 aur 31 b. 1 á tak,	— 2 báb.
11	*Muqaddas Barnábás Rasúl.*	...		
12	2 Salátín 18 báb 13 á se,	Yúhanná 19 báb 25 áyat se,	2 Salátín 19 báb 1—20, ...	Yaqúb 3 báb.
13	— 19 báb 20 áyat se, ...	— 20 báb 1—19, ...	— 20 báb, ...	— 4 báb.
14	Yasaiyáh 38 báb 9—21, ...	— 20 báb 19 áyat se, ...	2 Tawáríkh 33 báb, ...	— 5 báb.
15	2 Salátín 22 báb, ...	— 21 báb, ...	2 Salátín 23 báb 1—21, ...	1 Patras 1 báb 1—22.

16	2 Salátín 23 báb 21 se aur 25 báb 1—8, ...	Aạmál 1 báb,	2 Salátín 24 b. 8 se aur 25 báb 1—8.	1 Patras 1 b. 22 se aur 2 báb 1—11.
17	— 25 báb 8 áyat se, ...	— 2 báb 1—22, ...	Ạzrá 1 aur 3 báb, ...	— 2 báb 11 se aur 3 báb 1—8.
18	Ạzrá 4 báb, ...	— 2 báb 22 áyat se, ...	— 5 báb, ...	— 3 báb 8 se aur 4 báb 1—7.
19	— 7 báb, ...	— 3 báb, ...	— 8 báb 15 áyat se, ...	— 4 báb 7 áyat se.
20	— 9 báb, ...	— 4 báb 1—32, ...	— 10 báb 1—20, ...	— 5 báb.
21	Nahamiyáh 1 báb, ...	— 4 b. 32 se &. 5 b. 1—17,	Nahamiyáh 2 báb, ...	2 Patras 1 báb.
22	—4 báb, ...	— 5 báb 17 áyat se, ...	— 5 báb, ...	—2 báb.
23	— 6 aur 7 báb 1—5, ...	— 6 báb, ...	— 7 báb 73 se aur 8 báb,	—3 báb.
24	*Muqaddas Yúhanná Baptist.*			
25	Nahamiyáh 13 báb 1—15,...	Aạmál 7 báb 1—35, ...	Nah. 13 báb 15 áyat se,	1 Yúhanná 1 báb.
26	Ástar 1 báb, ...	— 7 báb 35 se aur 8 b. 1—5,	Ástar 2 b. 15 se aur 3 báb,	— 2 báb 1—15.
27	— 4 báb, ...	— 8 báb 5—26, ...	— 5 báb, ...	— 2 báb 15 áyat se.
28	— 6 bab, ...	— 8 báb 26 áyat se, ...	— 7 báb, ...	— 3 báb 1—16.
29	*Muqaddas Patras Rasúl.*			
30	Aiyúb 1 báb, ...	Aạmál 9 báb 1—23, ...	Aiyúb 2 báb, ...	1 Yúhanná 3 báb 16 se aur 4 báb 1—7.

JULAI Mahíne ke 31 din haiṇ.

TÁRÍKH.	SUBH KÍ NAMÁZ.		SHÁM KÍ NAMÁZ.	
	1 WIRD.	2 WIRD.	1 WIRD.	2 WIRD.
1	Aiyúb 3 báb, ...	Aạmál 9 báb 23 áyat se, ...	Aiyúb 4 báb, ...	1 Yúh. 4 báb 7 á. se.
2	— 5 báb, ...	— 10 báb 1—24, ...	— 6 báb, ...	— 5 báb.
3	— 7 báb, ...	— 10 báb 24 áyat se, ...	— 9 báb, ...	2 Yúhanná.
4	— 10 báb, ...	— 11 báb, ...	— 11 báb, ...	3 Yúhanná.
5	— 12 báb, ...	— 12 báb, ...	— 13 báb, ...	Yahúdáh.
6	— 14 báb, ...	— 13 báb 1—26, ...	— 16 báb, ...	Matí 1 báb 18 áyat se.
7	— 17 báb, ...	— 13 báb 26 áyat se, ...	— 19 báb, ...	— 2 báb.
8	— 21 báb, ...	— 14 báb, ...	— 22 báb 12—20, ...	— 3 báb.
9	— 23 báb, ...	— 15 báb 1—30, ...	— 24 báb, ...	— 4 báb 1—23.
10	— 25 aur 26 báb, ...	— 15 báb 30 se aur 16 báb 1—16.	27 báb, ...	— 4 báb 23 se aur 5 báb 1—13.
11	— 28 báb, ...	— 16 báb 16 áyat se, ...	— 29 aur 30 báb 1 á. tak,	— 5 báb 13—33.
12	— 30 báb 12—27, ...	— 17 báb 1—16, ...	— 31 báb 13 áyat se, ...	— 5 báb 33 áyat se.
13	— 32 báb, ...	— 17 báb 16 áyat se, ...	— 38 báb 1—39, ...	— 6 báb 1—19.
14	— 38 báb 39 se aur 39 báb,	— 18 báb 1—24, ...	— 40 báb, ...	— 6 báb 19 se aur 7 báb 1—7.

15	Aiyúb 41 báb, ...	Aạmál 18 báb 24 se aur 19 báb 1—21, ...	Aiyúb 42 báb, ...	Matí 7 báb 7 áyat se
16	Amsál 1 báb 1—20, ...	— 19 báb 21 áyat se, ...	Amsál 1 báb 20 áyat se, ...	— 8 báb 1—18.
17	— 2 báb, ...	— 20 báb 1—17, ...	— 3 báb 1—27, ...	— 8 báb 18 áyat se
18	— 3 báb 27 áyat se aur 4 báb 1—20, ...	—20 báb 17 áyat se,	— 4 báb 20 se aur 5 báb 1—15, ...	— 9 báb 1—18.
19	— 5 báb 15 áyat se, ...	— 21 báb 1—17, ...	— 6 báb 1—20, ...	— 9 báb 18 áyat se.
20	— 7 báb, ...	— 21 báb 17—37, ...	— 8 báb, ...	— 10 báb 1—24.
21	— 9 báb, ...	— 21 báb 37 se aur 22 báb 1—23, ...	— 10 báb 16 áyat se, ...	— 10 báb 24 áyat se.
22	— 11 báb 1—15, ...	— 22 báb 23 se aur 23 báb 1—12, ...	— 11 báb 15 áyat se, ...	— 11 báb.
23	— 12 báb 10 áyat se, ...	— 23 báb 12 áyat se, ...	— 13 báb, ...	— 12 báb 1—22.
24	— 14 báb 9—28, ...	— 24 báb,	— 14 báb 28 se aur 15 báb 1—18, ...	— 12 báb 22 áyat se.
25	*Muqaddas Yaqúb Rasúl*, ...	... ...	... ...	— 13 báb 1—24.
26	Amsál 15 báb 18 áyat se, ...	Aạmál 25 báb, ..	Amsál 16 báb 1—20, ...	— 13 báb 24—53.
27	— 16 báb 31 se aur 17 báb 1—18, ...	— 26 báb, ...	— 18 báb 10 áyat se, ...	— 13 báb 53 se au. 14 báb 1—13.
28	— 19 báb 13 áyat se, ...	— 27 báb, ..	— 20 báb 1—23, ...	— 14 báb 13 áyat se.
29	— 21 báb 1—17, ...	— 28 báb 1—17, ..	— 22 báb 1—17, ...	— 15 báb 1—21.
30	— 23 báb 10 áyat se, ...	— 28 báb 17 áyat se, ..	— 24 báb 21 áyat se, ...	— 15 b. 21 áyat se.
31	— 25 báb, ...	Rúmíon 1 báb, ..	— 26 báb 1—21, ...	— 16 báb 1—24.

AGAST Mahíne ke 31 din haiṇ.

TÁRÍKH.	SUBH KÍ NAMÁZ.		SHÁM KÍ NAMÁZ.	
	1 WIRD.	2 WIRD.	1 WIRD.	2 WIRD.
1	Amsál 27 báb 1—23, ...	Rúmíon 2 báb 1—17, ...	Amsál 28 báb 1—15, ...	Matí 16 báb 24 se aur 17 báb 1—14.
2	— 30 báb 1—18, ...	— 2 báb 17 áyat se, ...	— 31 báb 10 áyat se, ...	— 17 báb 14 áyat se.
3	Wáiz 1 báb, ...	— 3 báb, ...	Wáiz 2 báb 1—12, ...	— 18 báb 1—21.
4	— 3 báb, ...	— 4 báb, ...	— 4 báb, ...	— 18 báb 21 se aur 19 báb 1—3.
5	— 5 báb, ...	— 5 báb, ...	— 6 báb, ...	— 19 báb 3—27.
6	— 7 báb, ...	— 6 báb, ...	— 8 báb, ...	— 19 báb 27 se aur 20 báb 1—17.
7	— 9 báb, ...	— 7 báb, ...	— 11 báb, ..	— 20 báb 17 áyat se.
8	— 12 báb, ...	— 8 báb 1—18, ...	Yaramiyáh 1 báb, ...	— 21 báb 1—23.
9	Yaramiyáh 2 báb 1—14, ...	— 8 báb 18 áyat se, ...	— 5 báb 1—19, ...	— 21 báb 23 áyat se.
10	— 5 báb 19 áyat se, ...	— 9 báb 1—19, ...	— 6 báb 1—22, ...	— 22 báb 1—15.
11	— 7 báb 1—17, ...	— 9 báb 19 áyat se, ...	— 8 báb 4 áyat se, ...	— 22 báb 15—41.

12	Yaramiyáh 9 báb 1—17, ...	Rúmíon 10 báb, ...	Yaramiyáh 13 báb 8—24,	Matí 22 báb 41 se aur 23 báb 1—13.
13	— 15 báb, ...	— 11 báb 1—25, ...	— 17 báb 1—19, ...	— 23 báb 13 áyat se.
14	— 18 báb 1—18, ...	— 11 báb 25 áyat se, ...	— 19 báb, ...	— 24 báb 1—29.
15	— 21 báb, ...	— 12 báb, ...	— 22 báb 1—13, ...	— 24 báb 29 áyat se.
16	— 22 báb 13 áyat se, ...	— 13 báb, ...	— 23 báb 1—16, ...	— 25 báb 1—31.
17	— 24 báb, ...	— 14 aur 15 báb 1—8, ...	— 25 báb 1—15, ..	— 25 báb 31 áyat se.
18	— 26 bab, ...	— 15 báb 8 áyat se, ..	— 28 báb, ...	— 26 báb 1—31.
19	— 29 báb 4—20, ...	— 16 báb, ...	— 30 báb, ...	— 26 báb 31—57.
20	— 31 báb 1—15, ...	1 Qurintion 1 báb 1—26,	— 31 báb 15—38, ...	— 26 báb 57 áyat se.
21	— 33 báb 1—14, ...	— 1 báb 26 se aur 2 báb,	— 33 báb 14 áyat se, ...	— 27 báb 1—27.
22	— 35 báb, ...	— 3 báb, ...	— 36 báb 1—14, ...	— 27 báb 27—57.
23	— 36 báb 14 áyat se, ...	— 4 báb 1—18, ...	— 38 báb 1—14, ...	— 27 báb 57 áyat se.
24	*Muqaddas Bartúlamá*, ...	— 4 báb 18 se aur 5 báb,	... ...	— 28 báb.
25	Yaramiyáh 38 báb 14 á se,	— 6 báb, ...	Yaramiyáh 39 báb, ...	Marqus 1 báb 1—21.
26	— 50 báb 1—21, ...	— 7 báb 1—25, ...	— 51 báb 54 áyat se, ...	— 1 báb 21 áyat se.
27	Hizqíel 1 báb 1—15, ...	— 7 báb 25 áyat se, ...	Hizqíel 1 báb 15 áyat se,	— 2 báb 1—23.
28	— 2 báb, ...	— 8 báb, ...	— 3 báb 1—15, ...	— 2 báb 23 se aur 3 báb 1—13.
29	— 3 báb 15 áyat se, ...	— 9 báb, ...	— 8 báb, ...	— 3 báb 13 áyat se.
30	— 9 báb, ...	— 10 aur 11 báb 1 áyat tak, ...	— 11 báb 14 áyat se, ...	— 4 báb 1—35.
31	— 12 báb 17 áyat se, ...	— 11 bab 2—17, ...	— 13 báb 1—17, ...	— 4 báb 35 se aur 5 báb 1—21.

SEPTEMBAR Mahíne ke 30 din haiṇ.

TÁRIKH.	SUBH KÍ NAMÁZ.		SHÁM KÍ NAMÁZ.	
	1 WIRD.	2 WIRD.	1 WIRD.	2 WIRD.
1	Hizqíel 13 báb 17 áyat se,	1 Qur. 11 báb 17 áyat se, ...	Hizqíel 14 báb 1—12, ...	Marqus 5 báb 21 á. se.
2	— 14 báb 12 áyat se, ...	— 12 báb 1—28, ...	— 16 báb 44 áyat se, ...	— 6 báb 1—14.
3	— 18 báb 1—19, ...	— 12 b. 28 se aur 13 báb,	— 18 báb 19 áyat se, ...	— 6 báb 14—30.
4	— 20 báb 1—18, ...	— 14 báb 1—20, ..	— 20 báb 18—33, ...	— 6 báb 30 áyat se.
5	— 20 báb 33—44, ...	— 14 báb 20 áyat se, ...	— 22 báb 23 áyat se, ...	— 7 báb 8—24.
6	— 24 báb 15 áyat se, ...	— 15 báb 1—35, ...	— 26 báb, ...	— 7 báb 24 se aur 8 báb 1—10.
7	— 27 báb 1—26, ...	— 15 báb 35 áyat se, ...	— 27 báb 26 áyat se, ...	— 8 báb 10 se aur 9 báb 2 á. tak.
8	— 28 báb 1—20, ...	— 16 báb, ..	— 31 báb, ..	— 9 báb 2—30.
9	— 32 báb 1—17, ...	2 Qurintíon 1 báb 1—23, ...	— 33 báb 1—21, ...	— 9 báb 30 áyat se.
10	— 33 báb 21 áyat se, ...	— 1 báb 23 se aur 2 báb 1—14, ...	— 34 báb 1—17, ...	— 10 báb 1—32.

11	Hizqíel 34 báb 17 áyat se,	2 Qur. 2 b. 14 á. se &. 3 b.	Hizqíel 36 báb 16—33,	Marqus 10 báb 32 se.
12	— 37 báb 1—15,	— 4 báb,	— 37 báb 15 áyat se,	— 11 báb 1—27.
13	—47 báb 1—13,	— 5 báb,	Dáníel 1 báb,	— 11 báb 27 se aur 12 báb 1—13.
14	Dáníel 2 báb 1—24,	— 6 aur 7 báb 1 áyat tak,	— 2 báb 24 áyat se,	— 12 báb 13—35.
15	—3 báb,	— 7 báb 2 áyat se,	— 4 báb 1—19,	— 12 báb 35 se aur 13 báb 1—14.
16	— 4 báb 19 áyat se,	— 8 báb,	— 5 báb 1—17,	— 13 báb 14 áyat se.
17	— 5 báb 17 áyat se,	— 9 báb,	— 6 báb,	— 14 báb 1—27.
18	— 7 báb 1—15,	— 10 báb,	— 7 báb 15 áyat se,	— 14 báb 27—53.
19	— 9 báb 1—20,	— 11 báb 1—30,	— 9 báb 20 áyat se,	— 14 báb 53 áyat se.
20	— 10 báb 1—20,	— 11 báb 30 se aur 12 báb 1—14,	— 12 báb,	— 15 báb 1—42.
21	*Muqaddas Matí Rasúl,*	— 12 b. 14 á. se &. 13 báb,	...	— 15 báb 42 áyat se aur 16 báb.
22	Húsiạ 2 báb 14 áyat se,	Galátíoṉ 1 báb,	Húsiạ 4 báb 1—13,	Lúqá 1 báb 1—26.
23	— 5 báb 8 se aur 6 báb 1—7,	— 2 báb,	— 7 báb 8 áyat se,	— 1 báb 26—57.
24	— 8 báb,	— 3 báb,	— 9 báb,	— 1 báb 57 áyat se.
25	— 10 báb,	— 4 báb 1—21,	— 11 aur 12 báb 1—7,	— 2 báb 1—21.
26	— 13 báb 1—15,	— 4 báb 21 se aur 5 báb 1—13,	— 14 báb,	— 2 báb 21 áyat se.
27	Yúel 1 báb,	— 5 báb 13 áyat se,	Yúel 2 báb 1—15,	— 3 báb 1—23.
28	— 2 báb 15—28,	— 6 báb,	— 2 báb 28 se aur 3 báb 1—9,	— 4 báb 1—16.
29	*Muqaddas Mikáel aur sab*	*Firishte.*		
30	Yúel 3 báb 9 áyat se,	Afsíoṉ 1 báb,	Amús 1 aur 2 báb 1—4,	— 4 báb 16 áyat se.

OCTOBER Mahíne ke 31 din haiṇ.

TARÍKH.	SUBH KÍ NAMÁZ. 1 WIRD.	SUBH KÍ NAMÁZ. 2 WIRD.	SHÁM KÍ NAMÁZ. 1 WIRD.	SHÁM KÍ NAMÁZ. 2 WIRD.
1	Ạmús 2 báb 4 áyat se aur 3 báb 1—9, ...	Afsíoṇ 2 báb, ...	Ạmús 4 báb 4 áyat se, ...	Lúqá 5 báb 1—17.
2	— 5 báb 1—18, ...	— 3 báb, ...	— 5 b. 18 se aur 6 b. 1—9,	— 5 báb 17 áyat se.
3	— 7 báb, —	— 4 báb 1—25, ...	— 8 báb, ...	— 6 báb 1—20.
4	— 9 báb, ...	— 4 b. 25 se aur 5 b. 1—22,	Ạbadiyáh, ...	— 6 báb 20 áyat se.
5	Yúnáh 1 báb, ...	— 5 báb 22 se aur 6 báb 1—10, ...	Yúnáh 2 báb, ...	— 7 báb 1—24.
6	— 3 báb, ...	— 6 báb 10 áyat se, ...	— 4 báb, ...	— 7 báb 24 áyat se.
7	Míkáh 1 báb 1—10, ...	Filippioṇ 1 báb, ...	Míkáh 2 báb, ...	— 8 báb 1—26.
8	— 3 báb, ...	— 2 báb, ...	— 4 báb, ...	— 8 báb 26 áyat se.
9	— 5 báb, ...	— 3 báb, ...	— 6 báb, ...	— 9 báb 1—28.
10	— 7 báb, ...	— 4 báb, ...	Nahúm 1 báb, ..	— 9 báb 28—51.
11	Nahúm 2 báb, ...	Qulussíoṇ 1 báb 1—21, ...	— 3 báb, ..	— 9 báb 51 se aur 10 báb 1—17.
12	Habaqquq 1 báb, ...	— 1 b. 21 se aur 2 b. 1—8,	Habaqquq 2 báb, ...	— 10 báb 17 áyat se.

13	Habaqquq 3 báb, ...	Qulussíon 2 báb 8 áyat se, ...	Safaniyáh 1 báb 1—14,	Lúqá 11 báb 1—29.
14	Safaniyáh 1 báb 14 se aur 2 báb 1—4, ...	— 3 báb 1—18,	— 2 báb 4 áyat se, ...	— 11 báb 29 áyat se.
15	— 3 báb, ...	— 3 b. 18 áyat se &. 4 báb,	Hajjí 1 báb, ...	— 12 báb 1—35.
16	Hajjí 2 báb 1—10, ..	1 Tassalúníqíon 1 báb, ...	— 2 báb 10 áyat se, ...	— 12 báb 35 áyat se.
17	Zakariyáh 1 báb 1—18, ...	— 2 báb, ...	Zak. 1 b. 18 á. se aur 2 b,	— 13 báb 1—18.
18	*Muqaddas Lúqá Injílí,* ...	— 3 báb, ...	... ...	— 13 báb 18 áyat se.
19	Zakariyáh 3 báb, ...	— 4 báb, ...	Zakariyáh 4 báb, ...	— 14 báb 1—25.
20	— 5 báb, ..	— 5 báb, ...	— 6 báb, ...	— 14 báb 25 se aur 15 báb 1—11.
21	— 7 báb, ...	2 Tassalúníqíon 1 báb, ...	— 8 báb 1—14, ...	— 15 báb 11 áyat se.
22	— 8 báb 14 áyat se, ...	— 2 báb, ...	— 9 báb 9 áyat se, ...	— 16 báb.
23	— 10 báb, ...	— 3 báb, ...	— 11 báb, ...	— 17 báb 1—20.
24	— 12 báb, ...	1 Timtáús 1 báb 1—18, ...	— 13 báb, ...	— 17 b. 20 áyat se.
25	— 14 báb, ...	— 1 b. 18 áyat se &. 2 báb,	Malákí 1 báb, ...	— 18 báb 1—31.
26	Malákí 2 báb, ...	— 3 báb, ...	— 3 báb 1—13, ...	— 18 báb 31 se aur 19 báb 1—11.
27	— 3 báb 13 áyat se aur 4 báb, ...	— 4 báb, ...	Hikmat 1 báb, ...	— 19 báb 11—28.
28	*M. Shamaún aur Yahúdáh,*	— 5 báb, ...	... ...	— 19 b. 28 áyat se.
29	Hikmat 2 báb, ...	— 6 báb, ...	Hikmat 4 báb 7 áyat se,	— 20 báb 1—27.
30	— 6 báb 1—22, ...	2 Timtáús 1 báb, ...	— 6 báb 22 se aur 7 báb 1—15, ...	— 20 báb 27 se aur 21 báb 1—5.
31	— 7 báb 15 áyat se, ...	— 2 báb, ...	— 8 báb 1—19, ...	— 21 báb 5 áyat se.

NOVEMBAR Mahíne ke 30 din haiṇ.

TARÍKH.	SUBH KÍ NAMÁZ. 1 WIRD.	SUBH KÍ NAMÁZ. 2 WIRD.	SHÁM KÍ NAMÁZ. 1 WIRD.	SHÁM KÍ NAMÁZ. 2 WIRD.
1	*Sab Muqaddasoṇ ke liye.*			
2	Hikmat 9 báb, ...	2 Timtáús 3 báb, ...	Hikmat 11 báb 1—15, ...	Lúqá 22 báb 1—31.
3	— 11 báb 15 se aur 12 báb 1—3, ...	— 4 báb, ...	— 17 báb, ...	—22 báb 31—54.
4				
5	Wáiz 1 báb 1—14, ...	Títus 1 báb, ...	Wáiz 2 báb, ...	—22 báb 54 áyat se.
6	— 3 báb 17—30, ...	— 2 báb, ...	— 4 báb 10 áyat se, ...	— 23 báb 1—26.
7	— 5 báb,	— 3 báb, ...	— 7 báb 27 áyat se, ...	— 23 báb 26—50.
	— 10 báb 18 áyat se, ...	Filimún, ...	— 14 báb 1—20, ...	— 23 báb 50 se aur 24 báb 1—13.
8				
9	— 15 báb 9 áyat se, ...	Ịbránioṇ 1 báb, ...	— 16 báb 17 áyat se, ...	—24 báb 13 áyat se.
10	— 18 báb 1—15, ...	— 2 aur 3 báb 1—7, ...	— 18 báb 15 áyat se, ...	Yúhanná 1 báb 1—29.
	— 19 báb 13 áyat se, ...	— 3 báb 7 se aur 4 báb 1—14, ...		
11			— 22 báb 6—24, ...	—1 báb 29 áyat se.
	—24 báb 1—24, ...	— 4 b. 14 áyat se &. 5 báb,	— 24 báb 24 áyat se, ...	—2 báb.

12	Wáiz 33 báb 7—23, ...	Ibráníon 6 báb, ...	Wáiz 34 báb 15 áyat se,	Yúh. 3 báb 1—22.
13	— 35 báb, ...	— 7 báb, ...	— 37 báb 8—19, ...	— 3 báb 22 áyat se.
14	— 39 báb 1—13, ...	— 8 báb, ...	— 39 báb 13 áyat se, ...	— 4 báb 1—31.
15	— 41 báb 1—14, ...	— 9 báb, ...	— 42 báb 15 áyat se, ...	— 4 báb 31 áyat se.
16	— 44 báb 1—16, ...	— 10 báb 1—19, ...	— 50 báb 1—25, ...	— 5 báb 1—24.
17	— 51 báb 10 áyat se, ...	— 10 báb 19 áyat se, ...	Barúḳh 4 báb 1—21, ...	— 5 báb 24 áyat se.
18	Barúḳh 4 báb 36 áyat se aur 5 báb, ...	— 11 báb 1—17, ...	Yasaiyáh 1 báb 1—21, ...	— 6 báb 1—22.
19	Yasaiyáh 1 báb 21 áyat se,	— 11 báb 17 áyat se, ...	— 2 báb, ...	— 6 báb 22—41.
20	— 3 báb 1—16, ...	— 12 báb, ...	— 4 báb 2 áyat se, ...	— 6 báb 41 áyat se.
21	— 5 báb 1—18, ...	— 13 báb, ...	— 5 báb 18 áyat se, ...	— 7 báb 1—25.
22	— 6 báb, ...	Yaqúb 1 báb, ...	— 7 báb 1—17, ...	— 7 báb 25 áyat se.
23	— 8 báb 5—18, ...	— 2 báb, ...	— 8 báb 18 se aur 9 báb 1—8, ...	— 8 báb 1—31.
24	— 9 báb 8 se aur 10 báb 1—5, ...	— 3 báb, ...	— 10 báb 5—20, ...	— 8 báb 31 áyat se.
25	— 10 báb 20 áyat se, ...	— 4 báb, ...	— 11 báb 1—10, ...	— 9 báb 1—39.
26	— 11 báb 10 áyat se, ...	— 5 báb, ...	— 12 báb, ...	— 9 báb 39 se aur 10 báb 1—22.
27	— 13 báb, ...	1 Patras 1 báb 1—22, ...	— 14 báb 1—24, ...	—10 báb 22 áyat se.
28	— 17 báb, ...	— 1 báb 22 se aur 2 báb 1—11, ...	— 18 báb, ...	— 11 báb 1—17.
29	— 19 báb 1—16, ...	— 2 báb 11 áyat se aur 3 báb 1—8, ...	— 19 báb 16 áyat se, ...	— 11 báb 17—47.
30	*Muqaddas Andariyás Rasúl.*			

DESEMBAR Mahíne ke 31 din haiṇ.

TÁRÍKH.	SUBH KÍ NAMÁZ.		SHÁM KÍ NAMÁZ.	
	1 WIRD.	2 WIRD.	1 WIRD.	2 WIRD.
1	Yasạiyáh 21 báb 1—13, ...	1 Patras 3 báb 8 se aur 4 báb 1—7,	Yasạiyáh 22 báb 1—15,	Yúh. 11 b. 47 se & 12 báb 1—20.
2	— 22 báb 15 áyat se, ...	— 4 báb 7 áyat se, ...	— 23 báb, ...	— 12 báb 20 áyat se.
3	— 24 báb, ...	— 5 báb, ...	— 25 báb, ...	— 13 báb 1—21.
4	— 26 báb 1—20, ...	2 Patras 1 báb, ...	— 26 b. 20 se aur 27 báb,	— 13 báb 21 áyat se.
5	— 28 báb 1—14, ...	— 2 báb, ...	— 28 báb 14 áyat se, ...	— 14 báb.
6	— 29 báb 1—9, ...	— 3 báb, ...	— 29 báb 9 áyat se, ...	— 15 báb.
7	— 30 báb 1—18, ...	1 Yúhanná 1 báb, ...	— 30 báb 18 áyat se, ...	— 16 báb 1—16.
8	— 31 báb, ...	— 2 báb 1—15, ...	— 32 báb, ...	— 16 b. 16 áyat se.
9	— 33 báb, ...	— 2 báb 15 áyat se, ...	— 34 báb, ...	— 17 báb.
10	— 35 báb, ...	— 3 báb 1—16, ...	— 40 báb 1—12, ...	— 18 báb 1—28.
11	— 40 báb 12 áyat se, ...	— 3 b. 16 se aur 4 b. 1—7,	— 41 báb 1—17, ...	— 18 báb 28 áyat se.
12	— 41 báb 17 áyat se, ...	— 4 báb 7 áyat se, ...	— 42 báb 1—18, ...	— 19 báb 1—25.
13	— 42 báb 18 áyat se aur 43 báb 1—8, ...	— 5 báb, ...	— 43 báb 8 áyat se, ..	— 19 báb 25 áyat se.

14	Yasaiyáh 44 báb 1—21, ...	2 Yúhanná, ...	Yasaiyáh 44 báb 21 se aur 45 báb 1—8, ...	Yúh. 20 báb 1—19.
15	— 45 báb 8 áyat se, ...	3 Yúhanná, ...	— 46 báb, ...	— 20 báb 19 áyat se.
16	— 47 báb, ...	Yahúdáh, ...	— 48 báb, ...	— 21 báb.
17	— 49 báb 1—13, ...	Mukáshafát 1 báb, ...	— 49 báb 13 áyat se, ...	Mukáshafát 2 báb 1—18.
18	— 50 báb, ...	— 2 báb 18 se &. 3 b. 1—7,	— 51 báb 1—9, ...	— 3 báb 7 áyat se.
19	— 51 báb 9 áyat se, ...	— 4 báb, ...	— 52 báb 1—13, ...	— 5 báb.
20	— 52 b. 13 á. se aur 53 báb,	— 6 báb, ...	— 54 báb, ...	— 7 báb.
21	*Muqaddas Súmá Rasúl.*			
22	Yasaiyáh 55 báb, ...	Mukáshafát 8 báb, ...	Yasaiyáh 56 báb, ...	Mukáshafát 10 báb.
23	— 57 báb, ...	— 11 báb, ...	— 58 báb, ...	— 12 báb.
24	— 59 báb, ...	— 14 báb, ...	— 60 báb, ...	— 15 báb.
25	*Krismasday.*			
26	*Muqaddas Istifán Shahíd.*			
27	*Muqaddas Yúhanná Injílí.*			
28	*Masúmon ká din,* ...	Mukáshafát 16 báb, ...	... ...	Mukáshafát 18 báb.
29	Yasaiyáh 61 báb, ...	— 19 báb 1—11, ...	Yasaiyáh 62 báb, ...	— 19 b. 11 áyat se.
30	— [illegible] báb, ...	— 20 báb, ...	— 64 aur 65 báb 1—8, ...	— 21 báb 1—15.
31	— 65 báb 8 áyat se, ...	— 21 báb 15 se aur 22 báb 1—6, ...	— 66 báb, ...	— 22 báb 6 áyat se.

JADWAL PHIRTÍ HUÍ ỊDOṆ KE DINOṆ KÍ 39 BARSOṆ KE LIYE.

San Íswí.	Apifaní ke baḍ ke Itwár.	Lenṭ se peshtar ke tísre Itwár.	Lenṭ ká pahlá roz.	Isṭarḍay.	Mussallá ká Itwár.	Ṣaúḍ ká din.	Rúh-ul-Quds ke nazúl ká dín.	Taslís ke baḍ ke Itwár.	Ámad ká Itwár.
1886	Chhaṭwán,	Feby. 21	March 10	April 25	Maí 30	Jún 3	Jún 13	23	Novr. 28
1887	Chauthá,...	— 6	Feby. 23	— 10	— 15	Maí 19	Maí 29	24	— 27
1888	Tísrá, ...	Jany. 29	— 15	— 1	— 6	— 10	— 20	26	Decr. 2
1889	Pánchwán,	Feby. 17	March 6	— 21	— 26	— 30	Jún 9	23	— 1
1890	Tísrá, ...	— 2	Feby. 19	— 6	— 11	— 15	Maí 25	25	Novr. 30
1891	Dúsrá, ...	Jany. 25	— 11	March 29	— 3	— 7	— 17	26	— 29
1892	Pánchwán,	Feby. 14	March 2	Aprail 17	— 22	— 26	Jún 5	23	— 27
1893	Tísrá, ...	Jany. 29	Feby. 15	— 2	— 7	— 11	Maí 21	26	Decr. 3
1894	Dúsrá, ...	— 21	— 7	March 25	Aprail 29	— 3	— 13	27	— 2
1895	Chauthá,...	Feby. 10	— 27	Aprail 14	Maí 19	— 23	Jún 2	24	— 1
1896	Tísrá, ...	— 2	— 19	— 5	— 10	— 14	Maí 24	25	Novr. 29
1897	Pánchwán,	Feby. 14	March 3	— 18	— 23	— 27	Jún 6	23	— 28
1898	Chauthá,...	— 6	Feby. 23	— 10	— 15	— 19	Maí 29	22	— 27
1899	Tísrá, ...	Jany. 29	— 15	— 2	— 7	— 11	— 21	26	Decr. 3
1900	Pánchwán,	Feby. 11	— 28	— 15	— 20	— 24	Jún 3	24	— 2
1901	Tísrá, ...	— 3	— 20	— 7	— 12	— 16	Maí 26	25	— 1

1902	Pahlá, ...	Jany. 19	Feby. 5	Márch 23	Aprail 27	Maí 1	Maí 11	27	Novr. 30
1903	Chauthá, ...	Feby. 8	— 25	Aprail 12	Maí 17	— 21	— 31	24	— 29
1904	Tísrá, ...	Jany. 31	— 17	— 8	— 8	— 12	— 22	25	— 27
1905	Chhaṭwáṉ,	Feby. 19	Márch 8	— 23	— 28	Jún 1	Jún 11	23	Decr. 3
1906	Páṉchwáṉ,	— 11	Feby. 28	Aprail 15	— 20	Maí 24	— 3	24	— 2
1907	Dúsrá, ...	Jany. 27	— 13	Márch 31	— 5	— 9	Maí 19	26	— 1
1908	Páṉchwáṉ,	Feby. 16	Márch 4	Aprail 19	— 24	— 28	Jún 7	23	Novr. 29
1909	Chauthá, ...	— 7	Feby. 24	— 11	— 16	— 20	Maí 30	24	— 28
1910	Dúsrá, ...	Jany. 25	— 9	— 27	— 1	— 5	— 15	26	— 27
1911	Páṉchwáṉ,	Feby. 12	Márch 1	Aprail 16	— 21	— 25	Jún 4	24	Decr. 3
1912	Tísrá, ...	— 3	Feby. 20	— 7	— 12	— 16	Maí 26	25	— 1
1913	Pahlá, ...	Jany. 19	— 5	Márch 23	Aprail 27	— 1	— 11	27	Novr. 30
1914	Chauthá, ...	Feby. 8	— 25	Aprail 12	Maí 17	— 21	— 31	24	— 29
1915	Tísrá, ...	Jany. 31	— 17	— 4	— 9	— 13	— 23	25	— 28
1916	Chhaṭwáṉ,	Feby. 20	Márch 6	— 23	— 28	Jún 1	Jún 11	23	Decr. 3
1917	Chauthá, ...	— 4	Feby. 21	— 8	— 13	Maí 17	Maí 27	25	— 2
1918	Dúsrá, ...	Jany. 27	— 13	Márch 31	— 5	— 9	— 19	26	— 1
1919	Páṉchwáṉ,	Feby. 16	Márch 5	Aprail 20	— 25	— 29	Jún 8	23	Novr. 30
1920	Tísrá, ...	— 1	Feby. 18	— 4	— 9	— 13	Maí 23	25	— 28
1921	Dúsrá, ...	Jany. 23	— 9	Márch 27	— 1	— 5	— 15	26	— 27
1922	Páṉchwáṉ,	Feby. 12	Márch 1	Aprail 16	— 21	— 25	Jún 4	24	Decr. 3
1923	Tísrá, ...	Jany. 28	Feby. 14	— 1	— 6	— 10	Maí 20	26	— 2
1924	Páṉchwáṉ,	Feby. 17	Márch 5	— 20	— 25	— 29	Jún 8	23	Novr. 30

FAJR KÍ NAMÁZ

KÍ TARTÍB

SA'L KE HAR ROZ KE LIYE.

JAB bad ádmí apní badí se, jo usne kí hai, báz áwe, aur jo wájibí aur rást hai use kare: to wuh apní ján ko zinda rakhegá.—*Hizqiel* xviii. 27.

Maiṇ apne gunáhoṇ ká iqrár kartá húṇ, aur merí ḳhatá hamesha mere sámhne hai.—*Zabúr* li. 3.

Merí ḳhatáoṇ par nazar na kar, aur merí sárí buráíoṇ ko meṭ de.—*Zabúr* li. 9.

Ḳhudá kí qurbáníáṇ shikasta-dil hain. Ai Ḳhudá, tú kisí shikasta o ḳhasta dil ko náchíz na samjhegá.—*Zabúr* li. 17.

Apne garebán nahíṇ, balki apne dil chák karo, aur Ḳhudáwand apne Ḳhudá kí taraf phiro; kyuṇki wuh Karím o Rahím hai, gussa karne meṇ dhímá, aur baṛá dardmand aur dukh dene se malúl hotá hai.—*Yúel* ii. 13.

Agarchi Ḳhudáwand apne Ḳhudá se ham phir gae, aur us kí bát ham ne nahíṇ máńí, ki us kí sharíatoṇ par, jo us ne ham par záhir kíṇ, chalte, tau bhí Ḳhudáwand hamárá Ḳhudá baṛá hí rahím aur baḳhshinda hai.—*Dániel* ix. 9, 10.

Ai Ḳhudáwand, merí tambíh kar, par andáze se; apne gazab se nahíṇ, na ho ki tú mujhe nest kar ḍále.—*Yaramiyáh* x. 24. *Zabúr* vi. 1.

Tauba karo; kyuṇki ásmán kí bádsháhat nazdík hai.—*Matí* iii. 2.

Maiṇ uṭhkar apne Báp pás jáúṇgá, aur us se kahúṇgá, ki Ai Báp, maiṇ ne ásmán ká aur terá gunáh kiyá hai, aur is láiq nahíṇ ki phir terá beṭá kahláúṇ.—*Lúqá* xv. 18, 19.

Ai Khudáwand, apne bande ká hisáb ạdl se na le ; kyuṇki tere huzúr koí ádmí rástbáz na ṭhahregá.—*Zabúr* cxliii. 2.

Agar ham kaheṇ ki ham begunáh haiṇ, to apne ko bhulá dete haiṇ, aur ham meṇ sachcháí nahíṇ : agar ham apne gunáhoṇ ká iqrár kareṇ, to wuh hamáre gunáh baḳhshne aur ham ko har tarah kí nárástí se pák karne meṇ sádiq-ul-qaul aur ạdil hai.—1 *Yúhanná* i. 8, 9.

A I piyáre bháío, Baibal ke kaí maqám hameṇ ubhárte haiṇ, ki apne sab tarah ke gunáhoṇ aur badíoṇ ko qabúl kareṇ aur mán leweṇ, aur un kí bábat Qádir i Mutlaq Khudá ke huzúr, jo hamárá ásmání Báp hai, híla na láweṇ, aur na unheṇ chhipáweṇ, balki garíb, ạjiz, táib, aur tábịdár dil se un ká iqrár kareṇ, táki us ke behadd fazl o karam se hamárí magfirat ho. Aur agarchi hameṇ lázim hai, ki har waqt Khudá ke sámhne farotaní se apne gunáhoṇ ká iqrár kareṇ, lekin ḳhásskar us waqt aisá karná lázim hai, ki jab ham is liye jamạ aur ikaṭṭhe howeṇ, ki un baṛí baṛí niạmatoṇ par, jo ham ne us ke háthoṇ páí haiṇ, us ká shukr bhejeṇ, us ke bahut hí láiq tạríf kareṇ, us ká benihávat muqaddas Kalám suneṇ, aur wuh chízeṇ, jo ján aur tan ko bhí darkár aur zarúr haiṇ, us se mángeṇ. Is wáste maiṇ tum sab kí, jo yaháṇ házir ho, minnat o samájat kartá húṇ, ki pák dil aur ájizí kí áwáz se, ásmání fazl ke taḳht ke huzúr, mere sáth hoke mere píchhe píchhe kaho.

Iqrár i Ạmím, jise sárí jamáạt Ḳhádim-ud-dín samet ghuṭne ṭekkar us ke píchhe píchhe kahe.

A I Qádir i Mutlaq, aur Kamál Rahím Báp ; ham ne ḳhatá kí hai, aur khoí huí bheṛoṇ kí mánind terí ráhoṇ se bhaṭak gae haiṇ. Ham apne diloṇ ke mansúboṇ aur ḳhwáhishoṇ par bahut hí mutawajjih hue. Ham tere pák hukmoṇ ke barḳhiláf chale haiṇ : jo ham ko karná lázim thá, so ham ne nahíṇ kiyá : aur jo ham ko karná lázim na thá, so ham ne kiyá ; aur ham meṇ kuchh salámatí nahíṇ hai. Lekin, Ai Khudáwand ham bekas láchár gunahgároṇ par rahm kar. Ai Khudá, un ko, jo apní taqsíroṇ ká iqrár karte haiṇ, chhoṛ de ; unheṇ jo tauba karte haiṇ, bahál kar ; un waḍoṇ ke muwáfiq jo tú ne hamáre Khudáwand Yesụ

Masíh ke wasíle insán se kiye haiṉ. Aur, Ai Kamál Rahím Báp, us kí ḳhátir yih baḳhsh, ki áge ko ham díndárí, nekokárí, aur parhezgárí se chaleṉ, táki tere pák nám kí buzurgí záhir ho.—Ámín.

Magfirat ke kalime jo Qasís akelá khaṛá hokar farmáwe aur log ghuṭne ṭeke raheṉ.

QÁDIR i Mutlaq Ḳhudá, hamáre Ḳhudáwand Yesú Masíh ká Báp, jo kisí gunahgár kí maut nahíṉ balki yih cháhtá hai, ki wuh apní badí se báz áwe, aur jíe; aur jis ne apne ḳhádimoṉ ko iḳhtiyár aur hukm diyá hai, ki we us ke bandoṉ ko jo tauba karnewále haiṉ, unke gunáhoṉ kí magfirat aur muạfí ke kalime sunáweṉ aur farmáweṉ; wuh un sab ko jo sachchí tauba karte aur us kí Muqaddas Injíl par beriyá ímán láte haiṉ, muạf kartá, aur baḳhshtá hai. Pas áo, ham us kí minnat kareṉ, ki wuh sachchí tauba kí taufíq, aur apná Rúh-ul-Quds hameṉ de, táki jo kám ham is waqt karte haiṉ, use pasand áweṉ, aur áge ko hamárí báqí umr safáí aur pákí se guzre, aisá ki áḳhir ko ham us kí hamesha kí ḳhushí meṉ dáḳhil howeṉ, hamáre Ḳhudáwand Yesú Masíh ke wasíle se.

Is maqám meṉ, aur har ek duạ ke bạd jamáạt kahe,—Ámín.

Tab Ḳhádim-ud-dín aur jamáạt Ḳhudáwand kí duạ paṛheṉ.

AI hamáre Báp, jo ásmán par hai, tere nám kí taqdís ho. Terí bádsháhat áwe. Terí marzí jaisí ásmán par hai, zamín par bhí howe. Hamárí roz kí roṭí áj hameṉ de. Aur jis tarah ki ham apne taqsírwároṉ ko muạf karte haiṉ, tú hamárí taqsíreṉ muạf kar. Aur hameṉ imtihán meṉ na ḍál, balki burái se bachá: kyuṉki bádsháhat, qudrat, aur jalál, hamesha terá hí hai.—Ámín.

Qasís.—Ai Ḳhudáwand, tú hamáre hoṉṭhoṉ ko khol.

Jawáb.—Aur hamárí zabáneṉ terí sitáish bayán kareṉgí.

Qasís.—Ai Ḳhudá, hamáre bacháne meṉ jaldí kar.

Jawáb.—Ai Ḳhudáwand jald hamárí madad kar.

Yahán sab khaṛe hoṉ aur Qasís kahe.

Sitáish Báp, aur Beṭe : aur Rúh-ul-Quds kí ho :
Jaisí ibtidá meṉ thí, ab bhí hai : aur hamesha rahegí.—
ÁMÍN.

Qasís.—Ḳhudáwand kí taríf karo.
Jawáb.—Ḳhudáwand ke nám kí taríf huá kare.

Tab yih Zabúr paṛhá yá gáyá jáwe.

95 Zabúr.

Ao, ham Ḳhudáwand kí madhsaráí kareṉ : apní naját kí chaṭán par zamzama pardází kareṉ.

Us ke huzúr shukrguzárí ke sáth áweṉ : gít gá gáke us ke sámhne ḳhushíáṉ manáweṉ.

Kyuṉki Ḳhudáwand baṛá Ḳhudá : aur sab mabúdoṉ se baṛá Bádsháh hai.

Zamín kí gahráíáṉ us ke qabze meṉ : aur paháṛoṉ kí bulandíáṉ usí kí haiṉ.

Samundar usí ká hai, aur us ne use banáyá : aur usí ke háthoṉ ne ḳhushkí ko taiyár kiyá.

Áo, ham sijda kareṉ aur jhukeṉ : aur Ḳhudáwand ke huzúr, jo hamárá paidá karnewálá hai, ghuṭne ṭekeṉ.

Ki wuhí hamárá Ḳhudá hai : aur ham us kí charágáh ke log aur us ke háth kí bheṛeṉ haiṉ.

Agar tum áj us kí áwáz suno, to apne dil saḳht na karo : jaisá jhagṛe kí jagah imtihán ke din jaṉgal meṉ kiyá thá :

Jis waqt tumháre báp dádoṉ ne merá imtihán kiyá : mujhe ázmáyá, aur mere kámoṉ ko dekhá.

Chálís baras tak maiṉ us pusht se bezár rahá, aur maiṉ ne kahá : ki ye we log haiṉ, jin ke dil ḳhatákár haiṉ, aur unhoṉ ne merí ráhoṉ ko nahíṉ pahcháná.

Un kí bábat maiṉ ne apne gusse meṉ qasam kháí : ki we mere árám meṉ dáḳhil na hoṉge.

Sitáish Báp, aur Beṭe : aur Rúh-ul-Quds kí ho :
Jaisí ibtidá meṉ thí, ab bhí hai : aur hamesha rahegí.—
ÁMÍN.

Tab muqarrarí Zabúr paṛhe jáweṇ aur sál bhar har ek Zabúr ke bạd yih kahá jáwe :—

Sitáish Báp, aur Beṭe : aur Rúh-ul-Quds kí ho :
Jawáb.—Jaisí ibtidá meṇ thí, ab bhí hai : aur hamesha rahegí.—ÁMÍN.

Bạd uske puráne ạhd ká jaise ki Jadwal meṇ muqarrar hai, pahilá wird paṛhá jáwe, aur uske bạd yih gít, jo níche likhá hai, paṛhá yá gáyá jáwe.

ḴHUDÁ KÍ TẠRÍF.

AI Ḵhudá, ham terí tạríf karte : ham iqrár karte haiṇ, ki tú hí Ḵhudáwand hai.
Sárí dunyá : tujh azlí Báp kí parastish kartí hai.
Sáre firishte, ásmán, aur uskí tamám qúwateṇ : tujh ko pukártí haiṇ.
Karobín aur Saráphín : har dam tujhe pukárte haiṇ.
Quddús, Quddús, Quddús : lashkaroṇ ke Ḵhudáwand Ḵhudá ;
Ásmán aur Zamín : tere jalál ke dabdaba se bhare haiṇ.
Rasúloṇ kí buzurg jamáạt : terí tạríf kartí hai.
Paigambaroṇ kí sharíf majlis : terí tạríf kartí hai.
Shahídoṇ kí námdár fauj : terí tạríf kartí hai.
Tamám jahán kí muqaddas Kalísyá : terá iqrár kartí hai :
Ki tú Báp : terá dabdaba behadd ;
Terá buzurg, haqíqí : aur eklautá Beṭá ;
Aur Rúh-ul-Quds bhí : Tasallí Denewálá.
Ai Masíh : tú Jalál ká Bádsháh hai ;
Tú Báp ká : azlí Beṭá hai.
Jab tú ne insán kí naját apne zimme lí : tú ne kuṇwárí ke peṭ meṇ janam lene se nafrat na kí.
Jab tú maut kí saḵhtí par gálib áyá : tú ne Ásmán kí Bádsháhat sáre ímándároṇ par khol dí.
Tú Báp ke jalál meṇ : Ḵhudá ke dahine baiṭhá hai.
Hameṇ yaqín hai : ki tú hamárá insáf karne ko áwegá.
Is liye ham terí minnat karte haiṇ, ki tú apne bandoṇ kí madad kar : jin ko tú ne apná qímatí lahú deke chhuṛáyá hai.

Unheṇ hamesha ke jalál meṇ : apne Muqaddasoṇ ke sáth shumár kar.

Ai Khudáwand, apne logoṇ ko bachá : aur apní mírás meṇ barakat de.

Un kí hidáyat kar : aur unheṇ hamesha ko sarfaráz farmá.

Har roz : ham terí baṛáí karte haiṇ.

Aur tere nám kí ịbádat : hamesha kiyá karte haiṇ.

Ai Khudáwand, mihrbání karke : áj hameṇ gunáh se bachá le.

Ai Khudáwand, ham par rahm kar : ham par rahm kar.

Ai Khudáwand, apní rahmat ham par názil kar : ki hamárá bharosá tujhí par hai.

Ai Khudáwand, mujhe terá hí bharosá hai : kabhí mujh ko sharminda na hone de.

Tab isí tarah dúsrá wird nae ạhd meṇ se paṛhá jáwe ; aur us ke bạd yih gít jo níche likhá hai.

MUQADDAS LÚQÁ KÍ INJÍL 1 BÁB, 68 ÁYAT.

KHUDÁWAND Isráel ke Khudá kí hamd : ki us ne apne logoṇ par nazar kí, aur unheṇ khalásí bakhshí.

Aur hamáre liye naját ká síṇg : apne bande Dáúd ke gharáne meṇ nikálá ;

Jaisá us ne apne pák nabíoṇ kí mạrifat : jo dunyá ke shurụ́ se hote áe kahá ;

Ham ko hamáre dushmanoṇ : aur un sab ke háth se jo ham se kína rakhte haiṇ, naját bakhshí ;

Táki us rahm ko púrá kare, jis ká hamáre báp dáde se wạda kiyá thá : aur apne pák ạhd ko yád farmáwe ;

Yạne us qasam ko, jo us ne hamáre báp Ibráhím se khái : ki wuh hameṇ yih degá ;

Ki ham apne dushmanoṇ ke háth se chhuṭkárá páke : ụmr bhar us ke áge pákí aur rástí se bekhauf us kí bandagí kareṇ.

Aur ai laṛke, tú Alláh Tạálá ká Nabí kahláegá : kyuṇki tú Khudáwand kí ráheṇ durust karne ko us ke áge áge chalegá.

Ki us ke logoṇ ko un ke gunáhoṇ kí muạ́fí se : naját kí khabar de,

Jo hamáre Khudá kí ain rahmat se hai: jis ke sabab Subh kí Roshní úpar se ham par pahunchí;

Táki unhen jo andhere aur maut ke sáe men baithe hain, roshní bakhshe: aur hamáre qadam ko salámatí kí ráh par le chale.

Sitáish Báp, aur Bete: aur Rúh-ul-Quds kí ho:

Jaisí ibtidá men thí, ab bhí hai: aur hamesha rahegí.—Ámín.

Yá yih Zabúr.

100 Zabúr.

AI tamám zamíno, Khudáwand ke liye khush áwází karo: khushí se Khudáwand kí bandagí karo, aur us ke huzúr gátí áo.

Yaqín jáno, ki Khudáwand wuhí Khudá hai: usí ne hamen banáyá, na ki ham ne áp ko; ham us ke bande, aur us kí charágáh kí bheren hain.

Shukrguzárí karte hue us ke darwázon men aur hamd karte hue us kí bárgáhon men dákhil ho: us ke shukrguzár ho, aur us ká nám mubárak jáno.

Ki Khudáwand bhalá hai, us kí rahmat abadí: aur us kí sachchái pusht dar pusht hai.

Sitáish Báp, aur Bete: aur Rúh-ul-Quds kí ho:

Jaisí ibtidá men thí, ab bhí hai: aur hamesha rahegí.—Ámín.

Tab Khádim-ud-dín aur jamáat kharí rahkar Rasúlon ká aqída gáen yá parhen.

MAIN iatiqád rakhtá hún Khudá Qádir i Mutlaq Báp par; jo ásmán aur zamín ká paidá karnewálá hai;

Aur us ke eklaute Bete hamáre Khudáwand Yesú Masíh par; jo Rúh-ul-Quds se pet men pará, Kunwárí Mariyam se paidá huá, Pantús Pilátús kí hukúmat men dukh utháyá, salíb par khainchá gayá, mar gayá, aur dafn huá; aur álam i arwáh men já utrá; tísre din murdon men se jí uthá; ásmán par charh gayá, aur Khudá Báp Qádir i Mutlaq ke dahine háth baithá hai; jahán se wuh zindon aur murdon ká insáf karne ko áwegá.

Maiṇ iạtiqád rakhtá húṇ Rúh-ul-Quds par; pák Kalísyá i jámị par; muqaddasoṇ kí rifáqat; gunáhoṇ kí muạfí; jism ke jí uṭhne, aur hamesha kí zindagí par.—Á'MÍN.

Us ke bạd sab adab se ghuṭne ṭekke ye duạeṇ jo níche likhí haiṇ paṛheṇ.

Ḳhudáwand tumháre sáth ho.
Jawáb.—Aur terí Rúh ke sáth.
Ḳhádim-ud-dín.—Ham duạ máṇgeṇ.
Ḳhudáwand ham par rahm kar.
Masíh ham par rahm kar.
Ḳhudáwand ham par rahm kar.

Tab Ḳhádim-ud-dín aur jamáạt, buland áwáz se Ḳhudáwand kí duạ paṛheṇ.

AI hamáre Báp, jo ásmán par hai, tere nám kí taqdís ho. Terí bádsháhat áwe. Terí marzí jaisí ásmán par hai, zamín par bhí howe. Hamárí roz kí roṭí áj hameṇ de. Aur jis tarah ki ham apne taqsírwároṇ ko muạf karte haiṇ, tú hamárí taqsíreṇ muạf kar. Aur hameṇ imtihán meṇ na ḍál, balki burái se bachá.—Á'MÍN.

Qasís.—Ai Ḳhudáwand, apní rahmat ham par záhir kar.
Jawáb.—Aur apní naját hameṇ baḳhsh.
Qasís.—Ai Ḳhudáwand, Malika aur Qaisara i Hind kí hifázat kar.
Jawáb.—Aur jab ham tujhe pukáreṇ rahmat se hamárí sun.
Qasís.—Apne Ḳhádimoṇ ko rástbází ká jáma pahiná.
Jawáb.—Aur apne barguzíde logoṇ ko ḳhush kar.
Qasís.—Ai Ḳhudáwand, apne logoṇ kí hifázat kar.
Jawáb.—Aur apní mírás meṇ barakat de.
Qasís.—Ai Ḳhudáwand, hamáre zamáne meṇ sulh baḳhsh.
Jawáb.—Ki ai Ḳhudá, tere siwá hamáre liye koí laṛnewálá nahíṇ.
Qasís.—Ai Ḳhudá, hamáre diloṇ ko pák kar.
Jawáb.—Aur apne Rúh-ul-Quds ko ham se judá na kar.

Tab ye tín duáen paṛhí jáwen; pahlí us roz ke liye jo muqarrar hai.

DU'SRI' DUA' SULH KE LIYE.

AI Khudá, jo sulh ká báníaur mel ká cháhnewálá hai, jis kí pahchán par hamárí hamesha kí zindagí mauqúf hai, jis kí bandagí kamál ázádagí hai; jis waqt hamáre dushman ham par hamla kareṇ, apne ájiz bandoṇ kí himáyat kar; táki ham terí himáyat par púrá bharosá rakhkar kisí dushman ke zor se na ḍareṇ, hamáre Khudáwand Yesú Masíh kí qudrat se.—A'mín.

TI'SRI' DUA' FAZL KE LIYE.

AI Khudáwand, hamáre A'smání Báp, Qádir i Mutlaq aur hamesha ke Khudá, tú ne is din kí subh tak hameṇ salámat pahuṇcháyá; apní baṛí qudrat se din bhar hamárí himáyat kar; aur yih bakhsh ki áj ham kisí gunáh meṇ na phaṇseṇ, aur kisí tarah ke khatre meṇ na paṛeṇ; balki terí hidáyat se hamáre sáre kám aise durust ho jáweṇ, ki jo kuchh tere huzúr rást hai wuhí hamesha karte raheṇ; hamáre Khudáwand Yesú Masíh ke wasíle se.—A'mín.

DUA' MALIKA AUR QAISARA I HIND KI' JANA'B KE LIYE.

AI Khudáwand hamáre A'smání Báp, Buzurg aur Qádir, Bádsháhoṇ ke Bádsháh, Khudáwandoṇ ke Khudáwand, Sultánoṇ ke akele Hákim, tú apne takht par se zamín ke sáre rahnewáloṇ ko dekhtá hai; ham dil o ján se terí minnat karte haiṇ, ki hamárí niháyat Karím-ut-tabạ, Khátún raisa Malika aur Qaisara i Hind Victoriá par mihrbání kí nazar rakh; aur apne Rúh-ul-Quds ke fazl se us ko aisá mạmúr kar de, ki wuh terí marzí kí taraf hamesha mutawajjih rahe, aur terí ráh par chale: use ásmání niạmateṇ bakhúbí ịnáyat farmá; tandurustí aur iqbálmandí ke sáth us kí ụmr baṛhá; use qudrat de ki apne sab dushmanoṇ par fath páwe aur gálib áwe; aur ákhir, is zindagí ke bạd hamesha kí khushí aur khurramí ko pahuṇche; hamáre Khudáwand Yesú Masíh ke wasíle se.—A'mín.

DUÁ BÁDSHÁHÍ ḴHÁNDÁN KE LIYE.

AI Qádir i Mutlaq Khudá, sárí ḵhúbíoṇ ke sar chashme ham farotaní se terí minnat karte haiṇ, ki Albert Edward Wales ke Sháhzáde, Alexandrá Wales kí Sháhzádí, aur Bádsháhí tamám ḵhándán ko barakat baḵhsh : apná Rúh-ul-Quds unheṇ de ; apne ásmání fazl se málámál kar ; unheṇ har tarah kí khushí ke sáth iqbálmand farmá ; aur apní hamesha kí bádsháhat meṇ pahuṇchá ; hamáre Ḵhudáwand Yesú Masíh ke wasíle se.—Ámín.

DUÁ PÁDRÍOṆ AUR JAMÁÁTOṆ KE LIYE.

AI Qádir i Mutlaq aur hamesha ke Khudá, tú hí bare bare ajáib kám kartá hai ; hamáre Usqúfoṇ, aur dín ke Ḵhádimoṇ, aur sárí jamáátoṇ par jo un ke supurd haiṇ, apne fazl ká áfiyat-baḵhsh Rúh názil kar ; aur apní barakat kí os un par hamesha giráyá kar, táki we filhaqíqat terí marzí par chalá karen. Ai Ḵhudáwand, hamáre shafí aur darmiyání Yesú Masíh kí buzurgí ke wáste yih baḵhsh.—Ámín.

MUQADDAS KRISOSTOM KÍ DUÁ.

AI Qádir i Mutlaq Khudá, tú ne ham par fazl kiyá hai, ki ham ne is waqt ek dil hoke tujh se apní amím duáeṇ máṇgí haiṇ ; aur tú ne waḍa kiyá hai, ki jab do yá tín mere nám par ikaṭṭhe howeṇ, tab maiṇ un kí arzoṇ ko qabúl karúṇgá : ab ai Ḵhudáwand, apne bandoṇ kí darḵhwástoṇ aur árzúoṇ ko, jis meṇ un kí bihtarí ho, púrá kar ; is jahán meṇ apní sachchái kí samajh, aur us jahán meṇ hamesha kí zindagí hameṇ baḵhsh.—Ámín.

2 Qurintíoṇ XIII. báb, 14 áyat.

HAMÁRE Ḵhudáwand Yesú Masíh ká fazl, aur Ḵhudá kí muhabbat, aur Rúh-ul-Quds kí rifáqat, ham sab ke sáth hamesha howe.—Ámín.

Sál bhar kí fajr kí namáz kí tartíb yaháṇ tamám huí.

SHÁM KÍ NAMÁZ

KÍ TARTÍB

SÁL KE HAR ROZ KE LIYE.

JAB bad ádmí apní badí se, jo us ne kí hai, báz áwe, aur jo wájibí aur rást hai use kare: to wuh apní ján ko zinda rakhegá.—*Hizqiel* xviii. 27.

Maiṇ apne gunáhoṇ ká iqrár kartá húṇ, aur merí ḳhatá hamesha mere sámhne hai.—*Zabúr* li. 3.

Merí ḳhatáoṇ par nazar na kar, aur merí sárí buráíoṇ ko meṭ de.—*Zabúr* li. 9.

Ḳhudá kí qurbáníáṇ shikasta-dil haiṇ. Ai Ḳhudá, tú kisí shikasta o ḳhasta dil ko náchíz na samjhegá.—*Zabúr* li. 17.

Apne garebán nahíṇ, balki apne dil chák karo, aur Ḳhudáwand apne Ḳhudá kí taraf phiro; kyuṇki wuh Karím o Rahím hai, gussa karne meṇ dhímá, aur baṛá dardmand aur dukh dene se malúl hotá hai.—*Yúel* ii. 13.

Agarchi Ḳhudáwand apne Ḳhudá se ham phir gae, aur us kí bát ham ne nahíṇ máni, ki us kí sharíaṭoṇ par, jo us ne ham par záhir kíṇ, chalte, tau bhí Ḳhudáwand hamárá Ḳhudá baṛá hí rahím aur baḳhshinda hai.—*Dániel* ix. 9, 10.

Ai Ḳhudáwand, merí tambíh kar, par andáze se; apne gazab se nahíṇ, na ho ki tú mujhe nest kar ḍále.—*Yaramiyáh* x. 24. *Zabúr* vi. 1.

Tauba karo; kyuṇki ásmán kí bádsháhat nazdík hai.—*Matí* iii. 2.

Maiṇ uṭhkar apne Báp pás jáúṇgá, aur us se kahúṇgá, ki Ai Báp, maiṇ ne ásmán ká aur terá gunáh kiya hai, aur is láiq nahíṇ ki phir terá beṭá kahláúṇ.—*Lúqá* xv. 18, 19.

Ai Khudáwand, apne bande ká hisáb adl se na le; kyunki tere huzúr koí ádmí rástbáz na ṭhahregá.—*Zabúr* cxliii. 2.

Agar ham kaheṇ ki ham begunáh haiṇ, to apne ko bhulá dete haiṇ, aur ham meṇ sachchái nahíṇ; agar ham apne gunáhoṇ ká iqrár kareṇ, to wuh hamáre gunáh bakhshne aur ham ko har tarah kí nárástí se pák karne meṇ sádiq-ul-qaul aur ádil hai.—1 *Yúhanná* i. 8, 9.

AI piyáre bháío, Baibal ke kaí maqám hameṇ ubhárte haiṇ, ki apne sab tarah ke gunáhoṇ aur badíoṇ ko qabúl kareṇ aur mán leweṇ, aur un kí bábat Qádir i Mutlaq Khudá ke huzúr, jo hamárá ásmání Báp hai, híla na láweṇ, aur na unheṇ chhipáweṇ, balki garíb, ájiz, táib, aur tábidár dil se un ká iqrár kareṇ, táki us ke behadd fazl o karam se hamárí magfirat ho. Aur agarchi hameṇ lázim hai, ki har waqt Khudá ke sámhne farotaní se apne gunáhoṇ ká iqrár kareṇ, lekin khásskar us waqt aisá karná lázim hai, ki jab ham is liye jama aur ikaṭṭhe howeṇ, ki un baṛí baṛí niamatoṇ par, jo ham ne us ke háthoṇ páí haiṇ, us ká shukr bhejeṇ, us ke bahut hí láiq taríf kareṇ, us ká beniháyat muqaddas Kalám suneṇ, aur wuh chízeṇ, jo ján aur tan ko bhí darkár aur zarúr haiṇ, us se máṇgeṇ. Is wáste maiṇ tum sab kí, jo yaháṇ házir ho, minnat o samájat kartá húṇ, ki pák dil aur ájizí kí áwáz se, ásmání fazl ke takht ke huzúr, mere sáth hoke mere píchhe píchhe kaho.

Iqrár i Amím, jise sárí jamáat Khádim-ud-dín samet ghuṭne ṭekkar us ke píchhe píchhe kahe.

AI Qádir i Mutlaq, aur Kamál Rahím Báp; ham ne khatá kí hai, aur khoí huí bheṛoṇ kí mánind terí ráhoṇ se bhaṭak gae haiṇ. Ham apne diloṇ ke mansúboṇ aur khwáhishoṇ par bahut hí mutawajjih hue. Ham tere pák hukmoṇ ke barkhiláf chale haiṇ: jo ham ko karná lázim thá, so ham ne nahíṇ kiyá; aur jo ham ko karná lázim na thá, so ham ne kiyá; aur ham meṇ kuchh salámatí nahíṇ hai. Lekin, Ai Khudáwand ham bekas láchár gunahgároṇ par rahm kar. Ai Khudá, un ko, jo apní taqsíroṇ ká iqrár karte haiṇ, chhoṛ de; unheṇ jo tauba karte haiṇ, bahál kar; un wạdoṇ ke muwáfiq jo tú ne hamáre Ḳhudáwand Yesụ́ Masíh ke wasíle insán se kiye haiṇ. Áur, Ai kamál rahím Báp us kí ḳhátir yih baḳhsh, ki áge ko ham díndárí, nekokárí, aur parhezgárí se chaleṇ, táki tere pák nám kí buzurgí záhir ho.—Ámín.

Magfirat ke kalime jo Qasís akelá khaṛá hokar farmáwe aur log ghuṭne ṭeke raheṇ.

QÁDIR Mutlaq Ḳhudá, hamáre Ḳhudáwand Yesụ́ Masíh ká Báp, jo kisí gunahgár kí maut nahíṇ balki yih cháhtá hai, ki wuh apní badí se báz áwe, aur jíe; aur jis ne apne ḳhádimoṇ ko iḳhtiyár aur hukm diyá hai, ki we us ke bandoṇ ko jo tauba karnewále haiṇ, unke gunáhoṇ kí magfirat aur muạ́fí ke kalime sunáweṇ aur farmáweṇ; wuh un sab ko jo sachchí tauba karte aur us kí Muqaddas Injíl par beriyá ímán láte haiṇ, muạ́f kartá, aur baḳhshtá hai. Pas áo, ham us kí minnat kareṇ, ki wuh sachchí tauba kí taufíq, aur apná Rúh-ul-Quds hameṇ de, táki jo kám ham is waqt karte haiṇ, use pasand áweṇ, aur áge ko hamárí báqí ụmr safáí aur pákí se guzre, aisá ki áḳhir ko ham us kí hamesha kí ḳhushí meṇ dáḳhil howeṇ, hamáre Ḳhudáwand Yesụ́ Masíh ke wasíle se.—Ámín.

Tab Ḳhádim-ud-dín aur jamáạt Ḳhudáwand kí duạ́ paṛheṇ.

AI hamáre Báp, jo ásmán par hai, tere nám kí taqdís ho. Terí bádsháhat áwe. Terí marzí jaisí ásmán par hai, zamín par bhí howe. Hamáre roz kí roṭí áj hameṇ de. Aur jis tarah ki ham apne taqsírwároṇ ko muạ́f karte haiṇ, tú hamárí taqsíreṇ muạ́f kar. Aur hameṇ imtihán meṇ na ḍál, balki buráí se bachá: kyuṇki bádsháhat, qudrat, aur jalál, hamesha terá hí hai.—Ámín.

Qasís.—Ai Ḳhudáwand, tú hamáre hoṇṭhoṇ ko khol.

Jawáb.—Aur hamárí zubáneṇ terí sitáish bayán kareṇgí.

Qasís.—Ai Ḳhudá, hamáre bacháne meṇ jaldí kar.

Jawáb.—Ai Ḳhudáwand, jald hamárí madad kar.

Yahán sab khaṛe hoṇ aur Qasís kahe.

Sitáish Báp, aur Beṭe : aur Rúh-ul-Quds kí ho :

Jaisí ibtidá meṇ thí, ab bhí hai : aur hamesha rahegí.—ÁMÍN.

Qasís.—Khudáwand kí taríf karo.

Jawáb.—Khudáwand ke nám kí taríf huá kare.

Tab muqarrarí Zabúr tartíb ke muwáfiq paṛhe yá gáye jáweṇ, us ke bad Puráne Ahd meṇ se ek wird jaisá ki muqarrar hai, aur phir Kuṇwárí Mariyam mutabarraka ká gít jo níche likhá hai.

LÚQÁ 1 BÁB.

MERÍ ján Khudáwand kí tazím kartí hai : aur merí rúh mere Naját Denewále Khudá se khush huí.

Ki us ne apní bándí kí ájizí par : nazar kí.

Dekh, is liye is dam se : sáre zamáne ke log mujhe mubárak kaheṇge.

Kyuṇki us ne jo Qádir hai, mujh par baṛe baṛe ihsán kiye : aur us ká Nám pák hai.

Aur us ká rahm un par jo us se ḍarte haiṇ : pusht dar pusht hai.

Us ne apne bázú ká zor dikháyá : aur magrúroṇ ko un ke diloṇ ke wahm meṇ pareshán kiyá.

Us ne qudratwáloṇ ko takht se girá diyá : aur garíboṇ ko buland kiyá.

Us ne bhúkhoṇ ko achchhí chízoṇ se ásúda kiyá : aur daulatmandoṇ ko khálí háth nikál diyá.

Us ne apne bande Isráel ko sambhál liyá un rahmatoṇ ko yád karke jo Ibráhím, aur us kí aulád par sadá ko haiṇ : jaisá us ne hamáre báp dádoṇ se farmáyá thá.

Sitáish Báp, aur Beṭe : aur Rúh-ul-Quds kí ho :

Jaisí ibtidá meṇ thí, ab bhí hai : aur hamesha rahegí.—ÁMÍN.

Yá yih Zabúr.

98 ZABU'R.

KHUDA'WAND ke liye nayá gít gáo: ki us ne ạjíb kám kiye.

Us ke dahne háth, aur us ke muqaddas bázú ne: use fath dí.

Ḳhudáwand ne apní naját záhir kí: apní rástí ummatoṇ ko sáf dikhá dí hai.

Us ne Isráel ke gharáne par apní mihrbání aur sachchái yád farmáí: zamín kí sárí haddoṇ ne hamáre Ḳhudá kí naját dekhí hai.

Ai sárí zamín ke rahnewálo, Ḳhudáwand ke liye ḳhushí se nạra máro: pukár pukár ḳhushí se madhsaráí karo.

Ḳhudáwand ke liye bín bajáo: bín bajáke, sur báṇdh ke gáo.

Narsinge phúṇkte, sáraṇgíáṇ bajáte, Ḳhudáwand bádsháh ke áge: ḳhushí manáo.

Samundar aur us kí mạmúrí: dunyá aur us ke rahnewále shor macháweṇ.

Nahreṇ táliáṇ bajáweṇ, pahár milke Ḳhudáwand ke huzúr ḳhushí manáweṇ: kyuṇki wuh zamín kí ạdálat karne átá hai.

Wuh rástí se dunyá kí: aur insáf se logoṇ kí ạdálat karegá.

Sitáish Báp, aur Beṭe: aur Rúh-ul-Quds kí ho:

Jaisí ibtidá meṇ thí, ab bhí hai: aur hamesha rahegí.—A'MÍN.

Tab Nae Ạhd meṇ se ek wird, jaisá ki muqarrar hai, paṛhá jáwe.

Aur us ke bạd Shamạún ká gít, chunánchi níche mundarij hai.

LU'QA' KI' INJI'L 2 BA'B, 29 A'YAT.

AI Ḳhudáwand, ab tú apne bande ko apne qaul ke muwáfiq: salámatí se ruḳhsat kartá hai.

Ki merí áṇkhoṇ ne: terí naját dekhí,

Jo tú ne sab logoṇ ke sámhne: taiyár kí hai;

Qaumoṇ kí roshní ke liye ek núr: aur apne log Isráel ke wáste jalál.

Sitáish Báp, aur Beṭe: aur Rúh-ul-Quds kí ho:

Jaisí ibtidá meṇ thí, ab bhí hai: aur hamesha rahegí.—Ámín.

Yá yih Zabúr.

67 ZABÚR.

KHUDÁ ham par rahm kare, aur hameṇ barakat de: aur apná chihra ham par jalwagar farmáwe:

Táki terí ráh zamín par: aur terí naját sárí qaumoṇ meṇ jání jáwe.

Ai Ḳhudá, log terí tạríf kareṇ: sáre log terí tạríf kareṇ.

Ummáteṇ ḳhush howeṇ, aur ḳhushí ke máre gáweṇ: ki tú rástí se logoṇ kí ạdálat karegá, aur zamín par ummatoṇ ko hidáyat farmáwegá.

Ai Ḳhudá, log terí tạríf kareṇ: sáre log terí tạríf kareṇ,

Zamín apná hásil maujúd karegí: Ḳhudá hamárá Ḳhudá hameṇ barakat degá.

Ḳhudá hameṇ barakat degá: aur zamín kí sab haddeṇ us se ḍarengí.

Sitáish Báp, aur Beṭe: aur Rúh-ul-Quds kí ho:

Jaisí ibtidá meṇ thí, ab bhí hai: aur hamesha rahegí.—Ámín.

Tab Ḳhádim-ud-dín aur jamáạt kharí rahkar Rasúloṇ ká ạqída gáeṇ yá paṛheṇ.

MAIṆ iạtiqád rakhtá húṇ Ḳhudá Qádir i Mutlaq Báp par; jo ásmán aur zamín ká paidá karnewálá hai;

Aur us ke eklaute Beṭe hamáre Ḳhudáwand Yesú Masíh par; jo Rúh-ul-Quds se peṭ meṇ paṛá, Kuṇwárí Mariyam se paidá huá, Pantús Pilátús kí hukúmat meṇ dukh uṭháyá, salíb par khaiṇchá gayá, mar gayá, aur dafn huá; aur ạlam i arwáh meṇ já utrá; tísre din murdoṇ meṇ se jí uṭhá; ásmán par chaṛh gayá, aur Ḳhudá Báp Qádir i Mutlaq ke dahne háth baiṭhá hai; jaháṇ se wuh zindoṇ aur murdoṇ ká insáf karne ko áwegá.

Maiṇ iạtiqád rakhtá húṇ Rúh-ul-Quds par; pák Kalísyá i jámị par; muqaddasoṇ kí rifáqat; gunáhoṇ kí muạfí; jism ke jí uṭhne, aur hamesha kí zindagí par.—ÁMÍN.

Us ke bạd sab adab se ghuṭne ṭek ke ye duạeṇ jo níche likhí haiṇ parheṇ.

Qasís.—Ḳhudáwand tumháre sáth ho:
Jawáb.—Aur terí Rúh ke sáth.
Ḳhádim-ud-dín.—Ham duạ máṇgeṇ.
Jawáb.—Ḳhudáwand ham par rahm kar.
Masíh ham par rahm kar.
Ḳhudáwand ham par rahm kar.

AI hamáre Báp, jo ásmán par hai, tere nám kí taqdís ho. Terí bádsháhat áwe. Terí marzí jaisí ásmán par hai, zamín par bhí howe. Hamáre roz kí roṭí áj hameṇ de. Aur jis tarah ki ham apne taqsírwároṇ ko muạf karte haiṇ, tú hamárí taqsíreṇ muạf kar. Aur hameṇ imtihán meṇ na ḍál, balki buráí se bachá.—ÁMÍN.

Qasís.—Ai Ḳhudáwand, apní rahmat ham par záhir kar.
Jawáb.—Aur apní naját hameṇ baḳhsh.
Qasís.—Ai Ḳhudáwand, Malika aur Qaisara i Hind kí hifázat kar.
Jawáb.—Aur jab ham tujhe pukáreṇ rahmat se hamárí ṣun.
Qasís.—Apne Ḳhádimoṇ ko rástbází ká jáma pahiná.
Jawáb.—Aur apne barguzíde logoṇ ko ḳhush kar.
Qasís.—Ai Ḳhudáwand, apne logoṇ kí hifázat kar.
Jawáb.—Aur apní mírás meṇ barakat de.
Qasís.—Ai Ḳhudáwand, hamáre zamáne meṇ sulh baḳhsh.
Jawáb.—Ki ai Ḳhudá, tere siwá hamáre liye koí laṛnewálá nahíṇ.
Qasís.—Ai Ḳhudá, hamáre diloṇ ko pák kar.
Jawáb.—Aur apne Rúh-ul-Quds ko ham se judá na kar.

Bạd us ke ye tín duạeṉ paṛhí jáweṉ; pahlí us rọz ke liye jo muqarrar hai.

SHÁM KÍ NAMÁZ KÍ DÚSRÍ DUẠ́.

AI Ḳhudá, sárí pák ḳhwáhisheṉ, aur sab achchhí mashwarateṉ, aur tamám nek kám terí taraf se hote haiṉ; apne bandoṉ ko wuh árám de, jo dunyá nahíṉ de saktí; táki hamáre dil tere hukmoṉ ke bajá láne par mustaịd raheṉ, aur apne dushmanoṉ ke ḳhauf se tere háthoṉ panáh páke apne waqt amn o chain se guzráneṉ: yih hamáre Bachánewále Yesụ́ Masíh ke sawáb ke sabab howe.—ÁMÍN.

TÍSRÍ DUẠ́ TAMÁM ḲHATROṈ SE HIFÁZAT KE LIYE.

AI Ḳhudáwand, ham terí minnat karte haiṉ; hamárí táríkí ko roshan kar, aur apní baṛí rahmat se hameṉ is rát ke sáre ḳhauf o ḳhatre se bachá; apne eklaute Beṭe hamáre Bachánewále Yesụ́ Masíh kí muhabbat ke tufail se.—ÁMÍN.

DUẠ́ MALIKA AUR QAISARA I HIND KÍ JANÁB KE LIYE.

AI Ḳhudáwand hamáre Ásmání Báp, Buzurg aur Qádir, Bádsháhoṉ ke Bádsháh, Ḳhudáwandoṉ ke Ḳhudáwand, Sultánoṉ ke akele Hákim, tú apne taḳht par se zamín ke sáre rahnewáloṉ ko dekhtá hai; ham dil o ján se terí minnat karte haiṉ, ki hamárí niháyat Karím-ut-tabạ, Ḳhátún raísa Malika aur Qaisara i Hind Vicṭoriá par mihrbání kí nazar rakh; aur apne Rúh-ul-Quds ke fazl se us ko aisá mạmúr kar de, ki wuh terí marzí kí taraf hamesha mutawajjih rahe, aur terí ráh par chale: use ásmání niạmateṉ baḳhúbí ịnáyat farmá; tandurustí aur iqbálmandí ke sáth us kí ụmr baṛhá; use qudrat de ki apne sab dushmanoṉ par fath páwe aur gálib áwe; aur áḳhir, is zindagí ke bạd hamesha kí ḳhushí aur ḳhurramí ko pahuṉche; hamáre Ḳhudáwand Yesụ́ Masíh ke wasíle se.—ÁMÍN.

DUẠ́ BÁDSHÁHÍ ḲHÁNDÁN KE LIYE.

AI Qádiri Mutlaq Ḳhudá, sárí ḳhúbíoṇ ke sar chashme, ham farotaní se terí minnat karte haiṇ, ki Alberṭ Eḍward Wales ke Sháhzáde, Alexanḍrá Wales kí Sháhzádí, aur Bádsháhí tamám ḳhándán ko barakat baḳhsh: apná Rúh-ul-Quds unheṇ de; apne ásmání fazl se málámál kar; unheṇ har tarah kí ḳhushí ke sáth iqbálmand farmá; aur apní hamesha kí bádsháhat meṇ pahuṇchá; hamáre Ḳhudáwand Yesụ́ Masíh ke wasíle se.—ÁMÍN.

DUẠ́ PÁDRÍOṆ AUR JAMÁẠTOṆ KE LIYE.

AI Qádir i Mutlaq aur hamesha ke Ḳhudá, tú hí baṛe baṛe ạjáib kám kartá hai; hamáre Usqúfoṇ, aur dín ke Ḳhádimoṇ, aur sárí jamáạtoṇ par jo un ke supurd haiṇ, apne fazl ká ạ́fiyat-baḳhsh Rúh názil kar; aur apní barakat kí os un par hamesha giráyá kar, táki we filhaqíqat terí marzí par chalá kareṇ. Ai Ḳhudáwand, hamáre shafị́ aur darmiyání Yesụ́ Masíh kí buzurgí ke wáste yih baḳhsh.—ÁMÍN.

MUQADDAS KRISOSTOM KÍ DUẠ́.

AI Qádir i Mutlaq Ḳhudá, tú ne ham par fazl kiyá hai, ki ham ne is waqt ek dil hoke tujh se apní ạmím duạeṇ máṇgí haiṇ; aur tú ne wạda kiyá hai, ki jab do yá tín mere nám par ikaṭṭhe howeṇ, tab maiṇ un kí ạrzoṇ ko qabúl karúṇgá: ab ai Ḳhudáwand, apne bandoṇ kí darḳhwástoṇ aur árzúoṇ ko, jis meṇ un kí bihtarí ho, púrá kar; is jahán meṇ apní sachchái kí samajh, aur us jahán meṇ hamesha kí zindagí hameṇ baḳhsh.—ÁMÍN.

2 QURINTÍOṆ XIII. BÁB, 14 ÁYAT.

HAMÁRE Ḳhudáwand Yesụ́ Masíh ká fazl, aur Ḳhudá kí muhabbat, aur Rúh-ul-Quds kí rifáqat, ham sab ke sáth hamesha howe.—ÁMÍN.

Sál bhar kí shám kí namáz kí tartíb yahán tamám huí.

MUQADDAS ATHÁNÁSÍS KÁ ẠQÍDA.

In Ịdoṉ ke waqt; yạne Krismasḍe ko, Apífaní ko, Ịsṭarḍe, Saụd ke din, Whiṭsanḍe ko, aur Taslís ke Itwár ko fajr kí namáz ke waqt Rasúloṉ ke ạqída ke ịwaz, hamáre Masíhí ímán ká yih ịqrár jo Muqaddas Athánásís ká ạqída mashhúr hai, Ḳhádim-ud-dín aur jamáạt kharí hokar parheṉ yá gáeṉ.

JO koí naját cháhtá: us ko sab bátoṉ se pahle zarúr hai ki Ạqída i jámị rakhe.

Is ạqíde ko jo koí kámil aur bedág nigáh na rakhe: wuh beshak ạzáb i abadí meṉ paṛegá.

Aur ạqída i jámị yih hai: ki ham Taslís meṉ wáhid Ḳhudá kí, aur Ṭauhíd meṉ Taslís kí parastish kareṉ;

Na Aqáním ko miláweṉ: na Máhiyat ko taqsím kareṉ.

Kyuṉki Báp ek aqnúm, Beṭá ek: aur Rúh-ul-Quds ek aqnúm hai.

Magar Báp, Beṭá, aur Rúh-ul-Quds kí Ulúhiyat ek hí hai: jalál barábar, ạzmat azalí eksáṉ.

Jaisá Báp hai, waisá hí Beṭá: aur waisá hí Rúh-ul-Quds hai.

Báp gair maḳhlúq, Beṭá gair maḳhlúq: aur Rúh-ul-Quds gair maḳhlúq.

Báp gair mahdúd, Beṭá gair mahdúd: aur Rúh-ul-Quds gair mahdúd.

Báp azalí, Beṭá azalí: aur Rúh-ul-Quds azalí.

Táham tín azalí nahíṇ: balki ek azalí.

Isí tarah tín gair mahdúd nahíṇ, aur na tín gair makhlúq: balki ek gair makhlúq, aur ek gair mahdúd.

Yuṇhíṇ Báp Qádir i Mutlaq, Beṭá Qádir i Mutlaq: aur Rúh-ul-Quds Qádir i Mutlaq.

Tau bhí tín Qádir i Mutlaq nahíṇ: balki ek Qádir i Mutlaq hai.

Waisá hí Báp Ḳhudá, Beṭá Ḳhudá: aur Rúh-ul-Quds Ḳhudá.

Tis par bhí tín Ḳhudá nahíṇ: balki ek Ḳhudá.

Isí tarah Báp Ḳhudáwand, Beṭá Ḳhudáwand: aur Rúh-ul-Quds Ḳhudáwand.

Tau bhí tín Ḳhudáwand nahíṇ: balki ek Ḳhudáwand.

Kyuṇki jis tarah Masíh ạqída se ham par farz hai: ki har ek Aqnúm ko judá-gáná Ḳhudá aur Ḳhudáwand máneṇ;

Isí tarah Dín i Jámi se hameṇ yih kahná manạ hai: ki tín Ḳhudá, yá tín Ḳhudáwand haiṇ.

Báp kisí se masnụ nahíṇ: na makhlúq, na maulúd.

Beṭá akelá Báp se hai: masnụ nahíṇ, na makhlúq, par maulúd hai.

Rúh-ul-Quds Báp aur Beṭe se hai: na masnụ, na makhlúq, na maulúd, par nikaltá hai.

Pas ek Báp hai, na tín Báp: ek Beṭá hai, na tín Beṭe: ek Rúh-ul-Quds hai, na tín Rúh-ul-Quds.

Aur is Taslís meṇ ek dúsre se pahle, yá píchhe nahíṇ; ek dúsre se baṛá, yá chhoṭá nahíṇ;

Balki bilkul tínoṇ Aqáním: báham azl se barábar eksáṇ haiṇ.

Is liye sab bátoṇ meṇ, jaisá ki úpar bayán huá: Taslís meṇ Tauhíd kí, aur Tauhíd meṇ Taslís kí parastish kí cháhiye.

Pas jo koí naját cháhtá: use zarúr hai ki Taslís kí bábat aisá hí samjhe.

Ạláwa is ke, naját abadí ke liye zarúr hai: ki hamáre Ḳhudáwand Yesụ Masíh ke mujassam hone par bhí ímán sahíh rakhe.

Kyuṇki ímán sahíh yih hai, ki ham ịtiqád aur iqrár

kareṇ; ki Ḳhudá ká Beṭá, hamárá Ḳhudáwand Yesú Masíh, Ḳhudá aur Insán bhí hai.

Ḳhudá hai, Báp kí Máhiyat se, ạlamoṇ ke peshtar maulúd: aur Insán hai, apní Má kí Máhiyat se, ạlam meṇ paidá huá:

Kámil Ḳhudá, aur kámil Insán: nafs nátiqa aur insání jism ke sáth;

Ulúhiyat kí ráh se Báp ke barábar, aur Insániyat kí ráh se Báp se kamtar.

Wuh agarchi Ḳhudá aur Ádmí bhí hai: par do nahíṇ balki ek Masíh hai;

Ek hai; is taur par nahíṇ ki Ulúhiyat ko jism se badal ḍálá: balki Insániyat ko Ḳhudá meṇ liyá;

Sab tarah se ek hai; Máhiyat ke miláne se nahíṇ: balki Aqnúm kí ektáí se.

Kyuṇki jis tarah nafs nátiqa aur jism ek Insán hai: isí tarah Ḳhudá aur Insán ek Masíh hai:

Jis ne hamárí nájat ke wáste dukh uṭháyá: ạlam i arwáh meṇ já utrá; tísre din murdoṇ meṇ se jí uṭhá.

Ásmán par chaṛh gayá, Qádir i Mutlaq Ḳhudá Báp ke dahne háth baiṭhá hai: jaháṇ se wuh zindoṇ aur murdoṇ kí ạdálat karne ko áwegá.

Us ke áne par sáre insán apne apne badan ke sáth phir uṭheṇge: aur apne apne aạmál ká hisáb deṇge.

Aur jinhoṇ ne nekí kí hai, we hamesha kí zindagí meṇ: aur jinhoṇ ne badí kí, we hamesha kí ág meṇ dáḳhil hoṇge. Ạqída i Jámị̣ yihí hai: jise ádmí agar basidq dil na rakhe, to us kí naját hargiz na hogí.

Sitáish Báp, aur Beṭe: aur Rúh-ul-Quds kí ho:

Jaisí ibtidá meṇ thí, ab bhí hai: aur hamesha rahegí.—Ámín.

LIṬÁNÍ.

AI Ḳhudá Báp, jo ásmán par hai: ham ḳhwár láchár gunahgároṇ par rahm kar.

Ai Ḳhudá Báp, jo ásmán par hai: ham ḳhwár láchár gunahgároṇ par rahm kar.

Ai Ḳhudá Beṭe, jahán ke ḳhalásí baḳhshnewále: ham ḳhwár láchár gunahgároṇ par rahm kar.

Ai Ḳhudá Beṭe, jahán ke ḳhalásí baḳhshnewále: ham ḳhwár láchár gunahgároṇ par rahm kar.

Ai Ḳhudá Rúh-ul-Quds, jo Báp aur Beṭe se nikaltá hai: ham ḳhwár láchár gunahgároṇ par rahm kar.

Ai Ḳhudá Rúh-ul-Quds, jo Báp aur Beṭe se nikaltá hai: ham ḳhwár láchár gunahgároṇ par rahm kar.

Ai quddús, mubárak, aur jalíl Taslís, tín Aqáním aur ek Ḳhudá: ham ḳhwár láchár gunahgároṇ par rahm kar.

Ai quddús, mubárak, aur jalíl Taslís, tín Aqáním aur ek Ḳhudá: ham ḳhwár láchár gunahgároṇ par rahm kar.

Ai Ḳhudáwand, hamárí taqsíroṇ ko yád na kar, aur na hamáre báp dádoṇ kí taqsíroṇ ko, aur hamáre gunáhoṇ ká badlá na le: Ai mihrbán Ḳhudáwand, ham se tahammul kar, apne logoṇ se, jinheṇ tú ne apná beshqímat lahú dekar, ḳhalásí baḳhshí, tahammul kar, aur abad tak ham se ḳhafá na ho.

Ai mihrbán Ḳhudáwand, ham se tahammul kar.

Har ek badí aur áfat se; gunáh se; shaitán ke makr aur hamloṇ se; apne gazab se; aur hamesha ke aẓáb se,

Ai mihrbán Ḳhudáwand hameṇ bachá.

Dil ke har tarah ke aṇdhlápe se ; ghamaṇḍ, garúr, aur riyákárí se, hasad, dushmaní, aur kína, aur har naṇ kí badgumání se,

Ai mihrbán Ḳhudáwand hameṇ bachá.

Harámkárí, aur dúsre har tarah ke halák karnewále gunáh se ; aur tamám dunyáwí, jismání aur shaitání fareboṇ se,

Ai mihrbán Ḳhudáwand hameṇ bachá.

Bijlí aur áṇdhí se, wabá, marí, aur kál se ; laṛáí aur ḳhún se ; aur nághání maut se,

Ai mihrbán Ḳhudáwand hameṇ bachá.

Har ek fasád, poshída sázish, aur bagáwat se ; tamám jhúṭhí talqín o bidạt, aur ápas kí phúṭ se ; dil kí saḳhtí, aur tere Kalám aur Hukm ke náchíz samajhne se,

Ai mihrbán Ḳhudáwand hameṇ bachá.

Apne pák mujassam hone ke bhed ke wáste ; apní pák paidáish aur ḳhatne ke wáste ; apne baptismá, roze, aur ázmáish ke wáste,

Ai mihrbán Ḳhudáwand hameṇ bachá.

Apní jánkaní aur lahú ke pasíne ke wáste ; apne salíb aur dukh sahne ke wáste ; apní ụmda maut aur dafn hone ke wáste ; apne shándár jí uṭhne aur ásmán par jáne ke wáste ; aur Rúh-ul-Quds ke áne ke wáste,

Ai mihrbán Ḳhudáwand hameṇ bachá.

Hamáre har ek dukh ke waqt ; hamáre har ek sukh ke waqt ; marte dam, aur insáf ke din,

Ai mihrbán Ḳhudáwand hameṇ bachá.

Ai Ḳhudáwand Ḳhudá, ham gunahgár terí minnat karte haiṇ, tú hamárí sun ; aur apní mihrbání se apní pák Kalísyá i jámị kí rahnumáí farmá, aur ráh i rást par us ká bandobast kar ;

Ai mihrbán Ḳhudáwand, ham terí minnat karte haiṇ, ki tú hamárí sun.

Apní mihrbání se apní Ḳhádima hamárí Karím ut taba Malika aur Qaisara i Hind Hákima Victoriá kí hifázat kar, aur use táqat baḳhsh ki wuh sachchái se terí ibádat kiyá kare, aur rásti o pákízagí ke sáth apní zindagání guzáre;

Ai mihrbán Ḳhudáwand, ham terí minnat karte haiṇ, ki tú hamárí sun.

Apní mihrbání se us ke dil ko apne dín aur ḳhauf aur muhabbat kí taraf mutwajjih rakh, aur yih ki wuh sadá tujh par bharosá rakhe, aur hamesha terí izzat o jalál kí tálib rahe;

Ai mihrbán Ḳhudáwand, ham terí minnat karte haiṇ, ki tú hamárí sun.

Apní mihrbání se us ká hámí aur háfiz rah, aur us ke sab dushmanoṇ par use fath baḳhsh;

Ai mihrbán Ḳhudáwand ham terí minnat karte haiṇ, ki tú hamárí sun.

Apní mihrbání se Albert Edward Wales ke Sháhzáde, Alexandrá Wales kí Sháhzádí, aur tamám Bádsháhí Ḳhándán ko barakat baḳhsh, aur salámat rakh;

Ai mihrbán Ḳhudáwand, ham terí minnat karte haiṇ, ki tú hamárí sun.

Apní mihrbání se tamám Usqúf, aur Qasís, aur Ḍíkanoṇ ko sahíh marifat aur apne Kalám kí samajh se roshní baḳhsh; aur yih ki us ke mutábiq we apní talím aur chál se us ko batáweṇ, aur záhir kareṇ;

Ai mihrbán Ḳhudáwand, ham terí minnat karte haiṇ, ki tú hamárí sun.

Apní mihrbání se Mushír Wazíroṇ aur sab Amíroṇ par fazl kar, aur un ko dánái aur samajh baḳhsh;

Ai mihrbán Ḳhudáwand, ham terí minnat karte haiṇ, ki tú hamárí sun.

Apní mihrbání se Hákimoṇ ko barakat de, aur un ká nigahbán rah, aur un par fazl kar, ki we insáf kareṇ, aur rástí ko qáim rakheṇ;

Ai mihrbán Ḳhudáwand, ham terí minnat karte haiṇ, ki tú hamárí sun.

Apní mihrbání se apne sab logoṇ ko barakat de, aur mahfúz rakh;

Ai mihrbán Ḳhudáwand, ham terí minnat karte haiṇ, ki tú hamárí sun.

Apní mihrbání se sab qaumoṇ meṇ ittihád, sulh o muwáfiqat baḳhsh;

Ai mihrbán Ḳhudáwand, ham terí minnat karte haiṇ, ki tú hamárí sun.

Apní mihrbání se hameṇ aisá dil de, jo terí muhabbat aur dahshat rakhe, aur tere hukm bajá láne meṇ lagá rahe;

Ai mihrbán Ḳhudáwand, ham terí minnat karte haiṇ, ki tú hamárí sun.

Apní mihrbání se apne sab logoṇ ko ziyáda taufíq baḳhsh, ki we tere Kalám ko ájizí ke sáth suneṇ, aur ḳhális muhabbat se us ko qabúl kareṇ, aur Rúh ke phal láweṇ;

Ai mihrbán Ḳhudáwand, ham terí minnat karte haiṇ, ki tú hamárí sun.

Apní mihrbání se un sab ko jo bhaṭak gae, aur jinhoṇ ne fareb kháyá, ráh i haqq par lá;

Ai mihrbán Ḳhudáwand, ham terí minnat karte haiṇ, ki tú hamárí sun.

Apní mihrbání se unheṇ, jo qáim haiṇ, qúwat baḳhsh aur ẓaíf diloṇ ko tasallí de; aur un kí madad kar; aur gire húoṇ ko uṭhá le; aur áḳhir shaitán ko hamáre páṇw tale kuchal ḍál;

Ai mihrbán Ḳhudáwand, ham terí minnat karte haiṇ, ki tú hamárí sun.

Apní mihrbání se un sab ko, jo ḳhatre meṇ haiṇ, bachá le; aur unkí jo zarúrat meṇ haiṇ madadgárí kar; aur unheṇ jo musíbat meṇ haiṇ, dilásá de;

Ai mihrbán Ḳhudáwand, ham terí minnat karte haiṇ, ki tú hamárí sun.

Apní mihrbání se un sab kí, jo ḳhushkí yá tarí ká safar karte haiṇ, sab ąuratoṇ kí jinheṇ píṛeṇ lagíṇ, sab bímároṇ aur nanhe bachchoṇ kí hifázat kar, aur sáre qaidí o asíroṇ par apní rahmat farmá;

Ai mihrbán Ḳhudáwand, ham terí minnat karte haiṇ, ki tú hamárí sun.

Apní mihrbání se sab yatím, aur bewa, aur sab bekasoṇ, aur mazlúmoṇ kí himáyat kar, aur ḳhabar le;

Ai mihrbán Ḳhudáwand, ham terí minnat karte haiṇ, ki tú hamárí sun.

Apní mihrbání se sab ádmíoṇ par rahm kar;

Ai mihrbán Ḳhudáwand, ham terí minnat karte haiṇ, ki tú hamárí sun.

Apní mihrbání se hamáre dushmanoṇ, aur satánewáloṇ, aur tuhmat lagánewáloṇ ko muąf kar, aur un ke diloṇ ko pher;

Ai mihrbán Ḳhudáwand, ham terí minnat karte haiṇ, ki tú hamárí sun.

Apní mihrbání se zamín ke achchhe hásilát paidá kar, aur hamáre fáide ke liye un kí nigahbání farmá, ki waqt par we hamáre kám áweṇ;

Ai mihrbán Ḳhudáwand, ham terí minnat karte haiṇ, ki tú hamárí sun.

Apní mihrbání se sachchí tauba kí taufíq hameṇ de, hamáre sáre gunáh, gaflat o nádániáṇ muąf kar, aur apne Rúh-ul-Quds ká fazl ham par farmá, ki apní chál tere pák Kalám ke muwáfiq sudháreṇ;

Ai mihrbán Ḳhudáwand, ham terí minnat karte haiṇ, ki tú hamárí sun.

Ai Ḳhudá ke Beṭe: ham terí minnat karte haiṇ, ki tú hamárí sun.

Ai Ḳhudá ke Beṭe: ham terí minnat karte haiṇ, ki tú hamárí sun.

Ai Ḳhudá ke Barre: jo jahán ke gunáhoṇ ko uṭhá le játá hai;

Apná árám hameṇ bakhsh.

Ai Ḳhudá ke Barre: jo jahán ke gunáhoṇ ko uṭhá le játá hai;

Ham par rahm kar.
Ai Masíh, hamárí sun.
Ai Masíh, hamárí sun.
Ai Ḳhudáwand, ham par rahm kar.
Ai Ḳhudáwand, ham par rahm kar.
Ai Masíh, ham par rahm kar.
Ai Masíh, ham par rahm kar.
Ai Ḳhudáwand, ham par rahm kar.
Ai Ḳhudáwand, ham par rahm kar.

Tab Qasís aur jamáạt Ḳhudáwand kí duạ́ paṛheṇ.

AI hamáre Báp, jo ásmán par hai, tere nám kí taqdís ho. Terí bádsháhat áwe. Terí marzí jaisí ásmán par hai, zamín par bhí howe. Hamáre roz kí roṭí áj hameṇ de. Aur jis tarah ki ham apne taqsírwároṇ ko muạ́f karte haiṇ, tú hamárí taqsíreṇ muạ́f kar. Aur hameṇ imtihán meṇ na ḍál, balki buráí se bachá.—ÁMÍN.

Qasís.—Ai Ḳhudáwand, hamáre gunáhoṇ ke mutábiq ham se sulúk na kar.

Jawáb.—Aur hamárí badíoṇ ke mutábiq hameṇ badlá na de.

HAM DUẠ́ MÁṆGEṆ.

AI Ḳhudá Rahím Báp, jo shikasta diloṇ kí áh aur gamgínoṇ kí árzú ko náchíz nahíṇ jántá; jab kabhí dukh aur musíbatoṇ meṇ ham giriftár hokar tere huzúr duạ́ máṇgeṇ, tú mihrbání se hamárí madad kar, aur karam se hamárí sun, ki jo buráiáṇ shaitán, yá insán, apne makr aur fareb se ham par láyá cháhte haiṇ, dafạ ho jáweṇ; aur terí husn i peshbíní se dúr ho jáweṇ; ki ham tere bande har tarah ke satáe jáne se bachkar, terí pák Kalísyá meṇ hamesha terá shukr bajá láyá kareṇ; hamare Ḳhudáwand Yesú Masíh ke wasíle se.

Ai Ḳhudáwand, uṭh, hamárí madad kar, aur apne nám ke wáste hameṇ bachá.

Ai Ḳhudá, ham ne apne kánoṇ suná, aur hamáre báp dádoṇ ne ham se bayán kiyá, ki un ke dinoṇ aur un ke peshtar agle dinoṇ meṇ tú ne kyá hí ạjíb kám kiye.

Ai Ḳhudáwand, uṭh, hamárí madad kar, aur apní ịzzat ke wáste hameṇ bachá.

Sitáish Báp, aur Beṭe: aur Rúh-ul-Quds kí ho:

Jaisí ibtidá meṇ thí, ab bhí hai: aur hamesha rahegí.—Ámín.

Ai Masíh hamáre dushmanoṇ se hameṇ panáh de.

Hamárí musíbatoṇ par mihrbání kí nazar kar.

Dardmandí se hamáre diloṇ ke gamoṇ par nigáh kar.

Rahm karke apne logoṇ ke gunáh muạ́f farmá.

Apne rahm aur karam se hamárí duạeṇ sun.

Ai Dáúd ke Beṭe, ham par rahm kar.

Ai Masíh, ab aur hamesha ko tawajjuh farmákar hamárí sun.

Ai Masíh, karam se hamárí sun: Ai Ḳhudáwand Masíh, karam se hamárí sun.

Qasís.—Ai Ḳhudáwand terí rahmat ham par názil ho;

Jawáb.—Ki tujhí par hamárá bharosá hai.

HAM DUẠ́ MÁṆGEṆ.

AI Báp, ham ḳháksárí se terí minnat karte haiṇ, ki tú hamárí nátawánioṇ par mihr se nazar kar; aur apne nám kí buzurgí ke wáste un sab áfatoṇ ko, jin ke ham bahut hí sazáwár hue haiṇ, ham se ṭál de; aur yih ịnáyat kar, ki ham apne sab dukhoṇ meṇ apná sárá ásrá bharosá terí rahmat hí par rakheṇ, aur hamesha terí ịzzat aur jalál ke liye pák sáf chalan ke sáth terí bandagí karte raheṇ; hamáre akele Darmiyání aur Shafị́, hamáre Ḳhudáwand Yesụ́ Masíh ke wasíle se.—Ámín.

MUQADDAS KRISOSTOM KÍ DUÁ.

AI Qádir i Mutlaq Ḳhudá, tú ne ham par fazl kiyá hai, ki ham ne is waqt ek dil hoke tujh se apní ámím duáeṇ máṇgí haiṇ; aur tú ne wáda kiyá hai, ki jab do yá tín mere nám par ikaṭṭhe howeṇ, tab maiṇ un kí árzoṇ ko qabúl karúṇgá: ab ai Ḳhudáwand, apne bandoṇ kí darḳhwástoṇ aur árzúoṇ ko, jis meṇ un kí behtarí ho, púrá kar; is jahán meṇ apní sachchái kí samajh, aur us jahán meṇ hamesha kí zindagí hameṇ baḳhsh.—Ámín.

2 Qurintíoṇ xiii. báb, 14 áyat.

HAMÁRE Ḳhudáwand Yesú Masíh ká fazl, aur Ḳhudá kí muhabbat, aur Rúh-ul-Quds kí rifáqat, ham sab ke sáth hamesha howe.—Ámín.

Yahán Liṭání tamám huí.

BẠZE AUQÁT KÍ DUÁEṆ AUR SHUKRÁNE.

——◆◆◆——

DUÁEṆ.

——•◦•——

MEṆH KE WÁSTE.

A I Ḳhudá, ásmání Báp, tú ne apne Beṭe Yesụ́ Masíḥ kí maṛifat un sab se jo terí bádsháhat, aur us kí rástí ke tálib haiṇ, sab chízoṇ ká jo un ke badan ke wáste zarúr haiṇ, wạda kiyá; ham terí minnat karte haiṇ, ki hamárí is zarúrat ke waqt aise andáze se meṇh barsá ki ham apne árám aur terí izzat ke wáste zamín kí paidá-wár hásil kareṇ; hamáre Ḳhudáwand Yesụ́ Masíḥ ke wasíle se.—Á́MÍN.

MEṆH THAM JÁNE KE WÁSTE.

A I Qádir i Mutlaq Ḳhudáwand Ḳhudá, tú ne ek bár insán ke gunáh ke sabab, áṭh ádmí ke siwá, sáre jahán ko ḍubá diyá, aur us ke baḍ apní baṛí mihrbání se wạda kiyá, ki phir use is tarah kabhí gárat na karúṇgá; ham ájizí se terí minnat karte haiṇ, ki agarchi ham apní buráioṇ ke sabab jhaṛíoṇ aur bárish kí áfat ke yaqínan láiq haiṇ: par tau bhí hamárí sachchí tauba par aisí muwá-fiq ritu bhej, ki zamín kí paidáwár ham bar waqt páweṇ; aur terí tambíh se apní chál sudhární aur terí mihrbání ke sabab terí tạríf aur tausíf karní síkheṇ; hamáre Ḳhudáwand Yesụ́ Masíḥ ke wasíle se.—Á́MÍN.

MAHAṆGÍ AUR KÁL KE WAQT KÍ.

A I Ḳhudá, ásmání Báp, ki terí ịnáyat se meṇh barastá, zamín ugátí, haiwánoṇ kí afzáish aur machhlíoṇ kí kasrat hotí hai; ham terí minnat karte haiṇ, ki apne logoṇ kí musíbatoṇ par nazar kar; aur baḳhsh ki yih garání aur mahaṇgí, jin kí musíbat meṇ apní badí ke sabab kamál ạdl kí ráh se ham is waqt giriftár haiṇ, terí barí mihrbání se sastí aur arzání ke sáth badal jáwe; hamáre Ḳhudáwand Yesụ Masíh kí muhabbat ke wáste, jise tere aur Rúh-ul-Quds ke sáth ab aur hamesha ko tamám ịzzat aur jalál howe.—A'mín.

YÁ YIH.

A I Ḳhudá Rahím Báp, tú ne Ilíshạ nabí ke waqt, Sámarya ke mulk meṇ barí mahaṇgí aur kál ko ekáek sastí aur arzání se badal ḍálá; ham par rahm kar ki ham ko bhí, jo apne gunáhoṇ ke sabab waisí hí sazá páte haiṇ, waqt par árám mile: apní ásmání barakat se zamín kí paidáwár barhá; aur yih baḳhsh, ki ham tere kamál karam se barakat hásil karke tere jalál aur muhtájoṇ kí rafạ i zarúrat, aur apne árám ke liye use ḳharch meṇ láweṇ; hamáre Ḳhudáwand Yesụ Masíh ke wasíle se.—A'mín.

LAṚÁÍ AUR HAṆGÁMOṆ KE WAQT KÍ.

A I Qádir i Mutlaq Ḳhudá, bádsháhoṇ ke Bádsháh, aur sab chízoṇ ke intizám karnewále, jis kí qudrat ká koí maḳhlúq sámhná kar nahíṇ saktá, gunahgároṇ ko láiq sazá dení, aur sachchí tauba karnewáloṇ par rahm karná, terá hí kám hai; ham farotaní se terí minnat karte haiṇ, ki hamáre dushmanoṇ ke háth se hameṇ bachá, aur ḳhalásí de; aur un ká gurúr ghaṭá, un ká kína kam kar, aur un kí mansúbabázián abtar kar de; táki ham, terí himáyat ká hathyár bándhkar, tú jo akelá sab fath ká baḳhshnewálá hai, terí tạríf karne ko tamám ḳhatroṇ se hamesha bache raheṇ; yih tere eklaute Beṭe hamáre Ḳhudáwand Yesụ Masíh ke sawáb ke sabab howe.—A'mín.

WABÁ AUR BÍMÁRÍ KE WAQT KÍ.

A I Qádir i Mutlaq Ḳhudá, ki tú ne apne gazab meṇ bayábán ke bích, apne ḳhás logoṇ par Músá o Hárún se sarkashí karne ke sabab, marí bhejí; aur phir

Dáúd bádsháh ke waqt meṇ sattar hazár ádmí marí kí áfat se már ḍále, táham apní mihrbání par nazar karke báqí logoṇ ko bacháyá; ham bekas láchár gunahgároṇ par, jo is waqt baṛí bímárí aur marí meṇ giriftár haiṇ, rahm kar; ki jis tarah tú ne us waqt kafáre ko qabúl kiyá, aur halák karnewále firishte ko farmáyá, ki sazá dene se báz rah, yuṇhíṇ ab terí marzí ho, ki yih wabá aur baṛí bímárí ham par se dafạ ho jáwe; yih hamáre Ḳhudáwand Yesụ́ Masíh ke wasíle se howe.—ÁMÍN.

Imber ke hafton meṇ un ke liye, jo Muqaddas ụhdoṇ par muqarrar honewále haiṇ, har roz paṛhí jáwe.

AI Qádir i Multaq Ḳhudá, hamáre ásmání Báp, tú ne apne pyáre Beṭe ke qímatí lahú se har jagah kí ek Kalísyá apne wáste ḳharídí; us par rahm kí nazar kar, aur is waqt apne bande Usqúfoṇ aur apne galle ke Gallabánoṇ ke diloṇ ko aisí samajh baḳhsh, aur durust kar, ki we ekáek kisí shaḳhs par háth na rakheṇ, balki ímándárí aur hoshyárí se terí Kalísyá kí pák ḳhidmat ke liye liyáqatwáloṇ ko chun leṇ. Aur jo kisí muqaddas kám par muqarrar howeṇ, un par apná fazl kar, aur un ko ásmání barakat de; ki we apní chál aur tạlím se terá jalál záhir, aur sab ádmíoṇ kí naját ke liye ráh taiyár kareṇ; hamáre Ḳhudáwand Yesụ́ Masíh ke wasíle se.—ÁMÍN.

YÁ YIH.

AI Qádir i Mutlaq Ḳhudá, baṛí baṛí niạmatoṇ ke baḳhshnewále, tú ne apne rabbání intizám se apní Kalísyá meṇ kaí darje muqarrar kiye haiṇ; ham ḳháksárí se terí minnat karte ki tú un sab par apná fazl kar jo us ke kisí ụhde yá ḳhidmat par muqarrar honewále haiṇ; aur unheṇ apne dín kí aisí durust samajh de, aur chál kí neki se aisá árásta o pairásta kar, ki we tere baṛe nám kí buzurgí aur terí muqaddas Kalísyá ke fáide ke liye ímándárí se tere huzúr ḳhidmat bajá láweṇ; hamáre Ḳhudáwand Yesụ́ Masíh ke wasíle se.—ÁMÍN.

DUÁ JO KISÍ ÚPAR KÍ DUÁ KE BAD PARHÍ JÁWE.

AI Khudá, jis kí zát aur sifát sadá gafúr o rahím hai, hamárí ájizí kí arzen qabúl kar, aur agarchi ham apne gunáhon kí zanjíron men jakar-band hain, táham tars khákar apní kamál rahmat se hamen khol de; hamáre Darmiyání aur Sifárish karnewále Yesú Masíh kí izzat ke wáste.—Ámín.

Duá mahkama muazzama yane Párlement aur Sarkár Hindustán mutalliqa Angrez bahádur ke liye.

AI Qádir i Mutlaq Khudá aur niháyat Rahím Báp, ham Terí minnat karte hain, ki Tú hamárí Khátún Ra'ísá Malika aur Qaisara i Hind Victoriá par; Albert Edward Wales ke Sháhzáde, Wales kí Sháhzádí aur Bádsháhí tamám khándán par (aur mahkama Álá Párlement ke ijlás par) apní rahmat kí nazar rakh; aur Hindustán ke Gavarnar Jenerel, dúsre Gavarnaron, Hukkám-i-adálaton aur un sab ke liye jo hamárí Malika aur Qaisara i Hind ke níche ikhtiyár rakhte, ham duá karte hain, ki wuh dánáí, rástí o mihrbání se sab báton ká bandobast karen—ki Tere pák Nám kí izzat aur Terí Kalísyá aur Tere sab logon kí bhaláí howe;—Hamáre Khudáwand Yesú Masíh ke wasíle se.—Ámín.

YÁ YIH.

AI Beniháyat Karím Khudá, jis tarah ámm tamám saltanat ke liye usí tarah kháss mahkama Álá Párlement ke liye, aur Sarkár Hindustán ke liye, Gavarnar Jenerel ke liye, dúsre Gavarnaron ke liye, High Kort Adálaton ke liye, Kaunsilon aur un sab ke liye, jo un men kisí tarah ká ikhtiyár rakhte hain, ham farotaní se terí minnat karte ki tú mihrbání se un ke tamám bandobast aur károbár aise durust farmá aur unká anjám aisá bakhair kar de ki terá jalál zahúr páwe, terí Kalísyá kí bhaláí, aur hamárí Malika Qaisara i Hind, aur us kí saltanat kí hifázat o izzat aur behtarí howe, aur un kí jidd o jahd se sab báten bahut hí behtar aur ustuwár bunyád par is tarah pukhtagí se intizám páwen ki sulh aur khushí o sachcháí o insáf o díndárí aur nekokárí ham sabhon men naslan bạd naslan qáim rahe, yih sab kuchh aur dúsrí sab zarúriyát jin ke we aur ham aur terí tamám Kalísyá muhtáj hoṇ, ham ájizí se apne niháyat mubárak Ḳhudáwand aur Munjí Yesú Masíh ke nám aur sifárish ke wáste máṇgte haiṇ.—Ámín.

SAB QISM KE ÁDMÍOṆ KE LIYE, EK DUÁ.

AI Ḳhudá, sab insán ke Ḳháliq aur Parwardigár, ham farotaní se har ek qism aur har ek darje ke ádmíoṇ ke wáste tujh se ạrz karte haiṇ, ki tú mihrbání karke apní ráh un ko batá, apní naját sab qaumoṇ par záhir farmá; ḳhásskar Kalísyá i jámị kí behtarí ke liye ham duạ máṇgte haiṇ, ki wuh tere achchhe Rúh se aisí hidáyat páwe, aur aisí tábịdár ho jáwe, ki jitne apne taíṇ Masíhí qarár dete aur kahte haiṇ ráh i haqq kí rahnumáí páweṇ, aur rúh kí yagánagat aur sulh ke band, aur chalan kí rástí se ímán par qáim raheṇ. Áge un sab ko jo rúh, ḳhwáh jism, ḳhwáh mál ká dukh yá rauj uṭháte haiṇ, ham terí pidrána shafqat ke supurd karte haiṇ, (*ḳhusúsan un ko jin ke liye hamárí duạeṇ matlúb haiṇ,) ki tú mihrbání se un kí har ek zarúrat ke muwáfiq unheṇ tasallí aur árám dewe, un ke dukhoṇ meṇ unheṇ sabúrí baḳhshe, aur un kí sab musíbatoṇ ká anjám baḳhair kare; yih Yesụ Masíh ke wáste ham máṇgte haiṇ.—Ámín.

*Yih us waqt kahá jáwe, jab ki koí jamáạt kí duạ kí ḳhwáhish kare.

DUÁ.—*Masíhí mazhab kí taraqqí ke liye.*

AI Rahím Ḳhudá tú ne sab ádmíoṇ ko paidá kiyá aur apne kisí maḳhlúq se dushmaní nahíṇ rakhtá aur kisí gunahgár ká marná nahíṇ, balki yih cháhtá hai ki wuh rujụ láwe aur jíe, un sab par jo tere kalám i haqq ko nahíṇ jánte haiṇ rahm kar, aur un se sárí nádání aur saḳht dilí aur apne kalám kí tahqír dúr kar; aur Ai mubárak Ḳhudáwand un ko is tarah hidáyat farmá aur apne galle meṇ shámil kar ki we sachche Isráelí báqí máṇdoṇ ke sáth naját páweṇ aur ek hí galla, ek hí chaupán ke, yạne hamáre Ḳhudáwand Yesụ Masíh ke ho jáweṇ, jo tere aur Rúh-ul-Quds ke sáth ek Ḳhudá abad tak jítá aur saltanat kartá hai.—Ámín.

YÁ YIH.

AI Ḳhudá tú ne sab qaumoṇ ko rú i zamín par rahne ke liye ek hí lahú se paidá kiyá hai aur apne mutabarrak Beṭe ko is liye bhejá ki unheṇ jo dúr haiṇ aur unheṇ jo qaríb haiṇ, sulh kí bát sunáwe, mihrbání se aisá kar ki is mulk ke sab log terí talásh kareṇ aur tujhe páweṇ, aur Ai Ásmání Báp apne us wạde ko jald púrá kar jo tú ne farmáyá ki maiṇ apná Rúh tamám ádamzád par názil karúṇgá; hamáre naját denewále Yesụ́ Masíh ke wasíle se.—ÁMÍN.

SHUKRÁNE.

SHUKRÁNA ẠMÍM.

AI Qádir i Mutlaq Ḳhudá, sab rahmatoṇ ke báni, ham tere náláiq bande terí mihrbání aur muhabbat ke wáste, jo tú ne ham par aur sáre ádmíoṇ par záhir kí hai, (*ḳhásskar un par jo hál kí terí rahmatoṇ ke liye ab terí tạríf aur shukr kiyá cháhte haiṇ,) kamál ạjizí ke sáth dil o ján se terá shukr karte haiṇ. Ham apní paidáish, parwarish, aur is zindagí kí sárí niạmatoṇ par, lekin ḳhusúsan us bebadal muhabbat par, jo tú ne hamáre Ḳhudáwand Yesụ́ Masíh ke wasíle dunyá kí naját kí bábat záhir kí hai; aur fazl ke wasíloṇ, aur jalál kí ummed par terá shukr bhejte haiṇ. Aur ham terí minnat karte, ki apne sáre ihsanoṇ kí ham ko aisí púrí samajh de, ki hamáre dil beriyá tere shukrguzár howeṇ, aur ham terí tạríf faqt apní zubán se nahíṇ, balki apne chalan se is tarah záhir kareṇ, ki apne taíṇ terí bandagí meṇ sauṇp deweṇ, aur tere huzúr pákízagí aur rástí ke sáth ụmr bhar chaleṇ; hamáre Ḳhudáwand Yesụ́ Masíh ke wasíle se, jis ko tere aur Rúh-ul-Quds ke sáth tamám buzurgí aur jalál hamesha howe.—ÁMÍN.

*Yih tab paṛhá jáwe, jab kisí ke liye duạ́ mángí gaí ho, aur wuh shukrána áda kiyá cháhe.

MEṆH BARASNE KÁ.

AI Ḳhudá, hamáre ásmání Báp, tú apní parwardigárí ke fazl se aglá aur pichhlá meṇh zamín par barsátá hai, táki wuh insán ke fáida ke liye phal paidá kare; ham farotaní se terá shukr karte haiṇ, ki tú ne mihrbání karke hamárí baṛí zarúrat meṇ apní milk par áḳhir ko ḳhúb meṇh barsáyá; aur use jo súkh rahí thí ḍahḍahí kar diyá, jis se ham tere náláiq bandoṇ ne baṛá árám páyá, aur tere muqaddas nám kí buzurgí záhir huí; terí un rahmatoṇ se jo hamáre Ḳhudáwand Yesụ́ Masíh ke wasíle se huíṇ.—ÁMÍN.

MEṆH THAMNE KÁ.

AI Ḳhudáwand Ḳhudá, tú ne shiddat ke meṇh aur paníoṇ kí áfat se in dinoṇ hameṇ wájibí ráh se ạjiz kiyá thá, phir us ke badle apne rahm se waqt par yih aiyám i ḳhush lákar hamáre diloṇ ko árám aur ḳhushí baḳhshí; terí is mihrbání ke wáste ham tere pák nám ká shukr aur tạríf karte haiṇ, aur terí shafaqat ká zikr pusht bá pusht hamesha karte raheṇge; apne Ḳhudáwand Yesụ́ Masíh ke wasíle se.—ÁMÍN.

SASTÍ KÁ.

AI Kamál mihrbán Báp, ki tú ne apne karam aur fazl se apní Kalísyá kí iltijá o duạ́ suní, aur mahaṇgí o kál ko sastí aur arzání se badlá; ham ạjizí se terí is baṛí niạmat ká shukr bhejte, aur minnat karte haiṇ, ki terí mihr ham par sadá rahe, táki hamárí zamín apní paidáwár hameṇ diyá kare, jis se terí tạríf aur hamárá árám howe; hamáre Ḳhudáwand Yesụ́ Masíh ke wasíle se.—ÁMÍN.

SULH AUR DUSHMANOṆ SE BACHÁO KÁ.

AI Qádir i Mutlaq Ḳhudá, jo apne bandoṇ ke liye un ke dushmanoṇ ke sámhne bacháo ká ek mazbút qilạ hai, ham terí hamd aur terá shukr karte haiṇ, ki tú ne un baṛe baṛe ḳhatroṇ se jin meṇ ham sáf ghir gae the bacháyá; ham iqrár karte haiṇ ki yih sirf terí mihrbání hai, ki ham un ke háth shikár na hue, aur ham terí minnat karte haiṇ, ki terí rahm kí nazar yuṇhíṇ hamesha ham par rahe, táki sárá jahán malúm kare ki tú hí hamárá Bachánewálá aur zabardast Rihái Denewálá hai; yih hamáre Khudáwand Yesú Masíh ke wasíle se howe.—Ámín.

WATAN KE HANGÁMA MAUQÚF HONE KÁ.

Ai hamesha ke Khudá, hamáre ásmání Báp, jo akelá ghar ke logoṇ ko ek dil kar denewálá, aur hullaṛ machánewáloṇ aur sarkashoṇ ke balwe ká thámnewálá hai; ham tere pák Nám ká shukr karte haiṇ, ki tú ne apní mihrbání se un baṛe fasádoṇ ko mauqúf kiyá, jo in dinoṇ ham meṇ barpá hue the; ham kamál ájizí se terí minnat karte haiṇ, ham sab par aisá fazl kar, ki áge ko tere pák hukm ke tábi raheṇ; aur kamál díndárí o nekokárí ke sáth amn o chain meṇ zindagání guzáreṇ, aur un rahmatoṇ kí, jo ham par záhir huíṇ, taríf aur shukráne kí nazr sadá tujh ko guzráná kareṇ; hamáre Khudáwand Yesú Masíh ke wasíle se.—Ámín.

WABÁ AUR MARÍ MAUQÚF HONE KÁ.

Ai Khudáwand Khudá, jis ne baṛí khaufnák wabá se hamáre gunáhoṇ ke sabab in dinoṇ hameṇ ghái1, aur hamárí khatáoṇ ke wáste ham ko tabáh kiyá thá; aur sab áfat ke waqt apne rahm ko yád farmáke hamárí jánoṇ ko maut ke panje se rihái bakhshí; ham terí Kalísyá ke darmiyán terí rahmatoṇ kí taríf aur baṛái hamesha karte hue apne taíṇ tan man samet, jise tú ne bacháyá hai, terí pidrána shafaqat kí nazr guzránte haiṇ, táki tere liye ek zinda qurbání howeṇ; hamáre Khudáwand Yesú Masíh ke wasíle se.—Ámín.

YÁ YIH.

Ai Kamál Rahím Báp, ham tere huzúr farotaní se iqrár karte haiṇ, ki hamáre gúnágún gunáhoṇ aur dil kí sakhtí ke sabab azáb ke sab hukmoṇ ká, jo terí shariat meṇ mundarij haiṇ, ham par járí honá insáf thá; lekin jab ki tú ne apní niháyat mihrbání se ham ájiz nikammoṇ kí tauba par is mutaddí bímárí ko, jis se in dinoṇ ham gárat hue játe the, dafa kiyá; aur hamáre gharoṇ se khushí aur tandurustí kí áwáz sunáí; to ham terí Janáb i Aqdas ke huzúr hamd aur shukr ká hadya guzránte, aur terí is nigahbání aur parwardigárí ke wáste tere jalíl Nám kí taríf aur tazím karte haiṇ; hamáre Khudáwand Yesú Masíh ke wasíle se.—*Ámín.*

DUÁEṆ,

MAKTÚBEṆ AUR INJÍLEṆ;

JO SÁL BHAR PAṚHNE MEṆ ÁWEṆ.

Masíh kí Ámad ke Pahle Itwár kí duá.

AI Qádir i Mutlaq Khudá, ham par fazl kar, ki ab is álam i fání ke darmiyán, jis meṇ terá Beṭá Yesú Masíh baṛí farotaní se hamáre pás áyá, ham táríkí ke kámoṇ ko chhoṛ deṇ, aur roshní ke hathyár bándh leṇ; táki ákhirí din jab wuh apní sháhána shán o shaukat ke sáth zindoṇ aur murdoṇ ke insáf karne ko phir áwe, ham us ke sabab, jo tere aur Rúh-ul-Quds ke sáth ab aur abad tak jítá, aur saltanat kartá hai, hamesha kí zindagí ke liye jí uṭheṇ.—*Ámín.*

Yih duá dúsrí ámad kí duáoṇ ke sáth Krismas ke arfa tak roz paṛhí jáwe.

Maktúb Rúmíoṇ ko, 13 báb, 8 se ákhir tak.
Injíl i Matí, 21 báb, 1—14.

Ámad ke Dúsre Itwár kí duá.

AI Mubárak Khudáwand, jis ne sárí muqaddas kitábeṇ hamárí talím ke liye likhwáíṇ; yih bakhsh ki ham unheṇ aise taur se suneṇ, paṛheṇ, dhyán kareṇ, síkheṇ, aur bátin meṇ goyá hazm kareṇ, ki tere pák Kalám se sabr aur tasallí hásil karke us hayát i abadí kí mubárak ummed ko, jise tú ne hamáre Naját Bakhshnewále Yesụ Masíh ke wasíle se hameṇ dí, ikhtiyár kareṇ, aur sadá thámbhe raheṇ.—ÁMÍN.

Maktúb Rúmíoṇ ko, 15 báb 4—14.
Injíl i Lúqá, 21 báb, 25—34.

Ámad ke Tísre Itwár kí duạ́.

AI Khudáwand Yesụ Masíh, tú ne apne pahle áne ke waqt apne Rasúl ko bhejá, ki tere áge terí ráh durust kare; yih bakhsh ki tere rázoṇ ke khidmatguzár aur mukhtár i kár is tarah terí ráh ko taiyár aur durust kareṇ, ki náfarmánbardároṇ ke diloṇ ko rástbázoṇ kí dánáí kí taraf phereṇ, ki jab tú jahán kí ạdálat karne ko phir áwe, ham tere huzúr, jo Báp aur Rúh-ul-Quds ke sáth sadá ek Khudá abad tak jítá aur saltanat kartá hai, ek maqbúl qaum ṭhahareṇ.—ÁMÍN.

Maktúb 1 Qurintíoṇ ko, 4 báb, 1—16.
Injíl i Matí, 11 báb, 2—11.

Ámad ke Chauthe Itwár kí duạ́.

AI Khudáwand, ham terí minnat karte haiṇ, ki tú apní qudrat záhir kar, aur hamáre darmiyán á, aur baṛí quwat se hamárí madad kar; ki ham jo apní badí aur gunáhoṇ ke sabab is maidán kí dauṛ meṇ, jo hamáre liye muqarrar hai, aṭke, aur bahut hí ruke haiṇ, terá kamál karam o fazl jald hamárí madad kare, aur hameṇ chhuṛáwe; tere Beṭe hamáre Khudáwand ke kafáre ke sabab, jise tere aur Rúh-ul-Quds ke sáth ịzzat aur jalál hamesha howe.—ÁMÍN.

Maktúb Filippíoṇ ko, 4 báb, 4—8.
Injíl i Yúhanná, 1 báb, 19—29.

Hamáre Ḳhudáwand Yesú Masíh ke paidá hone ke din yạne Krismasḍay kí duạ́.

AI Qádir i Mutlaq Ḳhudá, jis ne apná eklautá Beṭá ham ko ịnáyat kiyá, ki wuh hamárí sarisht iḳhtiyár kare, aur goyá áj ke din ek pák dáman kuṇwárí se paidá howe; yih baḳhsh ki ham sar i nau paidá hoṇ, aur tere fazl se tere muṇh-bole beṭe bankar roz ba roz tere Rúh-ul-Quds se táze hote jáweṇ; hamáre usí Ḳhudáwand Yesú Masíh ke wasíle se, jo tere aur usí Rúh ke sáth sadá ek Ḳhudá abad tak jítá aur saltanat kartá hai.—Ámín.

Maktúb Ịbráníoṇ ko, 1 báb, 1—13.
Injíl i Yúhanná 1 báb, 1—15.

Muqaddas Istíphán ke din kí duạ́.

AI Ḳhudáwand, yih baḳhsh ki ham apní sab musíbatoṇ meṇ, jo is rú i zamín par terí sachchái par gawáhí dene ke sabab ham par paṛtí haiṇ, gaur se ásmán kí taraf nigáh kareṇ, aur us jalál ko, jo záhir honewálá hai, ímán se takte raheṇ, aur Rúh-ul-Quds se mạmúr hokar, tere pahle shahíd muqaddas Istíphán kí mánind, apne satánewáloṇ ko pyár aur duạ́ i ḳhair karná síkheṇ, ki us ne apne qátiloṇ ke wáste, Ai mubárak Yesú, tujh se duạ́ máṇgí, jo Ḳhudá ke dahne háth khaṛá hai, táki un sab kí jo tere liye dukh uṭháte haiṇ, himáyat kare; tú hí akelá hamárá Darmiyání aur Wakíl hai.—Ámín.

Is ke bạd Masíh kí paidáish ke din kí duạ́ nae sál ke ạrfa tak bilánága paṛhí jáwe.

Maktúb ke ịwaz Aạmál, 7 báb, 55 se áḳhir tak.
Injíl i Matí, 23 báb, 34 se áḳhir tak.

Muqaddas Yúhanná Injílí ke din kí duạ́.

AI Rahím Ḳhudáwand, ham terí minnat karte haiṇ, ki apne núr kí chamaktí jhalak apní Kalísyá par ḍál, ki wuh tere mubárak Rasúl muqaddas Yúhanná Injílí kí tạlím se munawwar hokar terí sachchái kí roshní meṇ is tarah chale, ki áḳhir hamesha kí zindagání kí roshní ko pahuṇche; hamáre Ḳhudáwand Yesú Masíh ke wasíle se.—ÁMÍN.

Maktúb 1 Yúhanná, 1 báb, 1 se áḳhir tak.
Injíl i Yúhanná, 21 báb, 19 se áḳhir tak.

Maṣúmoṇ ke din kí duá.

AI Qádir i Mutlaq Ḳhudá, tú ne bachchoṇ aur shírḳhwároṇ ke muṇh se qudrat záhir kí, aur nahne bachchoṇ se un ke qatl hone ke wasíle apní hamd karwáí; un sab burí ḳhwáhishoṇ ko jo ham meṇ haiṇ, márke nest o nábúd kar ḍál; aur apne fazl se hameṇ aisí táqat de, ki ham apní maṣúmoṇ kí sí chál aur apne ímán kí páedárí se marte dam tak tere pák Nám ká jalál záhir kareṇ; hamáre Ḳhudáwand Yesú Masíh ke wasíle se.—ÁMÍN.

Maktúb ke iwaz Mukáshafát, 14 báb, 1—6.
Injíl i Matí, 2 báb, 13—19.

Krismasḍay ke baḍ ke Itwár kí duá.

AI Qádir i Mutlaq Ḳhudá, jis ne apná eklautá Beṭá ham ko ináyat kiyá, ki wuh hamarí sarisht iḳhtiyár kare, aur goyá áj ke din ek pák dáman kuṇwárí se paidá howe; yih baḳhsh ki ham sar i nau paidá hoṇ, aur tere fazl se tere muṇh-bole beṭe bankar roz ba roz tere Rúh-ul-Quds se táze hote jáweṇ; hamáre usí Ḳhudáwand Yesú Masíh ke wasíle se, jo tere aur usí Rúh ke sáth sadá ek Ḳhudá abad tak jítá aur saltanat kartá hai.—ÁMÍN.

Maktúb Galátíoṇ ko, 4 báb, 1—8.
Injíl i Matí, 1 báb, 18 se áḳhir tak.

Masíh ke Ḳhatna ke din kí duá.

AI Qádir i Mutlaq Ḳhudá, tú ne insán ke liye apne mubárak Beṭe ká ḳhatna karwáyá, aur use shariat ká mahkúm kar diyá; hameṇ Rúh ke asl ḳhatna kí taufíq baḳhsh, ki hamáre dil, aur hamáre har ek band, dunyaw aur jismání lazzatoṇ kí taraf se murda ho jáweṇ, aur sab bátoṇ meṇ ham terí marzí i mubárak ke tábi̤ raheṇ; usí tere Beṭe hamáre Ḳhudáwand Yesu̥ Masíh ke wasíle se— A'MÍN.

Maktúb Rúmíoṇ ko, 4 báb, 8—15.
Injíl i Lúqá, 2 báb, 15—22.

Yihí duạ aur Maktúb aur Injíl har roz Apifaní tak paṛhí jáweṇ.

Masíh ke ummatoṇ par záhir hone ke din, yạne Apifaní kí duạ.

AI Ḳhudá, tú ne ek sitáre kí rahbarí se apne eklaute Beṭe ko gair qaumoṇ par záhir kiyá; apní rahmat se yih baḳhsh, ki ham jo ab tujhe ímán kí ráh se pahchánte haiṇ, is zindagí ke bạd terí jalíl Ḳhudáí kí ḳhushí meṇ shámil howeṇ; hamáre Ḳhudáwand Yesu̥ Masíh ke wasíle se.—A'MÍN.

Maktúb Afsíoṇ ko, 3 báb, 1—13.
Injíl i Matí, 2 báb, 1—13.

Apifaní ke bạd Pahle Itwár kí duạ.

AI Ḳhudáwand, ham terí minnat karte haiṇ, ki apne bandoṇ kí duạ, jo tujhe pukárte haiṇ mihrbání se qabúl kar; aur yih baḳhsh, ki we un kámoṇ ko, jin ká karná un par wájib hai, daryáft aur mạlúm kareṇ, aur taufíq o táqat bhí páweṇ, ki unheṇ ímandárí ke sáth bajá láweṇ; hamáre Ḳhudáwand Yesu̥ Masíh ke wasíle se.—A'MÍN.

Maktúb Rúmíoṇ ko, 12 báb, 1—6.
Injíl i Lúqá, 2 báb, 41 se áḳhir tak.

Apifaní ke bạd Dúsre Itwár kí duạ.

AI Qádir i Mutlaq aur hamesha ke Ḳhudá, tú ásmán aur zamín kí sab chízoṇ par hukúmat rakhtá hai;

mihrbání se apne logon kí minnaten sun, aur hamárí zindagí ke sab dinon men, apní taraf se hamen áram bakhsh; hamáre Khudáwand Yesú Masíh ke wasíle se.—ÁMÍN.

Maktúb Rúmíon ko, 12 báb, 6—17.
Injíl i Yúhanná, 2 báb, 1—12.

Apifaní ke bad Tísre Itwár kí duá.

AI Qádir i Mutlaq aur hamesha ke Khudá, hamárí nátawánion par mihrbání se nazar kar, aur hamáre sab khatre aur zarúrat ke waqt apná dahná háth hamárí madad aur himáyat ke liye barháyá kar; hamáre Khudáwand Yesú Masíh ke wasíle se.—ÁMÍN.

Maktúb Rúmíon ko, 12 báb, 16 se ákhir tak.
Injíl i Matí, 8 báb, 1—14.

Apifaní ke bad Chauthe Itwár kí duá.

AI Khudá, tú jántá hai ki ham is tarah ke beshumár aur bare bare khatron se ghire hain, ki apní bashariat kí beqarárí ke sabab hamesha sídhe khare nahín rah sakte; hamen aisí táqat de, aur hamárí aisí hifázat kar, ki sáre khatron men ham sábit rahen, aur sab ázmáishon se bach niklen; hamáre Khudáwand Yesú Masíh ke sabab se.—ÁMÍN.

Maktúb Rúmíon ko, 13 báb, 1—8.
Injíl i Matí, 8 báb, 23 se ákhir tak.

Apifaní ke bad Pánchwen Itwár kí duá.

AI Khudáwand, ham terí minnat karte hain, ki tú apní Kalísyá aur khanwáde ko apne dín i haqq par hamesha mazbút rakh, táki we, jo sirf tere ásmání fazl par takiya rakhte hain, terí barí qudrat se hamesha mahfúz rahen; hamáre Khudáwand Yesú Masíh ke wasíle se.—ÁMÍN.

Maktúb Qulussíon ko, 3 báb, 12—18.
Injíl i Matí, 13 báb, 24—31.

Apifaní ke bạd Chhaṭweṇ Itwár kí duạ́.

AI Ḳhudá, jis ká mubárak Beṭá is liye záhir huá, ki shaitán ke kámoṇ ko nest o nábúd kare, aur hameṇ Ḳhudá ke farzand, aur hamesha kí zindagí ke wáris ṭhaharáwe; ham terí minnat karte haiṇ, hameṇ yih baḳhsh, ki ham yih ummed rakhkar apne ko aisá pák kareṇ, jaisá wuh pák hai; táki jab wuh quwat aur baṛe jalál ke sáth phir záhir ho, to ham us kí abadí shán o shaukat kí saltanat meṇ us kí mánind ho jáweṇ, jaháṇ wuh tere sáth, Ai Báp, aur tere sáth, Ai Rúh-ul-Quds, sadá ek Ḳhudá, abad tak jítá aur saltanat kartá hai.—ÁMÍN.

Maktúb 1 Yúhanná, 3 báb, 1—9.
Injíl i Matí, 24 báb, 23—32.

Lenṭ yạne rozẹ se áge Tísre Itwár kí duạ́.

AI Ḳhudáwand, ham terí minnat karte haiṇ, apne bandoṇ kí duạeṇ tawajjuh karke sun; ki ham jo apne gunáhoṇ kí wájibí sazá páte haiṇ, terí mihrbání aur rahmat se tere nám ke jalál ke liye chhúṭ jáweṇ; yih hamáre Naját Denewále Yesụ Masíh ke wáste ho, jo tere aur Rúh-ul-Quds ke sáth sadá ek Ḳhudá abad tak jítá aur saltanat kartá hai.—ÁMÍN.

Maktúb 1 Qurintíoṇ ko, 9 báb, 24 se áḳhir tak.
Injíl i Matí, 20 báb, 1—17.

Lenṭ se áge Dúsre Itwár kí duạ́.

AI Ḳhudáwand Ḳhudá, tú dekhtá hai, ki jo kuchh ham karte haiṇ, us par bharosá nahíṇ rakhte; rahm karke yih baḳhsh, ki ham terí qudrat se har ek musíbat se mahfúz raheṇ; hamáre Ḳhudáwand Yesụ Masíh ke wasíle se.—ÁMÍN.

Maktúb 2 Qurintíoṇ ko, 11 báb, 19—32.
Injíl i Lúqá, 8 báb, 4—16.

Lenṭ se áge Pahle Itwár kí duạ́.

AI Khudáwand, tú ne hameṇ sikháyá, ki hamáre sab kám muhabbat bagair nikamme haiṇ; apne Rúh-ul-Quds ko bhej, aur hamáre diloṇ meṇ muhabbat ḍál, ki wuh tamám tuhfoṇ se umda inạ́m hai, wuh to sulh aur sárí ḳhúbíoṇ kí asl bandish hai, aur bagair us ke jo koí jítá wuh tere nazdík murda ṭhahará hai; yih apne eklaute Beṭe Yesụ́ Masíh kí ḳhátir baḳhsh.—Ámín.

Maktúb 1 Qurintíoṇ ko, 13 báb, 1 se áḳhir tak.
Injíl i Lúqá, 18 báb, 31 se áḳhir tak.

Lenṭ ká Pahlá din yạne Ash Weḍnesḍay kí duạ́.

AI Qádir i Mutlaq aur hamesha ke Ḳhudá, tú apne kisí maḳhlúq se dushmaní nahíṇ rakhtá, aur sab tauba karnewáloṇ ke gunáhoṇ ko baḳhshtá hai; ham meṇ nae aur tauba karnewále dil paidá kar, aur baná, ki ham apne gunáhoṇ ke láiq afsos, aur apní ḳharábí ká iqrár karke, tujh se, jo sab rahmatoṇ ká Ḳhudá hai, kámil magfirat aur muạ́fí hásil kareṇ; hamáre Ḳhudáwand Yesụ́ Masíh ke wasíle se.—Ámín.

Yih duạ́ Lenṭ bhar har roz us din kí muqarrarí duạ́ ke bạd paṛhí jáwe.

Maktúb ke iwaz Yúel, 2 báb, 12—18.
Injíl i Matí, 6 báb, 16—22.

Lenṭ ke Pahle Itwár kí duạ́.

AI Ḳhudáwand, tú ne hamárí ḳhátir chálís din aur chálís rát roza rakhá; ham par fazl kar, ki aisí parhezgárí iḳhtiyár kareṇ, ki hamáre jism Rúh se maglúb hokar, rástbází aur sachchí pákízagí se terí Iláhí tahrík ko hamesha mánte raheṇ, táki terí buzurgí aur jalál záhir howe, ki tú Báp aur Rúh-ul-Quds ke sáth ek Ḳhudá abad tak zinda aur saltanat kartá hai.—ÁMÍN.

Maktúb 2 Qurintíoṇ ko, 6 báb, 1—11.
Injíl i Matí, 4 báb, 1—12.

Lenṭ ke Dúsre Itwár kí duạ.

AI Qádir i Mutlaq Ḳhudá, tú dekhtá hai, ki hameṇ apne sambhálne kí kuchh táqat nahíṇ; záhir meṇ hamáre badan, aur bátin meṇ hamárí rúh kí hifázat kar, ki ham un sab musíbatoṇ se jo badan par áyá cháheṇ, aur un sab bure ḳhiyáloṇ se jo rúh par hamla kareṇ, aur us ká nuqsán kiyá cháheṇ, bache raheṇ; hamáre Ḳhudáwand Yesụ́ Masíh ke wasíle se.—ÁMÍN.

Maktúb 1 Taslúniqíoṇ ko, 4 báb, 1—9.
Injíl i Matí, 15 báb, 21—29.

Lenṭ ke Tísre Itwár kí duạ.

AI Qádir i Mutlaq Ḳhudá, ham terí minnat karte haiṇ, ki apne ạjiz bandoṇ kí dilí árzúoṇ par nigah kar, aur apní Janáb ká dahná háth baṛhá, táki wuh hamáre sab dushmanoṇ se hamárí panáh howe; hamáre Ḳhudáwand Yesụ́ Masíh ke wasíle se.—ÁMÍN.

Maktúb Afsíoṇ ko, 5 báb, 1—15.
Injíl i Lúqá, 11 báb, 14—29.

Lenṭ ke Chauthe Itwár kí duạ.

AI Qádir i Mutlaq Ḳhudá, ham terí minnat karte haiṇ, hameṇ jo apne bure kámoṇ ke sabab ạdl kí ráh se sazá ke láiq haiṇ, yih ịnáyat kar ki tere fazl kí tasallí hásil karke mihrbání kí rah se ham ḳhalásí páweṇ; hamáre Ḳhudáwand aur Naját Denewále Yesụ́ Masíh ke wasíle se.—ÁMÍN.

Maktúb Galátíoṇ ko, 4 báb, 21 se áḳhir tak.
Injíl i Yúhanná, 6 báb, 1—15.

Lenṭ ke Páṇchweṇ Itwár kí duạ́.

AI Qádir i Mutlaq Ḳhudá, ham terí minnat karte haiṇ, ki apne bandoṇ par karam kí nazar kar, ki terí kamál ịnáyat se un ke jism o ján sadá terí hidáyat o hifázat meṇ raheṇ; hamáre Ḳhudáwand Yesụ́ Masíh ke wasíle se. —Ámín.

Maktúb Ịbráníoṇ ko, 9 báb, 11—16.
Injíl i Yúhanná, 8 báb, 46 se áḳhir tak.

Íṣṭar se pahle Itwár kí duạ́.

AI Qádir i Mutlaq aur hamesha ke Ḳhudá, tú ne us baṛí muhabbat se jo insán se rakhtá hai, apne Beṭe hamáre Naját Denewále Yesụ́ Masíh ko bhejá, ki hamárá sá jism iḳhtiyár kare, aur salíb par maut ká dukh uṭháwe, táki sab insán us kí kamál farotaní ke nishán par chaleṇ; mihrbání se yih ịnáyat kar, ki ham us ke sabr ke pairau, aur us ke jí uṭhne ke bhí sharík howeṇ; usí hamáre Ḳhudáwand Yesụ́ Masíh ke wasíle se.—Ámín.

Maktúb Filippíoṇ ko, 2 báb, 5—12.
Injíl i Matí, 27 báb, 1—55.

Íṣṭar se pahle Pír ko úpar kí duạ́ paṛhí jáwe.

Maktúb ke ịwaz Yasạiyáh 63 báb, 1 se áḳhir tak.
Injíl i Marqus, 14 báb, 1 se áḳhir tak.

Íṣṭar se pahle Maṇgal ko wuhí duá paṛhí jáwe.

Maktúb ke ịwaz Yasạiyáh, 50 báb, 5 se áḳhir tak.
Injíl i Marqus, 15 báb, 1—40.

Íṭar se Pahle Budh ko wuhí duạ́ paṛhí jáwe.

Maktúb Ịbráníoṇ ko, 9 báb, 16 se áḳhir tak.
Injíl i Lúqá, 22 báb, 1 se áḳhir tak.

Íṣṭar se pahle Jumạrát ko wuhí duạ́ paṛhí jáwe.

Maktúb 1 Qurintíoṇ ko, 11 báb, 17 se áḳhir tak
Injíl i Lúqá, 23 báb, 1—50.

Guḍ Fraiḍay yane Masíh ke maslúb hone ke din kí duá.

AI Qádir i Mutlaq Khudá, ham terí minnat karte haiṇ, apne is khánwáde par mihrbání se nazar kar, ki us ke wáste hamárá Khudáwand Yesú Masíh pakaṛwáe jáne, aur sharíroṇ ke háth meṇ giriftár hone, aur salíbí maut ke dukh uṭháne ko rází thá, jo ab tere aur Rúh-ul-Quds ke sáth sadá ek Khudá abad tak jítá aur saltanat kartá hai.—ÁMÍN.

AI Qádir i Mutlaq aur hamesha ke Khudá, jis ke Rúh se Kalísyá ká tamám badan hidáyat pátá, aur pákíza hotá hai; hamárí iltijá aur duáoṇ ko, jo ham terí pák Kalísyá ke har ek darje ke logoṇ ke liye tujh se arz karte haiṇ, qabúl kar, ki us ke har ek azú, apne apne uhde aur khidmat meṇ, rástí aur díndárí ke sáth, terí bandagí bajá láweṇ, hamáre Khudáwand aur Naját Bakhshnewále Yesú Masíh ke wasíle se.—ÁMÍN.

AI Rahím Khudá, tú ne sab ádmíoṇ ko paidá kiyá, aur apne kisí makhlúq se dushmaní nahíṇ rakhtá, aur kisí gunahgár ká marná nahíṇ, balki yih cháhtá hai, ki wuh rujú láwe aur jíe: sab Yahúd aur Musalmán, aur beiatiqád aur bidatíoṇ par rahm kar, aur un se sárí nádání aur sakht dilí aur apne Kalám kí tahqír dúr kar; aur Ai Mubárak Khudáwand, un ko is tarah hidáyat farmá, aur apne galle meṇ shámil kar, ki we sachche Isráelí báqí mándoṇ ke sáth naját páweṇ, aur ek hí galla, ek hí chaupán ke, yane hamáre Khudáwand Yesú Masíh ke ho jáweṇ, jo tere aur Rúh-ul-Quds ke sáth ek Khudá abad tak jítá aur saltanat kartá hai.—ÁMÍN.

Maktúb Ibráníoṇ ko, 10 báb, 1—26.
Injíl i Yúhanná, 19 báb, 1—38.

Ístaríwan yane Masíh ke jí uṭhne ke arfa kí duá.

AI Khudáwand, bakhsh, ki jis tarah ham ne tere mubárak Beṭe apne Naját Denewále Yesú Masíh kí maut ká baptismá páyá, usí tarah har dam apní nafsání khwáhishoṇ ke márne se, us ke sáth gaṛe jáweṇ, aur qabr o maut ke darwáze se guzar kar qiyámat ko khushí se pahuṇcheṇ;

yih usí tere Beṭe hamáre Ḳhudáwand Yesú Masíh ke sawáb kí badaulat howe, jo hamáre liye muá, aur gáṛá gayá, aur phir jí uṭhá.—ÁMÍN.

Maktúb 1 Patras, 3 báb, 17 se áḳhir tak.
Injíl i Matí, 27 báb, 57 se áḳhir tak.

Ístarḍay yane hamáre Ḳhudáwand ke jí uṭhne ká din.

Fajr kí namáz meṇ us Zabúr ke iwaz, jis ká yih shurú hai, ki ÁO HAM ḲHUDÁWAND KÍ MADAHSARÁÍ KAREṆ, ye munáqib gáí yá paṛhí jáeṇ.

MASÍH hamárá fasah, hamáre liye qurbán huá: is liye ab ham Íd kareṇ;

Puráne ḳhamír se nahíṇ, aur na badí o sharárat ke ḳhamír se: balki dil kí safáí, aur sachcháí kí be-ḳhamírí roṭí se.—1 *Qurintíoṇ*, 5 báb, 8.

MASÍH jab marke jí uṭhá, phir nahíṇ marne ká: maut phir us par iḳhtiyár nahíṇ rakhtí.

Kyuṇki wuh jo muá, to gunáh kí nisbat ek dafa muá: phir wuh jo jítá hai, so Ḳhudá kí nisbat jítá hai.

Isí tarah tum bhí áp ko gunáh kí nisbat murda samjho: par Ḳhudá kí nisbat hamáre Ḳhudáwand Yesú Masíh ke wasíle zinda.—*Rúmíoṇ*, 6 báb, 9.

AB Masíh to murdoṇ meṇ se uṭhá hai: aur un meṇ se jo so gae haiṇ pahlá phal huá.

Ki jab ádmí ke sabab maut hai: to ádmí hí ke sabab murdoṇ kí qiyámat bhí hai.

Ki jaisá Ádam ke sabab sab marte haiṇ, waisá hí Masíh ke sabab sab jiláe jáweṇge.—1 *Qurintíoṇ*, 15 báb, 20.

Sitáish Báp, aur Beṭe: aur Rúh-ul-Quds kí ho:

Jaisí ibtidá meṇ thí, ab bhí hai: aur hamesha rahegí.—ÁMÍN.

Duá.

AI Qádir i Mutlaq Ḳhudá, tú ne apne eklaute Beṭe Yesú Masíh ke wasíle se maut ko maglúb kiyá, aur hamáre wáste hamesha kí zindagání ká darwáza khol diyá; ham ájizí se terí minnat karte haiṇ, ki jis tarah tú peshtar se fazl ḳháss karke nek iráde hamáre diloṇ meṇ paidá kartá, usí tarah ham terí har dam kí madad se, unheṇ nek anjám

ko pahuṇcháweṇ; hamáre Khudáwand Yesṇ Masíh ke
wasíle se, jo tere aur Rúh-ul-Quds ke sáth sadá ek Khudá
abad tak jítá aur saltanat kartá hai.—A'mín.

Maktúb Qulussíon ko, 3 báb, 1—8.

Injíl i Yúhanná, 20 báb, 1—11.

I'ṣṭar ke baḍ Pír kí duá́.

A I Qádir i Mutlaq Khudá, tú ne apne eklaute Beṭe
Yesṇ Masíh ke wasíle se maut ko maglúb kiyá, aur
hamáre wáste hamesha kí zindagání ká darwáza khol diyá;
ham ájizí se terí minnat karte haiṇ, ki jis tarah tú peshtar
se fazl kháss karke nek iráde hamáre diloṇ meṇ paidá
kartá, usí tarah ham terí har dam kí madad se unheṇ nek
anjám ko pahuṇcháweṇ; hamáre Khudáwand Yesṇ Masíh
ke wasíle se, jo tere aur Rúh-ul-Quds ke sáth sadá ek
Khudá abad tak jítá aur saltanat kartá hai.—A'mín.

Maktúb ke iwaz Aamál, 10 báb, 34—44.

Injíl i Lúqá, 24 báb, 13—36.

I'ṣṭar ke baḍ Maṇgal kí duá́.

A I Qádir i Mutlaq Khudá, tú ne apne eklaute Beṭe Yesṇ
Masíh ke wasíle se maut ko maglúb kiyá, aur hamáre
wáste hamesha kí zindagání ká darwáza khol diyá; ham
ájizí se terí minnat karte haiṇ, ki jis tarah tú peshtar se
fazl kháss karke nek iráde hamáre diloṇ meṇ paidá kartá,
usí tarah ham terí har dam kí madad se unheṇ nek anjám
ko pahuṇcháweṇ; hamáre Khudáwand Yesṇ Masíh ke
wasíle se, jo tere aur Rúh-ul-Quds ke sáth sadá ek Khudá
abad tak jítá aur saltanat kartá hai.—A'mín.

Maktúb ke iwaz Aamál, 13 báb, 26—42.

Injíl i Lúqá, 24 báb, 36—49.

I'ṣṭar ke baḍ Pahle Itwár kí duá́.

A I Báp Qádir i Mutlaq, tú ne apná eklautá Beṭá
bakhshá, ki wuh hamáre gunáhoṇ ke iwaz mare,
aur hamáre rástbáz ṭhaharáe jáne ke liye phir jí uṭhe;
hameṇ yih taufíq de, ki ham kína aur badí ká khamír
aisá dúr kareṇ, ki pák chalan aur sachcháí ke sáth sadá

terí bandagí karte raheṇ; usí tere Beṭe hamáre Ḳhudáwand Yesú Masíh ke sawáb kí badaulat.—Ámín.

Maktúb 1 Yúhanná, 5 báb, 4—13.
Injíl i Yúhanná, 20 báb, 19—24.

Ístar ke bạd Dúsre Itwár kí duá.

AI Qádir i Mutlaq Ḳhudá, jis ne apná eklautá Beṭá ịnáyat kiyá, ki wuh hamáre gunáhoṇ ká ek kafára, aur díndárí kí chál ká ek namúna bhí ho; ham par fazl kar, ki ham kamál shukrguzárí se us kí wuh beshqímat niạmat hamesha qabúl kiyá kareṇ, aur har roz koshish karte raheṇ, ki us kí páktarín rawish ke mubárak naqsh i qadam par chaleṇ; usí hamáre Ḳhudáwand Yesú Masíh ke wasíle se.—Ámín.

Maktúb 1 Patras, 2 báb, 19 se áḳhir tak.
Injíl i Yúhanná, 10 báb, 11—17.

Ístar ke bạd Tísre Itwár kí duá.

AI Qádir i Mutlaq Ḳhudá, jo gumráhoṇ ko apní sachchái kí roshní is iráde se dikhátá hai, ki we ráh i rást par phir áweṇ; un sab ko, jo Masíhí dín ke sharík hote haiṇ, yih baḳhsh ki we un bátoṇ se, jo un ke iqrár ke barḳhiláf haiṇ, kináre raheṇ, aur un sab bátoṇ kí jo us ke muwáfiq haiṇ, pairawí kareṇ; hamáre Ḳhudáwand Yesú Masíh ke wasíle se.—Ámín.

Maktúb 1 Patras, 2 báb, 11—18.
Injíl i Yúhanná, 16 báb, 16—23.

Ístar ke bạd Chauthe Itwár kí duá.

AI Qádir i Mutlaq Ḳhudá, tú hí akelá gunahgár ádmíoṇ ke belagám iráde aur ḳhwáhishoṇ kí tadbír kar saktá hai; apne logoṇ ko yih baḳhsh, ki jo kuchh tú ne farmáyá hai, we use cháheṇ, aur jo kuchh tú ne wạda kiyá, us ke tálib raheṇ aisá ki dunyá kí raṇg ba raṇg aur tarah tarah kí tagírí bahálí meṇ hamáre dil muqarrar wahán lage raheṇ, jaháṇ sachchí ḳhushiáṇ hásil hotí haiṇ; hamáre Ḳhudáwand Yesú Masíh ke wasíle se.—Ámín.

Maktúb Yạqúb, 1 báb, 17—22.
Injíl i Yúhanná, 16 báb, 5—16.

I'stạr ke bạd Páṇchweṇ Itwár kí duạ́.

AI Ḳhudáwand, jis se sab achchhí chízeṇ átí haiṇ; ham ko, jo tere ạ́jiz bande haiṇ, yih baḳhsh, ki tere pák Ilhám se ham wuhí ḳhiyál paidá kareṇ, jo nek howeṇ, aur terí rahmat kí hidáyat se unheṇ ạmal meṇ láweṇ; hamáre Ḳhudáwand Yesụ́ Masíh ke wasíle se.—Ámín.

Maktúb Yạqúb, 1 báb, 22 se áḳhir tak.
Injíl i Yúhanná, 16 báb, 23 se áḳhir tak.

Sạúd yạne Masíh ke Ásmán par jáne ke din kí duạ́.

AI Qádir i Mutlaq Ḳhudá, ham terí minnat karte haiṇ, yih baḳhsh, ki jis tarah ham iạtiqád rakhte haiṇ, ki terá eklautá Beṭá hamárá Ḳhudáwand Yesụ́ Masíh ásmánoṇ par charh gayá hai, usí tarah ham bhí dil o ján se waháṇ charh jáweṇ, aur us ke sáth har dam raheṇ; jo tere aur Rúh-ul-Quds ke sáth ek Ḳhudá abad tak jítá aur saltanat kartá hai.—Ámín.

Maktúb ke ịwaz Ạamál, 1 báb, 1—12.
Injíl i Marqus, 16 báb, 14 se áḳhir tak.

Sạúd ke bạd ke Itwár kí duạ́.

AI Ḳhudá, jalál ke Bádsháh, tú ne apne eklaute Beṭe Yesụ́ Masíh ko baṛí fathmandí ke sáth apní ásmání bádsháhat meṇ buland kiyá; ham terí minnat karte haiṇ, hameṇ yatím na chhoṛ, balki apná Rúh-ul-Quds hamáre pás bhej, ki wuh hamárí tasallí kare, aur hameṇ usí maqám par buland kar, jaháṇ hamárá Naját Denewálá Masíh áge gayá hai, jo tere aur Rúh-ul-Quds ke sáth ek Ḳhudá abad tak jítá aur saltanat kartá hai.—Ámín.

Maktúb 1 Patras, 4 báb, 7—12.
Injíl i Yúhanná, 15 báb, 26 se áḳhir tak, aur 16 báb, 1—5.

Rúh-ul-Quds ke utarne ke Itwár yane Wiṭ-Sunḍay kí duạ́.

AI Ḳhudá, jis ne áj hí ke din apne ímándároṇ par apne Rúh-ul-Quds kí roshní bhejkar un ke diloṇ ko sikháyá; hameṇ yih baḳhsh, ki ham usí Rúh se sab bátoṇ meṇ durust samajh rakheṇ, aur hamesha us kí pák tasallí se ḳhushí karte raheṇ; hamáre Bachánewále Yesụ́ Masíh ke sawáb kí badaulat; jo tere aur usí Rúh-ul-Quds kí yagánagat meṇ ek Ḳhudá abad tak jítá aur saltanat kartá hai.—Ámín.

Maktúb ke ịwaz Aạmál, 2 báb, 1—12.
Injíl i Yúhanná, 14 báb, 15 se áḳhir tak.

Wiṭ-Sunḍay ke bạd Pír ke din ko wuhí duạ́.

Maktúb ke ịwaz Aạmál, 10 báb, 34 se áḳhir tak.
Injíl i Yụhanná, 3 báb, 16—22.

Wiṭ-Sunḍay ke bạd Maṇgal ke din ko wuhí duạ́.

Maktúb ke ịwaz Aạmál, 8 báb, 14—18.
Injíl i Yúhanná, 10 báb, 1—11.

Taslís ke Itwár kí duạ́.

AI Qádir i Mutlaq aur hamesha ke Ḳhudá, jis ne apne bandoṇ par fazl kiyá, ki ham sachche ímán se azalí Taslís ke jalál ká iqrár, aur Janáb i Bárí kí qudrat se Tauhíd kí parastish karte haiṇ; ham terí minnat karte, ki hameṇ isí ímán par qáim rakh, aur sárí musíbatoṇ se hamesha hameṇ bachá, ki Tú Wáhid Ḳhudá abad tak jítá aur saltanat kartá hai.—Ámín.

Maktúb ke ịwaz Mukáshafát, 4 báb, 1 se áḳhir tak.
Injíl i Yúhanná, 3 báb, 1—17.

Taslís ke bạd Pahle Itwár kí duạ́.

AI Ḳhudá, tú un sab kí jo tujh par bharosá rakhte haiṇ, qúwat hai; rahmat se hamárí duạeṇ qabúl kar, aur chuṇki ham apní fání tabíạt kí nátawání ke sabab tujh bagair kuchh achchhe kám nahíṇ kar sakte, apne fazl se hamárí madad kar, ki ham tere hukm bajá láne meṇ, níyat aur fiạl se, tujhe ḳhush áweṇ; hamáre Ḳhudáwand Yesụ́ Masíh ke wasíle se.—Á'MÍN.

Maktúb 1 Yúhanná, 4 báb, 7 se áḳhir tak.
Injíl i Lúqá, 16 báb, 19 se áḳhir tak.

Taslís ke bạd Dúsre Itwár kí duạ́.

AI Ḳhudáwand, jin ko tú apne ḳhauf aur muhabbat meṇ páltá hai, un kí madad aur hidáyat karní tú kabhí nahíṇ bhúltá; ham terí minnat karte haiṇ, ki tú apní husn i peshbíní kí panáh meṇ ham ko mahfúz rakh, aur aisá kar ki ham tere pák nám ká hamesha ḳhauf aur muhabbat rakheṇ; hamáre Ḳhudáwand Yesụ́ Masíh ke wasíle se.—Á'MÍN.

Maktúb 1 Yúhanná, 3 báb, 13 se áḳhir tak.
Injíl i Lúqá, 14 báb, 16—25.

Taslís ke bạd Tísre Itwár kí duạ́.

AI Ḳhudáwand, ham terí minnat karte haiṇ ki mihrbání se hamárí sun; aur yih baḳhsh, ki ham jinheṇ tú ne duạ máṇgne kí dilí árzú dí hai, terí baṛí madad se sáre ḳhatroṇ aur musíbatoṇ meṇ hifázat aur tasallí hásil kareṇ; hamáre Ḳhudáwand Yesụ́ Masíh ke wasíle se.—Á'MÍN.

Maktúb 1 Patras, 5 báb, 5—12.
Injíl i Lúqá, 15 báb, 1—11.

Taslís ke bạd Chauthe Itwár kí duạ́.

AI Ḳhudá, tú un sab ká jo tujh par bharosá rakhte haiṇ nigahbán hai, aur tujh bagair koí chíz mazbút nahíṇ, koí chíz pák nahíṇ; apní mihrbání ham par baṛhá, aur bahut ziyáda kar, ki terí hukúmat aur hidáyat ke sabab ham fání chízoṇ meṇ se is taur par guzar jáweṇ, ki áḳhir un chízoṇ ko na khoweṇ, jo hamesha kí haiṇ; Ai A'smání Báp, yih hamáre Ḳhudáwand Yesụ́ Masíh kí ḳhátir baḳhsh.—A'MÍN.

Maktúb Rúmíoṇ ko, 8 báb, 18—24.
Injíl i Lúqá, 6 báb, 36—43.

Taslís ke bạd Páṇchweṇ Itwár kí duạ́.

AI Ḳhudáwand, ham terí minnat karte haiṇ, yih baḳhsh ki terí hukúmat se is jahán ká bandobast salámatí ke sáth aisá durust ho, ki terí Kalísyá díndárí ke kamál chain meṇ terí bandagí ḳhushí se kiyá kare; hamáre Ḳhudáwand Yesụ́ Masíh ke wasíle se.—A'MÍN.

Maktúb 1 Patras, 3 báb, 8—16.
Injíl i Lúqá, 5 báb, 1—12.

Taslís ke bạd Chhaṭweṇ Itwár kí duạ́.

AI Ḳhudá, túne un ke liye, jo tujh se muhabbat rakhte haiṇ, aisí achchhí chízeṇ taiyár kar rakhíṇ, jo ádmí kí samajh se báhar haiṇ; hamáre diloṇ meṇ apní muhabbat is qadar ḍál, ki ham tujh ko sab chízoṇ se ziyáda cháhkar tere wạdoṇ ko jo hamárí sárí ḳhwáhishoṇ se baṛhkar haiṇ, hásil kareṇ; hamáre Ḳhudáwand Yesụ́ Masíh ke wasíle se.—A'MÍN.

Maktúb Rúmíoṇ ko, 6 báb, 3—12.
Injíl i Matí, 5 báb, 20—27.

Taslís ke bạd Sátweṇ Itwár kí duạ́.

AI sab qúwat aur qudrat ke Málik, jo sab achchhí chízoṇ ká banáne aur denewálá hai; apne nám kí muhabbat hamáre diloṇ meṇ paiwand kar, ham meṇ sachchí díndárí baṛhá, sárí nekíoṇ kí hameṇ tarbíyat kar, aur apní baṛí rahmat se usí par hameṇ qáim rakh; hamáre Ḳhudáwand Yesụ́ Masíh ke wasíle se.—A'MÍN.

Maktúb Rúmíoṇ ko, 6 báb, 19 se áḳhir tak.
Injíl i Marqus, 8 báb, 1—10.

Taslís ke bạd Áṭhweṇ Itwár kí duạ́.

AI Ḳhudá, terí bezawál peshbíní se ásmán aur zamín kí sab chízoṇ ká bandobast hotá hai; ham ạ́jizí se terí minnat karte haiṇ, ki sárí nuqsán pahuṇchánewálí chízeṇ ham se dúr kar, aur jo chízeṇ ki hamáre liye fáidamand haiṇ, hameṇ baḳhsh; hamáre Ḳhudáwand Yesụ́ Masíh ke wasíle se.—Ámín.

Maktúb Rúmíoṇ ko, 8 báb, 12—18.
Injíl i Matí, 7 báb, 15—22.

Taslís ke bạd Nauweṇ Itwár kí duạ́.

AI Ḳhudáwand, ham terí minnat karte haiṇ, hameṇ aisí ạql baḳhsh, ki sadá un bátoṇ ko socheṇ, aur bajá láweṇ, jo durust haiṇ, táki ham jo tujh bagair koí achchhí bát nahíṇ kar sakte, terí madad se terí marzí ke muwáfiq zindagí guzár sakeṇ; hamáre Ḳhudáwand Yesụ́ Masíh ke wasíle se.—Ámín.

Maktúb 1 Qurintíoṇ ko, 10 báb, 1—14.
Injíl i Lúqá, 16 báb, 1—10.

Taslís ke bạd Dasweṇ Itwár kí duạ́.

AI Ḳhudáwand, terí rahmat ke kán tere ạ́jiz bandoṇ kí duạ́oṇ par khule raheṇ; aur jis meṇ we apní murádoṇ ko pahuṇcheṇ, aisá kar ki we un chízoṇ kí darḳhwást kareṇ, jo tujhe pasand áweṇ; hamáre Ḳhudáwand Yesụ́ Masíh ke wasíle se.—Ámín.

Maktúb 1 Qurintíoṇ ko, 12 báb, 1—12.
Injíl i Lúqá, 19 báb, 41 se áḳhir tak.

Taslís ke bạd Gyárahweṇ Itwár kí duạ́.

AI Ḳhudá, jo apní kamál qudrat, ḳhusúsan rahm karne, aur tars kháne meṇ záhir kartá hai; rahmat se ham par aisá fazl kar, ki tere hukmoṇ kí ráh meṇ ḍauṛ kar tere karam ke wạdoṇ ko pahuṇcheṇ, aur tere ásmání ḳhazáne ke sharík ho jáweṇ; hamáre Ḳhudáwand Yesụ́ Masíh ke wasíle se.—Ámín.

Maktúb 1 Qurintíoṇ ko, 15 báb, 1—12.
Injíl i Lúqá, 18 báb, 9—15.

Taslís ke bạd Bárahweṇ Itwár kí duạ́.

AI Qádir Mutlaq aur hamesha ke Ḳhudá, jo hamáre duạ́ máṇgne kí nisbat sunne par hamesha ziyáda mustạid rahtá, aur hamárí árzú aur liyáqat kí banisbat ziyáda ham ko denewálá hai; apní rahmat kasrat se ham par názil kar, aur jin bátoṇ se hamáre dil ḍarte haiṇ, unheṇ muạ́f farmá, aur we achchhí chízeṇ hameṇ de, jin ke máṇgne ke ham láiq nahíṇ, magar tere Beṭe, hamáre Ḳhudáwand Yesụ́ Masíh ke sawáb aur sifárish ke ba sabab.—Ámín.

Maktúb 2 Qurintíoṇ ko, 3 báb, 4—10.
Injíl i Marqus, 7 báb, 31 se áḳhir tak.

Taslís ke bạd Terahweṇ Itwár kí duạ́.

AI Qádir i Mutlaq aur Rahím Ḳhudá, terí hí ịnáyat se hotá hai, ki tere amánatdár log terí bandagí sachchái se aur saráhe jáne ke taur par karte haiṇ; ham terí minnat karte, yih baḳhsh, ki ham is zindagí meṇ terí bandagí aisí ímándárí se bajá láweṇ, ki áḳhir ko tere ásmání wạdoṇ ke wafá se mahrúm na rah jáweṇ; hamáre Ḳhudáwand Yesụ́ Masíh ke sawáb ke sabab.—Ámín.

Maktúb Galátíoṇ ko, 3 báb, 16—23.
Injíl i Lúqá, 10 báb, 23—29.

Taslís ke bạd Chaudahweṇ Itwár kí duạ́.

AI Qádir i Mutlaq aur hamesha ke Ḳhudá, ímán, ummed aur muhabbat meṇ hamárí taraqqí kar; aur aisá kar, ki jis ká tú hukm kartá hai, us kí ham muhabbat rakheṇ, táki jis ká tú wạda farmátá hai, use ham hásil kareṇ; hamáre Ḳhudáwand Yesụ́ Masíh ke wasíle se.—Ámín.

Maktúb Galátíoṇ ko, 5 báb, 16—25.
Injíl i Lúqá, 17 báb, 11—20.

Taslís ke bạd Pandrahweṇ Itwár kí duạ́.

AI Ḳhudáwand, ham terí minnat karte haiṇ, ki apní hamesha kí mihrbání se apní Kalísyá kí nigahbání kiyá kar, aur jab ki anhoná hai ki insán apní nátawání ke sabab tujh bagair girne se bach sake, hamárí madad karke hameṇ sab nuqsán karnewálí chízoṇ se sadá bachá rakh, aur un sab bátoṇ kí taraf, jo hamárí naját ke liye fáidamand haiṇ, hameṇ hidáyat farmá; hamáre Ḳhudạwand Yesụ́ Masíh ke wasíle se.—Ámín.

Maktúb Galátíoṇ ko, 6 báb, 11 se áḳhir tak.
Injíl i Matí, 6 báb, 24 se áḳhir tak.

Taslís ke bạd Solahweṇ Itwár kí duạ́.

AI Ḳhudáwand, ham terí minnat karte haiṇ, ki apne hamesha ke taras se apní Kalísyá ko pák, aur us kí himáyat kar, aur is sabab se ki wuh terí madad bagair salámat nahíṇ rah saktí, apní madad aur ḳhúbí se hamesha us kí hifázat kar; hamáre Ḳhudáwand Yesụ́ Masíh ke wasíle se.—Ámín.

Maktúb Afsíoṇ ko, 3 báb, 13 se áḳhir tak.
Injíl i Lúqá, 17 báb, 11—20.

Taslís ke bạd Satrahweṇ Itwár kí duạ́.

AI Ḳhudáwand, ham tujh se yih darḳhwást karte haiṇ, ki terá fazl hamesha hamáre áge píchhe rahe, aur sab achchhe kámoṇ par sadá ham ko mustạid rakhe; hamáre Ḳhudáwand Yesụ́ Masíh ke wasíle se.—Ámín.

Maktúb Afsíoṇ ko, 4 báb, 1—7.
Injíl i Lúqá, 14 báb, 1—12.

Taslís ke bạd Aṭhárahweṇ Itwár kí duạ́.

AI Ḳhudáwand, ham terí minnat karte haiṇ, ki tú apne logoṇ par aisá fazl kar, ki we dunyá, jism, aur shaitán kí ázmáishoṇ ká sámhná kareṇ; aur pák dil aur níyat se tujh ektá Ḳhudá kí pairawí kareṇ; hamáre Ḳhudáwand Yesụ́ Masíh ke wasíle se.—A'MÍN.

Maktúb 1 Qurintíoṇ ko, 1 báb, 4—9.
Injíl i Matí, 22 báb, 34 se áḳhir tak.

Taslís ke bạd Unnísweṇ Itwár kí duạ́.

AI Ḳhudá, chuṇki ham tujh bagair tujhe ḳhush nahíṇ kar sakte; apní rahmat se yih ịnáyat kar, ki terá Rúh-ul-Quds sab bátoṇ meṇ hamáre dil kí hidáyat aur hukúmat kare; hamạre Ḳhudáwand Yesụ́ Masíh ke wasíle se.—A'MÍN.

Maktúb Afsíoṇ ko, 4 báb, 17 se áḳhir tak.
Injíl i Matí, 9 báb, 1—9.

Taslís ke bạd Bísweṇ Itwár kí duạ́.

AI Qádir i Mutlaq aur niháyat Rahím Ḳhudá, ham terí minnat karte haiṇ, ki apne kamál karam se un sab chízoṇ se, jo hamárí buráí ká báịs howeṇ, hameṇ mahfúz rakh, táki ham jism o ján se taiyár hokar un bátoṇ ko, jin ká karná tú ham se cháhtá hai, ḳhushí se púrí kareṇ; hamáre Ḳhudáwand Yesụ́ Masíh ke wasíle se.—A'MÍN.

Maktúb Afsíoṇ ko, 5 báb, 15—22.
Injíl i Matí, 22 báb, 1—15.

Taslís ke bạd Ekísweṇ Itwár kí duạ́.

AI Rahím Ḳhudáwand, ham terí minnat karte haiṇ, apne ímándár logoṇ ko muạ́fí aur salámatí baḳhsh, ki we apne tamám gunáhoṇ se pák ho jáweṇ, aur ḳhátir-jamạí se terí bandagí kareṇ; hamáre Ḳhudáwand Yesụ́ Masíh ke wasíle se.—A'MÍN.

Maktúb Afsíoṇ ko, 6 báb, 10—21.
Injíl i Yúhanná, 4 báb, 46 se áḳhir tak.

Taslís ke bạd Báíswẹn Itwár kí duạ́.

AI Ḳhudáwand, ham terí minnat karte haiṇ, apne ḳhánwáde Kalísyá ko sadá díndárí par mazbút rakh, ki terí himáyat meṇ wuh sab musíbatoṇ se ḳhalás rahe, aur sargarm hokar nek aạmál se terí bandagí meṇ lagí rahe, táki tere nám ká jalál howe; hamáre Ḳhudáwand Yesụ́ Masíh ke wasíle se.—A'MÍN.

Maktúb Filippíoṇ ko, 1 báb, 3—12.
Injíl i Matí, 18 báb, 21 se áḳhir tak.

Taslís ke bạd Teísweṇ Itwár kí duạ́.

AI Ḳhudá, hamárí panáh aur qúwat, tú sab díndárí ká bání hai; ham terí minnat karte haiṇ, ki tú apní Kalísyá kí dilí duạ́oṇ ke sunne par mustaịd rah, aur yih baḳhsh ki jo chízeṇ ham ímán se máṇgte haiṇ, haqíqat meṇ páweṇ; hamáre Ḳhudáwand Yesụ́ Masíh ke wasíle se.—A'MÍN.

Maktúb Filippíoṇ ko, 3 báb, 17 se áḳhir tak.
Injíl i Matí, 22 báb, 15—23.

Taslís ke bạd Chaubísweṇ Itwár kí duạ́.

AI Ḳhudáwand, ham terí minnat karte haiṇ, apne logoṇ ko un ke gunáhoṇ se ḳhalás kar, ki tere kamál karam se ham sab un gunáhoṇ ke band se, jo ham ne apní kamzorí ke báịs kiye haiṇ, chhúṭ jáweṇ; Ai ásmání Báp, yih hamáre Mubárak Ḳhudáwand aur Naját Denewále Yesụ́ Masíh kí ḳhátir se baḳhsh.—A'MÍN.

Maktúb Qulussíoṇ ko, 1 báb, 3—13.
Injíl i Matí, 9 báb, 18—27.

Taslís ke bạd Pachchísweṇ Itwár kí duạ́.

AI Ḳhudáwand, ham terí minnat karte haiṇ, ki apne ímándároṇ ke diloṇ ko ubhár, ki we nek kámoṇ ke bahut se phal lákar tujh se bahut sá ajar páweṇ; hamáre Ḳhudáwand Yesụ Masíh ke wasíle se.—ÁMÍN.

Maktúb ke iwaz Yaramiyáh, 23 báb, 5—9.
Injíl i Yúhanná, 6 bạb, 5—15.

Agar Ámad ke Itwár se pahle aur Itwár hoṇ, to un Itwároṇ kí, jo Apifaní ke bạd chhúṭ gaí thí, muqarrarí Duạ, Maktúb aur Injíl jitne darkár hoṇ, paṛhne meṇ áweṇ. Aur agar Ámad ke pahle Taslís ke Itwár pachchís se thoṛe ṭhahareṇ, to báqí chhoṛ diye jáweṇ; magar yih farz hai, ki yih pichhlí Duạ, Maktúb aur Injíl us Itwár ko, jo Ámad se peshtar hai, bilánága paṛhí jáwe.

Muqaddas Andaryás ke din kí duạ.

AI Qádir i Mutlaq Ḳhudá, tú ne apne muqaddas Rasúl Andaryás par aisá fazl kiyá, ki us ne tere Beṭe Yesụ Masíh ke buláne ko jhaṭ mán liyá, aur fauran us ká pairau huá; ham sab ko, jo tere pák kalám se buláe gae haiṇ, yih bakhsh ki filfaur apne taíṇ tere háth saunp kar tábịdárí se tere pák hukmoṇ ko púrá kareṇ; usí Yesụ Masíh hamáre Ḳhudáwand ke wasíle se.—ÁMÍN.

Maktúb Rúmíoṇ ko, 10 báb, 9 se áḳhir tak.
Injíl i Matí, 4 báb, 18—23.

Muqaddas Thúmá Rasúl ke din kí duạ.

AI Qádir i Mutlaq aur hamesha ke zinda Ḳhudá, jis ne dín ke ziyáda sabút karne ke wáste apne muqaddas Rasúl Thúmá ko apne Beṭe ke jí uṭhne kị bábat shak meṇ paṛne diyá; ham ko yih bakhsh, ki tere Beṭe Yesụ Masíh par aisá púrá bekhaṭke ímán rakheṇ, ki hamárá ímán tere huzúr kabhú malámat ke qábil na ho. Ai Ḳhudáwand, usí Yesụ Masíh ke sabab hamárí sun, jise tere aur Rúh-ul-Quds ke sáth ab aur hamesha ko kamál ịzzat aur jalál howe.—ÁMÍN.

Maktúb Afsíoṇ ko, 2 báb, 19 se áḳhir tak.
Injíl i Yúhanná, 20 báb, 24 se áḳhir tak.

Muqaddas Pulús ke rujú hone ke din kí duá.

AI Khudá, tú ne apne mubárak Rasúl muqaddas Pulús kí manádí se Injíl kí roshní tamám dunyá meṇ chamkáí; ham terí minnat karte haiṇ, yih bakhsh ki ham us ke ajíb rujú láne ká hál yád rakhkar us ke sabab us kí pák talím par amal karne se tujh par apní shukrguzárí záhir kareṇ; hamáre Khudáwand Yesú Masíh ke wasíle se.—Ámín.

Maktúb ke iwaz Aamál, 9 báb, 1—23.
Injíl i Matí, 19 báb, 27 se ákhir tak.

Haikal meṇ Masíh ke házir kiye jáne ke din kí duá.

AI Qádir i Mutlaq aur hamesha ke Khudá, ham farotaní se terí Janáb meṇ arz karte haiṇ, ki jis tarah terá eklautá Betá haikal ke darmiyán áj ke din hamáre jism kí máhiyat ke sáth házir kiyá gayá, isí tarah ham dil kí pákí aur safáí ke sáth tere huzúr kiye jáweṇ; usí tere Bete Yesú Masíh hamáre Khudáwand ke wasíle se.—Ámín.

Maktúb ke iwaz Malákí, 3 báb, 1—6.
Injíl i Lúqá, 2 báb, 22—41.

Muqaddas Matthiyás ke din kí duá.

AI Qádir i Mutlaq Khudá, tú ne be-ímán Yahúdáh kí jagah apne ímándár bande Matthiyás ko ikhtiyár kiyá, ki wuh bárah Rasúloṇ ke shumár meṇ dákhil howe; yih bakhsh ki terí Kalísyá jhúṭhe Rasúloṇ se sadá bachkar ímándár aur sachche chaupánoṇ kí riáyat aur hidáyat meṇ rahe; hamáre Khudáwand Yesú Masíh ke wasíle se.—Ámín.

Maktúb ke iwaz Aamál, 1 báb, 15 se ákhir tak.
Injíl i Matí, 11 báb, 25 se ákhir tak.

Mubárak Kuṇwárí Maryam ke hámila hone kí khabar páne ke din kí duá.

AI Khudáwand, ham terí minnat karte haiṇ, ki hamáre diloṇ meṇ apná fazl ḍál, ki jis tarah ham ne ek firishte ke paigám se tere Beṭe Yesú Masíh ke mujassam hone ká hál mạlúm kiyá hai, isí tarah us ke salíb páne aur dukh uṭháne ke sabab ham us ke jí uṭhne ke jalál ko pahuṇcheṇ; usí Yesú Masíh hamáre Ḳhudáwand ke wasíle se.—ÁMÍN.

Maktúb ke ịwaz Yasạiyáh, 7 báb, 10—16.
Injíl i Lúqá, 1 báb, 26—39.

Muqaddas Marqus ke din kí duạ.

AI Qádir i Mutlaq Ḳhudá, tú ne apne muqaddas Injílí Marqus kí ásmání tạlím se apní pák Kalísyá ko tarbiyat kí; ham par fazl kar, ki ham laṛkoṇ kí tarah jhúṭhí tạlím ke har jhoṇk se uṛá na diye jáweṇ, balki terí pák Injíl kí sachchái par sábit qadam ho jáweṇ; yih hamáre Ḳhudáwand Yesú Masíh ke wasíle se howe.—ÁMÍN.

Maktúb Afsioṇ ko, 4 báb, 7—17.
Injíl i Yúhanná, 15 báb, 1—12.

Muqaddas Failbús aur Muqaddas Yạqúb ke din kí duạ.

AI Qádir i Mutlaq Ḳhudá, jise haqíqat meṇ pahchánná hamesha kí zindagí hai; hameṇ yih baḳhsh, ki tere Beṭe Yesú Masíh ko ráh, aur haqq, aur zindagí samajhne meṇ hamárí pahchán kotái na kare; táki tere muqaddas Rasúl Failbús aur Yạqúb kí chál iḳhtiyár karke sábit qadamí se us ráh par, jo hamesha kí zindagí ko pahuṇchátí hai, chalte raheṇ; usí tere Beṭe hamáre Ḳhudáwand Yesú Masíh ke wasíle se.—ÁMÍN.

Maktúb Yạqúb, 1 báb, 1—13.
Injíl i Yúhanná, 14 báb, 1—15.

Muqaddas Rasúl Barnábás ke din kí duạ.

AI Qádir i Mutlaq Ḳhudáwand Ḳhudá, tú ne apne Rasúl muqaddas Barnábás ko Rúh-ul-Quds ke inạ́m i ḳháss ịnáyat kiye; ham terí minnat karte haiṇ, tú apní gúnágún niạmatoṇ se hameṇ mahrúm na rakh, aur na apne fazl se jis ke sabab ham unheṇ terí ịzzat aur jalál ke liye hamesha ḳharch meṇ láyá kareṇ; hamáre Ḳhudáwand Yesụ́ Masíh ke wasíle se.—ÁMÍN.

Maktúb ke ịwaz Aạmál, 11 báb, 22 se áḳhir tak.
Injíl i Yúhanná, 15 báb, 12—17.

Muqaddas Yúhanná Baptist ke din kí duạ́.

AI Qádir i Mutlaq Ḳhudá, terí hí tadbír se terá banda Yúhanná Baptismá denewálá karámat ke taur par paidá huá, aur tauba kí manádí se tere Beṭe hamáre Naját Baḳhshnewále kí ráh durust karne ko bhejá gayá; yih kar ki ham us kí tạlím aur pák chalan ke aise pairau howeṇ, ki us kí nasíhat ke muwáfiq sachchí tauba kareṇ, aur us kí mánind hamesha sach bolá kareṇ, aur dilerí ke sáth gunáh ko manạ kareṇ, aur sabr karke haqq ke wáste dukh saheṇ; hamáre Ḳhudáwand Yesụ́ Masíh ke wasíle se.—ÁMÍN.

Maktúb ke ịwaz Yasạiyáh, 40 báb, 1—12.
Injíl i Lúqá, 1 báb, 57 se áḳhir tak.

Muqaddas Patras ke din kí duạ́.

AI Qádir i Mutlaq Ḳhudá, ki tú ne apne Beṭe Yesụ́ Masíh ke wasíle se apne muqaddas Rasúl Patras ko bahut sí achchhí nịamateṇ baḳhshíṇ, aur us ko tákíd se farmáyá ki terá galla charáwe; ham terí minnat karte haiṇ, aisá kar, ki sab Usqúf aur Gallabán koshish karke terá pák Kalám sunáyá kareṇ, aur log farmánbardar hokar use mán leṇ; táki we hamesha ke jalál ká táj páweṇ; hamáre Ḳhudáwand Yesụ́ Masíh ke wasíle se.—ÁMÍN.

Maktúb ke ịwaz Aạmál, 12 báb, 1—12.
Injíl i Matí, 16 báb, 13—20.

Muqaddas Rasúl Yạqúb ke din kí duạ́.

AI Rahím Ḳhudá, yih baḳhsh ki jis tarah terá muqaddas Rasúl Yạqúb apna báp aur sab kuchh chhoṛ chháṛ tere Beṭe Yesú Masíh kí dạwat ko jhaṭ mánkar us ko píchhe ho liyá; usí tarah ham bhí tamám dunyáwí aur jismání ḳhwáhishoṇ ko chhoṛ kar hamesha tere pák hukm bajá láne par mustaid raheṇ; hamáre Ḳhudáwand Yesú Masíh ke wasíle se.—A'MÍN.

Maktúb ke iwaz Aamál, 11 báb, 27 se aur 12 báb, 1—4.
Injíl i Matí, 20 báb, 20—29.

Muqaddas Rasúl Bartúlamá ke din kí duá.

AI Qádir i Mutlaq aur hamesha ke Ḳhudá, tú ne apne Rasúl Bartúlamá par fazl kiyá ki tere Kalám par dil se ímán láyá aur us kí manádí kí; ham terí minnat karte haiṇ, apní Kalísyá ko yih taufíq baḳhsh, ki us Kalám se jis par wuh ímán láyá, muhabbat rakhe, aur us kí manádí kare, aur use mán bhí le; hamáre Ḳhudáwand Yesú Masíh ke wasíle se.—A'MÍN.

Maktúb ke iwaz Aamál, 5 báb, 12—17.
Injíl i Lúqá, 22 báb, 24—31.

Muqaddas Rasúl Matí ke din kí duá.

AI Qádir i Mutlaq Ḳhudá, tú ne apne mubárak Beṭe kí marifat Matí ko mahsúl kí chaukí par se bulákar Rasúl aur Injílí muqarrar kiyá; ham par fazl kar, ki sab tarah ke lálach aur daulat kí bejá muhabbat chhoṛ kar usí tere Beṭe Yesú Masíh kí pairawí kareṇ; jo tere aur Rúh-ul-Quds ke sáth ek Ḳhudá abad tak jítá aur saltanat kartá hai.—A'MÍN.

Maktúb 2 Qurintíoṇ ko, 4 báb, 1—7.
Injíl i Matí, 9 báb, 9—14.

Muqaddas Mikáel aur sab Firishtoṇ ke din kí duá.

AI hamesha ke Ḳhudá, tú ne ajíb tarah se Firishtoṇ aur ádmíoṇ kí ḳhidmateṇ ṭhaharáíṇ aur muqarrar kíṇ; karam karke yih baḳhsh, ki jis tarah tere muqaddas Firishte ásmán par hamesha terí ḳhidmat bajá láte haiṇ usí tarah tere ṭhahará dene se zamín par we hamárí madad aur himáyat karen; yih hamáre Khudáwand Yesú Masíh ke sabab se howe.—Ámín.

Maktúb ke iwaz Mukáshafát, 12 báb, 7—13.
Injíl i Matí, 18 báb, 1—11.

Muqaddas Lúqá Injílí ke din kí duá.

Ai Qádir i Mutlaq Khudá, tú ne Lúqá Tabíb ko, jis kí taríf Injíl men hai, buláyá, ki Injílí aur Rúh ká Tabíb howe; terí marzí ho, ki us kí talím kí shifá bakhshnewálí dawáon se hamárí rúhon kí sárí bímárián dafa ho jáwen; hamáre Khudáwand Yesú Masíh ke sawáb ke sabab.—Ámín.

Maktúb 2 Timtáús ko, 4 báb, 5—16.
Injíl i Lúqá, 10 báb, 1—8.

Muqaddas Shamaún aur Muqaddas Yahúdáh Rasúlon ke din kí duá.

Ai Qádir i Mutlaq Khudá, tú ne Rasúlon aur Nabíon kí dálí huí bunyád par apní Kalísyá ko banáyá, jis ke kone ká patthar Yesú Masíh khud hai; hamen yih bakhsh, ki un kí talím se rúh kí ektái men ham aise mile rahen, ki muqaddas haikal bankar tere pasandída howen; hamáre Khudáwand Yesú Masíh ke wasíle se.—Ámín.

Maktúb Yahúdáh, 1—9.
Injíl i Yúhanná, 15 báb, 17 se ákhir tak.

Sab Muqaddason ke din kí duá.

Ai Qádir i Mutlaq Khudá, tú ne apne chune huon ko apne Bete hamáre Khudáwand Masíh ke rúhání badan kí rifáqat aur suhbat men jutákar milá liyá hai; ham par fazl kar, ki tere mubárak muqaddason kí tamám nekí aur díndárí kí chál kí aisí pairawí karen, ki us khushí ko jo bayán se báhar hai pahunchen, jo tú ne un ke wáste taiyár kí, jo tujh se beriyá muhabbat rakhte hain; hamáre Khudáwand Yesú Masíh ke wasíle se.—Ámín.

Maktúb ke iwaz Mukáshafát, 7 báb, 2—13.
Injíl i Matí, 5 báb, 1—13.

ASHÁ I RABBÁNÍ

YANE

PÁK RIFÁQAT KÍ TARTÍB.

Qasís Khudáwand kí Namáz parhe aur log ghuṭne ṭeken.

AI hamáre Báp, jo ásmán par hai, tere nám kí taqdís ho. Terí bádsháhat áwe. Terí marzí jaisí ásmán par hai, zamín par bhí howe. Hamáre roz kí roṭí áj hamen de. Aur jis tarah ki ham apne taqsírwáron ko muáf karte hain, tú hamárí taqsíren muáf kar. Aur hamen imtihán men na ḍál, balki burái se bachá.—ÁMÍN.

Duá.

AI Qádir i Mutlaq Khudá, tere áge sab ke dil ká hál khulá hai, tujhe sab kí murád malúm, aur tujh se koí bhed chhipá nahín; apne Rúh-ul-Quds ke ilhám se hamáre dil ke khiyálon ko pák kar, ki ham tujh se kamál muhabbat rakhen, aur tere pák nám ke láiq taríf karen; hamáre Khudáwand Yesú Masíh ke wasíle se.—ÁMÍN.

Tab Qasís das hukm sunáwe, aur jamáat ghuṭne ṭeke rahe.

Qasís.—Khudá ne yih báten farmáín; ki main Khudáwand terá Khudá hun: Tú mere sámhne kisí dúsre ko Khudá na jánná.

Log.—Ai Khudáwand, ham par rahm kar, aur is hukm ke bajá láne par hamáre dilon ko máil kar.

Qasís.—Tú apne liye koí taráshí huí múrat, aur kisí chíz kí súrat jo úpar ásmán par, yá níche zamín par, yá pání men, jo zamín ke tale hai, na banáná. Tú un ke sámhne jhuk na jáná, na un kí bandagí karná; kyuṇki maiṇ Ḳhudáwand terá Ḳhudá gaiyúr Ḳhudá huṇ, aur báp dadoṇ kí badíoṇ kí sazá un ke laṛkoṇ ko, jo mujh se kína rakhte haiṇ, tísrí chauthí pusht tak detá huṇ, aur un meṇ se hazároṇ par, jo mujh se muhabbat rakhte aur mere hukmoṇ ko bajá láte haiṇ, rahm kartá huṇ.

Log.—Ai Ḳhudáwand, ham par rahm kar, aur is hukm ke bajá láne par hamáre diloṇ ko máil kar.

Qasís.—Ḳhudáwand apne Ḳhudá ká nám tú bejá na lená; kyuṇki Ḳhudáwand us ko begunáh na ṭhaharáegá, jo us ká nám bejá letá hai.

Log.—Ai Ḳhudáwand, ham par rahm kar, aur is hukm ke bajá láne par hamáre diloṇ ko máil kar.

Qasís.—Tú sabt ke din ko muqaddas jánkar yád ṛakhná. Chha din tú mihnat aur apná sab károbár karná; lekin sátwáṇ din Ḳhudáwand tere Ḳhudá ká sabt hai. Us meṇ kuchh kám na karná, na tú, na terá beṭá, na terí beṭí, na terá ḳhádim, na terí ḳhádima, na tere chárpáe, aur na begána, jo tere darwáze ke andar hai. Kyuṇki chha din meṇ Ḳhudáwand ne ásmán aur zamín aur daryá, aur jo kuchh un meṇ hai, banáyá, aur sátweṇ dín farágat kí: is wáste Ḳhudáwand ne sátweṇ din ko mubárak kiyá, aur use muqaddas ṭhaharáyá.

Log.—Ai Ḳhudáwand, ham par rahm kar, aur is hukm ke bajá láne par hamáre diloṇ ko máil kar.

Qasís.—Tú apní má, aur apne báp kí ịzzat karná, táki terí ụmr zamín par, jo Ḳhudáwand tere Ḳhudá ne tujhe dí hai, daráz howe.

Log.—Ai Ḳhudáwand, ham par rahm kar, aur is hukm ke bajá láne par hamáre diloṇ ko máil kar.

Qasís.—Tú ḳhún na karná.

Log.—Ai Ḳhudáwand, ham par rahm kar, aur is hukm ke bajá láne par hamáre dilon ko máil kar.

Qasís.—Tú ziná na karná.

Log.—Ai Khudáwand, ham par rahm kar, aur is hukm ke bajá láne par hamáre dilon ko máil kar.

Qasís.—Tú chorí na karná.

Log.—Ai Ḳhudáwand, ham par rahm kar, aur is hukm ke bajá láne par hamáre dilon ko máil kar.

Qasís.—Tú apne hamsáya par jhúṭhí gawáhí na dená.

Log.—Ai Ḳhudáwand, ham par rahm kar, aur is hukm ke bajá láne par hamáre dilon ko máil kar.

Qasís.—Tú apne hamsáya ke ghar ká lálach na karná, tú apne hamsáya kí jorú ká lálach na karná, na us ke ḳhádim, na us kí ḳhádima, na us ke bail, na us ke gadhe, na aur kisí chíz ká jo us kí hai.

Log.—Ai Ḳhudáwand, ham terí minnat karte hain, ham par rahm farmá, aur apne in sab hukmon ko hamáre dilon par naqsh kar.

Tab Qasís khaṛá rahkar in donon men se ek duá Malika aur Qaisara i Hind ke wáste yih kahkar paṛhe.

HAM DUÁ MÁNGEN.

Ai Qádir i Mutlaq Ḳhudá, jis kí bádsháhat hamesha kí, aur qudrat behadd hai; tamám Kalísyá par rahm kar; aur apní chuní huí bandí Victoriá hamárí Malika aur Qaisara i Hind Hákim ke dil ko aisí hidáyat farmá, ki wuh apne taín terí bandí jánkar sab báton se ziyáda terí izzat aur jalál kí tálib ho; aur ham aur us kí tamám raiyat, yih achchhí tarah samajhkar ki us ne kis kí taraf se iḳhtiyár páyá, tujh men aur tere wáste tere mubárak

Kalám aur hukm ke muwáfiq wafádárí se us kí khidmat aur izzat kareṇ, aur farotaní se tábidárí bajá láweṇ; hamáre Khudáwand Yesú Masíh ke wasíle se, jo tere aur Rúh-ul-Quds ke sáth sadá ek Khudá abad tak zinda aur saltanat kartá hai.—Ámín.

YÁ YIH.

Ai Qádir i Mutlaq aur hamesha ke Khudá, ham tere pák Kalám se síkhte haiṇ, ki bádsháhoṇ ke dil tere hukm aur ikhtiyár meṇ haiṇ, aur tú apní hikmat i Iláhí ke muwáfiq jo bhalá jántá, us kí taraf unko targíb dilátá, aur mutwajjih kartá hai; ham farotaní se terí minnat karte haiṇ, ki tú apní bandí hamárí Malika aur Qaisara i Hind Hákim Victoriá ke dil ko aisá shauq dilá, aur hidáyat farmá, ki wuh apne tamám khiyál aur kalám aur kám meṇ sadá terí izzat aur jalál kí tálib rahe, aur is kí fikr kiyá kare, ki tere log jo us ke supurd haiṇ, iqbálmandí, salámatí, aur díndárí ke sáth raheṇ; Ai Rahím Báp apne azíz Beṭe hamáre Khudáwand Yesú Masíh ke wasíle yih ináyat kar.—Ámín.

Tab us roz kí duá parhí jáwe, aur us ke bad Qasís Maktúb aur Injíl parhe, aur jab Injíl ho chuke tab aqída jo níche likhá hai parhá yá gáyá jáwe, aur jamáat kharí rahe.

Main ek Khudá par jo Qádir i Mutlaq Báp, ásmán o zamín aur sab dídaní aur nádídaní chízoṇ ká Banánewálá hai, iatiqád rakhtá huṇ.

Aur ek Khudáwand Yesú Masíh par, jo Khudá ká ek hí mutawallid Beṭá hai, sab álamoṇ ke peshtar apne Báp se mutawallid huá, Khudá se Khudá, Núr se Núr, Sachche Khudá se Sachchá Khudá, masnúa nahíṇ, balki maulúd, us kí aur Báp kí ek hí máhiyat hai; us se sárí chízeṇ paidá huíṇ; wuh hamáre wáste jo ádmí haiṇ, aur hamárí naját ke liye ásmán se utar áyá, aur Rúh-ul-Quds ke wasíle Kuṇwárí Maryam se mujassam huá, aur ádmí baná, aur Pantús Pilátús kí hukúmat meṇ hamáre liye maslúb bhí huá, márá gayá, aur dafan huá, aur tísre din Kitáb ke bamújib jí uṭhá, aur ásmán par chaṛh gayá, aur Báp ke dahne háth baiṭhá hai, aur jalál ke sáth zindoṇ aur murdoṇ ká insáf karne ko áwegá; us kí bádsháhat ká áḳhir na hogá.

Aur maiṇ Rúh-ul-Quds par jo Ḳhudáwand aur zindagání ká Baḳhshnewálá hai iạtiqád rakhtá huṇ, jo Báp aur Beṭe se nikaltá hai, jis kí Báp aur Beṭe ke sáth, parastish aur tạzím hotí hai, jo Nabíoṇ kí zubání bolá. Aur maiṇ ek Jámạ Rasúlí Kalísyá par iạtiqád rakhtá huṇ. Gunáhoṇ kí muạfí ke liye maiṇ ek baptismá ká muqirr huṇ, aur murdoṇ ke jí uṭhne aur ánewále jahán meṇ zindagání ká muntazir huṇ.—Ámín.

Qasís nazr ká dastúr shurụ́ kare, aur in áyatoṇ meṇ se ek yá kaí ek paṛhe.

Tumhárí roshní ádmíoṇ ke sámhne aisí chamke, ki we tumháre achchhe kámoṇ ko dekheṇ, aur tumháre Báp kí jo ásmán par hai sitáish kareṇ.—*Matí* 5: 16.

Mál apne wáste zamín par jamạ na karo, jaháṇ kíṛá aur morchá ḳharáb karte haiṇ, aur jaháṇ chor seṇdh deke churáte haiṇ: balki mál apne liye ásmán par jamạ karo, jaháṇ na kíṛá na morchá ḳharáb karte, aur na chor seṇdh deke churáte haiṇ.—*Matí* 6: 19 aur 20.

Jo kuchh tum cháhte ho, ki log tumháre sáth kareṇ, waisá tum bhí un ke sáth karo, ki Tauret aur Nabíoṇ ká ḳhulása yihí hai.—*Matí* 7: 12.

Na har ek, jo mujhe Ḳhudáwand, Ḳhudáwand kahtá hai, ásmán kí bádsháhat meṇ dáḳhil hogá, magar wuhí, jo mere ásmání Báp kí marzí par chaltá hai.—*Matí* 7: 21.

Zakí ne khaṛe hokar Ḳhudáwand se kahá, ki Ai Khudáwand dekh, maiṇ apní ádhá mál garíboṇ ko detá huṇ, aur agar kisí ká maiṇ ne kuchh dagábází se liyá hai, us ká chauguná badlá detá huṇ.—*Lúqá* 19: 8.

Kaun apná ḳharch karke sipáhgarí kartá hai? Kaun aṇgúr ká bág lagátá hai, ki us ká phal nahíṇ khátá? Yá kaun galla charátá hai, jo us galla ká kuchh dúdh nahíṇ pítá?—1 *Qurintíoṇ* 9: 7.

Agar ham ne tumháre liye rúhání chízeṇ boí haiṇ, to kyá yih baṛí bát hai, ki ham tumhárí jismání chízeṇ káṭeṇ?—1 *Qurintíoṇ* 9: 11.

Kyá tum nahíṇ jánte ki jo haikal ká károbár karte so haikal meṇ se kháte haiṇ; aur jo qurbángáh meṇ házir huá karte so qurbání se hissa lete haiṇ? Yuṇ hí Ḳhudáwand ne bhí farmáyá hai, ki jo Injíl ke sunánewále haiṇ, Injíl se asbáb i zindagí páweṇ.—1 *Qurintíoṇ* 9: 13 aur 14.

Jo thoṛá botá hai, thoṛá káṭegá; aur jo bahut botá hai, bahut káṭegá. Har ek jis tarah apne dil meṇ ṭhahrátá hai, dewe; náḳhushí se nahíṇ, na láchárí se; kyuṇki Ḳhudá usí ko pyár kartá hai, jo ḳhushí se detá hai.—2 *Qurintíoṇ* 9: 6 aur 7.

Jo koí kisí se Kalám síkhe to sikhlánewále ko sárí niạmatoṇ meṇ sharík kare. Tum dagá na kháo; Ḳhudá ṭhaṭṭhoṇ meṇ nahíṇ uṛáyá játá; ki ádmí jo kuchh botá hai, so hí káṭegá.—*Galátíon* 6: 6 aur 7.

Jab tak ham ko fursat mile, sab se nekí kareṇ, ḳhásskar un se jo ímán ke ghar ke haiṇ.—*Galátíoṇ* 6: 10.

Qanáạt ke sáth díndárí meṇ baṛá nafạ hai, kyuṇki dunyá meṇ ham kuchh láe nahíṇ, aur kuchh le já bhí nahíṇ sakte.—1 *Timtáús* 6: 6 aur 7.

Is jahán ke daulatmandoṇ ko hukm kar, ki we saḳháwat par mustạid aur báṇṭne par ḳhush raheṇ, aur áyanda ko apní ek bhalí bunyád paidá kar rakheṇ, táki hamesha kí zindagí ko pahuṇcheṇ —1 *Timtáús* 6: 17—19.

Ḳhudá be-insáf nahíṇ, ki wuh tumháre kám aur us muhabbat kí mihnat ko bhúl jáwe, jo tum ne us ke nám par kar dikhláí, ki muqaddasoṇ kí ḳhidmat kí, aur karte ho.—*Ibráníoṇ* 6: 10.

Bhaláí aur saḳháwat karní na bhúlo; isliye ki Ḳhudá aisí qurbáníoṇ se ḳhush hotá hai.—*Ibráníoṇ* 13: 16.

Jis kisí pás dunyá ká mál ho aur wuh apne bháí ko muhtáj dekhe aur apne taíṇ rahm se báz rakhe to Ḳhudá kí muhabbat us meṇ kyuṇkar bastí hai?—1 *Yúhanná* 3: 17.

Apne mál meṇ se ḳhairát kar, aur kabhí apná muṇh kisí kaṇgál kí taraf se na moṛ, tab Ḳhudáwand terí taraf se muṇh na moṛegá.—*Tobit* 4: 7.

Maqdúr bhar rahm kar. Agar tere pás bahut ho to bahutáyat se de: agar tere pás thoṛá ho to koshish karke ḳhushí ke sáth us thoṛe meṉ se de: ki is tarah tú zarúrat ke din ke liye ajr-i-nek jamạ kar rakhegá.—*Tobit* 4: 8 aur 9.

Wuh jo miskínoṉ par rahm kartá hai, Ḳhudáwand ko udhár detá hai; aur jo kuchh us ne diyá hogá, wuh us se phir páwegá.—*Amsál* 19: 17.

Mubárak hai wuh jo bímár aur miskínoṉ kí ḳhabar letá: Ḳhudáwand bipat ke waqt use rihái degá.—*Zabúr* 41: 1.

IS KE BẠD QASÍS YIH KAHE.

Ham Masíh kí tamám Kalísyá ke wáste jo is rú i zamín par laṛáí meṉ hai duạ máṉgeṉ.

AI Qádir i Mutlaq aur abadí zinda Ḳhudá, tú ne apne muqaddas Rasúl kí mạrifat hameṉ tạlím kí ki sab ádmíoṉ ke liye duạeṉ, aur minnateṉ, aur shukrguzáríáṉ kareṉ; Ham ạjizí se terí minnat karte haiṉ ki tú kamál mihrbání karke (* hamárí khairát aur sadqe qabúl kar aur) hamárí yih duạeṉ jo ham terí Janáb i Ạlá ke huzúr meṉ máṉgte haiṉ maqbúl farmá; ham terí minnat karte haiṉ, ki apní Kalísyá i Jámạ meṉ sachchái aur yagánagat aur muwáfiqat kí rúh sadá ḍálá kar, aur yih baḳhsh ki sab jo tere pák nám ká iqrár karte haiṉ, tere pák kalám kí sachchái kí bábat ek sí samajh rakheṉ, aur milansárí aur díní muhabbat ke sáth apne waqt káṭeṉ. Aur ham terí minnat karte haiṉ, ki tú sab Masíhí Bádsháhoṉ aur Salátínoṉ aur Hákimoṉ ko bachá, aur mahfúz rakh; ḳhusúsan apní bandí hamárí Malika aur Qaisara i Hind Victoriá ko, táki us kí hukúmat meṉ díndárí aur salámatí ke sáth hamárá bandobast ho; aur us ke tamám saláhkároṉ aur un sab ko, jo us kí taraf se iḳhtiyár rakhte haiṉ, yih baḳhsh ki we rástí ke sáth betarafdárí se sharárat aur badí kí sazá aur tere dín i haqq aur nekí kí páedárí ke liye ạdálat kareṉ. Ai Ásmání Báp, sab Usqúfoṉ aur dín ke ḳhádimoṉ par fazl kar, ki we apní chál aur tạlím se terá sachchá aur zindagíámez Kalám záhir kareṉ, aur terí pák Sákraminṭoṉ ko durustí aur láiq taur par adá kareṉ: Aur apne sab logoṉ

*Agar ḳhairát aur sadqe na hoṉ to alfáz ḳhairát aur sadqe ke chhoṛ diye jáweṉ.

par apná ásmání fazl farmá, khásskar is jamáat par jo yahán házir hai, táki we dil kí garíbí aur sháista adab se terá muqaddas Kalám sunen aur qabúl karen, aur pákízagí o rástbází ke sáth umr bhar terí bandagí dil se bajá láwen. Aur Ai Khudáwand ham kamál ajizí se terí minnat karte hain, ki apní mihrbání se un sab kí jo is chand roz kí zindagí men ranj, gam, muhtájí, bímárí, yá kisí aur musíbat men giriftár hain, tasallí aur madad kar; aur un sab tere bandon ke wáste jo ímán aur tere khauf ke sáth is jahán se kúch kar gae hain, tere pák nám ká shukr bhejte hain; aur terí minnat karte hain, ham par fazl kar ki un kí nek chál is tarah ikhtiyár karen, ki un ke sáth terí ásmání bádsháhat ke sharík ho jáwen. Ai Báp, Yesú Masíh kí khátir, jo hamárá akelá Darmiyání aur Shafí hai, yih bakhsh.—ÁMÍN.

Jab Khádim-ud-dín pák Rifáqat kí khabar de tab yih nasíhat parhe.

AI azízo, merá iráda hai, ki (fuláne roz) agar Khudá madad kare to un sab ko jo díndárí aur Khudá parastí kí taraf mutawajjih hon, Masíh ke badan aur lahú kí kamál tasallí-bakhsh Rifáqat dún; is ko Masíh kí wájib-ul-ajr salíb aur dukh kí yádgárí ke liye lená hai, ki sirf usí se ham apne gunáhon kí muáfí páte aur ásmán kí bádsháhat ke sharík ho játe hain. Is liye ham par wájib hai, ki dil se kamál farotaní ke sáth apne ásmání Báp Qádir i Mutlaq Khudá ká shukr adá karen, is wáste ki us ne apne Bete hamáre Naját Denewále Yesú Masíh ke taín hamáre liye sirf marne ko nahín, balki is liye bhí diyá, ki is pák Rifáqat men hamárí rúhání khurák aur gizá bane; ki yih ek chíz un ke liye jo use láiq taur par lete hain, aisí rabbání aur tasallí-bakhsh hai, aur un ke liye jo gustákhí karke náláiq taur par use lete hain, aisí khatarnák hai ki tum ko samjháná mujh par farz hai; ki is arse men is pák bhed ke martabe aur use náláiq taur par lene ká bará khatra socho, aur tum apne dilon ko yún taulo, aur parkho, beparwáí ke sáth aur unhon kí tarah nahín, jo Khudá se makarbází karte hain, balki is tarah ki tum pák sáf hokar aur shádí kí wuh poshák jis ká Kalám i Muqaddas men Khudá ká hukm hai, pahinkar is ásmání mihmání men á sako aur is pák dastarkhwán ke sharík hokar maqbúl thahro.

Us kí ráh aur taur yih hai, ki pahle tum apní chál o chalan Ḳhudá ke hukmoṇ ke qáide se jáṇcho, aur jis jis bát meṇ ḳhwáh dil, ḳhwáh zubán, ḳhwáh fiąl se tum apne taíṇ gunahgár páo, apní us gunahgárí par afsos karo, aur apní chál o chalan sudhárne ká púrá iráda karke Qádir i Mutlaq Ḳhudá ke huzúr apne taíṇ gunahgár qabúl karo. Agar tum ko yuṇ mąlúm ho ki tum ne sirf Ḳhudá ke nahíṇ balki apne paṛosíoṇ ke bhí gunáh kiye haiṇ, to un se mel karná zarúr hai; aur agar kuchh nuqsán yá bejá harakat tum ne kisí kí nisbat kí ho, to maqdúr bhar us ká įwaz aur badlá dene par mustaįd raho; aur dúsroṇ ke qasúroṇ ko aisá muąf karo jaisá tum cháhte ho, ki Ḳhudá tumháre qasúr muąf kare; nahíṇ to is pák Rifáqat lene ká tum ko is ke siwá kuchh fáida nahíṇ, ki wuh tumhárá ązáb baṛháwe. Pas tum meṇ agar koí Ḳhudá ke haqq meṇ kufr bakne, yá us ke Kalám ká rokne, yá us kí bábat bejá kahnewálá, yá zání ho, yá kína rakhtá, yá ḍáh kartá, yá kisí aur baṛe gunáh meṇ giriftár ho, to apne gunáhoṇ se tauba kare, nahíṇ to is muqaddas dastarḳhwán pás na áwe, aisá na ho ki is pák Rifáqat lene ke bąd shaitán, jaisá Yahúda ke dil meṇ samáyá, tum meṇ samáwe, aur tamám shararáteṇ bhar de, aur tumheṇ jism o ján se halák kare.

Aur chuṇki lázim hai, ki koí shaḳhs is pák Rifáqat meṇ sharík na ho magar jab ki wuh Ḳhudá kí rahmat par púrá bharosá rakhe, aur us ká dil use ilzám na de to agar tum meṇ koí aisá ho ki is tarah apne dil ká ilzám dafą na kar sake, balki kuchh aur bhí tasallí yá saláh ká muhtáj ho, to cháhiye ki wuh mere yá Ḳhudá ke Kalám ke kisí dúsre hoshyár aur dáná Ḳhádim pás áke apní dilgírí ká sabab záhir kare, táki Ḳhudá ke pák Kalám kí barakat se magfirat kí nią̧mat aur rúhání saláh aur mashwarat hásil kare, jis se us ke dil ká ilzám dafą ho aur use kisí tarah ká shakk o shubha báqí na rahe.

Rifáqat ke waqt jab us ke sharík honewále us ke lene ko mauqą se hoṇ, tab Qasís yih nasíhat paṛhe.

Ąİ ązízo, Ḳhudáwand meṇ pyáro, jo hamáre Naját Denewále Masíh ke badan aur lahú kí pák Rifaqat meṇ sharík huá cháhte ho, tum ko gaur kiyá cháhiye ki muqaddas Pulús sab ádmíoṇ ko kaisí nasíhat kartá hai, ki jab tak we áp ko baḳhúbí na parkheṇ, aur na jáṇcheṇ, is roṭí ke kháne aur is piyále ke píne kí jurat na kareṇ. Kyuṇki jis tarah is pák Rifáqat se agar ham sachchí tauba karnewále dil aur jíte ímán se us par ạmal kareṇ, to baṛá fáida hotá hai, ki tab ham rúhání wazạ se Masíh ká gosht kháte, aur us ká lahú píte haiṇ; ham Masíh meṇ baste haiṇ, aur Masíh ham meṇ; ham Masíh ke sáth ek haiṇ, aur Masíh hamáre sáth; isí tarah agar ham náláiq wazạ se us par ạmal kareṇ, to baṛá ḳhatra hai, ki is súrat meṇ ham apne Naját Baḳhshnewále Masíh ke badan aur lahú ke gunahgár hote haiṇ; ham Ḳhudáwand ke badan ká liház na karke apní sazá kháte píte haiṇ; ham Ḳhudá ke gusse ko apne úpar bhaṛkáte haiṇ, ham use chiṛháte haiṇ ki hámeṇ nau banau kí bímárí aur tarah tarah kí maut kí áfat meṇ giriftár kare. Pas ai bháío, tum apná áp hisáb lo, táki Ḳhudáwand tumhárá hisáb na le; tum apne guzre hue gunáhoṇ se sachchí tauba karo; hamáre Naját Baḳhshnewále Masíh par zinda aur mazbút ímán rakho; apní chál chalan durust karo, aur sab ádmíoṇ se kamál muhabbat rakho; tab in pák bhedoṇ meṇ sharík hone ke láiq ṭhahroge. Aur sab bátoṇ se ziyáda tumheṇ yih zarúr hai, ki Ḳhudá Báp Beṭe aur Rúh-ul-Quds ká shukr dunyá kí ḳhalásí ke wáste kamál ạjizí ke sáth dil se bajá láo; jo hamáre Naját Denewále Masíh kí, jo Ḳhudá aur ádmí bhí hai, maut aur tasdiạ ke sabab huí, us ne yaháṇ tak apne taíṇ ghaṭá diyá ki ham láchár bekas gunahgároṇ ke wáste jo andhere aur maut ke sáye meṇ paṛe the, salíbí maut ko, qabúl kar liyá, táki wuh ham ko Ḳhudá ke farzand ṭhahráwe aur hamesha kí zindagí tak sarfaráz farmáwe. Aur us ne apní muhabbat kí gawáhí aur apní maut kí hamesha kí yádgárí aur hamárí baṛí aur sadá kí tasallí ke liye pák bhedoṇ ko ṭhahrákar muqarrar kiyá, táki ham apne Málik aur akele Naját Baḳhshnewále Yesú Masíh kí is beniháyat muhabbat ko, ki wuh hamáre liye yuṇ muá, aur un beshumár fáidoṇ ko, jo us ne apne qímatí lahú baháe jáne se hameṇ hásil kar diye, nit yád rakheṇ. Is wáste áo, jis tarah ki ham par niháyat wájib hai, usí ke liye Báp aur

Rúh-ul-Quds ke sáth hamesha shukr bajá láweṇ, aur apne taíṇ bilkull us ke pák iráde aur marzí ke tábi rakheṇ, aur isí dhiyán meṇ raheṇ, ki jíte dam tak dil kí pákízagí aur rástí ke sáth us kí ḳhidmat kiyá kareṇ.—ÁMÍN.

Tab Qasís unhoṇ se jo Pák Rifáqat meṇ sharík hone áe haiṇ kahe.

TUM jo ba dil o ján apne gunáhoṇ se sachchí tauba karte aur apne paṛosíoṇ se ulfat aur muhabbat rakhte ho, aur áge ko Ḳhudá ke hukmoṇ kí pairawí karke aur us kí pák ráhoṇ meṇ qadam márke nae taur se chalne ká iráda rakhte ho, iʿtiqád ke sáth pás áo, aur apní tasallí ke liye is pák Rifáqat ko lo, aur ájizí se ghuṭne ṭekkar Ḳhudá Qádir i Mutlaq ke áge farotaní se yih iqrár karo :—

Iqrár i Ámím.

AI Qádir i Mutlaq Ḳhudá, hamáre Ḳhudáwand Yesú Masíh ke Báp, sab chízoṇ ke Ḳháliq aur sáre ádmíoṇ ke insáf karnewále ; ham ro ro ke apne gúnágún gunáhoṇ aur badioṇ ká iqrár karte haiṇ, jo ham ne waqt ba waqt ḳhiyál, zubán, aur fiʿl se terí Ḳhudáí kí shán ke barḳhiláf niháyat ba shiddat kiye haiṇ, aur tere ʿain insáf gussa aur gazab ko apne úpar bhaṛkáyá hai ; ham jí o ján se tauba karte aur apne bejá kámoṇ kí bábat dil meṇ pachhtáte haiṇ ; un kí yád ham ko sakht maʿlúm hotí hai, un ke bojh kí ham bardásht nahíṇ kar sakte. Ai kamál rahím Báp, ham par rahm kar, ham par rahm kar, ham se jo kuchh huá apne Beṭe hamáre Ḳhudáwand Yesú Masíh ke wáste muʿáf farmá, aur yih baḳhsh, ki áge ko naí chál se ham terí ḳhidmat bajá láweṇ aur terí marzí par chaleṇ ; táki tere nám kí ʿizzat aur jalál záhir howe ; hamáre Ḳhudáwand Yesú Masíh ke wasíle se.—ÁMÍN.

Magfirat ke Kalime.

QÁDIR i Mutlaq Ḳhudá, hamárá Ásmání Báp, jis ne apní baṛí rahmat ke sabab un sab se gunáhoṇ kí magfirat ká waʿda kiyá, jo dil se tauba karke sachche ímán ke sáth us kí taraf phirte haiṇ, tum par rahm kare ; tumháre sáre gunáhoṇ ko bakhshe; aur un se tum ko khalásí de; sab nekíoṇ par tumheṇ qáim aur mazbút kare; aur tumheṇ hamesha kí zindagí ko pahuṇcháwe; hamáre Khudáwand Yesú Masíh ke wasíle se.—Ámín.

Tab Qasís kahe.

SUNO, ki hamárá Naját Bakhshnewálá Masíh kaisí tasallí kí bateṇ un sab ko jo us kí taraf sachchái se mutawajjih hote hain, farmátá hai.

AI logo, jo thake aur zerbár ho, tum sab mere pás áo, ki maiṇ tumheṇ árám duṇgá.—*Matí* 11 : 28.

Khudá ne jahán ko aisá pyár kiyá ki us ne apná eklautá Beṭá bakhsh diyá, táki jo koí us par ímán láwe, halák na howe, balki hamesha kí zindagí páwe.—*Yúhanná* 3 : 16.

Jo Muqaddas Pulús kahtá hai, wuh bhí suno.

Yih bát barhaqq, aur bilkull pasand ke láiq hai, ki Masíh Yesú gunahgároṇ ke bacháne ke liye dunyá meṇ áyá.—1 *Timtáús* 1 : 15.

Jo Muqaddas Yúhanná kahtá hai, wuh bhí suno.

Agar koí gunáh kare, to Yesú Masíh jo ádil hai, Báp pás hamárá sháfí hai, aur wuh hamáre gunáhoṇ ká kafára hai. —1 *Yúhanná* 2 : 1.

Phir Qasís kahe.

Tum apne dil rujú karo.
Jawáb.—Ham un ko Khudá kí taraf rujú karte haiṇ.
Qasís.—Ham apne Khudáwand Khuda ká shukr kareṇ.
Jawáb.—Aisá karná láiq aur munásib hai.

Tab Qasís yih kahe.

Yih niháyat láiq o munásib, aur ham par farz hai, ki har waqt aur har jagah terá shukr kiyá kareṇ, Ai Khudáwand *Muqaddas Báp Qádir i Mutlaq aur hamesha ke Khudá.

* Yih lafz (yane Muqaddas Báp) Taslís ke Itwár ko chhoṛ diyá cháhiye.

Waqt ke muwáfiq agar koí kháss muqaddama muqarrar ho to yahán paṛhá jáwe; nahín to yih.

Is wáste firishtoṇ aur muqarrab firishtoṇ aur sab ásmání jamáạt ke sáth ham tere buzurg nám kí tạríf aur baṛáí karte, aur sadá terí saná karte, aur yih kahte haiṇ, Quddús, Quddús, Quddús, lashkaroṇ ke Khudáwand Khudá, ásmán aur zamín tere jalál se mạmúr haiṇ: Ai Khudáwand Tạlá terá hí jalál hai.—Ámín.

KHÁSS MUQADDAME.

Krismasḍay ko aur us ke bạd sát din tak.

IS liye ki tú ne apne eklaute Beṭe Yesú Masíh ko bakhsh diyá, ki wuh hamáre wáste is waqt paidá ho jo Rúh-ul-Quds kí tásír ke sabab apní má kuṇwárí Maryam kí máhiyat se filhaqíqat insán baná, aur yih gunáh ke dág bagair huá, táki wuh ham ko sab tarah ke gunáh se pák kare; is wáste firishtoṇ,—*Alakh.*

Ísṭarḍay ko aur us ke bạd sát din tak.

LEKIN terí tạríf karní khásskar is liye ham par wájib hai ki hamárá Khudáwand terá Beṭá Yesú Masíh jalál ke sáth jí uṭhá; kyuṇki fasah ká asal barrah wuhí hai jo hamáre wáste qurbání huá, aur jahán ke gunáh ko uṭhá le gayá; us ne apní maut se maut ko nest kiyá, aur apne phir zinda hone se hamesha kí zindagí hameṇ do bára bakhshí: is wáste firishtoṇ,—*Alakh.*

Sạúd yạne Masíh ke ásmán par jáne ke din ko aur us ke bạd sát roz tak.

TERE bahut hí pyáre ạzíz Beṭe, hamáre Khudáwand Yesú Masíh ke wasíle se, jo apne kamál buzurg jí uṭhne ke bạd apne sab Rasúloṇ ko sáf dikhái diyá, aur un ke dekhte dekhte ásmán par chaṛh gayá, ki hamáre liye jagah tayár kare, táki jahán wuh hai, waháṇ ham bhí chaṛh jáweṇ, aur us ke saṇg jalál ke sáth saltanat kareṇ: is wáste firishtoṇ,—*Alakh.*

Whitsunday yane Rúh-ul-Quds ke utarne ke Itwár ko aur us ke bad chhah din tak.

HAMÁRE Khudáwand Yesú Masíh ke wasíle se, jis ke niháyat sachche wade ke muwáfiq Rúh-ul-Quds áj ke din barí áwáz se áṇdhí kí tarah ág kí zubánon kí mánind eká ek ásmán se názil hokar Rasúlon par á thahrá, táki unheṇ talím kare aur tamám sachchái kí taraf hidáyat farmáwe; aur us ne unheṇ tarah tarah kí zubánoṇ kí táqat bakhshí, aur diláwarí bhí ináyat kí, ki we barí sargarmí se sab qaumoṇ meṇ jáke Injíl kí manádí karte raheṇ, jis ke sabab ham ne táríkí aur khatá se chhúṭkar tere aur tere Beṭe Yesú Masíh ke sáf núr aur sahíh pahchán ko hásil kiyá: is wáste firishtoṇ,—*Alakh.*

Íd i Taslís hí ko.

JO ek Khudá, ek Khudáwand hai; akelá ek aqnúm nahíṇ, balki ek hí máhiyat ke tín aqáním: kyuṇki Báp ke jalál kí bábat jo kuchh ki ham iatiqád rakhte haiṇ, so hí betafáwat aur bekam o beshí ke ham Beṭe aur Rúh-ul-Quds kí bábat bhí iatiqád rakhte haiṇ: is wáste firishtoṇ,—*Alakh.*

Har ek muqaddame ke bad fauran yih parhá yá gáyá jáwe:

IS wáste firishtoṇ aur muqarrab firishtoṇ, aur sab ásmání jamáat ke sáth, ham tere buzurg Nám kí taríf aur barái karte, aur sadá terí saná karte, aur yih kahte haiṇ, Quddús, Quddús, Quddús, lashkaroṇ ke Khudáwand Khudá, ásmán aur zamín tere jalál se mamúr haiṇ; Ai Khudáwand Talá terá hí jalál hai.—ÁMÍN.

Tab Qasís Rifáqat meṇ sab shámil honewáloṇ ke liye yih duá máṇge.

AI Rahím Khudáwand, ham na gustákhí se na apní nekí par, balki terí gúnágún aur barí rahmatoṇ par takya karke tere dastarkhwán pás áte haiṇ. Ham is láiq bhí nahíṇ, ki jo chúr chár tere dastarkhwán se girte haiṇ chuneṇ; par tú wuhí Khudáwand hai, jis ká khása sadá rahm farmáná hai; Is wáste Ai mihrbán Khudáwand, yih bakhsh ki ham tere piyáre Beṭe Yesú Masíh ke gosht ko is taur se kháweṇ, aur uske lahú ko is waẓa se píweṇ, ki hamáre gunahgár badan uské badan se pák ho jáweṇ, aur hamárí rúheṇ uske beshqímat lahú se dhoí jáweṇ, aur ham us meṇ hamesha raheṇ, aur wuh ham meṇ.—ÁMÍN.

Qasís logoṇ ke rúbarú roṭí toṛe aur piyála apne háth meṇ le, tab yih duá i taqdís paṛhe.

AI Qádir i Mutlaq Khudá hamáre ásmání Báp, jis ne apní baṛí rahmat se apne eklaute Beṭe Yesú Masíh ko bakhshá, ki wuh hamárí makhlasí ke liye salíb par maut ká dukh uṭháwe; usne apne taíṇ us par ek hí bár qurbání chaṛhákar ek púrí, kámil, aur káfí qurbání, nazr, aur jurímána, sáre jahán ke gunáhoṇ ke wáste diyá; aur apní is beshqímat maut ká ek yádgár sadá ko muqarrar kiyá, aur apní muqaddas Injíl meṇ ham ko farmáyá ki jab tak wuh phir na áwe, ham is ko kyá kareṇ. Ai Rahím Báp, ham kamál farotaní se terí minnat karte haiṇ, hamárí sun, aur bakhsh ki tere Beṭe hamáre Naját Bakhshnewále Yesú Masíh ke pák hukm ke muwáfiq ham us kí maut aur dukh kí yádgárí ke wáste terí banáí húí yih roṭí aur wain khá píke us ke kamál mutbarrak Badan aur Lahú ke sharík howeṇ: ki jis rát wuh hawála kar diyá gayá, us ne (a) roṭí lí; (b) aur shukr karke toṛí, aur apne shágirdoṇ ko deke kahá, lo, kháo, (c) yih merá badan hai, jo tumháre wáste diyá játá hai, merí yádgárí ke wáste yuṇ hí kiyá karo. Isí tarah kháne ke bạd (d) piyále ko liyá, aur shukr karke un ko diyá, aur kahá, tum sab is se pío, kyuṇki nae ạhd ká (e) yih merá lahú hai, jo tumháre aur bahutoṇ ke gunáhoṇ kí muạfí ke wáste baháyá játá hai; jis waqt ise pío, merí yádgárí ke wáste píyá karo.—ÁMÍN.

(a) Is maqám par Qasís rakábí apne háth meṇ le.

(b) Aur is maqám par roṭí toṛe.

(c) Aur is maqám par tamám roṭí par apná háth phailáwe.

(d) Is maqám par piyála apne háth meṇ le.

(e) Aur is maqám par har bartan khwáh piyále, khwáh qadhe par jis meṇ taqdís ke wáste wain ho, háth rakhe.

Sab farotaní se ghuṭne ṭeken, aur jab Qasís kisí ko roṭí de to yih kahe.

HAMÁRE Ḳhudáwand Yesú Masíh ká badan, jo tere wáste diyá gayá, tere badan aur ján ko hamesha kí zindagí tak bacháe rakhe. Ise le, aur khá, is bát kí yádgárí meṉ ki Masíh tere iwaz muá, aur shukr kartá huá iạtiqád se apne dil meṉ use kháyá kar.

Aur jab Qasís kisí ko piyála de to yih kahe.

HAMÁRE Ḳhudáwand Yesú Masíh ká lahú, jo tere wáste baháyá gayá, tere badan aur ján ko hamesha kí zindagí tak bacháe rakhe. Ise pí, is bát kí yádgárí meṉ ki Masíh ká lahú tere wáste baháyá gayá, aur shukr kar.

Tab Qasís Ḳhudáwand kí duạ́ paṛhe, aur log us ke píchhe píchhe har ek darḳhwást paṛheṉ.

AI hamáre Báp, jo ásmán par hai, tere nám kí taqdís ho. Terí bádsháhat áwe. Terí marzí jaisí ásmán par hai, zamín par bhí howe. Hamáre roz kí roṭí áj hameṉ de. Aur jis tarah ki ham apne taqsírwároṉ ko muạ́f karte haiṉ, tú hamárí taqsíreṉ muạ́f kar. Aur hameṉ imtihán meṉ na ḍál, balki buráí se bachá; kyuṉki bádsháhat, qudrat, aur jalál hamesha terá hí hai.—Amín.

Us ke bạd yih paṛhí jáwe.

AI Ḳhudáwand aur ásmání Báp, ham tere ạ́jiz bande terí pidarána ḳhúbí se bilkull yih cháhte haiṉ, ki tú mihrbání se hamáre is shukr aur tạríf kí qurbání qabúl kare; aur ham kamál farotaní se terí minnat karte haiṉ, ki tú apne Beṭe Yesú Masíh ke sawáb aur us kí maut ke sabab, aur us ke lahú ke iạtiqád ke báis yih baḳhsh, ki ham aur terí sárí Kalísyá apne gunáhoṉ kí muạ́fí aur us ke dukh ke dúsre sab fáide hásil kareṇ. Aur Ai Ḳhudáwand, ab ham apne taíṇ ján aur tan samet tere huzúr nazr guzránte haiṇ, táki tere liye ek maqúl muqaddas aur zinda qurbání howeṇ, aur farotaní se terí minnat karte haiṇ, ki ham sab jo is pák Rifáqat meṇ sharík hue haiṇ, tere fazl aur ásmání barakat se mamúr ho jáweṇ, aur agarchi ham apne tarah tarah ke gunáhoṇ ke sabab tere liye koí qurbání guzránne ke láiq nahíṇ, par tau bhí ham terí minnat karte haiṇ, ki hamárá yih kám aur ḳhidmat jo ham par farz hai, qabúl kar, hamárí liyáqatoṇ ká andáz na kar, balki hamárí ḳhatáoṇ ko baḳhsh de; hamáre Ḳhudáwand Yesú Masíh ke wasíle se jise aur jis ke sath Rúh-ul-Quds kí yagángat meṇ tamám izzat aur jalál, Ai Qádir i Mutlaq Báp, tere liye abad tak howe.—A'MI'N.

Yá yih.

AI Qádir i Mutlaq aur hamesha ke zinda Ḳhudá, ham dil o ján se is bát par terá shukr karte haiṇ, ki tú apne Beṭe hamáre Bachánewle Yesú Masíh ke niháyat beshqímat badan aur lahú ká rúhání kháná mihrbání karke hameṇ khilátá hai, jo ab in pák dastúroṇ meṇ durustí se sharík hue haiṇ, aur is tarah tú ham par apní shafaqat aur rahmat sábit kartá hai, aur yih bhí ki ham tere Beṭe ke majází badan meṇ jo sáre ímándároṇ kí mubárak jamáat hai ba ainhí mile hue aṇg haiṇ, aur tere azíz Beṭe kí kamál beshqímat maut aur azíyat ke sawáb ke sabab ummed se terí hamesha kí bádsháhat ke wáris bhí hue haiṇ. Aur Ai ásmání Báp, ham niháyat farotaní se terí minnat karte haiṇ, ki apne fazl se hamárí aisí madad kar ki ham is pák Rifáqat meṇ bane raheṇ, aur un sab achchhe kámoṇ ko kiyá kareṇ jin ká tú ne áge se bandobast kiyá hai, ki ham unheṇ karte raheṇ: yih hamáre Ḳhudáwand Yesú Masíh ke sabab se ho, jise tere aur Rúh-ul-Quds ke sáth tamám izzat aur jalál abad tak howe.—A'MI'N.

Tab yih paṛhá yá gáyá jáwe.

ALAM i bálá par Ḳhudá ko jalál, aur zamín par salámatí, aur ádmíoṇ ko razámandí. Ham terí taríf karte haiṇ, ham tujhe mubárak jánte haiṇ, ham terí ibádat bajá láte haiṇ, ham terá jalál záhir karte haiṇ, ham terí barí azmat ke liye terá shukr bhejte haiṇ, Ai Ḳhudáwand Ḳhudá, Ásmání Bádsháh, Ḳhudá, Qádir i Mutlaq Báp.

Ai Ḳhudáwand, ek hí maulúd Beṭe Yesú Masíh : Ai Ḳhudáwand Ḳhudá, Ḳhudá ke Barre, Báp ke Beṭe, jo jahán ke gunáhoṇ ko le játá hai, ham par rahm kar. Tú jo jahán ke gunáhoṇ ko le játá hai, ham par rahm kar. Tú jo jahán ke gunáhoṇ ko le játá hai, hamárí duá qabúl kar. Tú jo Ḳhudá Báp ke dahne háth baiṭhá hai, ham par rahm kar.

Kyuṇki tú hí sirf quddús hai ; tú sirf Ḳhudáwand hai ; tú hí akelá, Ai Masíh, Rúh-ul-Quds ke sáth, Ḳhudá Báp ke jalál meṇ álá darja par hai.—Á́MÍN.

Barakat ke Kalime.

SALÁM Ullah, jo tamám fahm se báhar hai, tumháre diloṇ aur ḳhiyáloṇ ko Ḳhudá kí aur us ke Beṭe Yesú Masíh hamáre Ḳhudáwand kí pahchán aur muhabbat meṇ. nigahbání kare ; aur Ḳhudá Qádir i Mutlaq Báp, Beṭe, aur Rúh-ul-Quds kí barakat tumháre bích howe, aur tum par hamesha rahe.—Á́MÍN.

DUÁEṆ.

AI Ḳhudáwand, hamárí in darḳhwást aur duáoṇ meṇ mihrbání se hamárí madad kar, aur apne bandoṇ kí ráh hamesha kí naját hásil karne ke liye durust kar ; táki is álam i fání kí tamám tagírí aur nágahánioṇ ke darmiyán we tere kamál karam aur shitáb madad ke báis hamesha mahfúz raheṇ ; yih hamáre Ḳhudáwand Yesú Masíh ke wasíle se baḳhsh.—Á́MÍN.

AI Qádir i Mutlaq Ḳhudáwand, aur hamesha ke Ḳhudá, ham terí minnat karte haiṇ, ki tú mihr karke apní sharíatoṇ kí ráhoṇ aur apne hukmoṇ ko bajá láne par hamáre dil aur badan, donoṇ kí hidáyat o pákízagí aur hukúmat farmá ; ki terí kamál qudrat kí hifázat se ab aur hamesha ko ham ján aur tan se salámat raheṇ ; hamáre Ḳhudáwand aur Naját Denewále Yesú Masíh ke wasíle se.—Á́MÍN.

A I Qádir i Mutlaq Ḳhudá, ham terí minnat karte haiṇ, yih taufíq baḳhsh, ki jo báteṇ ham ne áj apne záhirí kánoṇ se suní haiṇ, tere fazl se hamáre diloṇ ke andar yuṇ paiwand ho jáweṇ, ki we tere nám kí ịzzat aur tạríf ke liye nek chál ká phal ham meṇ láwoṇ; hamáre ḲhudáwandｊYesụ́ Masíh ke wasíle se.—A'mín.

A I Ḳhudáwand, apne kamál karam o fazl se, hamáre sab kámoṇ meṇ hamárí peshwáí kar, aur apní hamesha kí madad se hameṇ áge baṛhá, ki ham apne sab kámoṇ ke darmiyán, jo auwal aur áḳhir aur bích 'meṇ tujhí se hoṇ, tere pák nám kí baṛáí kareṇ, aur tere rahm se áḳhir ko hamesha kí zindagí páweṇ; hamáre Ḳhudáwand Yesụ́ Masíh ke wasíle se.—A'mín.

A I Qádir i Mutlaq Ḳhudá, tamám dánáí ke ᵴar chashme, tú hamáre mángne se peshtar hamárí zarúriyát ko aur mángte waqt hamárí nádání ko jántá hai; ham terí minnat karte haiṇ, ki hamárí nátawáníoṇ par tars khá; aur un sab chízoṇ ko, jin ke mángne ká hameṇ apní náláiqí ke sabab maqdúr nahíṇ, aur apne andhápan ke báis máng nahíṇ sakte, tú karam karke apne Beṭe hamáro Ḳhudáwand Yesụ́ Masíh kí liyáqat ke wáste hameṇ baḳhsh de.—A'mín.

A I Qádir i Mutlaq Ḳhudá, tú ne wạda kiyá hai, ki un kí duáoṇ ko jo tere Beṭe ke nám ᵴe mángte haiṇ, tú sunegá, ham terí minnat karte haiṇ, ki ham ne is waqt jo tere huzúr duáeṇ aur minnateṇ kí haiṇ, hamárí taraf mihrbání se kán lagá, aur yih baḳhsh, ki jo chízeṇ ham ne ịtiqád se terí marzí ke muwáfiq mángí haiṇ muqarrar hameṇ mileṇ; táki hamárí zarúriyát dafạ aur terá jalál záhir howe; hamáre Ḳhudáwand Yesụ́ Masíh ke wasíle se.—A'mín.

LAṚKOṆ KE ẠLÁNIYA BAPTISMÁ

KÁ DASTÚR,

JO

KALÍSYÁ KE DARMIYÁN ẠMAL MEṆ ÁWE.

Ḳhádim-ud-dín kahe,

Is laṛke ne Baptismá páyá hai, yá nahíṇ?

Agar we kaheṉ, ki NAHÍṆ, tab Qasís yuṉ kahe:

AI ạzízo, azbaski sab insán gunáh ke sáth peṭ meṇ paṛte, aur paidá hote haiṇ, aur hamárá Naját Baḳhshnewálá Masíh farmátá hai, ki jab tak ádmí páni aur Rúl-ul-Quds se sar i nau paidá na ho, aur nayá janam na páwe, wuh Ḳhudá kí bádsháhat meṇ dáḳhil nahíṇ ho saktá; maiṇ tumhárí minnat kartá huṇ, ki hamáre Ḳhudáwand Yesụ Masíh ke wasíle se Ḳhudá Báp ko pukáro, ki wuh apní baṛí rahmat se *is laṛke* ko wuh niạmat baḳhshe, jo sarisht se *us* ko hásil nahíṇ ho saktí; ki *wuh* páni aur Rúl-ul-Quds ká Baptismá pákar Masíh kí pák Kalísyá meṇ shámil *ho*, aur us *ká ek* zinda ạzú ban *jáwe*.

Tab Qasís kahe,

Ham duạ́ máṇgeṇ.

AI Qádir i Mutlaq aur hamesha ke Ḳhudá, tú ne apní baṛí rahmat se Núh aur us ke gharáne ko páni men halák hone se kishtí par bacháyá, aur apní qaum baní Isráel ko bhí lál samundar se sahíh salámat pár utár láyá, aur us se apne pák Baptismá kí nishání dí, aur Ardan nadí meṇ apne kamál ạzíz Beṭe Yesụ Masíh ke Baptismá se páni ko gunáh ke rúháni dho ḍálne ke liye pák ṭhahráyá; ham terí minnat karte haiṉ ki tú apní behadd rahmatoṉ se *is laṛke* par mihr kí nazar kar; *us* ko Rúl-ul-Quds se dho de aur pák kar; ki *wuh* tere qahr se riháí páke Masíhí Kalísyá kí kishtí meṉ jagah *páwe,* aur ímán meṉ mazbút aur ummed se ḳhushwaqt hoke aur muhabbat meṉ jaṛ pakaṛ kar is dunyá ke dukh kí maujoṉ se aisá pár utar *jáwe,* ki áḳhir ko hamesha kí zindagí kí sarzamín ko *pahuṉche,* jaháṉ tere sáth abad tak bádsháhí *kare;* hamáre Ḳhudáwand Yesú Masíh ke wasíle se.—ÁMÍN.

AI Qádir i Mutlaq aur báqí Ḳhudá, sáre muhtájoṉ ke hámí, aur un sab ke madadgár jo terí panáh meṉ á chhipte haiṉ, tú ímándároṉ kí zindagí aur murdoṉ kí qiyámat hai; ham *is laṛke* ke wáste tujhe pukárte haiṉ, ki *wuh* tere pák Baptismá páne ke wáste ákar rúhání naí paidáish se apne gunáhoṉ kí muáfí hásíl *kare.* Ai Ḳhudáwand, *us* ko qabúl kar, jis tarah tú ne apne piyáre Beṭe kí mạrifat wạda kiyá hai, ki máṉgo tumheṉ milegá, ḍhuṉḍho tum páoge, khaṭkhaṭáo tumháre liye kholá jáegá; isí tarah ab ham ko jo máṉgte haiṉ de, hameṉ jo ḍhuṉḍhte haiṉ mile, hamáre wáste jo khaṭkhaṭáte haiṉ, darwáza khol; táki *yih laṛká* tere ásmání gusl kí dáimí barakat hásil *kare,* aur us abadí bádsháhat meṉ jis ká tú ne hamáre Ḳhudáwand Masíh ke wasíle se wạda kiyá hai, *pahuṉche.* —ÁMÍN.

Tab jamáạt khaṛí ho aur Qasís kahe,

Injíl kí báteṉ suno, jo Muqaddas Marqus ne dasweṉ báb kí terahwíṉ áyat meṉ likhí haiṉ.

CHHOṬE laṛkoṉ ko we Masíh pás láe táki wuh unheṉ chhúe; par uske shágirdoṉ ne un lánewáloṉ ko ḍáṉṭá. Yesú dekhke bahut náḳhush huá, aur unheṉ kahá, laṛkoṉ ko mere pás áne do, aur unheṉ manạ na karo, kyuṉki Ḳhudá kí bádsháhat aisoṉ hí kí hai. Maiṉ tum se sach kahtá huṉ ki jo koí Ḳhudá kí bádsháhat ko chhoṭe laṛke kí tarah qabúl na kare, wuh us meṉ hargiz dáḳhil na hogá. Us ne unheṉ apní god meṉ lekar un par háth rakhe, aur unheṉ duạ i ḳhair dí.

Nasíhat.

AI piyáro, tum is Injíl meṇ hamáre Bachánewále Masíh kí báteṇ sunte ho, ki us ne hukm kiyá, ki laṛke us ke pás láweṇ, aur jo ki un ko us pás áne se rokte the, unheṇ kyuṇkar ḍáṇṭá, aur sab logoṇ ko kaisí nasíhat kartá hai, ki un ká sá mizáj paidá kareṇ. Tum dekhte ho ki us ne apne is záhirí isháre aur kám se apní nek níyatí un par kis tarah záhir kí, ki us ne unheṇ god meṇ liyá, aur un par háth rakhke un ko duạ́ i ḳhair dí. Pas tum shakk na láo, balki iạtiqád mazbút rakho, ki wuh *is laṛke* ko bhí jo házir *hai*, mihrbání se qabúl karegá, aur apní mihr se *us* ko god meṇ legá, aur hayát i abadí kí barakat degá, aur *use* apní hamesha kí bádsháhat meṇ sharík karegá. Is wáste ham apne ásmání Báp ke nek iráde ko jo us ne apne Beṭe Yesụ́ Masíh kí zubání *is laṛke* kí bábat záhir kiyá, jab yuṇ mán lete, aur kuchh shakk nahíṇ láte haiṇ ki wuh mihrbání se hamáre is muhabbat ke kám kí parwánagí detá hai, ki *is laṛke* ko us ke pák Baptismá páne ke liye láe haiṇ, to ham ímándárí aur díndárí se uská shukr kareṇ, aur kaheṇ,

Ai Qádir i Mutlaq aur hamesha ke Ḳhudá, ásmání Báp, ham farotaní se terá shukr karte haiṇ, ki tú ne mihrbání farmáke apne fazl ke pahchánne aur apne par ímán láne kí taraf hameṇ buláyá hai; hamárí is pahchán ko baṛhá, aur hameṇ is ímán par hamesha mazbút rakh; apná Rúl-ul-Quds *is laṛke* ko baḳhsh, ki *wuh* nae sir se paidá *ho*, aur hamesha kí naját ká wáris ban *jáwe*: hamáre Ḳhudáwand Yesụ́ Masíh ke wasíle se, jo tere aur Rúl-ul-Quds ke sáth ab aur hamesha zinda aur saltanat kartá hai.—A'MÍN.

Tab Qasís dharam Báp aur dharam Má se yuṇ kahe,

AI piyáro, tum *yih laṛká* Baptismá páne ko yaháṇ láe ho, tum ne duạ́ mángí hai, ki hamárá Ḳhudáwand Yesụ́ Masíh mihrbání se *us* ko qabúl kare, *us* ko *us* ke gunáhoṇ se ḳhalásí de, *us* ko Rúl-ul-Quds ke wasíle se pák kare, *use* ásmání bádsháhat aur hamesha kí zindagí baḳhshe. Tum ne yih bhí suná hai, ki jo chízeṇ tum ne máṇgí haiṇ un sab ke dene ká hamáre Ḳhudáwand Yesú Masíh ne apní Injíl meṇ wạda kiyá hai; wuh to áp yaqínan yih wạda yád rakhegá aur púrá karegá. Is liye Masíh ke aise wạde ke bạd *is laṛke* ko bhí zarúr hai ki *wuh* apne wáste tumháre wasíle se jo *us* ke zámin ho (jab tak *wuh siyáná* hoke is bát ko apne zimme *le*) sachchá wạda kare, ki Shaitán aur us ke sab kámoṇ ko *wuh* tark *karegá*, aur Ḳhudá ke muqaddas Kalám par hamesha iạtiqád *rakhegá*, aur us ke hukmoṇ ká tábịdar *rahegá*.

Pas maiṇ púchhtá huṇ,

KYA' tú *is laṛke* ke ịwaz Shaitán aur us ke sab kámoṇ ko, aur dunyá kí behuda shán o shaukat ko us ke tamám lálach samet, aur jism kí nafsání ḳhwáhishoṇ ko aisá tark kartá hai, ki tú un kí pairawi na karegá, aur na un ke band meṇ rahegá?

Jawáb.—Maiṇ un sab ko tark kartá huṇ.

Ḳhádim-ud-dín.

KYA' Ḳhudá Qádir i Mutlaq Báp par, jo ásmán aur zamín ká banánewálá hai, tú iạtiqád rakhtá hai? Aur us ke eklaute Beṭe hamáre Ḳhudáwand Yesú Masíh par, aur ki wuh Rúh-ul Quds se peṭ meṇ paṛá, kuṇwárí Maryam se paidá huá, Pantús Pilátús kí hukúmat meṇ dukh uṭháyá, salíb par khaiṇchá gayá, mar gayá, aur dafn huá, aur ạlam i arwáh meṇ já utrá, tísre din murdon meṇ se jí uṭhá, ásmán par chaṛh gayá, aur Ḳhudá Báp Qádir i Mutlaq ke dahne háth baiṭhá hai, jaháṇ se wuh dunyá ke áḳhir zindoṇ aur murdoṇ ká insáf karne phir áwegá?

Tú iạtiqád rakhtá hai Rúh-ul-Quds par, pák Kalísyá i jámị par, muqaddasoṇ kí rifáqat, gunáhoṇ kí muáfí, jism ke jí uṭhne aur marne ke bạd hamesha kí zindagí par?

Jawáb.—In sab par maiṇ púrá iạtiqád rakhtá huṇ.

Ḳhádim-ud-dín.

Kyá tú is iạtiqád par Baptismá cháhtá hai?

Jawáb.—Yih merí árzú hai.

Ḳhádim-ud-dín.

KYÁ tú farmánbardárí ke sáth Ḳhudá kí pák marzí aur hukmoṇ ko bajá láegá, aur ụmr bhar un ke muwáfiq chalegá?

Jawáb.—Háṇ maiṇ aisá karuṇgá.

Tab Qasís kahe,

AI mihrbán Ḳhudá yih baḳhsh, ki puráná ádam *is laṛke* meṇ aisá gáṛá jáwe, ki *us* meṇ nayá ádmí jí uṭhe.—ÁMÍN.

Yih baḳhsh, ki *us* kí sab jismání ḳhwáhisheṇ mar jáweṇ, aur sab báteṇ jo Rúh-ul-Quds se ịláqa rakhtí haiṇ *us* meṇ zinda hoṇ aur baṛheṇ.—ÁMÍN.

Yih baḳhsh, ki *wuh* aisí quwat aur qudrat hásil *kare*, ki Shaitán aur dunyá aur jism par gálib *áwe* aur fath *páwe*.—ÁMÍN.

Yih baḳhsh, ki jo koí ab hamáre ụhda aur ḳhidmat se terí nazar kiyá játá hai bihishtí ḳho se árásta ho jáwe, aur hamesha ká ajr páwe, tere rahm se, ai mubárak Ḳhudáwand Ḳhudá, jo abad tak zinda aur sab chízoṇ par hukumat kartá hai.—ÁMÍN.

AI Qádir i Mutlaq aur hamesha ke zinda Ḳhudá, jis ke kamál ạzíz Beṭe Yesụ́ Masíh ne hamáre gunáhoṇ kí muạ́fí ke liye apne beshqímat pahlú se pání aur lahú bhí baháyá, aur apne shágirdoṇ ko farmáyá, ki jáke sab qaumoṇ ko sikháweṇ, aur Báp aur Beṭe aur Rúh-ul-Quds ke nám par unheṇ Baptismá deweṇ; ham terí minnat karte haiṇ ki apní is jamáạt kí darḳhwástoṇ par mutawajjih ho, gunáh ke rúhání gusl ke liye is pání ko pák kar, aur baḳhsh ki *yih laṛká*, jo ab is meṇ Baptismá páyá cháhtá hai, tere fazl se mạmúr ho *jáwe*, aur tere ímándár aur barguzíde farzandoṇ ke shumár meṇ hamesha *rahe*; hamáre Ḳhudáwand Yesụ́ Masíh ke wasíle se.—ÁMÍN.

Tab Qasís laṛke ko apne háthoṇ par le, aur dharam Báp aur dharam Má se kahe:—

Is laṛke ká nám rakho.

Phir us ká wuh nám leke use paní meṇ ḍubáe yá us ke úpar píní chhiṛkáe aur kahe :

Fuláne maiṇ tujhe Báp aur Beṭe aur Rúh-ul-Quds ke nám par Baptismá detá huṇ.—Ámín.

Tab Qasís kahe,

HAM is laṛke ko Masíhí jamáạt ke galle meṇ shámil karte haiṇ * aur us par salíbí ḳhatt is bát ká nishán khaiṇchte haiṇ, ki áge ko Masíh i maslúb par iạtiqád rakhne ke iqrár se wuh na sharmáwe, aur us ke jhanḍe tale gunáh aur dunyá aur Shaitán se mardána laṛe, aur jíte dam tak Masíh ká wafádár sipáhí aur ḳhidmatguzár *baná* rahe.—Ámín.

* Is jagah Qasís laṛke ke máthe par salíbí súrat khaiṇche.

Tab Qasís kahe,

AI piyáre bháío, azbaski *is laṛke* ne nayá janam páyá, aur Masíhí Kalísyá ke badan meṇ paiwand *huá*, ab in niạmatoṇ par Ḳhudá Qádir i Mutlaq ká shukr kareṇ, aur ek dil hoke us se duạ́ máṇgeṇ, ki *yih laṛká* apní báqí ụmr is tarah *káṭe* jaisá ki ab *us* ká shurụ́ huá.

Tab sab ghuṭne ṭekke yih kahen :—

AI hamáre Báp, jo ásmán par hai, tere nám kí taqdís howe. Terí bádsháhat áwe. Terí marzí jaisí ásmán par hai, zamín par bhí howe. Hamáre roz kí roṭí áj hameṇ de. Aur jis tarah ki ham apne taqsírwároṇ ko muạ́f karte haiṇ, tú hamárí taqsíreṇ muạ́f kar. Aur hameṇ imtihán meṇ na ḍál, balki burái se bachá.—Ámín.

Tab Qasís kahe,

AI kamál rahím Báp, ham dil se terá shukr karte haiṇ, ki tú ne mihrbání karke *is laṛke* ko apne Rúh-ul-Quds se sar i nau paidá kiyá hai, *use* apná muṇh-bolá Beṭá banáyá hai, aur apní pák Kalísyá meṇ paiwand kiyá hai. Ham ạ́jizí se terí minnat karte haiṇ, yih bạḳhsh, ki *wuh* gunáh kí nisbat marke rástbází meṇ zinda aur Masíh kí maut aur us ke dafn hone ká sharík hoke, puráni insániyat ko salíb *de*, aur gunáh ke sáre badan ko bilkull nest o nábúd kar *ḍále*, aur jis tarah *wuh* tere Beṭe ki maut *ká* sharík *huá*, us ke jí uṭhne ká bhí sharík *howe*, aisá ki ákhir ko terí muqaddas Kalísyá ke báqí máṇdoṇ ke sáth terí hamesha kí bádsháhat meṇ hissa *páwe;* hamáre Ḳhudáwand Masíh ke wasíle se.—Á́MÍN.

Tab sab khaṛe hoṇ, aur Qasís dharam Báp aur dharam Má ko yuṇ nasíhat kare.

JAB ki *is laṛke* ne tumháre wasíle se jo *us* ke zámin ho yih wạda kiyá hai, ki Shaitán aur us ke sab kámoṇ ko tark karegá, aur Ḳhudá par iạtiqád rakhegá, aur us kí bandagí kiyá karegá: pas tum yád rakho ki tum par wájib aur lázim hai, ki *yih laṛká* jab síkhne ke láiq *ho* tab *sikháyá jáwe*, ki kaisá baṛá wạda, níyat aur iqrár *us* ne yaháṇ tumhárí mạrifat kiyá hai, aur jis meṇ *wuh* in bátoṇ ko baḳhúbí daryáft kare, tumheṇ munásib hai, ki *use* nasíhat sunne ko buláyá karo, aur khásskar tum ḳhabadár raho ki Rasúloṇ ká ạqída aur Ḳhudáwand kí duạ aur dasoṇ hukm aur jo jo báteṇ jinká jánná aur mánná Masíhí ko apní ján bacháne ke wáste zarúr hai, *wuh* apní zubán meṇ *síkhe;* aur *yih laṛká* aisí nekí kí tarbíyat *páwe*, ki Ḳhudá parastí kí ráh aur Masíhí chál *chale*, aur hamesha yád *rakhe* ki Baptismá hamáre iqrár ká ek namúna hai, aur us ke yih mạne haiṇ, ki ham apne Bachánewále Masíh ke namúna par chaleṇ, aur usí kí mánind ban jáweṇ; ki jis tarah wuh hamáre wáste muá, aur phir jí uṭhá, usí tarah ham ko jinhoṇ ne Baptismá páyá hai, cháhiye ki gunáh kí nisbat mareṇ, aur rástbází meṇ jíeṇ, aur apní tamám ḳharáb aur nafsání ḳhwáhishoṇ ko hamesha márte raheṇ, aur roz ba roz chál chalan kí sárí nekí aur díndárí meṇ áge baṛhte jáweṇ.—Á́MÍN.

Tab wuh yih bhí kahe,

TUM ḳhabardár raho, ki *yih laṛká* jab ki Rasúloṇ ká ạqída aur Ḳhudáwand kí duạ aur dasoṇ hukm apní zubán meṇ suná *saktá hai*, aur is ke siwá Kalísyá ke sawál jawáb kí jo isí matlab ke wáste muqarrar huá hai, tạlím pái, to *wuh* dín par mustaqím hone ko Usqúf ke pás házir *kiyá jáwe.*

BÁLIGOŊ KE BAPTISMÁ KÁ DASTÚR,

JO KI A'P JAWA'B DE SAKTE HAIŊ.

A I piyáro, is sabab se ki sab insán gunáh ke sáth peṭ
men paṛte aur paidá hote haiṇ, aur jo jism se paidá
huá jism hai, aur we jo jismání haiṇ, Ḳhudá ko rází nahíŋ
kar sakte, balki gunáh meṇ zindagí guzránte, aur bahut sí
ḳhatáeŋ kiyá karte haiṇ ; aur hamárá Naját Baḳhshnewálá
Masíh farmátá hai ki Ḳhudá kí bádsháhat meŋ koí dáḳhil
nahíŋ ho saktá, magar jab ki wuh pání aur Rúh-ul-Quds se
phir kar paidá ho, aur nayá janam páwe : maiṇ tum se
iltimás kartá huṇ, ki Ḳhudá Báp ko hamáre Ḳhudáwand
Yesṳ Masíh ke wasíle se pukáro, ki wuh apní beshumár
rahmat se *in ádmíoṇ* ko wuh niamat baḳhshe, jo sarisht se
hásil nahíṇ ho saktí, ki we pání aur Rúh-ul-Quds ká Bap-
tismá pákar Masíh kí muqaddas Kalísyá meṇ shámil ho
jáweṇ, aur us ke zinda aẓú ban *jáweṇ*.

Tab Qasís kahe,

Ham duá mángeṇ.

(Aur yaháṉ sárí jamáạt ghuṭne ṭeke.)

A I Qádir i Mutlaq aur hamesha ke Ḳhudá, tú ne apní
baṛí rahmat se Núh aur us ke gharáne ko pání meṇ
halák hone se kishtí par bacháyá, aur apní qaum baní Isráel
ko bhí lál samundar se sahíh salámat pár utár láyá, aur us
se apne pák Baptismá kí nishání dí, aur Ardan nadí meṇ
apne kamál aẓíz Beṭe Yesṳ Masíh ke Baptismá se pání ko
gunáh ke rúhání dho ḍálne ke liye pák ṭhahráyá ; ham terí
minnat karte haiṇ ki tú apní behadd rahmatoṇ se *in* apne
bandoṇ par mihr kí nazar kar ; *un* ko Rúh-ul-Quds se dho

de aur pák kar; ki *we* tere qahr se riháí páke Masíhí Kalísyá kí kishtí meṇ jagah *páweṇ*, aur ímán meṇ mazbút aur ummed se ḳhushwaqt hoke aur muhabbat meṇ jaṛ pakaṛkar is dunyá ke dukh kí maujoṇ se aisá pár utar *jáweṇ* ki áḳhir ko hamesha kí zindagí kí sarzamín ko *pahuṇcheṇ*, jaháṇ tere sáth abad tak bádsháhí *kareṇ*: hamáre Ḳhudáwand Yesú Masíh ke wasíle se.—ÁMÍN.

AI Qádir i Mutlaq aur Ḳhudá i báqí, muhtájoṇ ke hámí, aur un sab ke madadgár jo terí panáh meṇ á chhipte haiṇ, tú ímándároṇ kí zindagí aur murdoṇ kí qiymát hai; ham *in shaḳhsoṇ* ke wáste tujhe pukárte haiṇ, ki *we* tere pák Baptismá páne ke wáste ákar rúhání naí paidáish se apne gunáhoṇ kí muáfí hásil *kareṇ*. Ai Ḳhudáwand, *un* ko qabúl kar, jis tarah tú ne apne piyáre Beṭe kí maṛifat wạda kiyá hai, ki máṇgo tumheṇ milegá, ḍhúṇḍho tum páoge, khaṭkhaṭáo tumháre liye khol diyá jáegá: isí tarah ab ham ko jo máṇgte haiṇ de, hameṇ jo ḍhúṇḍhte haiṇ mile, hamáre wáste jo khaṭkhaṭáte haiṇ, darwáza khol; táki *ye shaḳhs* tere ásmání gusl kí dáimí barakat hásil *kareṇ*, aur us abadí bádsháhat meṇ jis ká tú ne hamáre Ḳhudáwand Masíh ke wasíle se wạda kiyá hai, *pahuṇcheṇ*.—ÁMÍN.

Tab jamáạt khaṛí ho jáwe aur Qasís kahe,

Injíl kí báteṇ suno, jo muqaddas Yúhanná ne tísre báb kí pahlí áyat se shurụ karke likhí haiṇ.

FARISIOṆ meṇ se ek shaḳhs Niqodímas nám Yahúdíoṇ ká ek sardár thá. Us ne rát ko Yesú ke pás ákar kahá, ki, Rabbí ham jánte haiṇ ki tú Ḳhudá kí taraf se muạllim hoke áyá, kyuṇki koí shaḳhs ye muạjize jo tú dikhátá hai jab tak Ḳhudá us ke sáth na ho nahíṇ dikhá saktá. Yesú ne jawáb dekar use kahá, maiṇ tujh se sach sach kahtá húṇ, agar koí sar i nau paidá na ho to wuh Ḳhudá kí bádsháhat ko dekh nahíṇ saktá. Niqodímas ne use kahá, ádmí jab búṛhá ho gayá, to kyuṇkar paidá ho saktá hai? Kyá use yih qudrat hai ki dobára apní má ke pet meṇ dar áe, aur paidá howe? Yesú ne jawáb diyá, maiṇ tujh se sach sach kahtá huṇ, agar ádmí pání aur Rúh se paidá na howe to wuh Ḳhudá kí bádsháhat meṇ dáḳhil ho nahíṇ saktá. Jo jism se paidá huá jism hai, aur jo Rúh se paidá huá Rúh hai. Tạjub na kar ki maiṇ ne tujhe kahá ki, tumheṇ sar i nau paidá honá zarúr hai. Hawá jidhar cháhtí hai chaltí hai, aur tú us kí áwáz suntá hai: par nahíṇ jántá ki wuh kaháṇ se átí aur kaháṇ ko játí hai: har ek jo Rúh se paidá huá aisá hí hai.

Us ke bạd wuh yih nasíhat sunáwe,

AI piyáro, is Injíl meṇ tum hamáre Bachánewále Masíh ke muṇh kí báteṇ sunte ho, ki jab tak ádmí pání aur Rúh se paidá na ho wuh Ḳhudá kí bádsháhat meṇ dáḳhil nahíṇ ho saktá. Jis se tum is Sakramiṇṭ ki baṛí zarúrat jaháṇ ạmal meṇ láne kí jagah hai daryáft kar sakte ho. Phir muqaddas Marqus kí Injíl ke áḳhirí báb meṇ bhí wuh báteṇ likhí haiṇ, jin se is dastúr ká baṛá fáida samjhá játá hai ki A'p ne ásmán par játe hue apne shágirdoṇ ko farmáyá ki, tum tamám jahán meṇ jáo, aur har ek maḳhlúq ke sámhne Injíl kí manádí karo, jo ki ímán látá aur Baptismá pátá hai naját hásil karegá, aur jo ímán nahíṇ látá us par sazá ká hukm hogá. Isí tarah jab ki muqaddas Patras Rasúl ne Injíl kí manádí pahle kí, bahutoṇ ke dil chhid gae, aur unhoṇ ne us se aur báqí Rasúloṇ se púchhá, ki ai bháío, ham kyá kareṇ? tab Patras ne unheṇ jawáb diyá ki tauba karo, aur har ek tum meṇ se gunáh kí muạ́fí ke liye Baptismá le, ki tum Rúh-ul-Quds inạ́m páoge. Is liye ki yih wạda tum se aur tumháre laṛkoṇ se hai, aur un sab se jo dúr haiṇ, jitnoṇ ko hamárá Ḳhudáwand Ḳhudá buláwegá. Aur kitní aur bátoṇ se unheṇ samjháyá aur kahá, tum apne taíṇ is ṭeṛhí qaum se bacháo, kyuṇki (jaise wuhí Rasúl dúsre maqám meṇ gawáhí detá hai) Yesụ́ Masíh ke jí uṭhne ke sabab Baptismá ab hameṇ bhí bachátá hai, (wuh to badan ká mail chhuṛáná nahíṇ, balki nek níyatí se Ḳhudá ko jawáb dená hai.) Pas tum shakk na rakho balki yaqín ke sáth ímán láo, ki wuh in ádmíoṇ ko jo házir haiṇ aur sachchí tauba karte o ímán ke sáth us pás áe haiṇ, razámandí se qabúl karegá, un ke gunáh baḳhshegá, aur unheṇ Rúh-ul-Quds ịnáyat farmáwegá, aur unheṇ hayát i abadí kí barakat degá, aur apní hamesha kí bádsháhat meṇ sharík karegá.

Is wáste ham apne ásmání Báp ke nek iráde ko jo us ne apne Beṭe Yesú Masíh kí zubání *in shaḳhsoṇ* kí bábat záhir kiyá, jab yuṇ mán lete to ham ímándárí aur díndárí se us ká shukr kareṇ, aur kaheṇ,

AI Qádir i Mutlaq aur hamesha ke Ḳhudá, ásmání Báp, ham farotaní se terá shukr karte haiṇ, ki tú ne mihrbání farmáke apne fazl ke pahchánne aur apne par ímán láne kí taraf hameṇ buláyá hai; hamárí is pahchán ko baṛhá, aur hameṇ is ímán par hamesha mazbút rakh; apná Rúh-ul-Quds *in shaḳhsoṇ* ko baḳhsh, ki *we* nae sir se paidá *hoṇ*, aur hamesha kí naját ke wáris ban *jáweṇ*; hamáre Ḳhudáwand Yesú Masíh ke wasíle se, jo tere aur Rúh-ul-Quds ke sáth ab aur hamesha zinda aur saltanat kartá hai.—ÁMÍN.

Tab Qasís un shaḳhsoṇ ko, jo Baptismá ke wáste áe haiṇ, yuṇ kahe,

AI baṛe piyáro, jo yaháṇ pák Baptismá páne kí árzú par áe ho, tum ne suná hai, ki is jamáạt ne kaisí duạ máṇgí, ki hamárá Ḳhudáwand Yesú Masíh tawajjúh farmáke tum ko qabúl kare, aur barakat dewe, tum ko tumháre gunáhoṇ se ḳhalásí baḳhshe, tum ko ásmán kí bádsháhat aur hamesha kí zindagí ịnáyat farmáwe. Tum ne yih bhí suná hai, ki hamáre Ḳhudáwand Yesú Masíh ne apne Muqaddas Kalám meṇ in sab chízoṇ ká, jin ke wáste ham ne duạ máṇgí hai, dene ká wạda kiyá hai; wuh to áp yaqínan yih wạda yád rakhegá aur púrá karegá.

Is liye Masíh ke aise wạde ke bạd tum ko bhí zarúr hai ki apní bábat apne in gawáhoṇ, aur is sárí jamáạt ke sámhne ímán ke rú se wạda karo, ki Shaitán aur us ke sab kámoṇ ko tum tark karoge, aur Ḳhudá ke Muqaddas Kalám par hamesha iạtiqád rakhoge, aur us ke hukmoṇ ke tábị rahoge.

Tab Qasís har ek se, jis ko Baptismá dená hai, ye sawál kare,

Sawál.

KYÁ Shaitán aur us ke sab kámoṇ ko, aur dunyá kí behúda shan o shaukat ko, us ke tamám lálach samet, aur jism kí nafsání ḳhwáhishoṇ ko tú aisá tark kartá hai, ki un kí pairawí na karegá, aur na un ke band meṇ rahegá?

Jawáb.—Maiṇ un sab ko tark kartá huṇ.

Sawál.

KYÁ Ḳhudá Qádir i Mutlaq Báp par, jo ásmán aur zamín ká Banánewálá hai, tú iạtiqád rakhtá hai?

Aur us ke eklaute Beṭe hamáre Ḳhudáwand Yesú Masíh par, aur ki wuh Rúh-ul-Quds se peṭ meṇ paṛá, kuṇwárí Mariyam se paidá huá, Pantús Pilátús kí hukúmat meṇ us ne dukh uṭháyá, salíb par khaiṇchá gayá, mar gayá, aur dafn huá, aur ạlam i arwáh meṇ já utrá, tísre din murdoṇ meṇ se jí uṭhá, ásmán par chaṛh gayá, aur Ḳhudá Báp Qádir i Mutlaq ke dahne háth baiṭhá hai, jaháṇ se wuh dunyá ke áḳhir zindoṇ aur murdoṇ ká insáf karne ko phir áwegá?

Tú iạtiqád rakhtá hai Rúh-ul-Quds par, pák Kalísyá i jámi par, muqaddasoṇ kí rífáqat, gunáhoṇ kí muạfí, jism ke jí uṭhne aur marne ke bạd hamesha kí zindagí par?

Jawáb.—In sab par maiṇ púrá iạtiqád rakhtá huṇ.

Sawál.

KYÁ tú is iạtiqád par Baptismá cháhtá hai?

Jawáb.—Yih merí árzú hai.

Sawál.

KYÁ tú farmánbardárí ke sáth Ḳhudá kí pák marzí aur hukmoṇ ko bajá láegá, aur ụmr bhar un ke muwáfiq chalegá?

Jawáb.—Háṇ, Ḳhudá kí madad pákar koshish karuṇgá, ki isí tarah chaluṇ.

Tab Qasís kahe:

AI mihrbán Ḳhudá yih baḳhsh, ki puráná ádam *in shaḳhsoṇ* meṇ aisá gáṛá jáwe, ki *un* meṇ nayá ádmí jí uṭhe.—ÁMÍN.

Yih bakhsh, ki *un* kí sab jismání ḳhwáhisheṇ mar jáweṇ, aur sab báteṇ jo Rúh se ịláqa rakhtí haiṇ, *un* meṇ zinda hoṇ aur baṛheṇ.—Ámín.

Yih bakhsh, ki aisí quwat aur qudrat hásil *kareṇ*, ki Shaitán aur dunyá aur jism par gálib *áweṇ* aur fath *páweṇ*.—Ámín.

Yih bakhsh, ki ye jo ab hamáre ụhda aur ḳhidmat se terí nazr kiye játe haiṇ bihishtí ḳho se árásta ho jáweṇ, aur hamesha ká ajr páweṇ, tere rahm se, Ai mubárak Ḳhudáwand Ḳhudá, jo abad tak zinda aur sab chízoṇ par hukúmat kartá hai.—Ámín.

AI Qádir i Mutlaq aur hamesha ke zinda Ḳhudá, jis ke kamál ạzíz Beṭe Yesụ́ Masíh ne hamáre gunáhoṇ kí muạ́fí ke liye apne beshqímat pahlú se pání aur lahú bhí baháyá, aur apne shágirdoṇ ko farmáyá, ki jáke sab qaumoṇ ko sikháweṇ, aur Báp aur Beṭe aur Rúh-ul-Quds ke nám par unheṇ Baptismá deweṇ; ham terí minnat karte haiṇ ki apní is jamáạt kí darḳhwástoṇ par mutawajjih ho, gunáh ke rúhání gusl ke liye is pání ko pák kar, aur yih bakhsh ki *ye ádmí*, jo ab us meṇ Baptismá páyá *cháhte haiṇ*, tere fazl se mạmúr ho *jáweṇ*, aur tere ímándár aur barguzide farzandoṇ ke shumár meṇ hamesha *raheṇ*; hamáre Ḳhudáwand Yesụ́ Masíh ke wasíle se.—Ámín.

Tab Qasís har shaḳhs ká jo Baptismá ke wáste áyá hai, dahná háth pakaṛke mauqạ se Mustabag ke pás apní ráe ke muwáfiq láke dharam Báp o dharam Má se nám púchhe, aur tab use pání meṇ ḍubáwe, yá us par pání ḍále aur kahe,

Fuláne maiṇ tujhe Báp aur Beṭe aur Rúh-ul-Quds ke nám par Baptismá detá huṇ.—Ámín.

Tab Qasís kahe,

HAM is shaḳhs ko Masíhí jamáạt ke galle meṇ shámil karte haiṇ* aur us par salíbí ḳhatt is bát ká nishán khaiṇchte haiṇ, ki áge ko Masíh i Maslúb par ịạtiqád rakhne ke iqrár se wuh na sharmáwe, aur us ke jhaṇḍe tale gunáh aur dunyá aur

*Is jagah Qasís us shaḳhs ke máthe par salíbí súrat khaiṇche.

Shaitán se mardána laṛe, aur jíte dam tak Masíh ká wafádár sipáhí aur ḳhidmatguzár *baná* rahe.—ÁMÍN.

Tab Qasís kahe,

AI piyáre bháío, azbaski *in shaḳhsoṇ* ne nayá janam páyá, aur Masíhí Kalísyá ke badan men paiwand *hue*, ab in niạmatoṇ par Ḳhudá Qádir i Mutlaq ká shukr kareṇ, aur ek dil hoke us se duạ máṇgeṇ ki *we* apní báqí ụmr is tarah *káṭeṇ* jaisá ki ab *us* ká shurụ́ huá.

Tab sab ghuṭne ṭek ke Ḳhudáwand kí duạ paṛheṇ.

AI hamáre Báp, jo ásmán par hai, tere nám kí taqdís howe. Terí bádsháhat áwe. Terí marzí jaisí ásmán par hai, zamín par bhí howe. Hamáre roz kí roṭí áj hameṇ de. Aur jis tarah ki ham apne taqsírwároṇ ko muạ́f karte haiṇ, tú hamárí taqsíreṇ muạ́f kar. Aur hameṇ imtihán meṇ na ḍál, balki burái se bachá.—ÁMÍN.

AI ásmání Báp, ham farotaní se terá shukr karte haiṇ, ki tú ne mihrbání farmáke apne fazl ke pahchánne aur apne par ímán láne kí taraf hameṇ buláyá hai; hamárí is pahchán ko baṛhá, aur hameṇ is ímán par hamesha mazbút rakh, apná Rúh-ul-Quds *in shaḳhsoṇ* ko baḳhsh, ki *we* hamáre Ḳhudáwand Yesụ́ Masíh ke wasíle se sar i nau paidá hokar aur hamesha kí naját ke wáris ṭhaharkar tere bande bane *raheṇ*, aur tere wạde tak *pahuṇcheṇ*; usí tere Beṭe hamáre Ḳhudáwand Yesụ́ Masíh ke wasíle se, jo usí Rúh-ul-Quds kí yagánagat meṇ tere sáth sadá zinda aur saltanat kartá hai.—ÁMÍN.

Nasíhat.

CHUṆKI *in ádmíoṇ* ne tumháre rúbarú yih wạda kiyá hai, ki Shaitán aur us ke sab kámoṇ ko tark *kareṇge*, aur Ḳhudá par iạtiqád *rakheṇge*, aur us kí bandagí karte *raheṇge*; pas tum yád rakho ki tum par wájib o lázim hai, ki *un* ko yád diláyá karo, ki kaisá baṛá wạda, níyat aur iqrár *unhoṇ* ne yaháṇ is jamáạt ke sámhne ḳhusúsan tumháre sámhne ki *un* ke chune hue gawáh ho, kiyá hai, aur tum ko yih bhí lázim hai, ki *unheṇ* ubhárá karo, ki we baṛí koshish karke Ḳhudá ke Kalám i Muqaddas kí sahíh tạlím hásil *kareṇ*; táki niạmat aur hamáre Ḳhudáwand Yesụ́ Masíh kí pahchán meṇ taraqqí *kareṇ*, aur ímándárí, nekokárí aur parhezgárí ke sáth is jahán i guzrán meṇ zindagání *guzáreṇ*.

Tab un kí taraf jinhoṇ ne bilfiạl baptismá páyá, wuh rujụ́ hokar kahe

AUR tum par bhí ki ab Baptismá ke sabab Masíh ká jámạ pahin liye ho wájib o lázim hai, ki Yesụ́ Masíh par ímán láne se Ḳhudá ke aur núr ke farzand ṭhaharkar aisí chál chalo, ki jaisí tumhárí Masíhí dạwat aur núr ke farzandoṇ ko munásib hai; aur hamesha yád rakho, ki Baptismá hamáre iqrár ká ek namúna hai, aur us ke yih mạne haiṇ, ki ham apne Naját Denewále Masíh ke namúna par chaleṇ, aur usí kí mánind ban jáweṇ; ki jis tarah wuh hamáre wáste muá, aur phir jí uṭhá, usí tarah ham ko jinhoṇ ne Baptismá páyá hai, cháhiye ki gunáh kí nisbat mareṇ, aur rástbází meṇ jíeṇ, aur apní ḳharáb aur nafsání ḳhwáhishoṇ ko hamesha dabáte raheṇ, aur roz baroz zindagání kí tamám nekí aur díndárí meṇ áge baṛhte jáweṇ.

SAWÁL O JAWÁB,

YẠNE

TẠLÍM O TALQÍN.

Jis ká síkhná Usqúf ke háth rakhne se pahle har kisí ko lázim hai.

Sawál.—Tumhárá nám kyá hai?

Jawáb.—Fulána yá Fulání.

Sawál.—Tumhárá yih nám kis ne rakhá?

Jawáb.—Mere dharam Báp aur dharam Má ne mere Baptismá páte waqt; jis se maiṇ Masíh ká ek ạzú, Ḳhudá ká farzand aur ásmán kí bádsháhat ká wáris ṭhahráyá gayá.

Sawál.—Tumháre dharam Báp aur dharam Má ne us waqt tumháre liye kyá kiyá?

Jawáb.—Unhoṇ ne mere nám par tín bát ká wạda aur iqrár kiyá; pahle yih, ki Shaitán aur us ke sab kámoṇ aur is ḳharáb dunyá kí behúda shán o shaukat aur jism kí sab nafsání ḳhwáhishoṇ ko maiṇ tark karuṇ; dúsre yih, ki maiṇ Masíhí dín ke sab ạqídoṇ par iạtiqád rakhuṇ; aur tísre yih, ki Ḳhudá kí pák marzí aur hukmoṇ ko maiṇ bajá láuṇ aur zindagí bhar unhíṇ par chaluṇ.

Sawál.—Kyá tú samajhtá hai ki tujh ko aisá iạtiqád rakhná aur ạmal karná zarúr hai, jaisá unhoṇ ne tere wáste wạda kiyá?

Jawáb.—Háṇ albatta; aur Ḳhudá madad kare, to aisá hí karuṇgá. Aur maiṇ dil se apne ásmání Báp ká shukr kartá huṇ, ki us ne hamáre Naját Bakhshnewále Yesụ Masíh ke wasíle se is naját ke martaba ko mujhe pahuṇcháyá; aur Ḳhudá se duạ máṇgtá huṇ, ki mujh par wuh apná fazl rakhe táki jíte dam tak isí hálat meṇ rahuṇ.

Sawál.—Apne ạqíde kí báteṇ suná?

Jawáb.

MAIṆ iạtiqád rakhtá huṇ, Ḳhudá Qádir i Mutlaq Báp par, jo ásmán aur zamín ká paidá karnewála hai.

Aur us ke eklaute Beṭe hamáre Ḳhudáwand Yesụ Masíh par, jo Rúl-ul-Quds se peṭ meṇ paṛá, kuṇwárí Mariyam se paidá huá, Pantús Pilátús kí hukúmat meṇ dukh uṭháyá, salíb par khaiṇchá gayá, mar gayá, aur dafn huá, aur ạlam i arwáh meṇ já utrá, tísre din murdoṇ meṇ se jí uṭhá, ásmán par chaṛh gayá, aur Ḳhudá Báp Qádir i Mutlaq ke dahne háth baiṭhá hai, jahán se wuh zindoṇ aur murdoṇ ká insáf karne ko áwegá.

Maiṇ iạtiqád rakhtá huṇ Rúh-ul-Quds par, pák Kalísyá i jámị par, muqaddasoṇ kí rifáqat, gunáhoṇ kí muạfí, jism ke jí uṭhne aur hamesha kí zindagí par.—Ámín.

Sawál.—Tú apne is ạqíde kí báton̤ se ḳhásskar kyá síkhtá hai?

Jawáb.—Pahle yih síkhtá hun̤, ki Ḳhudá Báp par jis ne mujhe aur sáre jahán ko paidá kiyá iạtiqád rakhun̤.

Dúsre yih, ki Ḳhudá Beṭe par jo mere aur sab insán ke wáste kafára huá iạtiqád rakhun̤.

Tísre yih, ki Ḳhudá Rúh-ul-Quds par jo mujhe aur Ḳhudá ke sab chune hue logon̤ ko pák kartá hai iạtiqád rakhun̤.

Sawál.—Tum ne kahá ki tumháre dharam Báp aur dharam Má ne tumhárí bábat wạda kiyá thá, ki tum Ḳhudá ke hukmon̤ ko bajá láoge; bhalá batáo to we kitne hain̤?

Jawáb.—Das.

Sawál.—Kaun se?

Jawáb.

WUHI, jo Ḳhudá ne Ḳhurúj ke bíswen̤ báb men̤ farmáyá, ki main̤ Ḳhudáwand terá Ḳhudá hun̤, jo tujhe Misr kí sarzamín aur bandíḳháne se nikál láyá.

1.—Tú mere sámhne kisí dúsre ko Ḳhudá na jánná.

2.—Tú apne liye koí taráshí huí múrat, aur kisí chíz kí súrat, jo úpar ásmán par, yá níche zamín par, yá pání men̤ jo zamín ke tale hai, na banáná: Tú un ke sámhne jhuk na jáná, aur un kí bandagí na karná; kyun̤ki main̤ Ḳhudáwand terá Ḳhudá gaiyúr Ḳhudá hun̤, aur Bápdádon̤ kí badíon̤ kí sazá un ke laṛkon̤ ko, jo mujh se kína rakhte hain̤, tísrí chauthí pusht tak detá hun̤; aur un men̤ se hazáron̤ par, jo mujh se muhabbat rakhte, aur mere hukmon̤ ko bajá láte hain̤ rahm kartá hun̤.

3.—Ḳhudáwand apne Ḳhudá ká nám tú bejá na lená; kyun̤ki Ḳhudáwand us ko begunáh na ṭhahráwegá jo us ká nám bejá letá hai.

4.—Tú sabt ke din ko muqaddas jánkar yád rakhná; chha din tú mihnat aur apná sab kár o bár karná; lekin sátwáṇ din Ḳhudáwand tere Ḳhudá ká sabt hai: us meṇ kuchh kám na karná, na tú, na terá beṭá, na terí beṭí, na terá ḳhádim, na terí ḳhádima, na tere chárpáe, aur na begáne jo tere darwáze ke andar hai; kyuṇki chha din meṇ Ḳhudáwand ne ásmán, aur zamín, aur daryá, aur jo kuchh un meṇ hai banáyá, aur sátweṇ din farágat kí: is wáste Ḳhudáwand ne sátweṇ din ko mubárak kiyá, aur use muqaddas ṭhahráyá.

5.—Tú apní Má aur Báp kí ịzzat karná: táki terí ụmr zamín par, jo Ḳhudáwand tere Ḳhudá ne tujhe dí hai, daráz howe.

6.—Tú ḳhún na karná.

7.—Tú ziná na karná.

8.—Tú chorí na karná.

9.—Tú apne hamsáe par jhúṭhí gawáhí na dená.

10.—Tú apne hamsáe ke ghar ká lálach na karná; tú apne hamsáe kí jorú ká lálach na karná, na us ke ḳhádim, na us kí ḳhádima, na us ke bail, na us ke gadhe, na aur kisí chíz ká, jo us kí hai.

Sawál.—Tú in hukmoṇ se ḳhásskar kyá síkhtá hai?

Jawáb.—Maiṇ do bát síkhtá huṇ; pahlí apne par Ḳhudá ká haqq, dúsrí apne par hamsáe ká haqq.

Sawál.—Ḳhudá ká haqq tujh par kyá hai?

Jawáb.—Mujh par Ḳhudá ká haqq yih hai, us par ịtiqád rakhná, us se ḍarte rahná, aur apne sáre dil, apní sárí samajh, apní sárí ján, aur apní sárí táqat se us se muhabbat rakhná; us kí parastish karná, us ká shukr bhejná, us par apná púrá bharosá rakhná, use pukárá karná, us ke pák nám aur kalám ká adab bajá láná, aur tamám ụmr dil se us kí bandagí karte rahná.

Sawál.—Hamsáe ká haqq tujh par kyá hai?

Jawáb.—Hamsáe ká haqq mujh par yih hai, use aisí ạzíz rakhná jaisá apne taíṇ, aur sab ádmíoṇ se wuh sulúk karná jo maiṇ cháhtá huṇ ki we mujh se kareṇ, apne Má Báp kí muhabbat, ịzzat aur madadgárí karná, Malika aur un sab kí jo us kí taraf se hukúmat rakhte haiṇ, ịzzat aur farmánbardárí karná, apne sab hákimoṇ, sikhlánewáloṇ, dín ke ustádoṇ, aur ḳháwindoṇ ke tábị rahná; jo mujh se martaba meṇ baṛhkar haiṇ, un ká adab aur liház rakhná; kisí ko na qaul na fiạl se dukh pahuṇcháná; apne tamám kár o bár meṇ sachchá aur rástbáz rahná; apne dil meṇ kína aur dushmaní ko jagah na dená; apne háthoṇ ko chorí chahárí se aur apní zubán ko burá kahne, jhúṭh bolne, aur tuhmat lagáne se báz rakhná; apne badan ko parhezgárí, hoshyárí aur pákízagí se rakhná; kisí ke mál ká lálach aur ḳhwáhish na karná; balki yih síkhná aur koshish karná, ki wajah halál se apní rozí paidá karuṇ, aur jis hálat meṇ mujhe rakhná Ḳhudá ko manzúr ho, us meṇ jo kuchh mujh par farz aur wájib ho use adá kiyá karuṇ.

Sawál.—Mere piyáre laṛke ján rakh, ki tú áp se in bátoṇ ko ạmal meṇ nahíṇ lá saktá, aur na Ḳhudá ke hukmoṇ par chal saktá, aur na us kí bandagí kar saktá hai, magar us ke ạin fazl se; jis ke wáste tujhe zarúr hai ki bilánága koshish se duạ máṇgá karé; pas maiṇ sunúṇ to Ḳhudáwand kí duạ tujhe yád hai?

Jawáb.

AI hamáre Báp, jo ásmán par hai, tere nám kí taqdís howe. Terí bádsháhat áwe. Terí marzí jaisí ásmán par hai, zamín par bhí howe. Hamáre roz kí rotí áj hameṇ de. Aur jis tarah ki ham apne taqsírwároṇ ko muạ́f karte haiṇ, tú hamárí taqsíreṇ muạ́f kar. Aur hameṇ imtihán meṇ na ḍál, balki buráí se bachá.—Ámín.

Sawál.—Is duạ meṇ tú Ḳhudá se kyá máṇgtá hai?

Jawáb.—Maiṇ apne Ḳhudáwand Ḳhudá se jo hamárá ásmání Báp, aur sab ḳhúbíoṇ ká baḳhshnewálá hai, yih máṇgtá huṇ, ki wuh mujh par, aur sab logoṇ par, apná fazl kare, ki jaisí hameṇ cháhiye waisí ham us kí ịbádat kareṇ, us kí ḳhidmat bajá láweṇ, aur us ke tábị raheṇ; aur maiṇ Ḳhudá se máṇgtá huṇ, ki hamáre jism aur ján ke liye jo kuchh zarúr hai wuh hameṇ diyá kare, aur ham par mihrbán rahe, aur hamáre gunáh bakhsh de, aur mihrbání se sab tarah ke rúhání o jismání khatroṇ se hameṇ bacháe rakhe, aur panáh dewe, aur har tarah ke gunáh aur burái, aur hamáre rúhání dushman aur hamesha kí maut se hamárí hifázat kare; aur mujhe ummed hai, ki wuh apne rahm aur karam se hamáre Khudáwand Yesú Masíh ke wasíle aisá hí karegá; aur is liye maiṇ Ámín kahtá huṇ, yane aisá hí ho.

Sawál.

Masíh ne apní Kalísyá meṇ kitní Sákramint muqarrar kí haiṇ?

Jawáb.—Do hí, yane Baptismá aur Ashá i Rabbání, ki jaháṇ ho sake naját ke liye zarúr haiṇ.

Sawál.—Sákramint se kyá murád hai?

Jawáb.—Us se yih murád hai, ki wuh bátiní aur rúhání fazl ká jo ham ko miltá, ek záhirí nishán hai, ki dekhne meṇ átá, jise Masíh ne áp muqarrar kiyá, ki wuh hamáre liye us fazl páne ká ek wasíla aur hamáre yaqín ke wáste us ká ek rihn ho.

Sawál.—Sákramint ke kai juz haiṇ?

Jawáb.—Do; ek to záhirí nishán jo dekhne meṇ átá dúsrá bátiní rúhání fazl.

Sawál.—Baptismá ká sámán yá us ká záhirí nishán jo dekhne meṇ átá kyá hai?

Jawáb.—Pání; jis se ádmí Báp aur Beṭe aur Rúh-ul-Quds ke nám par Baptismá pátá hai.

Sawál.—Bátiní rúhání fazl kyá hai?

Jawáb.—Gunáh kí nisbat marná, aur rásbází kí nisbat sar i nau paidá honá; ki ham jo sarisht se gunáh meṇ paidá hoke qahr ke farzand the, us ke sabab fazl ke farzand ṭhaharte haiṇ.

Sawál.—Un ko jo Baptismá páyá cháhte haiṇ kyá kyá zarúr hai?

Jawáb.—Tauba, jis se we gunáh ko tark karte haiṇ; aur ímán jis se Ḳhudá ke un wạdoṇ par jo is Sákramiṇt meṇ un se kiye gae iạtiqád mazbút rakhte haiṇ.

Sawál.—Phir nanhe bachche kis wáste Baptismá páte haiṇ, kyuṇki we to apne bachpan ke sabab ye báteṇ bajá nahíṇ lá sakte?

Jawáb.—Is wáste ki we apne záminoṇ kí mạrifat un bátoṇ ká iqrár karte haiṇ; aur siyáne hone par unheṇ us iqrár ká púrá karná zarúr hotá hai.

Sawál.—Ạshá i Rabbání kí Sákramiṇt kis wáste muqarrar huí?

Jawáb.—Us qurbání kí hamesha kí yádgárí ke wáste jo Masíh kí maut se huí, aur un fáidoṇ ke wáste jo us ke sabab se hameṇ hásil hote haiṇ.

Sawál.—Ạshá i Rabbání ká záhirí juz yá nishán kyá hai?

Jawáb.—Roṭí aur wain, jis ke kháne píne ká Ḳhudáwand ne hukm kiyá.

Sawál.—Bátiní juz yá wuh chíz jis ke ye nishán ṭhahráe gae kyá hai?

Jawáb.—Masíh ká badan aur lahú, jise Ạshá i Rabbání meṇ ímándár filhaqíqat aur beshakk lete aur hásil karte haiṇ.

Sawál.—Hameṇ us se kyá fáide milte haiṇ?

Jawáb.—Hamárí rúheṇ Masíh ke badan aur lahú se mazbút aur tází hotí haiṇ, jaisá ki hamárá badan roṭí aur wain se.

Sawál.—Ạshá i Rabbání meṇ, jo sharík huá cháhte haiṇ, unheṇ kyá kyá zarúr hai?

Jawáb.—Yih ki áyá we áp ko ázmáke apne pichhle gunáhoṇ se sachchí tauba karte, aur naí chál chalne ká mazbút iráda rakhte, aur Masíh ke wasíle Ḳhudá ke rahm par zinda ímán rakhte, aur shukrguzárí se us kí maut ko yád aur sab ádmíoṇ se muhabbat rakhte haiṇ, yá nahíṇ.

DÍN PAR MUSTAQÍM HONE KÍ

TARTÍB,

YÁ HÁTH RAHKNE KÍ,

Un par jo Baptismá páke bálig hue hain.

Roz i mustaqím ko we sab jinhen dín par mustaqím honá hai Usqúf ke sámhne házir kiye jáwen, aur mauqa se khaṛe rahen, tab wuh yá koí dúsrá Ḳhádim-ud-dín jise wuh ṭhahráwe is díbája ko paṛhe.

IS maqsad par ki háth rakhne ke dastúr se us ke ạmal meṇ lánewále ziyádatar fáida uṭháweṇ, ahl i Kalísyá ne is hukm ká muqarrar karná munásib jáná, ki áge ko us ke siwá kisí par háth na rakhá jáwe, jo ki mazhab ká ạqída Ḳhudáwand kí duạ aur dasoṇ hukm suná sake; aur un sawáloṇ ká jawáb bhí de sake, jo sawál o jawáb kí chhoṭí sí kitáb meṇ likhe haiṇ; aur is hukm ká bajá láná bahut hí munásib hai; táki jo laṛke ab jawání ko pahuṇche aur unhoṇ ne mạlúm kiyá hai ki un ke dharam Báp aur dharam Má ne Baptismá ke waqt un ke liye kyá kyá wạde kiye the, ḳhud apní zubání aur ḳhushí se Kalísyá ke rúbarú barmalá unheṇ sábit aur mazbút kareṇ, aur wạda bhí kareṇ, ki we Ḳhudá ke fazl se hamesha is kí koshish meṇ raheṇge ki un bátoṇ ko jin ká unhoṇ ne ạpní ḳhushí o razá se iqrár kiyá dil kí sachchái se kareṇ.

[Aur Kalísyá ne yih bhí munásib samajhke ṭhahráyá hai, ki har ek ádmí jis ne bálig hoke Baptismá páyá hai, apne baptismá ke bạd jitní jaldí ho sake Bishap ke háth se dín par mustaqím kiyá jáwe, táki pák rifáqat meṇ wuh shámil hone ke qábil ho.]

Tab Usqúf kahe,

TUM yahán Ḳhudá aur is jamáạt ke sámhne wuh bạrá wạda aur iqrár jo tumháre Baptismá ke waqt tumháre nám se kiyá gayá thá, dobára karte, aur use ḳhud mán lete aur mazbút karte ho; aur iqrár karte ho, ki un sab báton par jo tumháre dharam Báp aur dharam Má ne us waqt tumháre wáste wạde kiye, yá ki tum ne ḳhud apne zimme lí thíṇ, iạtiqád rakhná aur ạmal karná tum par farz hai?

Har ek buland áwáz se jawáb de,

Maiṇ iqrár kartá (yá kartí) huṇ.

Usqúf.—Hamárí madad Ḳhudáwand ke nám se hai.
Jawáb.—Jis ne ásmán aur zamín ko banáyá.
Usqúf.—Ḳhudáwand ká nám mubárak hújiyo.
Jawáb.—Ab se hamesha tak.
Usqúf.—Ḳhudáwand hamárí duạeṇ sun.
Jawáb.—Aur hamárí faryád tere pás pahuṇche.
Usqúf.—Ham duạ máṇgeṇ.

AI Qádir i Mutlaq aur hamesha ke zinda Ḳhudá, tú ne mihrbání karke apne in bandoṇ ko pání aur Rúh-ul-Quds se sar i nau paidá kiyá, aur un ke sáre gunáh un ko muạ́f kar diye haiṇ; Ai Ḳhudáwand ham terí minnat karte haiṇ ki Rúh-ul-Quds Tasallí Denewále se unheṇ mazbút kar, aur har roz apne fazl kí gúnágún niạmatoṇ kí, (yạne) ạql aur fahm kí niạmat; hikmat aur rúhání quwat kí niạmat; dánáí aur sachchí díndárí kí niạmat kí taraqqí unheṇ roz baroz diyá kar, aur Ai Ḳhudáwand, apne pák ḳhauf kí niạmat se unheṇ ab aur hamesha ko mạmúr kar rakh.—ÁMÍN.

Tab Usqúf ke sámhne sab ghuṭne ṭekeṇ aur wuh har ek ke sir par judá judá apná háth rakhe aur kahe,

AI Ḳhudáwand, apne ásmání fazl se apne is laṛke (yá apne is bande) kí hifázat kar, ki wuh hamesha ko terá hí baná rahe; aur roz baroz tere Rúh-ul-Quds ká fazl us par ziyáda hotá jáwe, jab tak ki terí hamesha kí bádsháhat ko á pahuṇche.—ÁMÍN.

Tab Usqúf kahe,

Ḳhudáwand tumháre sáth ho.

Jawáb.—Aur terí rúh ke sáth.

Phir sab ghuṭne ṭekeṇ, aur Usqúf kahe,

Ham duạ́ máṇgeṇ.

AI hamáre Báp, jo ásmán par hai, tere nám kí taqdís howe. Terí bádsháhat áwe. Terí marzí jaisí ásmán par hai, zamín par bhí howe. Hamáre roz kí roṭí áj hameṇ de. Aur jis tarah ki ham apne taqsírwároṇ ko muạ́f karte haiṇ, tú hamárí taqsíreṇ muạ́f kar. Aur hameṇ imtihán meṇ na ḍál, balki burái se bachá.—ÁMÍN.

Aur yih duạ́.

AI Qádir i Mutlaq aur hamesha ke zinda Ḳhudá, tú ham meṇ wuh asar baḳhshtá hai, ki un chízoṇ ká iráda kareṇ, aur unheṇ ạmal meṇ bhí láweṇ, jo terí Ḳhudáí kí dargáh meṇ achchhí aur pasandída haiṇ; ham ạ́jizí se in tere bandoṇ ke liye iltimás karte haiṇ, ki jin par ham ne tere muqaddas rasúloṇ ke dastúr bamujib ab apne háth rakhe haiṇ, táki is isháre se un ko yaqín ho, ki tú un par mutawajjih aur kamál mihrbán hai. Ham terí minnat karte haiṇ, ki terá pidrána háth hamesha un par rahe; terá Rúh-ul-Quds sadá un ke sáth howe; aur tere kalám ke jánne aur us ko ạmal meṇ láne kí aisí hidáyat kare ki áḳhir ko we hamesha kí zindagí hásil kareṇ; hamáre Ḳhudáwand Yesụ́ Masíh ke wasíle se, jo tere aur Rúh-ul-Quds ke sáth sadá ek Ḳhudá abad tak jítá aur saltanat kartá hai.—ÁMÍN.

AI Qádir i Mutlaq Ḳhudáwand aur hamesha ke Ḳhudá, ham terí minnat karte haiṇ, mihrbání se hamáre ján o tan ko apní sharíạt kí ráh par chalne aur apne farmáne ke muwáfiq ạmal karne kí hidáyat farmá, pákíza baná; aur tábidár thahrá, táki ham terí kamál qudrat kí nigahbání se yaháṇ aur hamesha ko jism aur Rúh ke sáth salámat raheṇ; hamáre Ḳhudáwand aur Naját Denewále Yesú Masíh ke wasíle se.—ÁMÍN.

Tab Usqúf yuṇ barakat ká kalima farmáwe, ki

KHUDÁ Qádir i Mutlaq Báp, Beṭe aur Rúh-ul-Quds kí barakat tum par ho, aur hamesha tumháre sáth rahe.—ÁMÍN.

NIKÁH KÍ TARTÍB.

Pahle zarúr hai, ki Kalísyá ke darmiyán jude jude tín Itwár ko Fajr kí namáz ke waqt yá (agar Fajr kí namáz na ho to) Shám kí namáz ke waqt dúsre wird ke baʻd fauran nikáh kí pukár kar dí jáwe, aur Ḳhádim-ud-dín dastúr ke muwáfiq kahe,

MAIṆ *fuláne* Mauẓa ke *fuláne* aur *fuláne* Mauẓa kí *fuláni* ke nikáh kí pukár kar detá huṇ. Agar tum meṇ kisí ko koí sabab yá muzáhamat kí maʻqúl wajah maʻlúm ho jis se in donoṇ meṇ pák nikáh ká báṇdhná durust na howe, to cháhiye ki tum us ká bayán karo. Yih sawál ká pahlá (dúsrá yá tísrá) martaba hai.

Aur agar we jinká ápas meṇ byáh huá cháhtá hai, jude jude Mauẓa meṇ rahte hoṇ, to donoṇ Mauẓa meṇ un ke nikáh kí pukár kar dí jáwe, aur ek Mauẓa ká Ḳhádim-ud-dín un ká nikáh na báṇdhe, magar jab tak ki dúsre Mauẓa ke Ḳhádim-ud-dín se un ke nikáh ke tín martaba pukár dene ki sanad na mile.

Jin ká byáh honewálá howe, nikáh ke muqarrarí waqt meṇ apne dostoṇ aur paṛosíoṇ ke sáth Kalísyá meṇ áweṇ, aur waháṇ mard dahne aur ʻaurat báíṇ taraf báham khaṛe raheṇ, tab Qasís kahe.

AZÍZO, Ḳhudá ke huzúr aur is jamáʻat ke rúbarú ham jamaʻ hue haiṇ, ki is mard aur is ʻaurat ká pák nikáh báṇdheṇ; aur yih ʻizzat ká muqaddama hai, jise Ḳhudá ne insán kí begunáhí kí hálat meṇ muqarrar kiyá, aur is poshída yagánagat ko ki Masíh aur us kí Kalísyá ke darmiyán hai ham par záhir kartá hai. Aur is pák muqad-

dame ko Masíh ne apne sámhne hí Qáná ke bích, jo Jalíl
ke mulk meṇ hai, apná pahlá muajiza dikh'íkar raunaq
aur zínat baḵhshí : aur muqaddas Pulús us kí tạríf kartá
hai, ki sab ádmíoṇ ko nikáh karná ụmda kám hai : aur is
liye na cháhiye ki koí shaḵhs ḵhwáhish i nafsání aur
shahwatrání ke liye, jánwaroṇ kí tarah, jinheṇ ạql o
samajh nahíṇ, besaláh aur liház ke shoḵhí se is ká qasd
yá ise iḵhtiyár kare, balki adab, hoshyárí, saláhkárí,
parhezgárí, aur Ḵhudá ke ḵhauf ke sáth, aur nikáh ke
muqarrar hone kí wajahoṇ ko baḵhúbí ḵhiyál kare.

Pahle, wuh is liye muqarrar huá, ki aulád paidá hoke
Ḵhudáwand ke ḵhauf aur tarbiyat meṇ parwarish páweṇ,
aur us ke pák nám kí buzurgí howe.

Dúsre, gunáh se bachne aur ziná se báz rahne ke liye
vih muqarrar huá, táki jin ko zabt kí táqat nahíṇ, byáh
kareṇ, aur apne taíṇ Masíh ke badan ke beạib ạzú baná
rakheṇ.

Tísre, yih is liye muqarrar huá, ki do tarfa mel, madad,
aur árám hásil ho, jo ki dukh sukh meṇ ek ko dúsre se
milná lázim hai.

Is pák dastúr par ab yih do shaḵhs jo házir haiṇ ạmal
karne ko áe haiṇ. Pas agar koí ádmí kuchh mạqúl sabab
batlá sake, jis se in donoṇ ká nikáh sharíạt ke rú se nahíṇ
ho saktá hai, to ab bol uṭhe, nahíṇ to áge hamesha ko
chupká rahe.

Aur un kí taraf jinkí shádí hotí hai, muḵhátib hoke yuṇ kahe.

MAIṆ tum donoṇ ko tákíd aur hukm kartá huṇ,
chunáṇchi tum ạdálat ke ḵhaufnák din meṇ, jab sab
ke dil ke bhed khul jáeṇge, jawáb doge, ki agar tum donoṇ
meṇ se koí kuchh muzáhamat kí wajah jántá ho, jis se tum-
hárá ápas meṇ nikáh bándhná sharíạt ke muwáfiq na ho
sake, to ab us ká iqrár kare ; kyuṇki tum khúb ján rakho,
ki jo koí us qáide ke barḵhiláf joṛá hote haiṇ, jis kí par-
wánagí Ḵhudá ke kalám meṇ hai, to we Ḵhudá ke nazdík
joṛá nahíṇ haiṇ, aur na un ká nikáh rawá hai.

Nikáh ke roz agar koí shakhs kuchh uzr láwe, aur bayán kare, ki is sabab se sharạ i Iláhí yá riwáj mulk ke bamujib nikáh se un ká jorá honá rawá nahíṇ, aur wuh aur us ke sáth muạtabar zámin taraf sání ko iqrár náma likh dewe, yá ki apná dạwa sábit karne ke liye nikáh ká tamám kharch amánat sanṇpe tab nikáh mauqúf rahe, jab tak ki us kí tahqíq naḷho le : agar kuchh muzáhamat darpesh na áwe to Khádim-ud-dín mard se yih kahe,

FULÁNE kyá tú is ạurat ko apní byáhtá jorú honí qabúl kartá hai, ki Khudá ke hukm bamujib nikáh kí pákíza hálat meṇ us ke sáth zindagání guzáre, áyá tú us se muhabbat rakhegá, us ko tasallí degá, us kí izzat karegá, aur bímárí o tandurustí meṇ us kí khabar legá, aur sab dúsríoṇ ko chhoṛkar donoṇ kí zindagí bhar faqat usí ke sáth rahegá?

Mard jawáb de,   Háṇ albatta.

Tab Qasís ạurat se kahe,

FULÁNÍ kyá tú is mard ko apná byáhtá shauhar honá qabúl kartí hai, ki Khudá ke hukm bamujib nikáh kí pákíza hálat meṇ us ke sáth zindagání guzáre, áyá tú us ke hukm meṇ rahegí, aur us kí khidmat karegí, us se muhabbat rakhegí, us ká adab karegí, aur bímárí o tan-durustí meṇ us kí khabar legí, aur sab dúsroṇ ko chhoṛkar donoṇ kí zindagí bhar faqat usí ke sáth rahegí?

Ạurat jawáb de,   Háṇ albatta.

Tab Qasís kahe,

Kaun is ạurat ke taíṇ is mard ke sáth byáhe jáne ko supurd kartá hai?

Tab we ek dúsre se qaul o qarár is tarah kareṇ, ki Khádim-ud-dín ạurat ko us ke báp yá kisí dost ke háth se lekar aiẹa kare ki mard apne dahne háth se ạurat ká dahná háth pakṛe, aur Khádim-ud-dín ke píchhe píchhe yuṇ kahe,

MAIṆ *fulaná* tujh *fulání* ko apní byáhtá jorú hone ko qabúl kartá huṇ, ki Khudá ke muqaddas hukm ke muwáfiq áj se áge ko bhalái o burái, tangí o farágat, bímárí o tandurustí meṇ tujh se milá rahuṇgá, aur iláqa rakhuṇgá, tujh se muhabbat rakhuṇgá, aur terí ḳhátir karuṇgá, jab tak maut ham ko judá na kare, aur is par maiṇ tujh se qaul o qarár kartá huṇ.

Tab we háth chhoṛ deṉ aur ạurat apne dahne háth se mard ká dahná háth pakaṛke Ḳhádim-ud-dín ke píchhe píchhe yih kahe,

MAIṆ *fulání* tujh *fuláne* ko apná byáhtá shauhar hone ko qabúl kartí huṇ, ki Ḳhudá ke muqaddas hukm ke muwáfiq áj se áge ko bhaláí o buráí, taṇgí o farágat, bímárí o tandurustí meṇ tujh se milí rahuṇgí, aur ịláqa rakhuṇgí, tujh se muhabbat rakhuṇgí, terí ḳhátir karuṇgí, aur tere tábị rahuṇgí, jab tak maut ham ko judá na kare, aur is par maiṇ tujh se qaul o qarár kartí huṇ.

Phir we háth chhoṛ deṉ, aur mard ạurat ko ek chhallá de, magar pahle use Qasís aur Ḳhádim ke muqarrar rasúm ke sáth kitáb par rakhe, tab Qasís chhallá lekar mard ko de ki wuh ạurat ke báiṉ háth kí chauthí uṉglí meṉ pahná de, aur us par apná háth rakhe rahe, aur Qasís ke sikháne se yuṉ kahe,

IS chhalle se maiṇ tujhe byáhtá huṇ, apne badan se terí ịzzat kartá huṇ, aur apná sárá dunyáwí mál tujhe detá huṇ, banám Báp aur Beṭe aur Rúh-ul-Quds ke.—ÁMÍN.

Tab mard ạurat ke báeṉ háth kí chauthí uṉglí meṉ chhallá chhoṛ de, aur we donoṉ ghuṭne ṭekeṉ aur Ḳhádim-ud-dín yuṉ kahe,

Ham duạ́ máṇgeṇ.

AI hamesha ke Ḳhudá, sáre insán ke Ḳháliq aur Parwardigár, sárí rúhání niạmatoṇ ke Denewále aur hamesha kí zindagí ke Bání; apní barakat apne in bandoṇ par yạne is mard aur is ạurat par názil kar, jinheṇ ham tere nám se duạ́ i ḳhair dete haiṇ, ki jis tarah Isháq aur Rabqá ápas meṇ wafádárí ke sáth guzrán karte the, isí tarah ye donoṇ us qaul o qarár par jo inhoṇ ne ápas meṇ kiyá hai díndárí ke sáth qáim raheṇ aur use púrá kareṇ, jis ká nishán aur girau yih chhallá diyá liyá gayá hai, aur hamesha kamál muhabbat aur muwáfiqat ke sáth milke raheṇ, aur tere hukmoṇ ke bamujib zindagí káṭeṇ; hamáre Ḳhudáwand Yesụ́ Masíh ke wasíle se.—ÁMÍN.

Tab Qasís un donon ká dahná háth milákar kahe,

Jinheṇ Ḳhudá ne ek sáth joṛá kar diyá hai, unheṇ koí ádmí judá na kare.

Tab Qasís jamáạt se kahe,

IS liye ki *fuláne* aur *fuláni* ne pák nikáh par ápas meṇ ittifáq kiyá hai, aur Ḳhudá aur is jamáạt ke sámhne is ká iqrár diyá aur is par ápas meṇ qaul o qarár kiyá, aur chhalle ke dene lene aur háthoṇ ke miláne se us ká izhár kiyá hai, maiṇ in donoṇ ko jorú ḳhasam kahtá huṇ, banám Báp aur Beṭe aur Rúh-ul-Quds ke.—Ámín.

Tab Qasís yih duạ́ i ḳhair de,

KHUDÁ Báp, Ḳhudá Beṭe, Ḳhudá Rúh-ul-Quds, tumheṇ barakat de, tumhárí hifázat aur nigahbání kare; Ḳhudáwand mihr se tum par apní shafaqat kí nazar rakhe, aur tumheṇ tamám rúhání barakat aur fazl se yuṇ mạmúr kar de ki tum is tarah ek sáth yih zindagí guzráno ki ánewále jahán meṇ hamesha kí zindagí hásil karo.—Ámín.

Tab Qasís yá Ḳhádim-ud-dín Ḳhudáwand kí mez pás jákar is Zabúr ko paṛheṇ yá gáweṇ,

Zabúr 128.

Yá yih,

Zabúr 67.

Jab Zabúr hochuke aur mard o ạurat Ḳhudáwand kí mez ke sámhne ghuṭne ṭekeṇ, tab Qasís mez pás khaṛá aur un kí taraf mutawajjih hokar yuṇ kahe,

Ḳhudáwand ham par rahm kar.
Jawáb.—Masíh ham par rahm kar.
Khádim-ud-dín.—Ḳhudáwand ham par rahm kar.

AI hamáre Báp, jo ásmán par hai, tere nám kí taqdís howe. Terí bádshA hat áwe. Terí marzí jaisí ásmán par hai, zamín par bhí howe. Hamáre roz kí roṭí áj hameṇ de. Aur jis tarah ki ham apne taqsírwároṇ ko muạ́f karte haiṇ, tú hamárí taqsíreṇ muạ́f kar. Aur hameṇ imtihán meṇ na ḍál, balki buráí se bachá.—Ámín.

Khádim-ud-dín.—Ai Khudáwand, apne bande aur apní bandí ko mahfúz rakh ;

Jawáb.—*Jo tujh par apná bharosá rakhte hain.*

Khádim-ud-dín.—Ai Khudáwand, apne muqaddas maqám se un kí madad bhej ;

Jawáb.—*Aur hamesha un kí nigahbání kar.*

Khádim-ud-dín.—Un ke liye ek mazbút qilạ ho ;

Jawáb.—*Un ke dushman ke munh par.*

Khádim-ud-dín.—Ai Khudáwand hamárí duạ sun.

Jawáb.—*Aur hamárí faryád áp tak pahunchne de.*

Khádim-ud-dín.

AI Ibráhím ke Khudá, Isháq ke Khudá, Yạqúb ke Khudá, apne in bandon ko barakat de, aur un ke dilon men hamesha kí zindagí ká bíj bo, ki we jo kuchh tere muqaddas Kalám se apne fáide ke liye síkhen, so hí ạmal men láwen. Ai Khudáwand, ásmán par se un par mihrbání kí nazar rakh, aur unhen barakat bakhsh ; aur jaise tú ne Ibráhím aur Sárah par un kí barí tasallí ke liye apní barakat názil kí, waise hí in apne bandon par rahm karke apní barakat bhej, táki we terí marzí ke tábịdár hoke aur terí panáh men sadá mahfúz rahkar, apní ụmr bhar terí muhabbat men bane rahen ; hamáre Khudáwand Yesụ Masíh ke wasíle se.—ÁMÍN.

Yih duạ, jo níche likhí játí hai, agar ạurat san i ayás ko pahunchí
ho, to na paṛhí jáwe.

AI Rahím Khudáwand aur ásmání Báp, terí kamál ịnáyat se ádamzád baṛhte hain ; ham terí minnat karte hain, ki in donon shakhson kí apní barakat se madad kar, táki we aulád se phúlen phalen, aur ápas men mil jul ke díní muhabbat aur nekokárí ke sáth itní muddat tak jíte rahen, ki apne bál bachchon ko Masíhí aur nek ráh par chalte dekhen, táki terí buzurgí aur jalál záhir ho ; hamáre Khudáwand Yesụ Masíh ke wasíle se.—ÁMÍN.

AI Khudá, tú ne apní barí qudrat se sab chízen nest se hast kín, aur dúsrí chízon kí tartíb dene bạd yih ṭhahráyá, ki mard se jo terí hí shakl aur súrat par paidá huá, ạurat ká shurụ ho, aur un ko ápas men gúthke sikhláyá ki jinhen tú ne nikáh se ek kiyá hai we sharíạt ke rú se kadhí judá na howeṇ; Ai Ḳhudá, jis ne aise sirr i ạzím se nikáh ke muqaddama ko pák ṭhahráyá hai, ki us se Masíh aur us kí Kalísyá ke darmiyán ká rúhání nikáh aur yagánagat matlab aur murád hai, apne in bandoṇ par mihrbání se nazar kar, ki yih mard bhí tere Kalám ke muwáfiq apní jorú se muhabbat rakhe, (jaise ki Masíh ne apní duhlin yạne Kalísyá se muhabbat rakhí, aur ḳhud áp ko us kí ịwaz meṇ de diyá, aur apne jism kí mánind us se ulfat rakhke use pálá posá,) aur yih ạurat bhí muhabbat aur ḳhush mizájí, pák dámaní, aur tábịdárí se apne shauhar ke sáth rahe, aur baṛí garíbí, parhezgárí aur milansárí se muqaddas aur díndár ạuratoṇ kí pairawí kare; Ai Ḳhudáwand, in donoṇ ko barakat de, aur apní hamesha kí bádsháhat meṇ inheṇ mírás ịnáyat farmá; hamáre Ḳhudáwand Yesụ Masíh ke wasíle se.—Ámín.

Tab Qasís kahe,

QÁDIR i Mutlaq Ḳhudá, jis ne shurụ meṇ hamáre pahle Má Báp Ádam aur Hawwá ko paidá kiyá, aur unheṇ pákíza karke nikáh ke rishte se báham miláyá, tum par apne fazl kí daulat barsáwe, tum ko muqaddas banáwe, aur barakat baḳhshe, táki tum ján o tan se us ko ḳhush rakho, aur tamám ụmr pák muhabbat se ek sáth jíte raho.

Bạd us ke agar ạurat aur shauhar ke wájibát ke bayán meṇ koí wạz na ho, to Ḳhádim-ud-dín yih paṛhe,

TUM sab jin ká byáh huá hai, yá jo ki nikáh ke pák dastúr par ạmal kiyá cháhte ho, suno, ki muqaddas Kitáb shauharoṇ ko un kí jorúoṇ aur jorúoṇ ko un ke shauharoṇ kí wájibát kí bábat kyá kahtí hai:

Muqaddas Pulús apne us maktúb ke pánchweṇ báb meṇ, jo us ne Afsíoṇ ko likhá, sab byáhe mardoṇ ko yuṇ hukm kartá hai; ki, ai mardo, apní jorúoṇ ko yuṇ pyár karo, jyuṇ Masíh ne bhí Kalísyá ko pyár kiyá, aur apne taíṇ us ke badle diyá, táki us ko pání ke gusl ke sáth Kalám se pákíza karke muqaddas banáwe aur apne liye ek jalíl

Kalísyá tayár kare, jis meṇ koí dág yá chín yá aisí kuchh chíz na ho, balki wuh pák aur beạib howe. Yuṇ hí mardoṇ ko lázim hai, ki apní jorúoṇ ko aisá pyár kareṇ jaisá apne badan ko. Jo apní jorú ko pyár kartá hai so áp ko pyár kartá hai; kyuṇki kisí ne apne jism se kabhí dushmaní na kí, balki use páltá postá hai, jaisá ki Ḳhudáwand bhí Kalísyá ko: ki ham us ke badan ke ạzú aur us ke gosht aur us kí haḍḍíoṇ meṇ se haiṇ. Isí sabab ádmí apne Má Báp ho chhoṛkar apní jorú se milá rahegá, aur we donoṇ ek tan hoṇge. Yih ek baṛá bhed hai; par Masíh aur Kalísyá kí bábat maiṇ kahtá huṇ, garaz, tum meṇ se har ek apní apní jorú ko aisá cháhe jaisá áp ko cháhtá hai.

Isí tarah wuhí muqaddas Pulús us maktúb meṇ jo us ne Qulussíoṇ ko likhá sab byáhe mardoṇ ko yuṇ farmátá hai; ai mardo, apní jorúoṇ ko pyár karo, aur un se kaṛwe na ho.

Yih bhí suno, ki muqaddas Patras jo Masíh ká Rasúl aur ḳhud byáhá thá byáhoṇ se kyá kahtá hai; ai mardo, apní jorúoṇ ke sáth ạqlmandí ke taur par raho, aur ạurat ko názuk bartan aur apne sáth zindagí ke fazl kí wáris samajhkar ịzzat baḳhsho, táki tumhárí duạeṇ ruk na jáweṇ.

Yaháṇ tak to shauhar par jorú ká jo haqq hai tum ne suná. Ab ai ạurato, tum par tumháre shauharoṇ ká jo haqq hai tum suno, aur síkho, chunáṇchi muqaddas Kitáb meṇ sáf bayán hai.

Muqaddas Pulús maktúb i mazkúr meṇ, jo us ne Afsíoṇ ko likhá, yuṇ tum ko sikhátá hai, ki, ai ạurato, apne shauharoṇ kí aisí farmánbardár raho, jaisí Ḳhudáwand kí, kyuṇki shauhar ạurat ká sir hai, jaisá Masíh Kalísyá ká sir; aur wuh badan ká Bachánewálá hai. Pas jaisí Kalísyá Masíh kí farmánbardár hai, waise hí ạurateṇ bhí har bát meṇ apne shauharoṇ kí howeṇ. Aur phir yih kahtá hai, ki ạurat ko cháhiye ki apne shauhar ká adab kare.

Aur wuhí muqaddas Pulús apne maktúb meṇ jo us ne Qulussíoṇ ko likhá tumheṇ yih muḳhtasar nasíhat kartá hai; ai ạurato, jaisá Ḳhudáwand meṇ munásib hai apne shauharoṇ kí farmánbardárí karo.

Muqaddas Patras bhí tumheṇ yih kahke achchhí tarah se sikhátá hai; ki ai ạurato, tum apne shauharoṇ ke tábị raho, ki agar bạze un meṇ se Kalám ko na mánte hoṇ to we bagair Kalám ke apní jorúoṇ kí chál se fáida hásil kareṇ, jis waqt tumhárí pák chalan jo ḳhauf ke sáth hai dekheṇ. Aur tumhárá singár záhirí na ho, jaise sir gúṇdhná, aur sone ke gahne aur rang ba rang kí posháken pahinná; balki cháhiye ki wuh dil kí poshída insániyat ho, jo gairfání, aur halím, aur garíb mizáj hai, ki yih Ḳhudá ke áge beshqímat hai. Kyuṇki isí tarah agle zamáne meṇ muqaddas ạurateṇ bhí jo Ḳhudá par bharosá rakhtíṇ, áp ko saṇwártíṇ, aur apne apne shauhar ke tábị rahtí thíṇ, chunáṇchi Sárah Ibráhím kí farmánbardárí kartí, aur use ḳhudáwand kahtí thí; so jab tak tum nekokár raho, aur kisí dahshat se na ghabráo, uskí beṭíáṇ ho.

Munásib hai ki nae byáhe apne nikáh ke waqt yá us ke bạd pahlí fursat ke waqt pák Sákramint leweṇ.

MURDOṆ KE DAFN KÍ TARTÍB.

Qasís aur Ḳhádim Kalísyá ke iháta ke darwáze par lásh ke hamráh ho leṇ, aur us ke áge áge yih kahte yá gáte Kalísyá yá qabr kí taraf chaleṇ.

KHUDÁWAND farmátá hai, qiyámat aur hayát maiṇ hí huṇ; jo mujh par ímán láwe wuh agarchi mar jáwe tau bhí jíegá; aur jo koí jítá hai aur mujh par ímán látá hai, wuh abad tak na maregá.—*Yúhanná* xi. 25, 26.

MAIṆ jántá huṇ, ki merá maḳhlasí Baḳhshnewálá zinda hai, aur áḳhirí roz wuh zamín par khaṛá hogá, aur agarchi mere post ke bạd kíṛe merá gosht khá jáweṇge, tau bhí maiṇ apne jism meṇ Ḳhudá ko dekhuṇgá; háṇ, maiṇ áp hí use dekhuṇgá, aur merí yihí áṇkheṇ us par nazar kareṇgí, aur begána nahíṇ.—*Aiyúb* xix. 25, 26 aur 27 áyateṇ.

IS jahán meṇ ham kuchh láe nahíṇ, aur záhir hai ki ham yaháṇ se kuchh le já nahíṇ sakte. Ḳhudáwand ne diyá aur Ḳhudáwand ne liyá; Ḳhudawand ká nám mubárak hai.—1 *Timtáús* vi. 7. *Aiyúb* i. 21.

Zabúr 39.

Zabúr 90.

1 Qurintíoṇ xv. 20 se áḳhir tak.

Jab ki we qabr pás pahuṇchkar lásh ko zamín ke andar rakhne kí tayárí kareṇ, tab Qasís kahe, yá ki Qasís aur Ḳhádim milkar gáweṇ:

ADMÍ jo ąurat se paidá hotá thoṛe hí din tak jítá, aur musíbat meṇ giriftár rahtá hai. Wuh phúl sá khiltá, phir kumhlá játá; sáe kí tarah ḍhal játá; aur eksáṇ nahíṇ rahtá hai.

Ham jíte hí maut ke panje meṇ haiṇ: tere siwá, Ai Ḳhudáwand, jo hamáre gunáhoṇ ke sabab insáf kí ráh se ham par gussa hai, kiskí panáh ḍhuṇḍheṇ.

Tau bhí Ai Ḳhudáwand, Ḳhudá i aqdas, Ai Qádir i Mutlaq Ḳhudáwand, Ai Quddús aur Kamál Karím Naját baḳhsh, hameṇ hamesha kí maut kí talḳhí dard ke hawále na kar.

Ḳhudáwandá, tú hamáre diloṇ ke bhed jántá hai; hamárí duą se apne mihr ke kán band na kar le, balki hameṇ muąf kar de; Ai Ḳhudáwand i aqdas, Ai Ḳhudá i Qádir Mutlaq, Ai Quddús aur Karím Bachánewále, tú jo hamesha kí munsifí ka niháyat sazáwár hai, hamáre marte dam maut kí kisí talḳhí ke sabab hameṇ apne se judá hone na de.

Jab baze házirín meṇ se lásh par miṭṭí ḍáleṇ, Qasís kahe,

CHUṆKI Ḳhudá i Qádir i Mutlaq kí yuṇ marzí huí, ki hamáre is pyáre *bhái* kí ján ko jo mar gayá hai, apní baṛí mihrbání se apne yaháṇ bulá liyá, is liye ham us kí lásh ko zamín ke hawále karte haiṇ, miṭṭí ko miṭṭí, rákh ko rákh, ḳhák ko ḳhák ke, is ummed i kámil aur qawí par ki hamesha kí zindagí ke liye qiyámat hogí; hamáre Ḳhudáwand Yesú Masíh ke wasíle se, jo hamáre zalíl badan ko apne jalíl jism kí mánind badal ḍálegá, us kamál qudrat ke muwáfiq jis se wuh sab chízoṇ ko apne tábị kar saktá hai.

Tab yih paṛhí yá gáí jáwe.

MAIN ne ásmán se ek áwáz suní, jis ne mujh se kahá, ki likh, we murde jo Ḳhudáwand meṇ marte haiṇ, ab se mubárak haiṇ: Rúh kahtá hai, ki háṇ we apní mihnatoṇ se áram páte.

Tab Qasís kahe,

Ḳhudáwand ham par rahm kar.
Masíh ham par rahm kar.
Ḳhudáwand ham par rahm kar.

AI hamáre Báp, jo ásmán par hai, tere nám kí taqdís howe. Terí bádsháhat áwe. Terí marzí jaisí ásmán par hai, zamín par bhí howe. Hamáre roz kí rotí áj hameṇ de. Aur jis tarah ki ham apne taqsírwároṇ ko muáf karte haiṇ, tú hamárí taqsíreṇ muáf kar. Aur hameṇ imtihán meṇ na ḍál, balki burái se bachá.—ÁMÍN.

Qasís.

AI Qádir i Mutlaq Ḳhudá, jis ke sáth un kí rúheṇ jo Ḳhudáwand meṇ hoke yaháṇ se uṭh játíṇ, bastí haiṇ, aur jis ke sáth ímándároṇ kí rúheṇ is badan ke bár se riháí páne baḍ ḳhushí aur ḳhurramí meṇ rahtí haiṇ; Ham dil se terá shukr karte haiṇ, ki is *hamáre bháí* ko is ḳharáb dunyá kí musíbatoṇ se ḳhalásí dení tujhe pasand áí; ham terí minnat karte haiṇ, ki apne kamál karam se mihrbání karke fauran apne barguzídoṇ ká shumár púrá kar, aur apní saltanat ko jald záhir farmá, táki ham un sab ke sáth jinhoṇ ne tere muqaddas nám ke sachche iạtiqád par intiqál kiyá hai, tere azlí o abadí jalál meṇ jism o ján se apní púrí kámliyat aur ḳhushí ko hásil kareṇ; hamáre Ḳhudáwand Yesú Masíh ke wasíle se.—ÁMÍN.

DUẠ.

AI Rahím Ḳhudá, hamáre Ḳhudáwand Yesú Masíh ke Báp, ki wuh qiyámat aur zindagí hai, jis par jo koí ímán látá hai, agarchi wuh mar jáe tau bhí jítá rahegá, aur jo koí zinda hokar us par ímán rakhtá hai, hamesha kí maut ká maza na chakhegá, aur us ne apne muqaddas Rasúl Pulús kí mạrifat ham ko sikhláyá, ki ham un ke wáste jo us meṇ hoke so gae haiṇ, náummedoṇ kí tarah gam na kareṇ; Ai Báp, ham ạjizí se terí minnat karte haiṇ, ki ham ko gunáh kí maut se zinda kar, ki ham rástbází meṇ jíeṇ, táki jab is dunyá se kúch kareṇ, to us meṇ árám páweṇ, jaisí hameṇ ummed hai, ki *hamáre is bhái* ne páyá hai, aur yih, ki ákḥirí roz jab sab kí qiyámat hogí, ham terí nazar meṇ pasandída ṭhahreṇ, aur is sạdatmandí kí bát ham se kahí jáwe, jo terá baṛá pyárá Beṭá un sab se jo tujh se muhabbat rakhte aur ḍarte haiṇ, us waqt farmáwegá, ki Ai mere Báp ke sạdatmand farzando, idhar áo, us bádsháhat ko mírás meṇ lo, jo dunyá ke shurụ se tumháre liye taiyár kí gaí. Ai Rahím Báp, ham terí minnat karte haiṇ, hamáre darmiyání aur kḥalásí Bakḥshnewále Yesụ Masíh ke wasíle se, yih ịnáyat kar.—ÁMÍN.

HAMÁRE Kḥudáwand Yesụ Masíh ká fazl, aur Kḥudá kí muhabbat, aur Rúh-ul-Quds kí rifáqat, ham sab ke sáth hamesha howe.—ÁMÍN.

ẠURATOṆ KÁ SHUKRÁNA,

JANNE KE BẠD.

Aurat janne ke bạd murauwaj waqt par suthre kapṛe pahinkar Kalísyá meṇ jáwe, aur waháṇ dastúr ke muwáfiq yá hákim i sharạ ke kahe bamujib mauqạ kí jagah par ghuṭne ṭeke; tab Qasís use kahe,

CHUṆKI Qádir i Mutlaq Kḥudá ne mihrbání farmáí ki tum salámatí ke sáth janíṇ, aur us ne tumheṇ janne ke baṛe ḳhatre se bacháyá; is liye tum dil o ján se Ḳhudá ká shukr karo, aur kaho,

Tab Qasís kahe,

Zabúr 116.

Yá

Zabúr 127.

Tab Qasís kahe,

Ham duá máṇgeṇ.

Ḳhudáwand ham par rahm kar.

Masíh ham par rahm kar.

Ḳhudáwand ham par rahm kar.

AI hamáre Báp, jo ásmán par hai, tere nám kí taqdís howe. Terí bádsháhat áwe. Terí marzí jaisí ásmán par hai, zamín par bhí howe. Hamáre roz kí roṭí áj hameṇ de. Aur jis tarah ki ham apne taqsírwároṇ ko muáf karte haiṇ, tú hamárí taqsíreṇ muáf kar. Aur hameṇ imtihán meṇ na ḍál, balki burái se bachá. Kyuṇki bádsháhat, qudrat, aur jalál hamesha terá hí hai.—ÁMÍN.

Ḳhádim-ud-dín.—Ai Ḳhudáwand, apní bandí is áurat ko bachá;

Jawáb.—Jo tujh par bharosá rakhtí hai.

Ḳhádim-ud-dín.—Tú us ke liye ek mazbút qilạ ho;

Jawáb.—Us ke dushman ke muṇh par.

Ḳhádim-ud-dín.—Ḳhudáwand hamárí duá sun;

Jawáb.—Aur hamárí faryád áp tak pahuṇchne de.

Ḳhádim-ud-dín.—Ham duá máṇgeṇ.

AI Qádir i Mutlaq Ḳhudá, ham farotaní se terá shukr bhejte haiṇ, ki tú ne karam karke apní bandí is áurat ko janne ke baṛe dukh aur ḳhatre se bachá liyá; Ai

Kamál Rahím Báp, ham terí minnat karte haiṇ, yih ịnáyat kar, ki wuh terí madad se is zindagání meṇ díndárí ke sáth apná waqt guzáre aur terí marzí ke muwáfiq chale, aur ánewálí zindagání meṇ hamesha ke jalál kí sharík howe; hamáre Ḳhudáwand Yesụ́ Masíh ke wasíle se.—ÁMÍN.

Ạurat jo shukrána adá karne átí hai, dastúr ke muwáfiq nazráne guzráne, aur agar Ashá i Rabbání ạmal meṇ áwe, to munásib hai ki wuh bhí us meṇ sharík ho jáwe.

WAỊD KÁ BAYÁN,

YẠNE

GUNAHGÁROṆ PAR ḲHUDÁ KE ĢAZAB AUR QAHR KÁ IZHÁR.

Kaí ek duạoṇ ke sáth jo Lenṭ ke pahle roz, aur kisí dúsre waqt, jab hákim i sharạ farmáwe, paṛhá jáwe.

Subh kí namáz ke bạd jab *Liṭání* dastúr ke muwáfiq ho chuke, tab Qasís paṛhne kí jagah yá mimbar par se kahe,

BHÁ'O, agle dinoṇ kí Kalísyá meṇ ek achchhá qáịda thá, ki Lenṭ ke shurụ meṇ aise shaḳhsoṇ par jo mashhúr gunáh se ba tahqíq mulzim ṭhahre the, barmalá riyázat ká hukm hotá thá, aur we is jahán meṇ sazá páte the, táki Ḳhudáwand ke din un kí jáneṇ bach jáweṇ; aur yih ki aur log un ke nishán se ḳhabardár hokar gunáh karne se ziyáda ḍareṇ.

Us ke ịwaz (jab tak ki qáịda i mazkúr phirkar járí na ho, aur us ká jári honá bahut hí munásib hai,) yih manzúr hai, ki is waqt tum sab ke sámhne Ḳhudá kí lạnat ke wuh fatwe i ạmm paṛhe jáweṇ, jo un gunahgároṇ par haiṇ, ki tauba nahíṇ karte, aur Istisná ke sattáísweṇ bab aur Bible ke dúsre muqámoṇ se chune gae; aur tum har ek fatwe ke jawáb meṇ *Ámín* kaho: Táki tum Ḳhudá ke baṛe qahr se, jo gunahgároṇ par hai, ágáh hokar dilí aur sachchí tauba kí taraf ziyáda máil ho jáo; aur in ḳhatroṇ ke dinoṇ meṇ ziyáda hoshyárí se chalo, aur gunáhoṇ se bhágo, jin ká tum apní zubání iqrár dete ho, ki we Ḳhudá kí lạnat ke sazáwár haiṇ.

MALẠÚN hai wuh shaḳhs jo kisí khudí yá ḍhalí múrat ko parastish ke liye banátá hai.

Aur jamáạt jawáb de aur kahe.—ÁMÍN.

Ḳhádim-ud-dín.—Malạún hai wuh, jo ki apne Báp yá Má par lạnat bhejtá hai.

Jawáb.—ÁMÍN.

Ḳhádim-ud-dín.—Malạún hai wuh, jo apne paṛosí kí zamín kí sarhadd ko dabátá hai.

Jawáb.—ÁMÍN.

Ḳhádim-ud-dín.—Malạún hai wuh, jo andhe ko ráh se bhaṭkátá hai.

Jawáb.—ÁMÍN.

Ḳhádim-ud-dín.—Malạún hai wuh, jo garíb aur yatím aur bewa ká muạmala haqq ke barḳhiláf kartá hai.

Jawáb.—ÁMÍN.

Ḳhádim-ud-dín.—Malạún hai wuh, jo apne paṛosí ko chhipkar mártá hai.

Jawáb.—ÁMÍN.

Ḳhádim-ud-dín.—Malạún hai wuh, jo apne paṛosí kí jorú ke sáth ham-bistar hotá hai.

Jawáb.—ÁMÍN.

Ḳhádim-ud-dín.—Malạún hai wuh, jo begunáh ke qatl karne ko mazdúrí letá hai.

Jawáb.—Ámín.

Ḳhádim-ud-dín.—Malạún hai wuh, jo ádmí par apná bharosá rakhtá, aur ádmí ko apní panáh ṭhahrá letá, aur apne dil se Ḳhudáwand ko chhoṛ detá hai.

Jawáb.—Ámín.

Ḳhádim-ud-dín.—Malạún haiṇ berahm, harámkár, zinákár, zarparast, butparast, tuhmat lagánewále, matwále, aur zulm karnewále.

Jawáb.—Ámín.

Ḳhádim-ud-dín.

AB chuṇki malúm huá, ki we sab malạún haiṇ, (chunáṇchi Dáúd nabí gawáhí detá hai,) jo Ḳhudá ke hukmoṇ se bahakte aur bhaṭak játe haiṇ; pas us ḳhaufnák gazab ko jo ham par ákar har dam paṛne ko taiyár hai, yád karke, ham tamám shikastagí aur farotaní se apne Ḳhudáwand Ḳhudá kí taraf phireṇ, aur apní burí chál par ro roke apní taqsíroṇ ká iqrár kareṇ aur unheṇ mán leweṇ, aur koshish karke tauba ke láiq phal láweṇ; kyuṇki ab daraḳhtoṇ kí jaṛ par kulháṛá lagá hai, is liye jo daraḳht achchhá phal nahíṇ látá wuh káṭá aur ág meṇ ḍálá játá hai. Zinda Ḳhudá ke háthoṇ meṇ paṛná haulnák hai; wuh sharíroṇ par aṇgáre, o ág, aur gandhak barsáwegá, aur áṇdhí o tufán láwegá; un ke píne ká yihí piyála hogá. Is liye dekho, ki Ḳhudáwand apní jagah se niklá hai, ki zamín ke rahnewáloṇ kí sharárat ká badlá de; par us ke áne ke din kaun ṭhahar sakegá? jab wuh záhir howe to kaun tham sakegá? Us ká súp us ke háth meṇ hai, wuh apne khaliyán ko sáf karegá, aur apne gehuoṇ ko khatte meṇ jamạ karegá; par bhúse ko us ág meṇ jo hargiz nahíṇ bujhtí jaláwegá. Ḳhudáwand ká din is tarah áwegá, jis tarah rát ko chor, aur jis waqt log kahte hoṇge ki salámatí aur sab tarah kí beḳhaufí hai, tab, jaise ki hámila ko dard lage, nágahání un par halákat á pahuṇchegí, aur we na bacheṇge. Tab badlá lene ke din meṇ Ḳhudá ká qahr záhir hogá, jise magre gunahgároṇ ne apne dil kí haṭ se apne úpar jamạ kar rakhá hai; ki unhoṇ ne Ḳhudá kí mihr, bardásht aur muhlat ko náchíz jáná, jab ki wuh sadá unheṇ pukártá rahá, ki tauba karo. Ḳhudáwand farmátá hai, us waqt we mujhe pukáreṇge, par maiṇ na sunuṇgá; we sawere mujhe ḍhuṇḍheṇge, par na páweṇge; aur yih is wáste hogá ki unhoṇ ne mạrifat se dushmaní rakhí, aur Ḳhudáwand ke ḳhauf ko na máná, balki merí saláh se nafrat kí, aur merí tambíh ko haqír jáná. Phir jab darwáza band ho chuká to khaṭkhaṭáne ká waqt játá rahá; aur jab ạdálat ká waqt á pahuṇchá tab faryád par rahm hásil karne kí ghaṛí guzar gaí. Kyá hí haulnák áwáz us kamál rást o durust fatwe kí! jo un par diyá jáegá, jab un ko yih kahá jáegá, ki, Ai malạúno, us hamesha kí ág meṇ jáo, jo ki shaitán aur us kí fauj ke wáste maujúd kí gaí. Is sabab se, ai bháío, jab tak naját ká din maujúd hai ham áge se ḳhabardár ho jáweṇ, kyuṇki rát átí hai jab koí kuchh kám na kar sakegá. So jab tak núr hamáre sáth hai ham núr par ímán láweṇ, aur núr ke farzandoṇ kí tarah chaleṇ táki báhar kí tárikí meṇ na ḍále jáweṇ jaháṇ roná aur dáṇt písná hogá. Ham Ḳhudá kí niạmat ko bemauqạ ḳharch na kareṇ, ki wuh mihrbání kí ráh se hameṇ sudhar jáne ko bulátá, aur apní kamál shafqat se ham se wạda kartá hai, ki agar ham púre aur sachche dil se us kí taraf rujụ́ láweṇ, to jo kuchh ham se ho gayá wuh baḳhsh degá. Kyuṇki agarchi hamáre gunáh qirmiz kí mánind lál hoṇ, par barf kí mánind sufed ho jáeṇge; aur harchand argwán se hoṇ, par ún kí tarah ujle kiye jáeṇge. Apní tamám badíoṇ se tum báz áo, (Ḳhudáwand kahtá hai) to tumhárá gunáh tumhárí halákat ká báịs na hogá; jo bedíniáṇ ki tum ne kíṇ, sab apne se dúr pheṇko; apne dil nae aur apne mizáj durust karo; jab ki maiṇ us kí maut se jo martá hai ḳhush nahíṇ huṇ, to ai Baní Isráil, tum káhe ko maroge? Ḳhudáwand Ḳhudá farmátá hai. Pas tum phiro, ki jíoge. Agarchi ham ne gunáh kiyá, tau bhí

Báp pás hamárá ek Wakíl hai, Yesú Masíh, Rástbáz, aur wuh hamáre gunáhoṇ ká kafára huá; ki us ne hamárí taqsíroṇ ke wáste zakhm uṭháyá, aur hamárí badíoṇ ke liye márá gayá. Is wáste chalo, ham us kí taraf phireṇ, ki wuh un sab gunahgároṇ ko jo sachchí tauba karte haiṇ, mihrbání se qabúl farmátá hai; aur ham yaqín kar jáneṇ ki agar sachchí tauba karke ham us pás áweṇ, to wuh hameṇ qabúl karne ko taiyár, aur hamáre gunáh bakhshne par niháyat mustaiḍ hai, agar apne taíṇ us ke tábi kareṇ, aur áge ko us kí ráh par chaleṇ; agar us ká sahaj júá aur halká bojh apne úpar le leṇ, táki us kí farotaní, sabar aur muhabbat kí pairawí kareṇ; aur us ke Rúh-ul-Quds kí hukúmat ke mahkúm howeṇ; aur us ke jálal ke sadá tálib raheṇ, aur apne kám meṇ láiq taur se shukrguzárí ke sáth us kí bandagí kiyá kareṇ. Yih agar ham kareṇ, to Masíh hameṇ sharạ kí lạnat aur us ákhirí bad duạ se bacháwegá, jo un par paṛegí, ki báeṇ háth khaṛe honge; aur hameṇ apne dahne háth khaṛá karke apne Báp ke karam ká mubárak kalima ham se kahegá aur farmáegá, ki us ke jalál kí bádsháhat ke qábiz ho. Us meṇ wuh apní behadd rahmat se ham sab ko pahuṇcháwe.
—Ámín.

Tab we sab ghuṭne ṭekeṇ, aur Qasís aur Khádim us jagah par jaháṇ Liṭání paṛhne ká dastúr hai, ghuṭne ṭekkar yih Zabúr paṛheṇ.

51 Zabúr.

Khudáwand ham par rahm kar.
Masíh ham par rahm kar.
Khudáwand ham par rahm kar.

AI hamáre Báp, jo ásmán par hai, tere nám kí taqdís howe. Terí bádsháhat áwe. Terí marzí jaisí ásmán par hai, zamín par bhí howe. Hamáre roz kí roṭí áj hameṇ de. Aur jis tarah ki ham apne taqsírwároṇ ko muạf karte haiṇ, tú hamárí taqsíreṇ muạf kar. Aur hameṇ imtihán meṇ na ḍál, balki burái se bachá.—Ámín.

Ḳhádim-ud-dín.—Ai Ḳhudáwand, apne bandoṇ ko bachá ;

Jawáb.—*Jo tujh par bharosá rakhte haiṇ.*

Ḳhádim-ud-dín.—U'par se un kí madad bhej ;

Jawáb.—*Aur sadá barí qudrat se un kí himáyat kar.*

Ḳhádim-ud-dín.—Ai Ḳhudá hamáre Bachánewále, ha-
márí madad kar ;

Jawáb.—*Aur apne nám kí izzat ke wáste hamen bachá :
apne nám kí khátir ham gunahgároṇ par mihrbán ho.*

Ḳhádim-ud-dín.—Ai Ḳhudáwand, hamárí sun ;

Jawáb.—*Aur hamárí faryád apne pás pahuṇchne de.*

Ḳhádim-ud-dín.—Ham duạ́ máṇgeṇ.

A I Ḳhudáwand, ham terí minnat karte haiṇ, hamárí
duạ́oṇ ko rahmat se sun, aur un sab ko jo tere
sámhne apne gunáhoṇ ká iqrár karte haiṇ, chhoṛ de ; táki
we jin ke dil gunáh se mulzim haiṇ, terí rahmat kí
magfirat se muạ́fí páweṇ ; hamáre Ḳhudáwand Yesụ́
Masíh ke wasíle se.—A'MÍN.

A I Qádir i Mutlaq Ḳhudá, aur Rahím Báp, jo sab
ádmíoṇ par taras khátá, aur apne kisí makhlúq se
dushmaní nahíṇ rakhtá ; tú gunahgár kí maut nahíṇ,
balki yih cháhtá hai, ki wuh apne gunáh se báz áwe, aur
naját páwe ; rahm karke hamárí taqsíroṇ ko muạ́f kar ;
hameṇ jo apne gunáhoṇ ke bojh se dabe aur thake haiṇ,
qabúl kar. aur tasallí de, sadá Rahm karná terí shán hai ;
gunahoṇ ko bakhshná terá hí kám hai. Is liye, Ai mihr-
bán Ḳhudáwand ham se tahammul kar, apne logoṇ se
jinheṇ tú ne khalásí dí tahammul kar ; apne bandoṇ ká
hisáb ạdl se na le, ki ham zalíl gard aur láchár bekas
gunahgár haiṇ ; balki apná gazab ham se jo ạjizí ke sáth
apní kharábí ke muqir hote, aur sachchái ke sáth apní
taqsíroṇ se tauba karte haiṇ, yuṇ ṭál de, aur is tarah jaldí
karke is jahán meṇ hamárí madad kar, ki ánewále jahán
meṇ ham sadá tere sáth jíte raheṇ ; hamáre Ḳhudáwand
Yesụ́ Masíh ke wasíle se.—A'MÍN.

Tab jamáạt Ḳhádim-ud-dín ke píchhe píchhe yih paṛhe,

AI mihrbán Ḳhudáwand hameṇ rujúụ kar, tab ham rujúụ houṇge. Mihrbán ho, Ai Ḳhudáwand, apne logoṇ par mihrbán ho, jo ki zárí aur roze o namáz ke sáth terí taraf rujúụ láte haiṇ; ki tú ek Ḳhudá mihrbán, mihr se bhará, burdbár, aur baṛá hí rahím hai. Jab ham sazá ke qábil haiṇ, tú ham se tahammul farmátá, aur apne gazab meṇ mihr ko ḳhiyál meṇ látá hai. Apne logoṇ se tahammul kar, Ai mihrbán Ḳhudáwand un se tahammul kar, aur apní mírás ko besaropá na hone de. Ai Ḳhudáwand, hamárí sun, kyuṇki terá rahm baṛá hai, aur apní rahmatoṇ kí kasrat ke muwáfiq ham par nazar kar; apne mubárak Beṭe hamáre Ḳhudáwand Yesúụ Masíh ke sawáb aur sifárish ke tufail se.—ÁMÍN.

Tab akelá Ḳhádim-ud-dín kahe,

KHUDÁWAND hameṇ barakat dewe, aur hamárí nigahbání kare; Ḳhudáwand apne chihre ká núr ham par chamkáwe, aur hameṇ salámatí ạtá farmáwe, ab aur hamesha ko.—ÁMÍN.

ZABÚR KÍ KITÁB.

1 ROZ.—FAJR KÍ NAMÁZ.

1 ZABUR.

1 MUBÁRAK wuh ádmí jo sharíroṇ kí mashwarat
par nahíṇ chaltá: aur ḳhatákároṇ kí ráh par
khaṛá nahíṇ rahtá, aur ṭhaṭṭhá karnewáloṇ kí majlis meṇ
nahíṇ baiṭhtá hai.
2 Balki Ḳhudáwand kí sharíạt meṇ magan rahtá: aur
din rát us kí sharíạt meṇ sochá kartá hai.
3 So wuh us daraḳht kí mánind hogá, jo pání kí nah-
roṇ ke kanáre par lagáyá jáwe; aur apne waqt par mewe
láwe: jis ke patte murjháte nahíṇ; aur apne har ek kám
meṇ phúltá phaltá rahegá.
4 Sharír aise nahíṇ: balki we bhúse kí mánind haiṇ, jise
hawá uṛá le játí hai.
5 So sharír ạdálat meṇ khaṛe na raheṇge: na ḳhatákár
sádiqoṇ kí jamáạt meṇ.
6 Kyuṇki Ḳhudáwand sádiqoṇ kí ráh jántá hai: par
sharíroṇ kí ráh nest o nábúd hogí.

2 ZABUR.

1 QAUMEṆ kis liye josh meṇ haiṇ: aur log báṭil
ḳhiyál karte haiṇ?
2 Ḳhudáwand ke aur us ke Masíh ke barḳhiláf zamín
ke bádsháh sámhnạ karte: aur sardár ápas meṇ mansúba
báṇdhte haiṇ.

3 Ki áo ham un kí band khol ḍáleṇ: aur un kí rassí
apne se toṛ pheṇkeṇ.
4 Wuh, jo ásmán par takht-nashín hai, haṇsegá:
Khudáwand unheṇ ṭhaṭṭhoṇ meṇ uṛáegá.
5 Tab wuh apne gusse meṇ un se bolegá: aur apne qahar
se unheṇ pareshán karegá.
6 Ki maiṇ ne apne bádsháh ko: apne koh i muqaddas
Saihún par biṭhláyá hai.
7 Maiṇ farmán ká ishtihár karuṇgá, Khudáwand ne
mujhe kahá: Tú merá beṭá hai, áj hí tú mujh se
paidá huá.
8 Mujh se máṇg, ki maiṇ tujhe qaumoṇ ká wáris karuṇ-
gá: aur zamín sarásar tere qabze meṇ kar duṇgá.
9 Tú lohe ke asá se unheṇ toṛegá: kumhár ke bartan kí
mánind tú unheṇ chaknáchúr karegá.
10 Pas ab, ai bádsháho, hoshyár ho: ai zamín ke mun-
sifo, nasíhat máno.
11 Ḍarte hue Khudáwand kí ibádat karo: aur kámpte
hue khushí karo.
12 Beṭe ko chúmo, tá na howe, ki wuh bezár ho, aur
tum beráh hoke halák ho jáo, jab us ká gussa achának
bhaṛke: Mubárak we sab, jin ká tawakkul us par hai.

3 ZABUR.

1 AI Khudáwand, we jo mujhe dukh dete haiṇ kyá hí
baṛh gae! we bahut haiṇ jo merí mukhálifat
par uṭhte haiṇ.
2 Bahutere merí ján kí bábat kahte haiṇ: ki Khudá se
us ká bacháo nahíṇ.
3 Par tú, ai Khudáwand, mere liye sipar hai: tú merí
shaukat, aur merá sarfaráz karnewálá hai.
4 Maiṇ Khudáwand kí taraf apní áwáz buland kartá
huṇ, wuh apne muqaddas paháṛ par se merí sun
letá hai.
5 Maiṇ leṭ gayá aur so rahá, maiṇ jág uṭhá: kyuṇki
Khudáwand merá sambhálnewálá hai.
6 Das hazár ádmí se jinhoṇ ne mujhe gher liyá hai:
maiṇ na ḍaruṇgá.

7 Uṭh, ai Ḳhudáwand; ai mere Ḳhudá, mujhe bachá;
ki tú ne mere sáre dushmanoṇ ke jabṛe par tamánche
máre; tú ne sharíroṇ ke dánt toṛe haiṇ.
8 Naját Ḳhudáwand hí se hai; terí barakat tere logoṇ
par hai.

4 ZABUR.

1 JAB maiṇ pukáruṇ, to tú merí sun, ai merí sadáqat
ke Ḳhudá; taṇgí meṇ tú ne mujhe kushádagí
baḳhshí; mujh par rahm farmá, aur merí duạ sun le.
2 Ai baní insán, kab tak merí ịzzat ruswáí giní jáe: kab
tak butlán ko dost rakhoge, aur jhúṭh kí pairawí karoge?
3 Yaqín kar jáno, ki Ḳhudáwand ne apne liye díndár ko
alag kar rakhá hai; Ḳhudáwand, jab maiṇ use pukáruṇgá,
sun legá.
4 Ḳhafá hoo, magar gunáh na karo; apne bistar par
paṛe hue apne diloṇ meṇ socho, aur chupke raho.
5 Sadáqat ke zabíhoṇ ko zabah karo, aur Ḳhudáwand
par tawakkul karo.
6 Bahutere kahte haiṇ, ki kaun ham ko bhaláí dikhláwe?
ai Ḳhudáwand, tú apne chihre kí roshní ham par jalwagar
farmá.
7 Tú ne mere dil ko aisí ḳhushí baḳhshí hai, ki unheṇ
us waqt nahíṇ huí jab un ke galle aur wain baṛh gae.
8 Maiṇ sahíh salámat leṭtá hí so jáuṇgá; kyuṇki tú hí
ai Ḳhudáwand akelá mujhe be-ḳhatar rakhtá hai.

5 ZABUR.

1 AI Ḳhudáwand, merí bátoṇ par kán dhar, mere
soch par dhyán rakh.
2 Ai mere Bádsháh, aur mere Ḳhudá, mere nále kí
áwáz sun le, ki maiṇ tujhí se duạ máṇgtá huṇ.
3 Ai Ḳhudáwand, tú subh ko merí áwáz sunegá; subh
ko maiṇ tere liye tayárí karuṇgá aur ták rahuṇgá.
4 Ki tú wuhí Ḳhudá nahíṇ, jo sharárat se ḳhush ho;
sharír tere sáth rah nahíṇ saktá.
5 Magrúr terí áṇkhoṇ ke sámhne nahíṇ á sakte; tú sab
badkirdároṇ se ạdáwat rakhtá hai.

6 Tú un ko, jo jhúṭh bolte haiṇ, nábúd karegá; Ḳhudá-
wand ḳhuní aur dagábáz ádmí se nafrat rakhtá hai.
7 Lekin maiṇ terí mihr kí kasrat se tere ghar meṇ
áuṇgá; tujh se ḍar kar terí muqaddas haikal kí taraf
maiṇ sijda karuṇgá.
8 Ai Ḳhudáwand, apní sadáqat meṇ merá rahbar ho;
mere dushmanoṇ ke sabab se mere sámhne apní ráh ko
sídhá kar dikhlá.
9 Ki un ke muṇh meṇ kuchh kharáí nahíṇ; un ká bátin
mahz ḳharábí hai; un ká galá khulí gor hai; we apní
zubán se ḳhushámad karte haiṇ.
10 Ai Ḳhudá, unheṇ mulzim ṭhahrá; we apne hí mansú-
boṇ se áp hí gir jáweṇ; un ke gunáhoṇ kí kasrat ke sabab
tú unheṇ nikál pheṇk, ki unhoṇ ne tujh se sarkashí kí
hai.
11 Aur we sab, jo tujh par bharosá rakhte haiṇ, ḳhush
hoṇge; we abad tak ḳhushí se lalkáreṇge; aur tú un par
sáya karegá; aur tere nám ke dost rakhnewále tujh se
ḳhushí manáweṇge.
12 Is liye ki tú ai Ḳhudáwand, sádiq ko barakat detá
hai; tú us ko mihrbání kí sipar tale ḍhámp letá hai.

1 ROZ.—SHÁM KÍ NAMÁZ.

6 ZABÚR.

1 AI Ḳhudáwand, tú mujhe apne gusse se mat ḍapaṭ,
aur apne gazab kí garmí se mujh ko tambíh na de.
2 Ai Ḳhudáwand, mujh par rahm kar, ki maiṇ kumhlá
gayá huṇ; ai Ḳhudáwand mujhe chaṇgá kar, ki merí
haḍḍíoṇ meṇ kapkapí hai.
3 Aur merí ján meṇ bhí niháyat kapkapí hai; pas, tú
ai Ḳhudáwand, kab tak?
4 Ai Ḳhudáwand, phir á, merí ján ko chhuṛá; apní
rahmatoṇ ke wáste mujhe bachá.
5 Kyuṇki maut kí hálat meṇ terí yád nahíṇ; gor ke
andar kaun terí taríf karegá?

6 Maiṇ karáhte karáhte thak gayá ; maiṇ áṇsú bahá bahá-
ke sárí rát apná bistar tar kartá huṇ : maiṇ apná palaṇg
bhígátá huṇ.
7 Tasdiyạ ke sabab merí áṇkheṇ dhuṇdhlá gaíṇ haiṇ ;
mere sab dushmanoṇ ke sabab se we buṛhiyá gaíṇ.
8 Mujh se dúr ho jáo, ai sáre badkirdáro, ki Ḳhudá-
wand ne mere rone kí áwáz suní hai.
9 Ḳhudáwand ne merí faryád suní hai ; Ḳhudáwand
merí duạ́ qabúl karegá.
10 Mere sáre dushman sharminda ho jáeṇge ; aur
niháyat kapkapí meṇ paṛeṇge ; we ulṭe phireṇge ; we
nágahání sharminda ho jáeṇge.

7 ZABÚR.

1 AI Ḳhudáwand, mere Ḳhudá, merá bharosá tujh
par hai ; mujh ko un sab se, jo mere píchhe paṛe
haiṇ, bachá, aur mujhe chhuṛá.
2 Na howe ki sher kí tarah wuh mujh ko pháṛe, aur jis
waqt koí merá chhuṛánewálá na ho, mujhe purze purze kare.
3 Ai Ḳhudáwand, mere Ḳhudá, agar maiṇ ne yih kiyá ;
agar mere háth se badí huí ;
4 Agar maiṇ ne us se, jo mere sáth sulah rakhtá thá,
badí kí ho ; yá us ká jo be-sabab merá dushman thá
nuqsán kiyá ho :
5 To dushman dar-pai hoke merá jí lewe, aur merí ján
zamín par pámál kare, aur merí ịzzat ḳhák meṇ miláwe.
6 Ai Ḳhudáwand, apne qahr meṇ uṭh, mere dushmanoṇ
ke gazab par apne taíṇ buland kar ; aur mere liye jág,
ạdálat tú ne muqarrar kí hai.
7 Jo logoṇ kí jamáạt tujhe gheregí, so tú us ke úpar
phir bulandí par já.
8 Ḳhudáwand logoṇ kí ạdálat karegá ; ai Ḳhudáwand,
jaisí merí sadáqat, aur jaisí merí diyánatdárí hai, waisá
hí merá insáf kar.
9 Kásh ki buroṇ kí buráí nest o nábúd ho jáwe ; lekin
sádiqoṇ ko tú qúwat de ; ki sádiq Ḳhudá diloṇ aur gurdoṇ
ká jáṇchnewálá hai.

10 Khudá ke yahán merí sipar hai; wuh unká jin ke
dil sídhe hain, bachánewálá hai.
11 Khudá sádiq ká insáf kartá hai; aur Khudá sadá
qahhár hai.
12 Agar báz na áwegá, wuh apní talwár tez karegá; us
ne apní kamán par chillá charháyá hai, aur use tayár kiyá
hai.
13 Aur us ke liye maut ká sámán tayár kiyá hai; wuh
apne tír jalte hue banátá hai.
14 Dekho, use badkárí ke dard lage, aur fasád ká use
peṭ rahá hai, aur jhúṭh ko jantá hai.
15 Us ne gaṛhá khodá, aur gahrá kiyá; aur us gaṛhe
meṇ, jise wuh banátá thá, áp girá.
16 Us ká fasád usí ke sir par paṛegá, aur us ká zulm
usí kí khoprí par utregá.
17 Maiṇ Khudáwand kí, us kí sadáqat ke mutábiq, sitá-
ish karuṇgá; aur Khudáwand Taálá ke nám kí madhsaráí
karuṇgá.

8 ZABUR.

1 AI Khudáwand, hamáre Rabb, kyá hí buzurg hai
terá nám tamám zamín par! tú ne apní shaukat
ásmánoṇ ke úpar záhir kar rakhí hai.
2 Tú ne apne mukhálifoṇ ke sabab bachchoṇ aur shír-
khwároṇ ke muṇh se qúwat paidá kí hai, táki dushman
aur kínawar ko khámosh kare.
3 Jab maiṇ tere ásmánoṇ par, jo terí dastkárí haiṇ,
dhyán kartá huṇ, aur cháṇd aur sitároṇ par, jo tú ne banae:
4 To insán kyá hai, ki tú us kí yád kare, aur ádamzád
kyá, ki tú us par mutawajjih ho?
5 Aur tú ne ulúhiyat se us ko thoṛá kam kar rakhá hai,
aur shán o shaukat ká táj use pahináyá hai.
6 Tú ne usko apne háth ke kámoṇ par hukúmat bakh-
shí; tú ne sab kuchh us ke qadam ke níche kiyá hai:
7 Sárí bheṛ bakríáṇ aur gáe bail, aur jaṇglí chaupáe bhí:
8 Aur ásmán ke parinde, aur daryá kí machhliyáṇ, aur
har chíz, jo daryá kí ráhoṇ meṇ guzartí hai.
9 Ai Khudáwand, hamáre Rabb, kyá hí buzurg hai terá
nám tamám zamín par!

2 ROZ.—FAJR KÍ NAMÁZ.

9 ZABUR.

1 MAIN apne sáre dil se Ḳhudáwand kí sitáish karuṇgá; maiṇ tere sáre ạjáib kámoṇ ká bayán karuṇgá.
2 Maiṇ tujh se ḳhush o ḳhurram houṇgá; ai Haqq Taạlá maiṇ tere nám kí madhsaráí karuṇgá.
3 Jab mere dushman ulṭe phireṇ we tere sámhne se ṭhokar kháeṇge, aur halák ho jáeṇge.
4 Ki merá insáf aur qaziyá tú ne chukáyá; tú taḳht par baiṭhke sadáqat se munsafí kartá hai.
5 Tú ne qaumoṇ ko ḍáṇṭá; sharír ko faná kiyá; un ká nám abad-ul-ábád tak miṭá dálá.
6 Ai dushman, wíránián hamesha ke liye tamám huí haiṇ; tú ne shahroṇ ko ujáṛá hai; un ká zikr un ke sáth miṭ gayá hai.
7 Aur Ḳhudáwand abad tak taḳht-nishín hai; us ne ạdálat ke liye apní masnad taiyár kí hai.
8 Aur wuhí sadáqat se jahán ká insáf karegá, aur rástí se ummatoṇ ká muqaddama chukáwegá.
9 Aur Ḳhudáwand mazlúmoṇ ke liye panáh; musíbat ke waqt panáh hogá.
10 Aur we, jo terá nám jánte haiṇ, terá bharosá rakheṇge; ki tú ne ai Ḳhudáwand, apne mutaláshíoṇ ko tark nahíṇ kiyá hai.
11 Ḳhudáwand kí, jo Saihún par kursí-nishín hai madahsaráí karo; logoṇ ke darmiyán us ká jo us ne kiyá hai bayán karo.
12 Jab wuh ḳhún kí pursish kartá hai, to unheṇ yád kartá hai; wuh dukhíoṇ kí faryád ko bhúltá nahíṇ.
13 Ai Ḳhudáwand, mujh par rahm kar; us dukh par, jo maiṇ apne bugz rakhnewáloṇ se khaiṇchtá huṇ, nazar kar, ki maut ke darwázoṇ par se merá uṭhánewálá tú hí hai:
14 Táki maiṇ Saihún kí Beṭí ke darwázoṇ par terí sab sitáisheṇ bayán karuṇ; aur terí naját se ḳhushí karuṇ.

15 Gair qaumeṇ us kúe meṇ, jo unhoṇ ne khodá thá girí
haiṇ, us dám meṇ jo unhoṇ ne chhipáyá thá, unhíṇ ke páṇw
phaṇse haiṇ.
16 Khudáwand jáná gayá; us ne insáf kiyá hai, sharír
apne háthoṇ ke kám ke phande meṇ phaṇsá hai.
17 Sharír palaṭke jahannam meṇ ḍále jáeṇge; sárí qau-
meṇ, jo Khudá ko bhúl játí haiṇ.
18 Ki miskín hamesha farámosh na kiyá jáegá; garíboṇ
kí ummed sadá toṛí na jáegí.
19 Uṭh, ai Khudáwand, insán gálib na howe; qaumoṇ kí
ạdálat tere huzúr kí jáe.
20 Ai Khudáwand, un ko ḍará, qaumeṇ ján jáeṇgí ki
ham insán hí haiṇ.

10 ZABUR.

1 AI Khudáwand, tú kyuṇ dúr khaṛá rahtá hai? dukh
ke waqt kyuṇ apne taíṇ chhipátá hai?
2 Sharír ke gurúr se garíb ázurda hotá hai; un man-
súboṇ meṇ jo unhoṇ ne báṇdhe haiṇ, pakṛe játe haiṇ.
3 Ki sharír apne nafs kí khwáhish par fakhr kartá hai,
aur ganím kufr kahke Khudáwand ko haqír jántá hai.
4 Sharír apne dimág se mutaláshí nahíṇ hotá; us ke sáre
khiyál yih haiṇ, ki Khudá hai hí nahíṇ.
5 Us kí ráheṇ har waqt baní haiṇ; terí ạdálateṇ buland
haiṇ, us kí nazar se báhar: wuh apne sáre dushmanoṇ se
akaṛ kartá hai;
6 Apne dil meṇ kahtá hai, mujh ko jumbish na hogí;
mujh par pusht dar pusht bipat na paṛegí.
7 Us ká muṇh lạnat, aur dagá, aur zulm se bhará hai; us
kí zubán ke níche fasád aur badí hai.
8 Wuh dihát kí ghátoṇ meṇ baiṭhtá hai, wuh khilwat ke
makánoṇ meṇ begunáh ko qatl kartá hai; us kí áṇkheṇ
poshída miskín par lagí huí haiṇ.
9 Wuh chhipke sher kí mánind, jo apní jháṛí meṇ ho,
ghát meṇ lagá huá hai; wuh ghát meṇ lagá hai, ki miskín
ko pakṛe, wuh miskín ko apne dám meṇ láke pakaṛtá hai.
10 Wuh chúr chár hoke dab játá hai; miskín us ke zorá-
waroṇ se gir játe haiṇ.

11 Us ne apne dil meṇ kahá hai, Ḳhudá bhúl gayá hai;
us ne apná muṇh chhipáyá; wuh hargiz dekhtá nahíṇ.
12 Uṭh, ai Ḳhudáwand, ai Ḳhudá, apná háth baṛhá;
garíboṇ ko bhúl na já.
13 Ḳhudá kí tahqír sharír kyuṇ kartá hai? apne dil
meṇ kahtá, ki tú tahqíqát na karegá.
14 Tú to dekh rahá hai; ki tú dukh aur ranjídagí par
nazar kartá hai, ki apne háth se badlá de; miskín áp ko
tere hawále kartá hai; yatím ká madadgár tú hai.
15 Sharír aur bure ká bázú toṛ, aisá ki us kí sharárat
phir ḍhúṇḍhí na páí jáwe.
16 Ḳhudáwand abad tak bádsháh hai; gair qaumeṇ us
kí zamín par se faná huíṇ.
17 Ai Ḳhudáwand, tú ne garíboṇ kí murád suní; tú un
ke diloṇ ko mustaqím kartá, aur kán dharke suntá;
18 Ki yatímoṇ, aur mazlúmoṇ ká insáf kare, táki ḳhákí
ádmí phir zulm na kare.

11 ZABU'R.

1 MERA' tawakkul Ḳhudáwand par hai; tum kyuṇ-
kar merí ján ko kahte ho, ki chiṛiyá sí apne
paháṛ par játi rah;
2 Ki dekh, sharír apní kamán par chillá chaṛháte haiṇ;
apná tír chille meṇ joṛte haiṇ, táki poshída sídhe-dil-
wáloṇ ko máreṇ.
3 Ki bunyád ḳharáb ho gaí, sádiq kyá kar saktá hai?
4 Ḳhudáwand apní muqaddas haikal meṇ hai; Ḳhudá-
wand ká taḳht ásmán par hai; us kí áṇkheṇ dekhtí haiṇ;
us kí palakeṇ baní A'dam ko ázmátí haiṇ,
5 Ḳhudáwand sádiq ko ázmátá hai; par sharír, aur
wuh jo zulm ko cháhtá hai, us kí rúh us se dushmaní
rakhtí hai.
6 Wuh sharíroṇ par phande, ág aur gandhak, barsáwegá,
aur ág kí sí hawá un ke piyále ká hissa hogí.
7 Kyuṇki Ḳhudáwand, jo sádiq hai, sadáqat ko cháhtá
hai, us ká chihra sídhe logoṇ ko dekhtá hai.

2 ROZ.—SHÁM KÍ NAMÁZ.

12 ZABÚR.

1 AI Ḳhudáwand, madad kar; ki díndár ádmí játá rahtá hai, ímándár log baní Ádám meṇ se tamám ho játe haiṇ.
2 Un meṇ har ek apne hamsáe ke sáth behúda baktá, cháplúsí ke hanṭhoṇ se we bolte haiṇ.
3 Ḳhudáwand sab cháplúsí ke hoṇṭh aur wuh zubán, jis se baṛá bol nikaltá hai, káṭ ḍálegá;
4 Jo yuṇ kahte haiṇ, ham apní zubán se gálib hoṇge; hamáre hoṇṭh hamáre haiṇ; kaun hamárá málik?
5 Miskínoṇ kí ḳharáb-hálí par hájatmandoṇ kí ṭhanḍí sáns par nazar karke, Ḳhudáwand farmátá hai, Ab maiṇ uṭhtá huṇ; jo us se akaṛ kartá hai, maiṇ us se us ko naját duṇgá.
6 Ḳhudáwand kí báteṇ ḳhális báteṇ haiṇ, jaise rúpá miṭṭí kí ghaṛiyá meṇ táyá gayá, aur sát martaba sáf kiyá gayá.
7 Tú hí, ai Ḳhudáwand, un ká háfiz hai; tú unheṇ is zamáne ke logoṇ se abad tak bachá rakhegá.
8 Sharír chároṇ taraf ghúmte phirte haiṇ, jab kamíne log sarfaráz hote haiṇ.

13 ZABÚR.

1 AI Ḳhudáwand kab tak, tú mujhe nit bhúltá rahegá? kab tak tú apná muṇh mujh se chhipáwegá?
2 Kab tak maiṇ apne jí meṇ mansúba aur roz apne dil meṇ gam karuṇ? kab tak merá dushman mujh par sarbuland rahe?
3 Tawajjuh karke, merí sun, ai Ḳhudáwand, mere Ḳhudá, merí áṇkheṇ roshan kar, na ho, ki mujhe maut kí nínd á jáwe;

4 Na ho, ki merá dushman kahe, Maiṇ us par gálib áyá; aur mere satánewále mere ṭal jáne se khush hoṇ.
5 Par maiṇ jo huṇ, so terí rahmat par merá bharosá hai; merá dil terí naját se ḳhush hogá.
6 Maiṇ Ḳhudáwand kí saná gáuṇga; kyuṇki us ne mujh par baṛí mihrbání kí hai.

14 ZABÚR.

1 AHMAQ ne apne dil meṇ kahá hai, Ḳhudá nahín. We ḳharáb hue, un ke kám makrúh haiṇ, koí nekokár nahíṇ.
2 Ḳhudáwand ne ásmán par se baní Ádam par nazar kí, tá dekhe, ki un meṇ koí dáná, Ḳhudá ká tálib hai.
3 We sab gumráh hue, we ek sáth bigaṛ gae; koí nekokár nahíṇ, ek bhí nahíṇ.
4 Kyá sáre badkároṇ ko samajh nahíṇ, jo mere bandoṇ ko yuṇ khá játe haiṇ, jaise roṭí kháte haiṇ? we Ḳhudáwand ká nám nahíṇ lete.
5 Waháṇ we shiddat se ḍare; kyuṇki Ḳhudá sádiqoṇ ki nasl ke sáth hai.
6 Tum miskín ke mansúbe kí tahqír karte ho, is liye ki Ḳhudáwand us kí panáh hai.
7 Káshki Isráel kí naját Saihún meṇ se huí hotí! jab Ḳhudáwand apní qaum ke qaidíoṇ ko pher láegá, to Yaqúb ḳhush, aur Isráel shád hogá.

3 ROZ.—FAJR KÍ NAMÁZ.

15 ZABÚR.

1 AI Ḳhudáwand tere ḳhaime meṇ kaun ṭikegá? tere koh i muqaddas par kaun sakúnat karegá?
2 Wuh jo sídhí chál chaltá hai, aur sadáqat ke kám kartá hai, aur apne dil se sach bolá kartá hai.

3 Apní zubán se chuglí nahíṇ khátá apne hamsáe se buráí nahíṇ kartá, aur apne paṛosí par ạib nahíṇ lagátá hai.

4 Us kí nazar meṇ mardúd ádmí haqír hai, par Ḳhudáwand se jo ḍarnewále haiṇ unkí wuh ịzzat kartá hai, wuh apne nuqsán par qasam khátá hai, aur badaltá nahíṇ.

5 Wuh súd ke liye qarz nahíṇ detá, aur be-gunáhoṇ ko satáne ke liye rishwat nahíṇ letá. Wuh jo yih kartá hai abad tak na ṭalegá.

16 ZABUR.

1 KHUDAYA, tú merí hifázat kar, kyuṇki mujhe terá hí bharosá hai.

2 Ai merí ján, tú ne Ḳhudáwand se kahá hai, ki Tú merá málik hai, tere bagair merí bhaláí nahíṇ;

3 Aur muqaddas logoṇ se jo zamín par haiṇ, yih wuhí sharíf haiṇ jin se merí sárí ḳhushí hai.

4 Un ke gam, jo gair ke píchhe dauṛte haiṇ, baṛhte raheṇge; un ke ḳhúnwále tapáwan maiṇ na tapáuṇgá, aur apne hoṇṭhoṇ se un ke nám na luṇgá.

5 Merí mírás ká aur mere piyále ká hissa Ḳhudáwand hai; mere baḳhre ká nigahbán tú hai.

6 Dilpazír makánoṇ meṇ mere liye jaríb kí gaí; háṇ merí mírás suthrí hai.

7 Maiṇ Ḳhudáwand ko mubárak kahuṇgá, jo mujhe saláh detá hai; mere gurde bhí rát ko mujhe tạlím dete haiṇ.

8 Merí nigáh hamesha Ḳhudáwand par hai; is liye ki wuh mere dahne háth hai, mujh ko kabhí jumbish na hogí.

9 Isí sabab merá dil ḳhush hai, aur merí shaukat shád; merá jism bhí ummed meṇ chain karegá.

10 Ki tú merí ján ko ạlam i gaib meṇ na chhoṛegá, na apne muqaddas ko saṛne degá.

11 Tú mujh ko zindagání kí ráh dikhláwegá; tere huzúr meṇ ḳhushíoṇ kí serí hai; tere dahne háth abad tak niạmateṇ haiṇ.

17 ZABU'R.

1 AI Ḳhudáwand, haqq ko sun; merí faryád par dhyán rakh; merí duạ́ par, jo beriyá laboṇ se nikaltí hai, kán dhar.

2 Merá insáf tere huzúr se nikle; terí áṇkheṇ rástí par nazar kareṇ.

3 Tú ne mere dil ko ázmáyá; rát ko áke tú ne mujhe táyá; tú koí bát nahíṇ pátá, merá kalám mere ḳhiyál se ziyáda baṛhtá nahíṇ.

4 Insán ke kámoṇ kí bábat, tere laboṇ ke suḳhn ke sabab maiṇ ne apne taíṇ halák karnewále kí ráhoṇ se bachá rakhá hai.

5 Mere qadmoṇ ne terí ráheṇ pakṛíṇ; mere páṇw nahíṇ ṭale.

6 Maiṇ ne tujhe pukárá, ki tú ai Ḳhudá merí sunegá; merí taraf kán dhar; merí ạrz sun.

7 Apní ḳháss mihrbání záhir kar, ai tú, jo apne dahne háth se, tawakkul karnewáloṇ ko muḳhálifoṇ se bachátá hai.

8 Mujhe áṇkh kí putlí kí mánind mahfúz rakh; mujhe apne pároṇ ke sáya tale chhipá le,

9 Un sharíroṇ se, jo mujh par zulm karte haiṇ; mere jání dushmanoṇ se, jo mujhe ghere hue haiṇ.

10 We apní charbí meṇ chhip gae haiṇ; we apne muṇh se baṛá bol bolte haiṇ.

11 Unhoṇ ne ab hamáre har ek qadam par ham ko gherá hai; un kí áṇkheṇ lagáí huí haiṇ, ki zamín par girá deweṇ.

12 Aur un kí misál yih hai, jaise sher, jo shikár par jí lagáe; aur jaisá sher ká bachcha, jo chhipke ghát meṇ baiṭhe.

13 Uṭh, ai Ḳhudáwand, us ko chheṇk; us ko ḍhakel de; merí ján ko sharír se, jo terí teg hai, chhuṛá:

14 Un logoṇ se, ai Ḳhudáwand, jo tere háth haiṇ, dunyá ke logoṇ se, jin ká baḳhra isí zindagání meṇ hai, aur jin ke peṭ tú apne ganj meṇ se bhartá: we daulat se ser haiṇ, aur apní báqí daulat apne bál bachchoṇ ke liye chhoṛ játe haiṇ.

15 Par maiṇ jo huṇ, sadáqat meṇ terá muṇh dekhuṇgá; jab maiṇ terí súrat par hoke jáguṇgá, to maiṇ ser houṇgá.

3 ROZ.—SHÁM KÍ NAMÁZ.

18 ZABUR.

1 MAIN tujhe pyár kartá huṇ, ai Ḳhudáwand, merí
qúwat.
2 Ḳhudáwand merí chaṭán, aur merá gaṛh, aur merá
chhuṛánewálá hai; merá Ḳhudá merí chaṭán jis par merá
bharosá hai; merí ḍhál, aur merí najat ká síng, merá
úṇchá burj.
3 Maiṇ Ḳhudáwand mahmúd ko pukártá huṇ; yuṇ apne
dushmanoṇ se bach játá huṇ.
4 Maut kí saḳhtíoṇ ne mujh ko gherá, aur badí ke
sailáboṇ ne mujhe ḍaráyá.
5 Álam i gaib kí saḳhtíoṇ ne mujhe gher liyá; maut ke
phandoṇ ne mujhe chheṇká.
6 Maiṇ ne taṇgí ke waqt Ḳhudáwand ko pukárá, aur
apne Ḳhudá ke áge chilláyá; us ne merí áwáz apní haikal
meṇ se suní, aur merí faryád us ke sámhne us ke kánoṇ
tak pahuṇchí.
7 Zamín kámpí, aur larzí, aur paháṛ jaṛ múl se hil gae,
aur thartharáe kyuṇki wuh gazabnák huá.
8 Us ke nathnoṇ se dhuwáṇ uṭhá, aur us ke muṇh se
átash bhaṛkí, jis se aṇgáre dahak uṭhe.
9 Us ne ásmánoṇ ko jhukáyá, aur níche utrá; aur us ke
páṇwoṇ tale táríkí thí.
10 Wuh karúbí par sawár huá, aur parwáz kar gayá;
wuh hawá ke paroṇ par uṛá.
11 Us ne táríkí ko apná parda kiyá, us ke girdágird
páníoṇ ká andherá aur bádaloṇ kí ghaṭá us ká ḳhaima thá.
12 Us chamak se, jo us ke áge thí, us ke bádal phaṭe,
ole aur aṇgáre.
13 Ḳhudáwand ásmánoṇ meṇ garjá, aur Haqq Taálá ne
apní áwáz nikálí; ole aur aṇgáre.
14 Háṇ, us ne apne tír chhoṛe, aur un ko parágand
kiyá; aur bijlíyáṇ chamkáíṇ, aur unheṇ ghabrá diyá.

15 Us waqt pání kí náliáṇ dikhái díṇ, aur jahán kí
neweṇ khul gaíṇ terí jhunjhláhaṭ se, ai Ḳhudáwand, háṇ,
tere nathnoṇ ke dam ke jhoke se.
16 Us ne úpar se bhejkar mujhe pakaṛ liyá, gahre
pánioṇ meṇ se us ne mujhe khaiṇch liyá.
17 Mere zabardast dushman se, aur un se, jo merá kína
rakhte the, us ne mujhe chhuṛáyá, ki we mujh se saḳht
zoráwar the.
18 Unhoṇ ne bipat ke din mujhe chheṇká; lekin Ḳhudá-
wand merá takiya thá.
19 Wuh mujhe nikálke ek kusháda jagah meṇ le gayá:
us ne mujhe chhuṛáyá, kyuṇki wuh mujh se ḳhush thá.
20 Ḳhudáwand ne jaisí merí sadáqat thí, mujh ko jazá
dí, mere háthoṇ kí pákízagí ke mutábiq us ne mujhe badlá
diyá.
21 Ki maiṇ ne Ḳhudáwand kí ráheṇ yád rakhíṇ, aur
sharárat karke apne Ḳhudá se muṇh na moṛá.
22 Kyuṇki us kí sárí ạdálateṇ mere zer i nazar rahíṇ,
aur us ke hukmoṇ ko maiṇ ne apne se dúr na kiyá.
23 Háṇ maiṇ us ke sáth sídhá rahá, aur maiṇ ne áp ko
apní badkárí se báz rakhá.
24 So Ḳhudáwand ne merí sadáqat ke mutábiq, merí
pákdastí ke muwáfiq, jo us kí áṇkhoṇ ke sámhne thí,
mujh ko badlá diyá hai.
25 Rahm karnewále ko tú apne taíṇ rahím dikhlátá hai;
aur sídhe ádmí ke sáth tú áp ko sídhá záhir kartá.
26 Ḳhális ko tú apne taíṇ ḳhális dikhlátá hai, aur ṭeṛhe
ke sáth tú ṭeṛhá nazar átá hai.
27 Kyuṇki tú garíb logoṇ ko bachátá hai; aur úṇchí
áṇkhoṇ ko níchí kartá hai.
28 Ki tú merá chirág jalátá hai; Ḳhudáwand merá
Ḳhudá mere andhere ko ujálá kartá hai.
29 Ki maiṇ terí kumak se ek fauj par dauṛtá huṇ; aur
apne Ḳhudá kí madad se díwár kúd játá huṇ.
30 Ḳhudá jo hai, us kí ráh kámil hai; Ḳhudáwand ká
suḳhan táyá huá hai; wuh un sab kí, jinheṇ us ká bharosá
hai, sipar hai.
31 Ki Ḳhudáwand ke siwá Ḳhudá kaun hai? aur hamáre
Ḳhudá ko chhoṛ chaṭán kaun hai?

32 Yane wuhí Khudá jo merí kamar mazbút bándhtá,
aur merí ráh kámil kartá hai.
33 Wuh mere páṇw harníoṇ ke se kartá, aur mujhe
mere úṇche makánoṇ par khaṛá kartá hai.
34 Wuh mere háthoṇ ko jang kí tạlím detá hai, yaháṇ
tak ki pítal kí kamán mere bázúoṇ se jhukáí játí hai.
35 Tú ne apní naját kí sipar mujh ko ịnáyat kí, aur
tere dahne háth ne mujh ko sambhálá, aur terí mihrbání
ne mujh ko buzurg kiyá hai.
36 Mere qadmoṇ ko, mere tale tú ne kusháda kiyá, aur
mere ṭakhne káṇpte nahíṇ.
37 Maiṇ ne apne dushmanoṇ ká píchhá kiyá, aur unheṇ
já liyá, aur píchhe na phirá, jab tak unheṇ faná na kiyá.
38 Maiṇ ne unheṇ márá, aisá ki we uṭh nahíṇ sake;
mere qadmoṇ ke níche gir paṛe haiṇ.
39 Ki tú ne laṛáí ke wáste merí kamar mazbút báṇdhí
hai; tú ne mere mukhálifoṇ ko mere níche jhukáyá hai.
40 Tú ne mere dushmanoṇ kí píṭh mujhe dikhláí, aur
maiṇ ne un ko, jo mujhe se kína rakhte the, nábúd kiyá.
41 We chilláe, aur koí bachánewálá nahíṇ; háṇ Khudá-
wand ko pukárá, par us ne unheṇ jawáb na diyá.
42 Tab maiṇ ne unheṇ aisá písá, ki we gard kí mánind,
jo hawá men hotí hai, ho gae; maiṇ ne unheṇ yuṇ nikál
pheṇká, jaise rástoṇ meṇ kí kích.
43 Tú ne mujhe logoṇ ke jhagṛoṇ se chhuṛáyá hai; tú
ne mujhe gair qaumoṇ ká sardár kiyá; we log, jinheṇ
maiṇ nahíṇ jántá, merí farmánbardárí kareṇge.
44 Kán se sunte hí we mujhe máneṇge; ajnabíoṇ kí
nasleṇ mujh se dab nikleṇgí.
45 Ajnabíoṇ kí nasleṇ murjhá jáweṇgí, aur apne chhip-
ne ke makánoṇ meṇ se thartharáweṇgí.
46 Zinda hai Khudáwand; aur mubárak hai merí cha-
ṭán; aur buland hai merá naját denewálá Khudá.
47 Wuhí Khudá, jo merá intiqám letá hai, aur logoṇ ko
mere tábị kartá hai.
48 Wuh mujhe mere dushmanoṇ se chhuṛátá hai; háṇ,
tú mujhe un par, jo mujh se muqábila karte haiṇ, bálá
kartá hai; tú ne mujhe zálim ádmí se makhlasí dí.

49 So main, ai Khudáwand, qaumon ke darmiyán terí saná karungá, aur tere nám kí madhsaráí karungá.
50 Wuh apne bádsháh ko naját i kullí bakhshtá hai, aur apne masíh par, Dáúd par, aur us kí nasl par abad tak mihr karnewálá hai.

4 ROZ.—FAJR KÍ NAMÁZ.

19 ZABÚR.

1 ÁSMÁN Khudá ká jalál bayán karte hain, aur fazá us kí dastkárí dikhlátí hai.
2 Ek din dúsre din se báten kartá hai, aur ek rát dúsrí rát ko marifat bakhshtí hai.
3 Un kí koí lugat aur zubán nahín, un kí áwáz suní nahín játí:
4 Sárí zamín men un kí jaríb, aur dunyá ke kanáron tak un ká kalám já pahunchá hai. Un men us ne áftáb ke liye khaima khará kiyá hai.
5 Jo dulhá kí mánind khalwat kháne se nikal átá hai, aur pahlawán kí tarah maidán men daurne se khush hotá hai.
6 Ásmán ke kanáre se us kí barámad hai, aur us kí gardish us ke dúsre kanáre tak hotí; us kí garmí se koí chíz chhipí nahín.
7 Khudáwand kí tauret kámil hai, dil kí phernewálí; Khudáwand kí shahádat haqq hai, sáde ko dánáí denewálí.
8 Khudáwand kí sharíaten sídhí hain, dil ko khushí bakhshnewálíán; Khudáwand ká hukm pák hai, ánkhon ká roshan karnewálá hai.
9 Khudáwand ká khauf sáf hai, us ko abad tak páedárí hai; Khudáwand kí adálaten sachchí, we tamám o kamál rást hain.
10 We sone se, balki bahut kundan se, ziyáda dilkhwáh hain, shahd aur us ke chhatte ke tapaknewále se bahut hí míthí.
11 Phir un se terá banda roshní pátá hai; un ke yád rakhne men bará hí ajr hai.

12 Apní chúkoṇ ko kaun ján saktá hai? tú mujh ko
chhipe gunáhoṇ se barí kar.
13 Apne bande ko ạmd ke gunáhoṇ se bhí báz rakh;
unheṇ mujh par gálib hone mat de; tab maiṇ khaṛá houṇgá
aur baṛe gunáh se pák ṭhahruṇgá.
14 Mere muṇh kí báteṇ, aur mere dil ke soch tere huzúr
manzúr hoṇ, ai Ḳhudáwand, merí chaṭán, aur mere fidiya
denewále.

20 ZABÚR.

1 MUSÍBAT ke din Ḳhudáwand terí sune; Yaqúb
ke Ḳhudá ká nám tujhe mahfúz rakhe;
2 Maqdis se terí madad bheje, aur Saihún meṇ se tujhe
sambhále;
3 Tere sáre hadíoṇ ko yád farmáwe; aur tere chaṛháwoṇ
ko qabúl kare.
4 Tere dil kí ḳhwáhish ke muwáfiq tujh ko dewe, aur
tere sáre mansúboṇ ko púrá kare.
5 Ham terí naját se ḳhushí manáweṇge, aur apne
Ḳhudá ke nám par apne jhaṇḍe khaṛe kareṇge; Ḳhudá-
wand terí sárí darḳhwásteṇ púrí kare.
6 Ab maiṇ ján gayá, ki Ḳhudáwand apne masíh ká
bachánewálá hai, apne dahne háth kí naját denewálí
qudratoṇ se wuh apne muqaddas ásmán par se us kí sunegá.
7 Ye gáṛíoṇ ká, we ghoṛoṇ ká, par ham Ḳhudáwand
apne Ḳhudá ke nám ká zikr kareṇge.
8 We jhuk gae, aur gir paṛe; lekin ham uṭhe, aur sídhe
khaṛe hue.
9 Ai Ḳhudáwand, naját de; jis waqt ki ham pukáreṇ,
bádsháh hamárí sune.

XXI ZABÚR.

1 AI Ḳhudáwand, terí tawánáí se bádsháh ḳhushí
kartá hai, aur terí naját se kyá hí dil shád hai.
2 Tú ne us ko us ke dil ká matlab diyá; aur us ne jo
kuchh apne muṇh se máṇgá, tú ne use radd na kiyá.

3 Ki peshdastí karke tú achchhí achchhí niąmateņ use bakhshtá hai: ķhális sone ká táj tú us ke sir par rakhtá hai.

4 Us ne tujh se zindagí cháhí; tú ne us ko ųmr kí darází abad tak bakhshí.

5 Terí naját se us kí shaukat ązím hai; ązmat o hashmat tú ne us par rakhí hai.

6 Ki tú ne us ko sadá kí barakatoņ ká sabab ṭhahrá rakhá hai; tú ne us ko apne chihre se niháyat ķhushwaqt kiyá hai.

7 Ki Bádsháh Ķhudáwand par bharosá rakhtá hai; aur Haqq Taąlá kí rahmat se wuh jumbish na páwegá.

8 Terá háth tere sáre dushmanoņ ko ḍhúņḍh nikálegá; terá dahná háth tere bairíoņ ká ṭhikáná lagáwegá.

9 Tú apne záhir hone ke waqt un ko tanúr kí tarah dahkáwegá; Ķhudáwand un ko apne qahr se nigal jáwegá; aur ág unko khá legí.

10 Tú zamín par se un ká phal aur un kí nasl baní Ádam meņ se nest karegá.

11 Kyuņki unhoņ ne tere barķhiláf badí phailáí; aisí burí fikr sochí, ki us ko niháyat tak pahuņchá na sakeņge.

12 Ki tú un kí píṭh dikhláwegá; tú un ke ru barú apne chille ko chaṛháwegá.

13 Ai Ķhudáwand, tú apne zor se buland ho; ham terí qudrat par gít gáeņge aur madhsaráí kareņge.

4 ROZ.—SHÁM KÍ NAMÁZ.

22 ZABUR.

1 AI mere Ķhudá, ai mere Ķhudá, tú ne mujhe kyuņ chhoṛá hai? mere bacháo se, mere karáhne kí bátoņ se tú dúr rahá hai.

2 Ai mere Ķhudá, maiņ din ko chillátá huņ, par tú nahíņ suntá; rát ko bhí, aur chup nahíņ rahtá.

3 Aur tú quddús hai, Isráel kí madh meņ sakúnat karnewálá.

4 Hamáre bápdádoṇ ne tujh par tawakkul kiyá; unhoṇ
ne tawakkul kiyá, aur tú ne unheṇ chhuṛáyá.
5 Unhoṇ ne tujh se faryád kí, aur chhuṛáe gae; unhoṇ
ne tujh par bharosá kiyá, aur sharminda na hue.
6 Par maiṇ jo huṇ kíṛá huṇ, na insán; ádmíoṇ ká naṇg
huṇ aur qaum kí áṛ.
7 We sab, jo mujh ko dekhte haiṇ, mujh par haṇste
haiṇ, we hoṇṭh pasárte haiṇ, we sir hiláke kahte haiṇ.
8 Ki Ḳhudáwand par chhoṛ; wuhí use bacháwe: wuhí
use chhuṛáwe; ki wuh us se ḳhush thá.
9 Bahar hál, tú hí hai, jo mujhe peṭ se báhar láyá: jab
maiṇ apní má kí chhátíoṇ par thá tú hí ne mujh bharosá
diyá.
10 Maiṇ paidá hote hí tujh par pheṇká gayá; merí má
ke peṭ se tú merá Ḳhudá hai.
11 Mujh se dúr mat rah, ki taṇgí nazdík hai, aur madad-
gár koí nahíṇ.
12 Bahut se bailoṇ ne muhje á gherá hai; Basan ke
zoráwar bailoṇ ne chároṇ taraf se mujh par hujúm kiyá
hai.
13 We mujh par pháṛnewále aur gúṇjnewále sher kí
tarah muṇh pasáre hue haiṇ.
14 Maiṇ pání kí tarah bahá játá huṇ, aur mere band
band alag ho chale haiṇ; merá dil mom kí tarah mere síne
meṇ pighal gayá.
15 Merí qúwat ṭhíkṛe kí tarah ḳhushk ho gaí; aur merí
zubán tálú se lagí játí hai, aur tú mujhe maut kí ḳhák par
biṭhátá hai.
16 Kyuṇki kuttoṇ ne mujh ko gher liyá hai; sharíroṇ
kí guroh ne merá iháta kiyá hai; unhoṇ ne mere háth aur
mere páṇw chhede.
17 Maiṇ apní sab haḍḍíoṇ ko gin saktá huṇ; we mujhe
tákte aur ghúrte haiṇ.
18 We mere kapṛe ápas meṇ báṇṭte haiṇ, aur mere
libás par qurạ ḍálte haiṇ.
19 Par tú, ai Ḳhudáwand, dúr mat rah; ai merí twánáí
jald merí madad ke liye á.
20 Merí ján ko talwár se bachá; merí wahída ko kutte
ke háth se.

21 Babar ke muṇh se mujhe bachá: bhaiṇsoṇ ke síṇgoṇ
se tú ne merí suní.
22 Maiṇ apne bháíoṇ meṇ terá nám bayán karuṇgá;
jamáạt meṇ terá sanáḳhwán houṇgá.
23 Tum, jo Ḳhudáwand se ḍarte ho, us kí saná karo;
ai Yaqúb kí sárí nasl, tum us kí buzurgí karo; ai Isráel kí
sárí aulád, us ká ḍar máno.
24 Ki us ne dardmand ke dard kí tahqír nahíṇ kí, na us
se use nafrat áí, na us ne us se apná muṇh pher liyá; balki
jab us ne us ko pukárá, us ne jawáb diyá.
25 Baṛí jamáạt meṇ mujh se terí sitáish hogí; maiṇ un-
ke áge jo us se ḍarte haiṇ, apní nazreṇ adá karuṇgá.
26 We jo halím haiṇ, kháwenge, aur ser howeṇge; we,
jo Ḳhudáwand ke tálib haiṇ, us kí sitáish kareṇge; tum-
hárá dil abad tak jítá rahe!
27 Sárá jahán sarásar chet jáegá, aur Ḳhudáwand kí
taraf rujú láwegá; aur qaumoṇ ke sáre gharáne tere áge
sijda kareṇge.
28 Ki bádsháhat Ḳhudáwand kí hai; qaumoṇ meṇ wuhí
hákim hai.
29 Dunyá ke sáre daulatmand kháweṇge, aur sijda
kareṇge; we sab, jo ḳhák meṇ milte haiṇ, us ke huzúr
jhukeṇge; aur kisí ne apní ján ko nahíṇ jiláyá.
30 Ek nasl us kí ịbádat karegí; Ḳhudáwand ke kiye ká
bayán ánewálí pusht ke sámhne kiyá jáegá.
31 We áweṇge, aur un logoṇ par jo paidá hoṇge, us kí
sadáqat záhir kareṇge, ki us ne aisá aisá kiyá hai.

23 ZABU'R.

1 KHUDA'WAND merá chaupán hai; mujh ko kuchh
kamí nahíṇ.
2 Wuh mujhe sabzazár charágáh meṇ biṭhlátá hai; wuh
ráhat ke chashmoṇ kí taraf mujhe liye phirtá hai.
3 Wuh merí ján pher látá hai; wuh mujhe sadáqat kí
ráhoṇ meṇ liye phirtá hai, apne nám kí ḳhátir se.
4 Háṇ, jab mujhe maut ke sáya kí wádí meṇ se chalná
ho mujhe kuchh ḳhauf o ḳhatar nahíṇ, ki tú mere sáth
hai; terí chhaṛí, aur terí láṭhí jo haiṇ wuhí merí tasallí
haiṇ.

5 Tú mere dushmanoṇ ke rú barú mere áge dastarḳhwán
bichhátá; tú ne mere sir par tel malá; merá pyála labrez
hoke chhalaktá hai.
6 Lá-kalám ḳhair aur mihrbání umr bhar mere qadam
se lagí rahegí, aur maiṇ hamesha Ḳhudáwand ke ghar
meṇ rahuṇgá.

5 ROZ.—FAJR KÍ NAMÁZ.

24 ZABUR.

1 ZAMÍN aur us kí mamúrí; jahán aur us ke báshinde
Ḳhudáwand ke haiṇ.
2 Kyuṇki us ne un kí biná páníoṇ ke úpar rakhí, aur
use sailáboṇ ke úpar qáim kiyá.
3 Ḳhudáwand ke paháṛ par kaun chaṛh saktá hai? aur
us ke makán i muqaddas par kaun khaṛá rah saktá hai?
4 Wuhí jis ke háth sáf haiṇ, aur jis ká dil pák hai, jis
ne butlán kí taraf apná jí nahíṇ lagáyá aur na makr se
qasam kháí.
5 Wuhí Ḳhudáwand se barakat aur apne naját-denewále
Ḳhudá se sadáqat páwegá.
6 Yih guroh us kí tálib hai, tere chihre ke joyáṇ Yaqúb
haiṇ.
7 Ai pháṭako, apne sir úṇche karo, aur ai abadí darwázo,
úṇche ho, ki jalál ká Bádsháh dáḳhil howe.
8 Yih jalál ká Bádsháh kaun hai? Ḳhudáwand, jo qawí
aur qádir hai; Ḳhudáwand, jo jaṇg meṇ qádir hai.
9 Ai pháṭako, apne sir úṇche karo, úṇche karo, ai abadí
darwázo, ki jalál ká Bádsháh dáḳhil howe.
10 Yih jalál ká Bádsháh kaun hai? Lashkaroṇ ká
Ḳhudáwand wuhí jalál ká Bádsháh hai.

25 ZABUR.

1 AI Ḳhudáwand, maiṇ apní ján ko terí taraf uṭhátá
huṇ.

2 Ai mere Ḳhudá, maiṇ tujh par bharosá rakhtá hun, mujhe sharminda na hone de, mere dushman mujh par shádiyána na bajáweṇ.

3 Aur un meṇ se bhí, jo terí ráh tákte haiṇ, koí sharminda na ho; balki we, jo náhaqq bewafáí karte haiṇ, sharminda howeṇ.

4 Ai Ḳhudáwand, mujhe apní ráheṇ dikhlá, mujh ko apne ráste batlá.

5 Apní sadáqat meṇ mujh ko le chal, aur mujh ko tạlím de, ki merá naját-denewálá Ḳhudá tú hai; sáre din maiṇ terá intizár khaiṇchtá huṇ.

6 Ai Ḳhudáwand, apní rahmatoṇ ko aur apní mihrbání ko yád kar, ki we qadím se haiṇ.

7 Merí jawání ke gunáhoṇ aur mere qusúroṇ ko yád mat kar; tú apní rahmatoṇ ke mutábiq apní ḳhubí ke wáste, ai Ḳhudáwand, mujhe yád rakh.

8 Ḳhudáwand bhalá aur sídhá hai; wuh is liye gunahgároṇ ko ráh dikhlátá hai.

9 Wuh halímoṇ ko ạdálat kí ráh batátá hai, aur halímoṇ ko apní ráh kí bát sikhátá hai.

10 Ḳhudáwand kí sári ráheṇ rahmat aur sachcháí haiṇ un ke liye, jo us ke ạhd aur us kí shahádatoṇ ko yád rakhte haiṇ.

11 Ai Ḳhudáwand, apne nám ke wáste merá gunáh baḳhsh de, ki wuh baṛá hai.

12 Wuh kaun sá insán hai, jo Ḳhudáwand se ḍartá hai? wuh us ko wuhí ráh, jo use pasand hai, batláwegá.

13 Us ká jí ḳhairiyat se rahegá, aur us kí nasl zamín kí wáris hogí.

14 Ḳhudáwand ká bhed un pás hai, jo us se ḍarte haiṇ; aur un ko wuh apne ạhd kí pahchán degá.

15 Merí áṇkheṇ hamesha Ḳhudáwand kí taraf lagí rahtí haiṇ; kyuṇki wuhí mere páṇw phande se nikálegá.

16 Merí taraf mutawajjih ho, aur mujh par rahm kar, ki maiṇ akelá aur dukh meṇ huṇ.

17 Mere dil ke gam bahut baṛh gae; tú mujh ko merí musíbatoṇ se chhuṛá.

18 Mere dukh aur merí mashaqqat par nigáh kar; aur mere sab gunáh bakhsh de.

19 Mere dushmanoṇ par nigáh kar, ki we bahut haiṇ, aur jo mujh se ạdáwat rakhte haiṇ, so andher haiṇ.

20 Merí ján kí hifázat kar, aur mujhe naját de ; mujhe sharminda na hone de, ki mujhe terá hí bharosá hai,

21 Kharáí aur sídháí mere nigahbán howeṇ, ki maiṇ ne terí intizárí khaiṇchí hai.

22 Ai Khudá, Isráel ko us ke sáre dukhoṇ se makhlasí de.

26 ZABÚR.

1 AI Khudáwand, merá insáf kar, ki maiṇ apní kharáí kí ráh chalá aur maiṇ ne Khudáwand par tawakkul kiyá ; maiṇ lagzish na kháuṇgá.

2 Ai Khudáwand, mujhe ázmá, aur merá imtihán kar ; mere gurdoṇ, aur mere dil ko tá le.

3 Ki terí mihrbání merí áṇkhoṇ ke sámhne hai, aur maiṇ terí sachcháí kí ráh chalá huṇ.

4 Maiṇ behúdoṇ ke sáth nahíṇ baiṭhá, aur makkároṇ ke sáth nahíṇ chaltá huṇ.

5 Badkároṇ kí jamáạt ká maiṇ dushman huṇ; aur sharíroṇ ke sáth maiṇ nahíṇ baiṭhtá huṇ.

6 Maiṇ begunáhí meṇ apne háth dhouṇgá; tab ai Khudáwand maiṇ tere mazbah ke girdágird phiruṇgá ;

7 Táki saná kí áwáz sunáuṇ aur tere sáre ạjáib kámoṇ ká bayán karuṇ.

8 Ai Khudáwand mujh ko tere ghar kí sakúnatgáh, aur wuh makán, jaháṇ terá jalál rahtá hai, khush áyá.

9 Merí ján ko gunahgároṇ meṇ, aur merí hayát ko khúṇíon meṇ shámil mat kar.

10 Ki un ke háthoṇ meṇ fasád hai, aur un ká dahná háth rishwat se pur hai.

11 Par maiṇ jo huṇ, apní kharáí meṇ ráh chaluṇgá mujhe makhlasí de, aur mujh par rahm kar.

12 Merá páṇw barábar jagah par hai; maiṇ jamáạtoṇ meṇ Khudáwand ko mubárak kahuṇgá.

5 ROZ.—SHÁM KÍ NAMÁZ.

27 ZABÚR.

1 KHUDÁWAND merí roshní hai, aur merí naját:
mujh ko kis kí dahshat? Ḳhudáwand merí
zindagí ká qilạ hai; mujh ko kis kí haibat?
2 Jis waqt sharír, aur mere muḳhálif, aur mere bairí
merá gosht kháne ko mujh par charh áe, to unhoṇ ne
ṭhokar kháí, aur gir gae.
3 Agar ek lashkar mere barḳhiláf ḳhaima khaṛá kare, to
mere dil ko kuchh ḳhauf nahíṇ; agar jaṇg mere ḳhiláf
barpá ho, to báwajúd us ke bhí merá tawakkul sábit rahegá.
4 Maiṇ ne Ḳhudawand se ek suwál kiyá, usí ká maiṇ
tálib rahungá, ki maiṇ ụmr bhar Ḳhudáwand ke ghar meṇ
rahuṇ, táki Ḳhudáwand ke jamál ko dekhuṇ, aur us kí
haikal meṇ gaur karuṇ.
5 Kyuṇki musíbat ke waqt wuh mujh ko apne ḳhaime
meṇ chhipá legá; ḍere ke parde meṇ mujhe poshída karegá;
wuh mujhe chaṭán par chaṛháwegá.
6 So ab maiṇ apne sáre dushmanoṇ par, jo mere ás pás
haiṇ, sarbuland houṇgá; aur maiṇ us ke ḳhaime meṇ ḳhushí
ke zabíhe zabah karuṇgá; maiṇ gáuṇgá, háṇ, Ḳhudáwand
kí madhsaráí karuṇgá.
7 Ai Ḳhudáwand sun, maiṇ buland áwáz se pukártá
huṇ; aur mujh par mihr kar, aur mujhe jawáb de.
8 Jab tú ne farmáyá, ki mere chihre ko ḍhúṇḍho, to
merá dil tujh se bol uṭhá, Ai Ḳhudáwand, maiṇ tere chihre
ko ḍhúṇḍhúṇgá.
9 Apná chihra mujh se mat chhipá, gusse se apne bande
ko mat haṇká; tú to sadá merá madadgár huá hai; mujh
ko tark na kar, aur mujh ko chhoṛ mat de, ai mere naját-
denewále Ḳhudá.
10 Ki merá báp, aur merí má mujh ko chhoṛ gae, par
Ḳhudáwand merí parwarish kartá hai.
11 Ai Ḳhudáwand, mujh ko apní ráh batá, aur mere
dushmanoṇ ke sabab mujhe us ráh par jo barábar hai le
chal.

12 Mere dushmanoṇ kí ḳhwáhish par mujhe mat chhoṛ kyuṇki jhúṭhe gawáh aur we jo zulm kí sáṇs lete haiṇ mujh par uṭhe haiṇ.

13 Agar mujhe iạtiqád na hotá, ki maiṇ zindagí kí zamín meṇ Ḳhudáwand kí niạmat dekhuṇgá, to maiṇ be-hawás ho jatá.

14 Ḳhudáwand kí ráh dekhtá rah, ustuwár ho: wuh tere dil ko taqwiyat degá; garaz Ḳhudáwand kí ráh dekhtá rah.

28 ZABÚR.

1 MAIṆ tujhe pukártá huṇ; ai Ḳhudáwand, merí chaṭán; mujh se ḳhámoshí mat kar; na howe, ki agar tú mujh se ḳhámoshí kare, to maiṇ un sá ho jáuṇ, jo gaṛhe meṇ girnewále haiṇ.

2 Jab maiṇ terí duhái dúṇ, aur terí muqaddas bárgáh kí taraf apne háth uṭháúṇ, to tú merí minnatoṇ kí áwáz sun le.

3 Un sharíroṇ aur badkirdároṇ ke sáth jo apne ham-sáyoṇ se salámatí kí báteṇ karte haiṇ, aur un ke diloṇ meṇ sharr hai, mujh ko shámil karke mat nikál.

4 Jaise un ke aạmál, aur jaise un ke bure fiạl haiṇ, un ko iwaz de; jaise un ke háthoṇ ne kiyá, waisá hí un se kar; un ká badlá un ko de.

5 Is liye ki we Ḳhudáwand ke kámoṇ aur us ke háthoṇ kí sanạtoṇ par dhyán nahíṇ karte; wuh unheṇ ḍháwegá, aur na banáwegá.

6 Ḳhudáwand mubárak hai, ki us ne merí minnatoṇ kí áwáz suní hai.

7 Ḳhudáwand merá zor, aur merí sipar hai; mere dil ne us par tawakkul kiyá, aur mujhe us kí pushtí huí; so merá dil shiddat se ḳhush hai; aur maiṇ gít gá gáke us kí madh karuṇgá.

8 Ḳhudáwand un kí tawánái hai, aur wuhí apne masíh kí naját ká gaṛh hai.

9 Apne logoṇ ko naját baḳhsh, aur apní mírás meṇ barakat de; aur un kí riạyat kar, aur unheṇ hamesha ko sarfaráz farmá.

29 ZABÚR.

1 KHUDÁWAND kí taraf mansúb karo, ai qudrat-
wálo, Ḳhudáwand kí taraf jalál aur qudrat man-
súb karo.
2 Ḳhudáwand kí taraf us ke nám ká jalál mansúb karo;
husn i taqaddus se Ḳhudáwand ko sijda karo.
3 Ḳhudáwand kí áwáz pánioṇ par hai; jalálwálá Ḳhudá
garajtá hai; Ḳhudáwand baṛe pánioṇ par hai.
4 Ḳhudáwand kí áwáz zoráwar hai; Ḳhudáwand kí
áwáz jalálwálí hai.
5 Ḳhudáwand kí áwáz sanaubaroṇ ko toṛtí hai, balki
Ḳhudáwand Lubnán ke sanaubaroṇ ko toṛtá hai.
6 Aur un ko bachhṛoṇ kí mánind kudátá hai; Lubnán
aur Siryún ko jawán bhainse kí mánind.
7 Ḳhudáwand kí áwáz ág ke shuʻloṇ ko chírtí hai.
8 Ḳhudáwand kí áwáz dasht ko larzátí hai; Ḳhudáwand
dasht i Qádis ko larzátá hai.
9 Ḳhudáwand kí áwáz se harnioṇ ke peṭ girte haiṇ, aur
wuh jangaloṇ ko sáf kar detí hai, aur us kí haikal meṇ har
ek jalál! jalál! kahtá hai.
10 Ḳhudáwand túfán par baiṭhá: háṇ Ḳhudáwand
hamesha ke liye bádsháh hoke baiṭhá hai.
11 Ḳhudáwand apne logoṇ ko zor baḳhshtá hai: Ḳhudá-
wand apne logoṇ ko salámatí kí barakat detá hai.

6 ROZ.—FAJR KÍ NAMÁZ.

30 ZABÚR.

1 AI Ḳhudáwand, maiṇ terí taʻzím karuṇgá; kyuṇki
tú ne mujh ko sarfaráz kiyá, aur mere dushmanoṇ
ko mujh par ḳhushí karne na diyá.
2 Ai Ḳhudáwand mere Ḳhudá, maiṇ ne tujhe pukárá,
aur tú ne mujhe changá kiyá.
3 Ai Ḳhudáwand, tú merí ján ko ʻálam i gaib se uṭhá
láyá; gaṛhe meṇ ke girnewáloṇ meṇ se tú ne mujhe zinda
bacháyá.

4 Ai Khudáwand ke muqaddas logo, us ke liye gáo, aur
us kí quddúsí ke zikr meṇ us kí sitáish karo.
5 Ki us ká gussa ek dam ká hai; us ke karam meṇ zinda-
gání hai; shám ko roná á ṭike par subh ko khushí hotí.
6 Maiṇ ne apní salámatí ke waqt kahá, Mujh ko kabhí
jumbish na hogí.
7 Ai Khudáwand tú ne apní taufíq se mere paháṛ ko
khúb qáim kiyá hai; tú ne apná muṇh chhipáyá, maiṇ
ghabráyá.
8 Tujh ko maiṇ ne pukárá, ai Khudáwand, chilláyá: aur
maiṇ ne Khudáwand se iltijá kí.
9 Mere khún meṇ kyá fáida hai, jo maiṇ gaṛhe meṇ
girúṇ? kyá khák terí saná karegí? kyá wuh terí sachchái
bayán karegí?
10 Sun, ai Khudáwand, aur mujh par tawajjuh farmá;
ai Khudáwand, tú merá madadgár ho.
11 Tú ne mere mátam ko mere liye náchne se badal
diyá; tú ne merá ṭáṭ khol ḍálá, aur merí kamar meṇ khushí
ká paṭká bándhá hai.
12 Itne liye ki merí shaukat terí madhsarái kare, aur
khámosh na rahe. Ai Khudáwand mere Khudá, maiṇ
abad tak terí sitáish kartá rahuṇgá.

31 ZABÚR.

1 AI Khudáwand, merá tawakkul tujh par hai; maiṇ
kabhí sharminda na hoúṇ, apní sadáqat se mujhe
riháí de.
2 Apne kán merí taraf jhuká; jhaṭ paṭ mujhe chhuṛá;
tú mere liye mazbút chaṭán, aur mere bacháo ke liye ek
muhkam qila ho.
3 Ki tú merí chaṭán aur merá gaṛh hai: aur tú apne
nám ke liye merá rahbar, aur merá rahnumá hogá.
4 Mujhe us jál se, jo unhoṇ ne chhipáke mere liye
bichháyá hai, tú nikálegá, ki tú merá zor hai.
5 Maiṇ apní rúh ko tere háth meṇ sompta huṇ, ai
Khudáwand, sachchái ke Khudá, tú ne mujhe makhlasí
dí hai.

6 Maiṇ un se ạdáwat rakhtá húṇ, jo jhúṭh kí butlán ko
mánte haiṇ; aur maiṇ jo húṇ, so Ḳhudáwand par merá
bharosá hai.
7 Maiṇ terí rahmat par shádán aur ḳhush hoúṇgá, ki tú
ne mere dukh par nigáh kí; tú merí ján kí taṇgíoṇ se
wáqif hai;
8 Aur mujh ko dushman ke háth meṇ hawále na kar
diyá, tú ne kusháda jagah meṇ merá páṇw khaṛá kiyá.
9 Ai Ḳhudáwand, mujh par tars khá, ki taṇg huṇ; merí
áṇkheṇ gam se játí rahíṇ, balki merí ján aur merá pet bhí.
10 Ki merí zindagání dukh meṇ faná húí, aur merí ụmr
karáhne meṇ; merí qúwwat merí buráí se ghaṭ chalí, aur
merí haḍḍíáṇ ḳhushk ho gaíṇ.
11 Maiṇ apne sab dushmanoṇ ke sabab ruswá ho gayá
huṇ; ḳhusúsan apne hamsáyoṇ ke nazdík; aur apne ján
pahchánoṇ ke pás ịbrat; jis kisí ne mujh ko ráh meṇ dekhá
mujh se dúr bhágá.
12 Maiṇ us ádmí kí mánind, jo mar jáwe, aur koí use
yád na kare, farámosh ho gayá huṇ: maiṇ ṭúṭe húe básan
kí tarah ṭúṭ gayá húṇ.
13 Ki maiṇ ne bahutoṇ kí tuhmateṇ suníṇ; har taraf
se ḳhauf hai, jab ki we ápas meṇ mere barkhiláf hoke
mashwarat karte, to merí ján márne par mansúba bándhte
haiṇ.
14 Par, ai Ḳhudáwand, maiṇ ne tujh par bharosá rakhá;
maiṇ ne kahá, Tú merá Ḳhudá hai.
15 Merí auqát tere háth meṇ haiṇ; mujh ko mere
dushmanoṇ ke háth se chhuṛá, aur un se jo mere píchhe
paṛe haiṇ.
16 Apne chihre ko apne bande par jalwagar farmá:
apní rahmat se mujhe bachá le.
17 Ai Ḳhudáwand, mujhe sharminda na hone de, kyuṇki
maiṇ ne tujhe pukárá; sharír sharminda howeṇ, we
ạlam i gaib meṇ jákar chup cháp paṛe raheṇ.
18 Jhúṭhe laboṇ ko ḳhámosh kar, jin se ghamanḍ aur
gustáḳhí ke sáth burí báteṇ sádiqoṇ ke haqq meṇ nikaltí
haiṇ.
19 Wáh, kyá hí baṛí terí ḳhúbí hai jo tú ne apne ḍarne-

wálon ke liye ganj kar rakhí hai, aur apne mutawakkilon ke liye baní A'dam ke sámhne taiyár kí hai!

20 Tú unhen ádmíon kí bandishon se apne huzúr ke parde men chhipátá hai: tú unhen zubánon ke jhagṛe se apne ḳhaime men poshída kartá hai.

21 Ḳhudáwand mubárak hai, ki us ne muhkam shahr men apní ạjíb mihrbání mujh ko dikhláí.

22 Main ne ghabrá ke kahá, ki main terí ánkhon ke sámhne se káṭ ḍálá gayá; báwajúd us ke jab main tere áge chilláyá, to tú ne merí minnat kí áwáz sun lí.

23 Ai Ḳhudáwand ke sáre muqaddas logo, us se mahabbat rakho; Ḳhudáwand ímándáron ká háfiz hai, aur gurúr karnewálon ko saḳht badlá detá hai.

24 Ai logo, jo Ḳhudáwand se ummed rakhte ho, tum sab qúwwat pakṛo; ki wuh tumháre dilon ko mazbútí baḳhshegá.

6 ROZ.—SHA'M KI' NAMA'Z.

32 ZABU'R.

1 MUBA'RAK hai wuh jis ká gunáh baḳhshá gayá, aur ḳhatá ḍhánpí gaí.

2 Mubárak hai wuh ádmí, jis ke báb men Ḳhudáwand gunáh mahsúb nahín kartá, aur jis ke dil men dagá nahín.

3 Jab main chup rahá, to merí haḍḍíán sáre din karáhte karáhte gal gaín.

4 Kyunki terá háth rát din mujh par bhárí thá; merí taráwaṭ garmíon kí ḳhushkí se badal gaí.

5 Main ne apní ḳhatá tere sámhne záhir kí, aur apní badí nahín chhipáí. Main ne kahá, Main Ḳhudáwand ke áge apne gunáhon ká iqrár karúngá: aur tú ne merí ḳhatá kí badí ko muạf kiyá.

6 Isí liye har ek jo díndár hai, jab tak tú mil saktá hai tujh se duạ mangegá: yaqínan jo baṛe pánion ke sailáb áwen, we us tak na pahunchenge.

7 Tú mere chhipne ká makán hai; tú mujhe dukhon se bachátá hai; naját ke gíton se tú mujhe ghertá hai.

8 Maiṇ tujhe samajh baḳhshúṇgá, aur us ráh meṇ, jis meṇ tú chalegá, tujhe sikhláuṇgá; terí rahnumáí ke liye merí áṇkheṇ tujh par lagí raheṇgí.

9 Ġaraz ghoṛoṇ aur ḳhachcharoṇ kí mánind mat ho, ki un ko samajh nahíṇ; un ká muṇh lagám aur bág se band kiyá cháhiye; nahíṇ to we tere pás na áweṇge.

10 Sharír par bahut sí musíbateṇ haiṇ; par jo Ḳhudáwand par bharosá rakhnewálá hai, us ko mihr ghertí hai.

11 Ai sádiqo, Ḳhudáwand meṇ ḳhush ho, aur shádmání karo; aur tum sab, jo rást dil ho, ḳhushí se chilláo.

33 ZABÚR.

1 AI sádiqo, Ḳhudáwand meṇ ḳhushí manáo; hamd karná sídhe logoṇ ko sajtá hai.

2 Barbat chheṛte húe Ḳhudáwand kí sitáish karo, das tár ká bín bajá ke us kí madhsaráí karo.

3 Us ke liye ek nayá gít gáo; sughṛái se bajá bajá ke ḳhushí se chilláo.

4 Kyuṇki Ḳhudáwand ká kalám sídhá hai, aur us ke sáre kám wafá ke sáth haiṇ.

5 Wuh sadáqat aur adálat ko dost rakhtá hai; zamín Ḳhudáwand kí mihr se mamúr hai.

6 Ḳhudáwand ke kalám se ásmán bane, aur un ke sáre lashkar us ke muṇh ke dam se.

7 Wuh daryá ká páni túde kí mánind jama kartá hai; wuh gahrápoṇ ko maḳhzanoṇ meṇ rakh chhoṛtá hai.

8 Sárí zamín Ḳhudawand se ḍartí rahe, jahán kí sárí ábádí us ká ḳhauf máne.

9 Ki us ne kahá, aur wuh ho gayá; us ne farmáyá, aur wuh barpá huá.

10 Ḳhudáwand qaumoṇ kí mashwaratoṇ ko náchíz kartá hai; wuh logoṇ ke mansúboṇ ko bátil kar detá hai.

11 Ḳhudáwand kí mashwarat abad tak sábit rahegí; us ke dil ke mansúbe pusht dar pusht.

12 Mubárak wuh qaum, jis ká Ḳhudá Ḳhudáwand hai; we log, jinheṇ us ne pasand karke apní mírás kí hai.

13 Ḳhudáwand ásmán par se dekhtá hai; wuh sáre baní
A'dam par nigáh kartá hai.
14 Wuh apní sukúnat ke maqám se zamín ke sab
báshindoṇ ko táktá hai.
15 Un sab ke diloṇ ká muhaiyá karnewálá wuhí hai,
wuh un ke sáre kámoṇ ko samajh letá hai.
16 Koí bádsháh nahíṇ, jo apne lashkar kí firáwání ke
sabab bache, koí pahlwán apne zor kí kasrat se riháí nahíṇ
pátá.
17 Bach nikalne ke liye ghoṛe se kám nahíṇ chaltá;
wuh apne baṛe zor se kisí ko bachá nahíṇ saktá.
18 Dekho, Ḳhudáwand kí áṇkh un par hai jo us se ḍarte
haiṇ; un par jo us kí rahmat ke ummedwár haiṇ:
19 Táki un kí jánoṇ ko maut se chhuṛáwe, aur unheṇ
kál meṇ jítá rakhe.
20 Hamárí jánoṇ ko Ḳhudáwand ká intizár hai; wuhí
hamárá chára aur hamárí sipar hai.
21 Ki hamárá dil usí se ḳhush hogá, kyuṇki ham ne us
ke muqaddas nám par bharosá rakhá hai.
22 Ai Ḳhudáwand jaise hameṇ terá intizár hai, waise
hí terí rahmat ham par howe.

34 ZABU'R.

1 MAIṆ har waqt Ḳhudáwand ko mubárak kahuṇgá;
us kí sitáish sadá merí zubán par hogí.
2 Merí rúh Ḳhudáwand par faḳhr karegí; halím log
suneṇge aur ḳhush hoṇge.
3 Mere sáth Ḳhudá kí baṛáí karo; ham milke us ke
nám ko buland kareṇ.
4 Maiṇ ne Ḳhudáwand ko ḍhúṇḍhá; us ne merí suní,
aur mujhe mere sáre ḳhaufoṇ se riháí dí.
5 Unhoṇ ne us par nazar kí, aur roshan ho gae; aur un
ke muṇh sharminda na hue.
6 Yih garíb chilláyá, aur Ḳhudáwand ne suná, aur use
us kí sárí musíbatoṇ se bachá liyá.
7 Ḳhudáwand ká firishta un kí chároṇ taraf, jo us se
ḍarte haiṇ, ḳhaima khaṛá kartá hai, aur unheṇ bachátá hai.

8 Áo, chakho, aur dekho, ki Ḳhudáwand ḳhúb hai;
mubárak hai wuh ádmí, jis ká bharosá us par hai.
9 Ai us ke muqaddas logo, Ḳhudáwand se ḍaro; kyuṇki
jo us se ḍarte haiṇ, unheṇ kuchh kamí nahíṇ.
10 Sherní ke bachche hájatmand hote, aur bhúkhe
rahte haiṇ; par jo Ḳhudáwand ke tálib haiṇ, unheṇ kisí
niạmat kí kamí nahíṇ.
11 Ai laṛko, áo, aur merí suno; maiṇ tumheṇ Ḳhudá-
tarsí sikháuṇgá.
12 Wuh kaun insán hai, jo zindagí kí ḳhwáhish rakhtá,
aur baṛí ụmr cháhtá hai, táki bhaláí dekhe?
13 Apní zubán ko badí se, aur apne hoṇṭhoṇ ko dagá kí
bát bolne se báz rakh.
14 Badí se bhág, aur nekí kar; salámatí ko ḍhúṇḍh,
aur usí ká píchhá kar.
15 Ḳhudáwand kí áṇkheṇ sádiqoṇ par, aur us ke kán
un kí faryád par haiṇ.
16 Ḳhudáwand ká muṇh un ke barḳhiláf hai jo badkir-
dár haiṇ, táki un kí yádgárí zamín par se miṭá ḍále.
17 Sádiq chilláte haiṇ, aur Ḳhudáwand suntá hai, aur
unheṇ un ke sáre dukhoṇ se chhuṛátá hai.
18 Ḳhudáwand un ke nazdík hai, jo shikasta-dil haiṇ;
aur un ko, jo ḳhasta-ján haiṇ, bachátá hai.
19 Sádiq par bahut sí musíbateṇ hotí haiṇ; par Ḳhudá-
wand us ko un sab se chhuṛátá hai.
20 Wuh us kí sárí haḍḍíoṇ ká nigahbán hai; un meṇ se
ek bhí ṭúṭne nahíṇ pátí.
21 Badí sharír ko halák karegí; aur we, jo sádiq ke kína
rakhnewále haiṇ, mujrim ṭhahreṇge.
22 Ḳhudáwand apne bandoṇ kí jánoṇ ko maḳhlasí detá
hai; aur koí un meṇ se, jin ká tawakkul us par hai, muj-
rim na ṭhahregá.

7 ROZ.—FAJR KÍ NAMÁZ.

35 ZABÚR.

1 AI Ḳhudáwand, un se, jo mujh se jhagaṛte haiṇ,
jhagaṛ; unheṇ jo mujhe halák kiyá cháhte haiṇ
halák kar.

2 Sipar aur pharí pakaṛ, aur merí madad ke liye khaṛá
ho.
3 Aur bhálá nikál, aur un kí ráh band kar, jo merí ján
ke píchhe paṛe haiṇ; merí ján ko farmá, ki Terí naját
maiṇ huṇ.
4 We jo merí ján ke ḳhwáháṇ haiṇ, sharminda aur
ruswá hoṇ; we, jo merí badí kí tajwíz karte haiṇ, haṭáe
jáweṇ aur pareshán hoṇ.
5 Jaise bhúsí hawá ke sámhne hotí hai, waise hí we
howeṇ; aur Ḳhudáwand ká firishta unheṇ ḍhakele.
6 Un kí ráh andherí aur phisalní ho; aur Ḳhudáwand
ká firishta unheṇ ragede.
7 Ki unhoṇ ne be-sabab mere liye ek gaṛhe meṇ apná jál
chhipáyá; náhaqq merí ján ke liye ḍahak khodá.
8 Us par nágahání tabáhí paṛe, aur wuh apne jál meṇ
jo us ne chhipáyá áp hí phaṇse; usí hí tabáhí meṇ giriftár
howe.
9 Aur merá jí Ḳhudáwand meṇ ḳhush-waqt hogá, us kí
naját se shádyána bajáegá.
10 Merí sárí haḍḍiáṇ kaheṇgí, Ai Ḳhudáwand, tujh sá
kaun hai, jo garíb ko us ke háth se jo us se zabardast
hai, chhuṛátá hai; háṇ, garíb aur muhtáj ko us se, jo
unheṇ gárat kartá hai?
11 Jhúṭhe gawáh uṭhe haiṇ; we mujh se we suwálát
karte haiṇ, jin se maiṇ ágáh nahíṇ.
12 We nekí ke iwaz mujh se badí karte haiṇ; we merí
ján ko bekas karte haiṇ.
13 Maiṇ ne to jab we bímár the, ṭáṭ ká libás pahiná;
roze rakh rakh maiṇ ne apne jí ko be-árám kiyá, aur merí
duạ palaṭke mere síne meṇ átí thí.
14 Maiṇ ne un se wuh sulúk kiyá, jo koí apne dost aur
bháí se kartá; maiṇ sir jhukákar aisá kuṛhá, jaise koí
apní má ke liye gam kare.
15 Par merí musíbat se we ḳhush hue, aur jamạ ho
gae; zalíl log mujh par ekaṭṭhe hue, aur maiṇ be-ḳhabar
thá; we mujhe pháṛte, aur thamte na the;
16 Kamínoṇ ke sáth jo roṭí ke liye ṭhaṭṭhá márte, aur
mujh par dáṇt kichkicháte.

17 Ai Khudáwand kab tak tú dekhá karegá? un kí
kharábíoṇ se merí ján ko chhuṛá lá; merí wahíd ko sheroṇ
se.
18 Maiṇ baṛí jamáat meṇ terí hamd bajá láúṇgá; bahut
logoṇ ke darmiyán terí sitáish karuṇgá.
19 We jo mere jhúṭh kahnewále dushman haiṇ mujh
par khush-waqt na hoṇ; we, jo be-sabab mere bad-khwáh
haiṇ, mujh par palak na máreṇ.
20 Kyuṇki we salámatí kí bát nahíṇ karte; balki un
par, jo mulk meṇ chup cháp baiṭhe haiṇ, makr ke mansúbe
báṇdhte haiṇ.
21 Aur unhoṇ ne mujh par apná muṇh pasárá hai;
unhoṇ ne kahá hai, A'há, áhá, hamárí áṇkhoṇ ne dekhá.
22 Ai Khudáwand, tú ne dekhá hai; khámosh mat rah;
ai Khudáwand, mujh se dúr mat ho.
23 Ai mere Khudá, ai mere Rabb, uṭh, aur mere insáf
ke liye aur mere faisale ke liye jág.
24 Ai Khudáwand, mere Khudá, apní sadáqat ke
mutábiq merá insáf kar, aur unheṇ mujh par khush-waqt
na hone de.
25 We apne diloṇ meṇ kahne na páweṇ, Wáchhiṛe,
yihí ham cháhte the; aur we na kaheṇ, ki Ham use chaṭ
kar gae.
26 We, jo mere dukh se khush hote haiṇ, ek sáth
sharminda aur ruswá howeṇ; jo merí dushmaní par phúlte
haiṇ, sharmindagí aur ruswáí ká libás pahineṇ.
27 We, jo merí sadáqat ke mushtáq haiṇ, khushí se
chilláweṇ, aur shádmán hoṇ, aur sadá kahá kareṇ, ki
Khudáwand kí baṛáí ho, jo apne bande kí salámatí cháhtá
hai.
28 Aur merí zubán terí sadáqat aur terí sitáish kí bát
tamám din kahtí rahegí.

36 ZABU'R.

1 BADKA'R kí sharárat ká bayán mere dil ke andar
hai; Khudá ká khauf us kí áṇkhoṇ ke áge nahíṇ.
2 Kyuṇki apní badkárí ke záhir hone aur makrúh hone
kí bábat áp ko bhulákar apne taíṇ chikní chupṛí báteṇ
kartá hai.

3 Us ke muṇh kí báteṇ badí aur fareb haiṇ; us ne
dánishmandí aur nekí ko tarak kiyá hai.
4 Wuh apne bistar par paṛe paṛe badí ke mansúbe
báṇdhtá hai; jo ráh ki achchhí nahíṇ wuh us meṇ mustaid
hoke khará rahtá hai; wuh burái se nafrat nahíṇ khátá.
5 Ai Ḳhudáwand, ásmánoṇ meṇ terí rahmat hai, terí
wafádárí badlíoṇ tak pahuṇchí hai.
6 Terí sadáqat baṛe paháṛoṇ kí mánind hai; terí ạdá-
lateṇ baṛá gahráo haiṇ; ai Ḳhudáwand, tú insán aur hai-
wán ká parwardigár hai.
7 Ai Ḳhudáwand, terí mihr kyá hí ạzíz hai! is liye Baní
Ádam tere paroṇ ke sáya tale áke panáh lete haiṇ.
8 We tere ghar kí chiknáí kháne se ser howeṇge, aur tú
apní ịshratoṇ ke daryá se unheṇ seráb karegá.
9 Ki zindagí ká chashma tere kane hai; terí roshní meṇ
ham roshní dekheṇge.
10 Tú apne pahchánnewáloṇ par apní rahmat ko baṛhá,
aur un par jinke dil sídhe haiṇ, apní sadáqat ko.
11 Ghamaṇḍ karnewáloṇ ká páṇw mujh par na paṛe;
aur sharír ká háth mujhe áwára na kare.
12 Badkár waháṇ gire hue haiṇ; we ḍhakele gae haiṇ,
phir uṭh na sakeṇge.

7 ROZ.—SHÁM KÍ NAMÁZ.

37 ZABÚR.

1 BADKÁROṆ ke sabab tú mat kuṛh; bure kám
karnewáloṇ se tú ḍáh na kar.
2 Ki we jaldí ghás kí mánind káṭ ḍále jáeṇge, aur hare
sabze kí tarah murjháweṇge.
3 Ḳhudáwand par tawakkul rakh, aur nekí kar; tú
zamín par zindagání basar kar, aur sachchái ke maidán
meṇ chará kar.
4 Aur Ḳhudáwand se ḳhushí maná, ki wuh tere dil ke
matálib pure karegá.

5 Apní ráh Ḳhudáwand par chhoṛ de; aur us par
tawakkul kar; wuh ḳhud baná legá.
6 Aur terí sadáqat ko núr kí tarah záhir karegá, aur
terí ạdálat ko do pahar kí sí roshní baḳhshegá.
7 Ḳhudáwand ke tábị chup cháp baná rah, aur us ke
liye ṭhahar já; us shaḳhs ke sabab se, jo apní ráh meṇ
kámyáb hotá, aur bandisheṇ báṇdhtá hai, mat kuṛh.
8 Ġussa karne se báz á, aur gazab ko tark kar: badí
karne ke liye hargiz apne taíṇ mat kuṛhá.
9 Ki badkár káṭ ḍále jáeṇge; lekin jo Ḳhudáwand ke
muntazir haiṇ, we hí zamín ko mírás meṇ leṇge.
10 Ki ek thoṛí sí muddat hai, ki sharír na hogá; tú
gaur karke us ká makán ḍhúṇḍhegá, aur wuh na milegá.
11 Lekin we jo garíb haiṇ, zamín ke wáris hoṇge, aur
bahut sí salámatí se ḳhushí manáweṇge.
12 Sharír sádiq ke ḳhiláf-bandish báṇdhtá hai, aur us
par dáṇt kichkichátá hai.
13 Ḳhudáwand us par haṇstá hai; kyuṇki dekhtá hai,
ki us ká din átá hai.
14 Sharíroṇ ne talwár nikálí aur apní kamán khaiṇchí,
táki dukhí aur muhtáj ko girá deṇ, aur un ko, jin kí ráh
sídhí hai, ján se máreṇ.
15 Us kí talwár unhíṇ ke diloṇ meṇ paiṭhegí; aur un
kí kamáneṇ ṭúṭ jáweṇgí.
16 Thoṛá sá, jo sádiq ká hai, bahut se sharíroṇ ke mál o
asbáb se bihtar hai.
17 Ki sharíroṇ ke bázú toṛe jáweṇge, par Ḳhudáwand
sádiqoṇ ká thámnewálá hai.
18 Ḳhudáwand kámiloṇ ke dinoṇ ko jántá hai, aur un
kí mírás abadí hogí.
19 We bure waqt sharminda na howeṇge, aur kál ke
dinoṇ meṇ ser raheṇge.
20 Ki sharír halák hoṇge: aur Ḳhudáwand ke dushman
barroṇ kí charbí kí mánind faná hoṇge; we dhuṇweṇ kí
mánind játe raheṇge.
21 Sharír udhár letá hai, aur phir adá nahíṇ kartá; par
sádiq rahm kartá hai aur detá hai.

22 Ki jin par us kí barakat hai, zamín ke wáris hoṇge; aur jin par us kí lạnat hai, kaṭ jáeṇge.

23 A'dmí ke qadam Ḳhudáwand sábit kartá hai, aur us kí ráh ko dost rakhtá hai.

24 Agarchi wuh gir jáwe, lekin paṛá na rahegá: kyuṇki Ḳhudáwand us ká háth thámtá hai.

25 Maiṇ jawán thá, ab búṛhá huá: par maiṇ ne sádiq ko bekas, aur us kí nasl meṇ se kisí ko ṭukṛe máṇgte na dekhá.

26 Wuh sadá rahm kartá rahtá hai, aur qarz diyá kartá hai: aur us kí nasl mubárak hai.

27 Badí se bhág, aur nekí kar, aur abad tak ábád rah.

28 Ki Ḳhudáwand ạdálat ká dostdár hai, aur apne muqaddas logoṇ ko tarak nahíṇ kartá; we abad tak mahfúz raheṇge, par sharíroṇ kí nasl káṭí jáegí.

29 Sádiq zamín ke wáris hoṇge, aur abad tak us par baseṇge.

30 Sádiq ká muṇh dánái kí bát kahtá hai; aur us kí zubán se ạdálat ká kalima nikaltá hai.

31 Us ke Ḳhudá kí sharíạt us ke dil meṇ hai; us ká páṇw kabhí na phislegá.

32 Sharír sádiq kí ghát meṇ lagá hai, aur us ke qatl ke darpai rahtá hai.

33 Ḳhudáwand us ko us ke háth meṇ na chhoṛegá, aur jab us ká muqaddama darpesh ho use mujrim na ṭhahráwegá.

34 Ḳhudáwand ká muntazir rah, aur us kí ráh ko yád rakh, ki wuh tujh ko zamín ká wáris karke sarfarází baḳhshegá, jab sharír káṭe jáeṇge, to tú dekhegá.

35 Maiṇ ne sharír bahut zabardast dekhá, jo áp ko us hare daraḳht kí mánind, jo apní hí zamín meṇ uge, phailátá thá.

36 Par wuh guzar gayá, goyá thá hí nahíṇ; maiṇ ne use ḍhúṇḍhá bhí, wuh kahíṇ na milá.

37 Kámil ko ták, aur sídhe ko dekh rakh; ki sulh ke ádmí ke liye ạqibat hai.

38 Par bágí ek sáth halák ho jáeṇge; sharír kí ạqiba munqatạ hai.

39 Sádiqoṇ kí naját Ḳhudáwand se hai; dukh ke waqt
wuh un ká gaṛh hai.
40 Aur Ḳhudáwand un kí madad karegá, aur unheṇ
chhuṛáwegá; wuh un ko sharíroṇ se chhuṛáwegá aur
bacháwegá; is liye ki un ká bharosá us par hai.

8 ROZ.—FAJR KÍ NAMÁZ.

38 ZABU'R.

1 AI Ḳhudáwand, apne gusse se mujhe ko mat jhiṛak,
aur na apne qahr se mujhe tambíh kar.
2 Ki tere tír mujhe chubh gae haiṇ, aur terá háth mujh
par bhárí hai.
3 Tere gusse ke sabab mere jism ko sihhat nahíṇ; merí
ḳhatá ke sabab merí haḍḍioṇ ko árám nahíṇ.
4 Ki mere gunáh mere sir se guzar gae; bhárí bojh kí
mánind mujh par bhárí ho gae.
5 Mere gháo bad-bú ho gae, aur saṛ gae, merí himáqat
ke sabab se.
6 Maiṇ akaṛ gayá; niháyat hí jhuk gayá huṇ; maiṇ din
bhar kuṛhtá huá phirtá huṇ.
7 Kyuṇki merí kamar meṇ ág jal rahí hai, aur mere jism
meṇ sihhat nahíṇ.
8 Maiṇ sust ho gayá huṇ, aur nipaṭ pis gayá; dil kí zárí
se chillátá huṇ.
9 Ai Ḳhudáwand, merá sárá ishtiyáq tere huzúr hai, aur
merá áh márná tujh se chhipá nahíṇ.
10 Merá dil dhaṛak uṭhta hai; merá bútá mujh se játá
rahá, aur merí áṇkhoṇ kí roshní jo thí wuh bhí játí rahí.
11 Mere pyár karnewale aur mere dost mere sadma ke
sabab mujh se alag khaṛe rahe, aur mere rishtadár mujh
se dúr já khaṛe hue haiṇ.
12 Aur we, jo merí ján ke ḳhwáháṇ haiṇ, mere phaṇsá-
ne ko phande márte haiṇ: aur we, jo mere dukh ke rawá-
dár haiṇ, mere haqq meṇ aisí báteṇ kahte haiṇ, jin se merá
ziyán hai, aur sáre din makr ke mansúbe bándhte haiṇ.
13 Par maiṇ bahre kí mánind ho gayá, jo kuchh suntá
nahíṇ: aur gúṇge kí mánind jo apná muṇh nahíṇ kholtá.

14 Maiṇ us shaḳhs kí mánind huá, jo nahíṇ suntá; aur jis ke muṇh meṇ kuchh jawáb nahíṇ.
15 Ai Ḳhudáwand, mujhe terá hí intizár hai: tú sunegá, ai Ḳhudáwand mere Ḳhudá.
16 Kyuṇki maiṇ ne kahá, na howe, ki we mujh par ḳhushí kareṇ; jo mere páṇw ke phisalne par phúlte haiṇ.
17 Ki maiṇ lagzish kháne par huṇ; aur merá gam sadá mere sámhne hai.
18 Maiṇ apná gunáh kholke kahuṇgá, maiṇ apní taqsír ke liye gamgín huṇ.
19 Par mere dushman jíte haiṇ, we qawí haiṇ; aur we jo náhaqq mere bairí haiṇ, bahut ho gae.
20 Aur we, jo nekí ke ịwaz meṇ badí karte haiṇ, is liye mere dushman bane haiṇ, ki maiṇ nekí kí pairawí kartá huṇ.
21 Ai Ḳhudáwand, mujh ko tark mat kar; ai mere Ḳhudá, mujh se dúr mat rah.
22 Merí madad ke liye jaldí kar, ai Ḳhudáwand, mere naját denewále.

39 ZABUR.

1 MAIṆ ne kahá, Maiṇ apní ráhoṇ par nigáh rakhuṇgá, ki merí zubán se ḳhatá na ho; jis waqt sharír mere sámhne hogá, to maiṇ apne muṇh ko lagám duṇgá.
2 Maiṇ gúṇgá aur ḳhámosh ho rahá, bhalí bát kahne se bhí maiṇ chup cháp rah gayá: aur merá gam táza huá.
3 Mere andar mere dil meṇ tapish huí; mere sochne meṇ ág bhaṛkí: tab maiṇ apní zubán se bol uṭhá.
4 Ai Ḳhudáwand, mujhe batá, ki merá anjám kyá hai, aur merí ụmr kitní hai? tá maiṇ jánuṇ, ki maiṇ kis qadr nápáedár huṇ.
5 Dekh, tú ne merí ụmr bálisht bhar kí, aur merí zindagí tere áge nestí kí sí hai; yaqínan har ek ádmí mahaz bátil ṭhahrá hai.
6 Bilá-shakk har ek insán wahm aur ḳhiyál sá chaltá phirtá hai; be-shubah we ạbas be-kal hote haiṇ: wuh jamạ kartá hai, aur nahíṇ jántá ki use kaun baṭor legá.

7 Aur ab, ai Ḳhudáwand, mujhe kis ká intizár hai? mujhe terí hí ummed hai.

8 Mujhe mere sáre gunáhoṇ se naját de ; mujhe ahmaqoṇ ká naṇg mat kar.

9 Maiṇ gúṇgá rahá, apná muṇh nahíṇ kholtá ; kyuṇki tú hí ne yih kiyá hai.

10 Mujh se apná sadma dúr kar ; maiṇ tere háth ke zor se faná huá játá huṇ.

11 Jab tú ádmí ko gunáh ke báis tambíhoṇ ke sáth nasíhat kartá hai, to jo use azíz hai tú use patange kí mánind kho detá hai ; yaqínan har ek insán butlán hai.

12 Ai Ḳhudáwand, merí duá sun, aur mere nále par kán dhar ; mere áṇsúoṇ se ḳhámosh mat ho ; kyuṇki maiṇ tere yaháṇ pardesí, apne sáre bápdádoṇ kí mánind musáfir huṇ.

13 Mujhe chhoṛ, táki dam le luṇ, us se peshtar ki maiṇ yaháṇ se jáuṇ, aur phir na rahuṇ.

40 ZABUR.

1 MAIṆ ne sabr se Ḳhudáwand ká intizár kiyá : wuh merí taraf máil huá, aur us ne merí faryád suní.

2 Aur mujhe haulnák gaṛhe aur daldal kí kích se báhar nikál láyá, aur mere páṇw chaṭán par rakhe ; us ne mere qadmoṇ ko sábit kiyá.

3 Aur mere muṇh meṇ ek nayá gít ḍálá, yane hamáre Ḳhudá kí hamd, bahutere dekheṇge, aur Ḳhudáwand par tawakkul kareṇge.

4 Mubárak hai wuh insán, jo Ḳhudáwand par apná bharosá rakhtá hai ; aur magrúroṇ kí, aur un kí simt, jo jhúṭh kí taraf bahakte haiṇ, nahíṇ játá.

5 Ai Ḳhudáwand mere Ḳhudá, terá aisá koí nahíṇ ; teri ajáibát jo tú ne dikhláíṇ bahut sí haiṇ, aur terí tadbíreṇ jo hamáre liye haiṇ, maiṇ unheṇ kholke bayan kartá, lekin we to shumár se báhar haiṇ.

6 Zabíha aur hadye ko tú ne nahíṇ cháhá : tú ne mere kán chhede haiṇ ; chaṛháwe aur ḳhatiyat ká tú tálib nahíṇ.

7 Tab maiṉ ne kahá, Dekh, maiṉ átá huṉ; kitáb ke
warqoṉ meṉ mere baqq meṉ likhá huá hai.
8 Ai mere Ḳhudá, maiṉ terí marzí bajá láne par ḳhush
huṉ; aur terí sharíạt mere dil ke bích hai.
9 Maiṉ ne baṛí jamáạt meṉ sadáqat kí bashárat dí hai;
dekh, maiṉ apná muṉh band nahíṉ kartá, ai Ḳhudáwand
tú jántá hai.
10 Maiṉ ne terí sadáqat ko apne dil meṉ chhipá na
rakhá; maiṉ ne terí wafáí aur terí naját kí bát kahí: maiṉ
ne terí mihr aur terí sachchái ko baṛí jamáạt se poshída
nahíṉ rakhá.
11 Ai Ḳhudáwand tú apní rahmatoṉ ko mujh se dareg
na kar; terí mihr aur terí sachchái har dam merí nigahbán
raheṉ.
12 Ki be-shumár buráíoṉ ne mujhe gher liyá: mere
gunáhoṉ ne mujhe pakṛá, aisá ki maiṉ áṉkh úpar nahíṉ
kar saktá; we mere sir ke báloṉ se shumár meṉ ziyáda
haiṉ; so maiṉ ne dil chhoṛ diyá.
13 Ai Ḳhudáwand, mihrbání karke mujhe chhuṛá; ai
Ḳhudáwand, jald merí madad ko pahuṉch.
14 We, jo merí ján márne ke darpai haiṉ, milke shar-
minda aur ḳhajil hoṉ; we, jo merí musíbat se ḳhush
haiṉ, haṭáe jáweṉ aur ruswá hoṉ.
15 We, jo mujh par áhá, áhá, kahte haiṉ, apní is burái
ke badle pareshán hoṉ.
16 We sab jo tere tálib haiṉ, tere sabab ḳhush aur
ḳhurram howeṉ; we, jo terí naját ke ạshiq haiṉ, sadá
kahá kareṉ, ki Ḳhudáwand kí buzurgí ho.
17 Maiṉ to dukhí aur muhtáj huṉ; lekin Ḳhudáwand
ko merí fikr hai: merá chára aur merá chhuṛánewálá tú hí
hai, ai mere Ḳhudá der mat kar.

8 ROZ.—SHÁM KÍ NAMÁZ.

41 ZABÚR.

1 MUBÁRAK hai wuh, jo miskín kí fikr kartá hai,
Ḳhudáwand bipat ke waqt usí ko chhuṛáegá.

2 Khudáwand us ká háfiz rahegá, aur use jítá rakhegá,
wuh zamín par mubárak hogá; aur tú use us ke dush-
manoṇ kí khwáhish par na chhoṛ degá.
3 Khudáwand us ko bímárí ke bistar par sambhálegá: tú
us kí bímárí meṇ us ká sára bichhauná ulṭá ke bichháwegá.
4 Maiṇ ne kahá, Ai Khudáwand, mujh par rahm kar;
merí ján ko shifá de, ki maiṇ terá gunahgar huṇ.
5 Mere dushman mujhe burá kahte haiṇ, ki wuh kab
maregá, aur us ká nám kab miṭ jáegá.
6 Jab wuh mujhe dekhne ko átá hai, tab behuda báteṇ
kartá hai: us ká dil buráí apne liye jamạ kartá hai: báhar
játá hai, aur use bayán karta hai.
7 Sab jitne merá kína rakhte haiṇ, mere barkhiláf ápas
meṇ kánáphúsí karte haiṇ; we mere satáne ke mansúbe
báṇdhte haiṇ.
8 Kahte haiṇ, Ek burí bímárí ise lagí hai: ab jo wuh
paṛá hai phir na uṭhegá.
9 Háṇ mere dost ne bhí, jis par mujhe bharosá thá, aur
jo merí dant kāṭí roṭí khátá thá, mujh par lát uṭháí.
10 Par tú, ai Khudáwand, mujh par rahm kar, aur mujh
ko uṭhá khaṛá kar, táki maiṇ un se badlá luṇ.
11 Is se maiṇ ján gayá ki tú mujh se khush huá hai, ki
merá dushman mujh par fath nahíṇ pátá.
12 Aur maiṇ jo huṇ, tú merí kámiliyat meṇ mujh ko
sambháltá hai, aur mujh ko apne huzúr meṇ abad tak
sábit rakhegá.
13 Khudáwand Isráel ká Khudá azal se abad tak mubá-
rak hai, Ámín, phir Ámín.

42 ZABÚR.

1 JIS tarah se ki harní pání kí nahroṇ kí niháyat
pyásí hotí hai, waisá hí merí rúh, ai Khudá, terí
niháyat pyásí hai.
2 Merí rúh Khudá ke liye, zinda Khudá ke liye, tarastí
hai: kab maiṇ jáuṇ, aur Khudá ke huzúr házir houṇ?
3 Mere áṇsú rát din merá khánā ṭhahre, jis waqt we har
roz mujh se púchhte haiṇ, Terá Khudạ kahạṇ hai?

4 Maiṇ yih yád kartá huṇ, aur apná dil goyá áṇsú baná
baná apne úpar bahá detá huṇ, ki maiṇ jamá‘at se mil, bhíṛ
ke sáth jo íd ke din ko mántí hai, ḳhushí kí áwáz se gatá
aur saná kartá huá, Ḳhudá ke ghar meṇ un ke áge áge
játá thá.
5 Ai mere jí, tú kyuṇ girá játá hai, aur mujh meṇ kyuṇ
be-árám hai? Ḳhudá par bharosá rakh; ki maiṇ us ke
chihre kí naját ke sabab phir us kí sitáish karuṇgá.
6 Ai mere Ḳhudá, merá jí mujh meṇ girá játá hai; so
maiṇ Yardan kí aur Harmún kí zamín se, koh i Misgár
par se tujhe yád karuṇgá.
7 Tere pání kí dhároṇ kí áwáz se gahráo gahráo ko
pukártá hai; terí sárí maujeṇ aur tere ḍheo mere sir se
guzar gae.
8 Ḳhudáwand din ke waqt apní mihr ko farmáegá, aur
rát ko maiṇ us ká gít gáuṇgá; merí duá merí hayát ke
Ḳhudá kí taraf hogí.
9 Maiṇ Ḳhudá ko, jo merí chaṭán hai, kahuṇgá, Tú
mujhe kyuṇ bhúl gayá hai? maiṇ kyuṇ dushman ke zulm
se gam kartá chalá játá huṇ?
10 Mere dushman us talwár kí mánind, jo merí haḍḍíoṇ
se guzar jáwe, mujh ko malamat karte haiṇ, ki tamám din
mujh ko kahte haiṇ, Terá Ḳhudá kaháṇ hai?
11 Ai mere jí, tú kyuṇ girá jatá hai, aur tú mujh meṇ
kyuṇ be-árám hai? Ḳhudá par tawakkul kar; kyuṇki
maiṇ phir us kí sitáish karuṇga, jo mere chihre kí naját,
aur merá Ḳhudá hai.

43 ZABÚR.

1 AI Ḳhudá, merá insáf kar, aur is be-rahm qaum
par merí hujjat sábit kar; mujhe makkár aur
badkár ádmí se chhuṛá.
2 Ki tú ai Ḳhudá, merá maljá hai; kyuṇ tú ne mujhe
tark kiyá hai? maiṇ dushman ke zulm se kyuṇ rotá chalá
játá huṇ?
3 Apne núr aur apní sachchái ko záhir kar; we merí
rahbarí kareṇ; we mujh ko tere koh i muqaddas par, aur
tere maskanoṇ meṇ pahuṇcháweṇ.

4 Tab maiṇ Ḳhudá ke mazbah ke pás, Ḳhudá ke huzúr jo merí kamál ḳhushí hai, jáuṇgá; aur maiṇ barbat bajá ke terí sitáish karuṇgá, ai Ḳhudá, mere Ḳhudá.

5 Ai mere jí, tú kyuṇ girá játá hai, aur tú mujh meṇ kyuṇ be-árám hai? Ḳhudá par tawakkul kar; ki maiṇ yaqínan phir us kí sitáish karuṇgá, jo mere chihre kí naját, aur merá Ḳhudá hai.

9 ROZ.—FAJR KÍ NAMÁZ.

44 ZABU'R.

1 AI Ḳhudá, ham ne apne kánoṇ se suná, hamáre báp-dádoṇ ne ham se us kám ká bayán kiyá, jo tú ne un ke dinoṇ sábiq zamáne meṇ kiyá thá.

2 Ki tú ne apne háth se qaumoṇ ko ḳhárij kiyá, aur inheṇ basáya; tú ne un logoṇ ko ukháṛá, aur in ko phailáyá.

3 Ki we apní shamsher se is zamín ke málik na hue, na apne bazú se gálib áe; balki tere dahne háth se, aur tere bázú se, aur tere chihre ke núr se; is liye ki terí mihrbání un par thí.

4 Ai Ḳhudá, tú hí merá Bádsháh hai; Yaqúb ke liye naját ká hukm farmá.

5 Terí madad se ham apne dushmanoṇ ko ḍhakel deṇge; tere nám se ham un ko jo ham par chaṛhte haiṇ, pámál kareṇge.

6 Ki merá takiya apní kamán par nahíṇ, na merí talwár mujhe bachá saktí hai;

7 Balki tú hí ne ham ko hamáre dushmanoṇ se bacháyá, aur hamáre kína rakhnewáloṇ ko sharminda kiyá hai.

8 Ham tamam din Ḳhudá kí hamd karte haiṇ, aur tere nám kí abad tak sitáish kareṇge.

9 Lekin ab tú ne ham ko radd kiyá, aur ruswá kiyá, aur hamáre lashkaroṇ ke sáth nahíṇ chaltá.

10 Tú dushman ke áge se ham ko bhagá detá hai; aur we, jo hamárá kína rakhte haiṇ, apne wáste lúṭ lete haiṇ.

11 Tú ham ko bheroṇ kí mánind ḳhurish kar detá hai,
aur tú ne qaumoṇ ke darmiyán ham ko áwára kiyá hai.
12 Tú apne logoṇ ko muft bech ḍáltá, aur un kí qímat
se nafa nahíṇ letá hai.
13 Tú ne ham ko hamáre paṛosíoṇ ká nang kiyá; un ke
nazdík, jo hamáre ás pás haiṇ, ham ko angusht-numá aur
masḳhara kiyá.
14 Tú ne ham ko qaumoṇ ke darmiyán zarb ul masal
kiyá, aur logoṇ ke darmiyan sir dhunne ká sabab.
15 Merí ruswáí hamesha mere sámhne hai, aur mere
chihre kí sharmindagí ne mujh ko ḍhámp liyá.
16 Malámat aur kufr karnewále kí áwáz ke sabab, dush-
man aur intiqám lenewále ke sámhne.
17 Yih sab kuchh ham par bítá; táham ham tujhe nahíṇ
bhúle, aur tere ahd meṇ bewafáí nahíṇ kí.
18 Na hamáre dil bargashta hue, na hamáre páṇw terí
ráh se muṛe haiṇ.
19 Par tú ne gidaṛoṇ ke makán meṇ ham ko kuchlá, aur
maut ke sáya tale ham ko chhipá diyá.
20 Agar ham apne Ḳhudá ká nám bhúl gae, yá ham ne
kisí ajnabí mabúd kí taraf apne háth baṛháe:
21 To kyá Ḳhudá us kí tahqíqát na karegá? wuh to
diloṇ ke bhedoṇ se bhí ágáh hai.
22 Ki tere hí wáste ham sáre din máre játe haiṇ; ham
zabah kí bheroṇ ke barábar gine játe haiṇ.
23 Bedár ho; kyuṇ so rahtá hai tú, ai Ḳhudáwand?
jág, ham ko abad tak tark mat kar.
24 Tú kyuṇ apná muṇh chhipátá hai? hamárí musíbat,
aur us zulm ko jo ham par hotá, kyuṇ bhuláe detá hai?
25 Ki hamárí ján ḳhák meṇ mil chalí; hamárá peṭ zamín
se lagá hai.
26 Hamárí madad ke liye uṭh, aur apní rahmatoṇ ke
wáste ham ko maḳhlasí de.

45 ZABU'R.

1 MERE dil meṇ achchhá mazmún josh mártá hai;
main apní tasnífát kí jo Bádsháh ke báb meṇ haiṇ,
zikr kartá huṇ: merí zubán máhir likhnewále ká qalam hai.

2 Tú husn men baní Ádam se kahíṇ ziyáda hai ; tere hoṇ-
thoṇ men niạmat biṭáí gaí hai ; is liye Ḳhudá ne tujh ko
abad tak mubárak kiyá.

3 Ai pahalwán, apní sháu o shaukat se apní talwár ha-
máil karke apní rán par laṭká.

4 Aur sachcháí aur hilm aur sadáqat par apní hashmat
se iqbálmandí ke sáth sawár ho baṛhtá já ; aur terá dahná
háth tujh ko muhíb kám dikhláegá.

5 Bádsháh ke dushmanoṇ ke diloṇ men tere tír tez haiṇ ;
ummateṇ tere sámhne gir játí haiṇ.

6 Terá taḳht, ai Ḳhudá, abad ul ábád hai, terí saltanat
ká ạsá rástí ká ạsá hai.

7 Tú sadáqat ká dost aur sharárat ká dushman hai ; is
sabab Ḳhudá, tere Ḳhudá ne ḳhushí ke tel se, tere
musáhiboṇ se ziyáda, tujhe Masíh kiyá.

8 Tere sáre libás se murr, aur úd, aur taj kí ḳhushbú
átí hai, háthí dáṇt ke mahalloṇ men se, wahíṇ se unhoṇ ne
tujhe ḳhush kiyá hai.

9 Bádsháhoṇ kí beṭíáṇ terí ịzzatwálíoṇ men haiṇ ; Malika
Ofír ke sone se árásta hoke tere dahne háth kharí hai.

10 Ai Beṭí, sun le, aur soch, aur apne kán idhar dhar,
aur apne logoṇ aur apne báp ke ghar ko bhúl já.

11 Táki bádsháh tere jamál ká mushtáq ho, ki wuh terá
Ḳhudáwand hai ; tú use sijda kar.

12 Aur Súr kí beṭí, qaum ke daulatmand hadye lákar
tere huzúr darḳhwást kareṇge.

13 Bádsháh kí beṭí ghar ke andar bilkull jalálí hai : us
ká libás sarásar tásh ká hai.

14 Wuh sozaní poshák pahin kar Bádsháh ke huzúr
pahuṇcháí játí hai ; kunwárí ạuraten jo us kí ḳhawáseṇ
haiṇ, us ke píchhe píchhe tere pás házir kí játí haiṇ.

15 Ḳhushí aur shádmání se we pahuṇcháí játí haiṇ ; we
bádsháh ke mahall men dáḳhil hotí haiṇ.

16 Tere farzand tere bápdádoṇ ke qáim-maqám hoṇge ;
tú unheṇ tamám zamín ke sardár muqarrar karegá.

17 Main sárí pushtoṇ men tere nám ká zikr kará deuṇgá ;
is liye ummateṇ abad ul ábád terí sitáish kareṇgí.

46 ZABU'R.

1 KHUDA' hamárí panáh, aur hamárá zor hai; dukhoṇ meṇ wuh bahut hí mustaid madadgár páyá gayá hai.
2 Is liye hameṇ kuchh ḳhauf nahíṇ, agarchi zamín badle, aur pahár apní jagah se hil ke samundar ke bích meṇ bah jáweṇ.
3 Agarchi us ke pání shor macháweṇ aur kaf láweṇ; pahár us ke barhne se hil jáweṇ.
4 Ek nadí hai, jis kí dháreṇ Ḳhudá ke shahr ko ḳhush kartí haiṇ, Haqq Taálá ke maskanoṇ ke maqdis ko.
5 Ḳhudá us ke bích o bích hai; use hargiz jumbish na hogí; Ḳhudá subh sawere us kí madad karegá.
6 Ġair qaumeṇ jhuṇjhlátí haiṇ; mamlukateṇ jumbish khátí haiṇ; wuh apní áwáz sunátá; zamín pighal játí hai.
7 Lashkaroṇ ká Ḳhudáwand hamáre sáth hai; Yaqúb ká Ḳhudá hamárí panáh hai.
8 A'o, Ḳhudáwand ke kámoṇ ko dekho, ki zamín par kaisí kaisí wíráníáṇ kartá hai.
9 Wuh zamín kí intihá tak laráíáṇ mauqúf kartá hai; wuh kamán tortá, aur neze do ṭukre kartá, wuk gáríoṇ ko ág se jalátá hai.
10 Tham jáo aur jáno, ki maiṇ Ḳhudá huṇ; maiṇ qaumoṇ meṇ buland houṇgá; maiṇ zamín par buland huṇgá.
11 Lashkaroṇ ká Ḳhudáwand hamáre sáth hai; Yaqúb ká Ḳhudá hamárí panáh hai.

9 ROZ.—SHÁM KÍ NAMÁZ.

47 ZABU'R.

1 AI sab logo, tum táliáṇ bajáo; ḳhushí kí áwáz se Ḳhudá ke huzúr nara máro.
2 Ki Ḳhudáwand Taálá muhíb hai; wuh sárí zamín ke úpar Bádshah i azím hai.

3 Wuh logoṇ ko hamáre zer kartá hai, aur ummatoṇ ko hamáre pánw ke níche.

4 Wuh hamárí mírás hamáre liye pasand kartá, Yạqúb ká faḳhr, jise wuh cháhtá hai.

5 Ḳhudá ḳhushí kí buland áwáz se úpar charhá hai ; hán, Khudáwand turhí kí áwáz ke sáth.

6 Ḳhudá kí madhsaráí karo, madhsaráí karo ; hamáre Bádsháh kí madhsaráí karo, madhsaráí karo.

7 Ki Ḳhudá sárí zamín ká Bádsháh hai ; soch samajh ke us kí madhsaráí karo.

8 Ḳhudá gair qaumoṇ kí bádsháhat kartá hai ; Ḳhudá apne muqaddas taḳht par baiṭhá hai.

9 Logoṇ ke umrá, Ibráhím ke Ḳhudá ke log se milke jamạ hue haiṇ ; kyuṇki jahán kí sipareṇ Ḳhudá kí haiṇ ; wuh niháyat buland hai.

48 ZABUR.

1 KHUDÁWAND buzurg hai, aur bahut hí hamd ke láiq, hamáre Ḳhudá ke shahr meṇ, us ke muqaddas pahár par.

2 Bulandí se ḳhúbsúrat, tamám zamín kí ḳhushí, koh i Saihún hai ; uttar kí atráf baṛe Bádsháh ká shahr.

3 Us ke mahalloṇ meṇ mashhúr hai, ki Ḳhudá jáe panáh hai.

4 Kyuṇki dekh, ki bádsháh báham áe, we ek sáth guzar gae.

5 We dekhkar fauran daṇg hue ; we ghabráe, aur bhág gae.

6 Kampkampí ne unheṇ wahán pakṛá, aur dard ne jaisá janne ke waqt ạurat ko hotá hai ;

7 Tú purwá hawá se Tarsís ke jaházoṇ ko toṛ ḍáltá hai.

8 Jaisá ham ne suná thá, waisá hí Ḳhudáwand ul afwáj ke shahr meṇ, apne Ḳhudá ke shahr meṇ, ham ṇe dekhá ; Ḳhudá use abad tak ḷarqarár rakhegá.

9 Ai Ḳhudá, ham ne terí hạikal ke darmiyán terí mihr par gaur kiyá hai.

10 Ai Ḳhudá jaisá terá nám hai, zamín par sartásar
waisí hí terí madh hai; terá dahná háth sadáqat se bhará
huá hai.
11 Koh i Saihún ḳhush howe; Yahúdáh kí beṭíáṇ ḳhushí
kareṇ; terí ạdálatoṇ ke sabab.
12 Saihún ko ghúmo, aur us ke chaugird phiro; us ke
burjoṇ ko gino.
13 Tum us kí shahr panáh par ḳhúb ḳhiyál karo, soch ke
us ke mahalloṇ ko dekho, táki tum ánewálí pusht ko us kí
ḳhabar do.
14 Ki yih Ḳhudá abad ul ábád hamárá Ḳhudá hai; tá
dam i marg wuhí hamárá hádí rahegá.

49 ZABÚR.

1 AI sárí ummato, yih suno; ai jahán ke báshindo kán
dharo.
2 Kyá adná kyá ạlá, kyá daulatmand, kyá muhtáj,
sab ek sáth.
3 Mere muṇh se hikmat ke kalime nikleṇge, aur mere
dil ká dhiyán ḳhirad par hogá.
4 Maiṇ ek tamsíl kí taraf apná kán dharuṇgá; maiṇ
apní ráz kí bát barbat bajáte hue kholke kahuṇgá.
5 Maiṇ musíbat ke dinoṇ meṇ kis liye ḍaruṇ, jab un kí
burái jo mere píchhe paṛe haiṇ mujhe ghere?
6 Jo apní daulat par ịatimád karte haiṇ, aur apne mál
kí firáwání par phúlte haiṇ;
7 Un meṇ se hargiz kisí ká maqdúr nahíṇ, ki apne bhái
ká fidya, yá us ká kafára Ḳhudá ko dewe:
8 Ki un kí ján ká fidya bhárí hai: aur us kí ummed abad
tak chhoṛ dene hotí hai;
9 Ki wuh sadá jítá rahe, aur hargiz maut ko na dekhe.
10 Kyuṇki wuh dekhtá hai, ki dánishmund log marte
haiṇ, isí tarah se bewaqúf aur haiwán ke se ádmí bhí faná
hote haiṇ, aur apní daulat auroṇ ke liye chhoṛ játe haiṇ.
11 Un ke dil meṇ yih gumán hai, ki hamáre ghar abad
tak qáim raheṇge, hamáre maskan pusht dar pusht; we
apne nám apní zamínoṇ par rakhte.

12 Par insán hashmat meṇ baná nahíṇ rahtá; wuh hai-
wánoṇ kí misl hai; we nest ho játe haiṇ.
13 Yih un kí ráh un kí himáqat hai, aur un ke pichhle
log un ke kalám saráhte haiṇ.
14 We bheroṇ kí mánind qabr meṇ ḍále játe haiṇ; maut
unheṇ char jáegí; aur rástkár subh ko musallit hoṇge; aur
un ká jamál gal jáne ká, qabr un ká ghar hai.
15 Lekin Ḳhudá merí ján ko qabr ke qábú se maḳhlasí
degá, ki wuh mujhe le rakhegá.
16 Tú ḳhaufnák mat ho, jab koí daulatmand ho jáwe,
jab us ke ghar kí shaukat baṛhe;
17 Kyuṇki wuh marne ke waqt kuchh sáth na le jáegá,
us kí shaukat us ke píchhe na utregí.
18 Agarchi wuh apne jíte jí apní ján ko mubárakbád detá
thá, aur jab tú apná bhalá kare log terí taṛíf karenge.
19 Wuh apne bápdádoṇ kí nasl meṇ shámil ho jáegá,
we hargiz ujálá na dekheṇge.
20 A'dmí jo hashmat meṇ hai, aur samajhtá nahíṇ, hai-
wánoṇ kí misl hai; we nest ho játe haiṇ.

10 ROZ.—FAJR KÍ NAMÁZ.

50 ZABU'R.

1 KHUDA' Qádir i Mutlaq Ḳhudáwand ne farmáyá
hai, aur zamín ko súraj ke nikalne kí jagah se
leke us ke ḍúbne kí jagah tak buláyá hai.
2 Saihún se, husn ke kamál se, Ḳhudá jalwagar huá.
3 Hamárá Ḳhudá áwegá, aur chup cháp na rahegá; ág
us ke áge áge faná kartí jáegí, aur us ke girdágird shiddat
se túfán hogá.
4 Wuh úpar ásmán ko buláegá, aur zamín ko, táki apne
logoṇ kí ạdálat kare.
5 Mere muqaddas bandoṇ ko jinhoṇ ne zabíhe par mere
sáth ạhd báṇdhá hai, mere pás jamạ karo.
6 Aur A'smán us kí sadáqat ko áshkára kareṇge; ki
Ḳhudá áp hí ạdálat karnewálá hai.

7 Ai mere log sun, ki maiṇ kahtá huṇ; ai Isráel ki maiṇ tujh par gawáhí detá huṇ: Ḳhudá terá Ḳhudá maiṇ hí huṇ.

8 Maiṇ tujh ko tere zabíhoṇ kí bábat malámat na karuṇgá; aur tere chaṛháwe to hamesha mere sámhne haiṇ.

9 Maiṇ tere ghar ká bail na luṇgá, na tere báṛe ká bakrá.

10 Ki jangal ke sab jándár mere haiṇ, aur kohistán ke haiwánát hazárhá hazár.

11 Maiṇ pahár ke sáre parindoṇ se ágáh huṇ, aur dashtí charinde mere haiṇ.

12 Agar maiṇ bhúkhá hotá, to tujh se na kahtá; ki dunyá aur us kí mạmúrí merí hai.

13 Kyá maiṇ bailoṇ ká gosht khátá huṇ, yá bakroṇ ká lahú pítá huṇ.

14 Sitáish ke zabíhe Ḳhudá ke áge guzrán, aur Haqq Taạlá ke huzúr apní nazreṇ adá kar.

15 Aur musíbat ke din mujh se faryád kar: maiṇ tujhe maḳhlasí duṇgá, aur tú merá jalál záhir karegá.

16 Par sharír ko Ḳhudá kahtá hai: Tujhe mere hukmoṇ ke bayán karne se kyá kám? tú kyuṇ apne muṇh se mere ạhd ká zikr kartá hai?

17 Háláṇki tú tarbiyat se ạdáwat rakhtá hai, aur mere kalám ko apne píchhe pheṇktá hai?

18 Jab tú ne chor ko dekhá, to us se rází huá, aur záníoṇ ká sharík huá.

19 Tú ne apná muṇh sharárat par somp diyá; aur terí zubán dagá ká mansúba báṇdhtí hai.

20 Tú baiṭh ke apne bhái kí gíbat kartá hai: tú apní hí má ke beṭe par tuhmat lagátá hai.

21 Tú ne yih kiyá, aur maiṇ ḳhámosh ho rahá; tú ne gumán kiyá, ki maiṇ tujhí sá huṇ; par maiṇ tujhe tambíh duṇgá, aur tere kámoṇ ko terí áṇkhoṇ ke áge ek ek karke tujhe dikháuṇgá.

22 Ab, ai Ḳhudá ke farámosh karnewálo, yih socho; na ho, ki maiṇ tumheṇ pára pára karuṇ, aur koí chhuṛánewálá na ho.

23 Jo koí sitáish ke zabíh guzrántá hai, wuh merá jalál
záhir kartá hai; aur us ko, jo apní ráh durust rakhtá hai,
main Ḳhudá kí naját dikhláungá.

51 ZABU'R.

1 AI Ḳhudá, apne fazl o karam se mujh par rahm kar;
apní rahmaton kí kasrat ke muwáfiq mere gunáh
miṭá de.
2 Merí buráí se mujhe ḳhúb dho ḍál, aur merí ḳhatá se
mujhe pák kar.
3 Ki main apne gunáhon ko mán letá hun, aur merí
ḳhatá hamesha mere sámhne hai.
4 Main ne terá hí gunáh kiyá hai, aur tere huzúr badí
kí hai; táki tú apní báton men sádiq ṭhahre, aur ạdálat
men pák záhir ho.
5 Dekh, main buráí men paidá huá, aur gunáh ke sáth
merí má ne mujhe peṭ men liyá.
6 Dekh tú andar kí sachchaí cháhtá hai: aur ḳhilwat
men mujhe hikmat sikhláegá.
7 Zúfá se mujhe pák kar, ki main sáf ho jáun; mujh ko
dho, ki main barf se ziyáda sufed hoún.
8 Mujhe ḳhushí aur ḳhurramí kí ḳhabar suná; merí
haḍḍíán jinhen tú ne toṛ ḍálá, ḳhush hon.
9 Merí ḳhátáon par nazar na kar, aur merí sári buráíon
ko meṭ de.
10 Ai Ḳhudá, mere andar ek pák dil paidá kar, aur ek
mustaqím rúh mere bátin men sar i nau baná.
11 Mujh ko apne huzúr se mat hánk, aur apná Rúh-ul-
Quds mujh se judá na kar.
12 Apní naját kí ḳhushí mujh ko phir ịnáyat kar, aur
ázád rúh se mujhe sambhál.
13 Tab main gunahgáron ko terí ráhen sikhláungá, aur
ḳhatákár terí taraf rujú karenge.
14 Ai Ḳhudá, mere naját-denewále Ḳhudá, ḳhún ke
gunáh se mujhe riháí de, ki merí zuban terí sadáqat ke gít
gáwe.

15 Ai Ḳhudáwand, mere honṭhoṇ ko khol, to merá muṇh
terí sitáish bayán karegá.
16 Ki tú zabíhe ko nahíṇ cháhtá, nahíṇ to maiṇ detá;
chaṛháwe meṇ terí ḳhushnúdí nahíṇ.
17 Ḳhudá ke zabíhe shikasta ján hain; ai Ḳhudá tu kisí
shikasta o ḳhasta dil ko náchíz na samjhegá.
18 Apní razámandí se Saihún ke sáth bhaláí kar;
Yarúsalam kí díwároṇ ko baná.
19 Tab tú sadáqat ke zabíhoṇ aur chaṛháwoṇ aur kámil
qurbáníoṇ se ḳhush hogá; tab we tere mazbah par bail
chaṛháwenge.

52 ZABUR.

1 AI pahalwán, tú buráí par kyuṇ faḳhr kartá hai?
Ḳhudá kí mihr sadá ko hai.
2 Terí zubán ḳharábiáṇ íjád kartí hai; dagábáziáṇ kartí
hai, tez usture kí mánind.
3 Tú sharárat ko nekí se, jhúṭh bolne ko sach kahne se
ziyáda dost rakhtá hai.
4 Ai dagábáz zubán tú sárí nigalnewálí bátoṇ ko cháhtí
hai.
5 Is liye Ḳhudá abad tak tujhe barbád karegá, wuh
tujhe uṭhá le jáwegá, aur tujhe tere ḳhaime se jháṛ pheṇ-
kegá, aur zindagí kí zamín se tujhe ukháṛ ḍálegá.
6 Aur sádiq dekhenge, aur ḍarenge, aur us par haṇsenge.
7 Dekh, yih wuh shaḳhs hai, ki jis ne Ḳhudá ko apná
zor na samjhá, par apne mál kí firáwání par takiya kiyá
aur apní sharárat se zoráwar huá.
8 Lekin maiṇ Ḳhudá ke ghar meṇ zaitún ke ek hare
daraḳhṭ kí mánind huṇ; merá bharosá abad ul ábád Ḳhudá
kí rahmat par hai.
9 Maiṇ sadá terí sitáish karuṇgá, ki tú ne yih kiyá; aur
tere nám ká intizár karuṇgá, ki tere muqaddasoṇ kí nazar
meṇ ḳhúb hai.

10 ROZ.—SHÁM KÍ NAMÁZ.

53 ZABÚR.

1 AHMAQ ne apne dil meṇ kahá hai, ki Khudá nahíṇ.
We kharáb hue, un ke kám makrúh haiṇ, koí neko-
kár nahíṇ.
2 Khudá ne ásmán par se baní Ádam par nazar kí, tá
dekhe, ki koí dánishwálá, Khudá ká tálib hai.
3 Har ek un meṇ se gumráh huá; we sab ke sab bigaṛ
gae; koí nekokár nahíṇ, ek bhí nahíṇ.
4 Kyá badkároṇ ko samajh nahíṇ, jo mere bandoṇ ko yuṇ
kháte haiṇ, jaise rotí kháte haiṇ, we Khudá ká nám nahíṇ
lete haiṇ.
5 We waháṇ niháyat ḍare, jaháṇ khauf ká maqám na
thá; ki Khudá ne un kí haḍḍíáṇ, jo tere muqábil khaimazan
haiṇ, khindá díṇ; tú ne unheṇ sharminda kiyá, Khudá ne
unheṇ radd kiyá hai.
6 Kásh ki Isráel kí naját Saihún meṇ se huí hotí! Jab
Khudá anpe log ke qaidioṇ ko phir láwegá, to Yaqúb khush
aur Isráel shád hogá.

54 ZABÚR.

1 AI Khudá, apne nám se mujh ko bachá, aur apní
qúwwat se merá insáf kar.
2 Ai Khudá, merí duá sun; mere muṇh kí bátoṇ par
kán dhar.
3 Ki begáne merí mukhálifat meṇ uṭhe haiṇ, aur zálim
merí ján ke píchhe paṛe haiṇ: ye Khudá ko apne rúbarú
nahíṇ rakhte.
4 Dekho, Khudá merá madadgár hai; Khudáwand un ke
darmiyán hai, jo merí ján ke sambhálnewále haiṇ:
5 Wuhí buráí mere dushmanoṇ par wuh láegá, apní
sachchái se unheṇ faná kar.
6 Ai Khudáwand, maiṇ tere liye apní razá ká zabíha
guzránuṇgá, maiṇ tere nám kí sitáish karuṇgá, ki bhalá hai.

7 Kyunki us ne sárí musíbaton se mujhe chhuṛáyá hai,
aur merí áṇkhoṇ ne mere dushmanoṇ par nazar kí hai.

55 ZABU'R.

1 AI Khudá, merí duá par kán dhar, aur merí minnat
se muṇh mat pher.
2 Merí taraf tawajjuh farmá, aur merí sun; maiṇ soch-
tá sochtá beqarár ho játá. aur chillátá huṇ,
3 Dushman kí áwáz se aur sharír ke zulm ke sabab; ki
we mujh se badí kiyá cháhte, aur gazab ke sáth merá kína
rakhte haiṇ.
4 Merá dil mujh meṇ nipaṭ dukhtá hai, aur maiṇ maut
ke haulon meṇ paṛá huṇ.
5 Ḍarná aur kámpná mujh par á paṛá; aur kampkapí
mujh par galib áí.
6 Maiṇ ne kahá, Kash ki kabútar ke se mere paṇkh
hote! to uṛ játá, aur árám pátá.
7 Háṇ, maiṇ tab dúr tak sair kartá, aur jaṇgaloṇ meṇ
rahtá.
8 Maiṇ shiddat kí áṇdhí aur túfán se jaldí panáh ke liye
bach nikaltá.
9 Ai Khudáwand, unheṇ halák kar; un kí zubáneṇ judí
judí kar; ki maiṇ ne shahr meṇ zulm aur jhagṛá dekhá hai.
10 Din aur rát we us kí díwároṇ par sair karte phirte
haiṇ; aur burái aur dukh us ke bích hotá rahtá hai.
11 Sharárat us ke darmiyán hai; zulm aur dagá us ke
kúchoṇ se játí nahíṇ rahtíṇ.
12 Dushman to nahíṇ thá jo mujhe malámat kartá thá,
nahíṇ to maiṇ us kí bardásht kartá; na merá kína rakhne-
wálá thá jo mujh qar báladastí kartá thá, ki maiṇ us se
chhip játá;
13 Balki tú, mere barábar ká insán, aur merá rafíq, aur
merá iatibárí.
14 Ham milke shírín mashwarateṇ karte the; ham Khudá
ke ghar meṇ bhíṛ ke bích ek sáth chalte phirte the.
15 Nágaháṇ un par maut á paṛe; we jíte jí pátál meṇ
utreṇ; kyuṇki un ke gharoṇ meṇ aur un ke bích sharárat hai.

16 Par maiṇ Ḳhudá ko pukáruṇgá; aur Ḳhudáwand
mujhe bachá legá.
17 Shám ko, aur subh ko, aur do pahar ko, maiṇ
sochuṇgá, aur nála karuṇgá; so wuh merí áwáz sun legá.
18 Us ne merí ján ko us jaṇg meṇ, jo unhoṇ ne mujh se
kí, salámat chhuṛáyá; ki bahut mere muqábil the.
19 Ḳhudá sunegá, aur unhen jawáb degá; ki wuh qadím
se taḳht nashín hai. Azbas ki unhoṇ ne tabdíleṇ nahíṇ
dekhíṇ we Ḳhudá se nahíṇ ḍarte.
20 Us ne un par jo us se milansárí rakhte the apná háth
baṛháyá hai; us ne ạhd shikaní kí.
21 Us ká muṇh makkhan se ziyáda chikná hai, par us
ke dil meṇ jaṇg hai; us kí báteṇ tel se ziyáda muláim haiṇ,
par naṇgí talwáreṇ haiṇ.
22 Apná bojh Ḳhudáwand par ḍál, ki wuh tujhe thám
legá; wuh kabhí sádiq ko lagzish kháne na degá.
23 Aur tú, ai Ḳhudá, un ko halákat ke gaṛhe meṇ girá
degá; ḳhúní aur dagábáz log apní ádhí ụmr tak na pahuṇ-
cheṇge; par maiṇ jo huṇ merá bharosá tujhí par hai.

11 ROZ.—FAJR KÍ NAMÁZ.

56 ZABUR.

1 AI Ḳhudá, mujh par rahm farmá, ki insán mujhe
nigla cháhtá hai; wuh laṛtá huá har roz mujhe
satátá hai.
2 Mere dushman har roz mujhe ko niglá cháhte haiṇ, ki
bahut haiṇ, jo ghamanḍ se mujh se laṛte haiṇ.
3 Jab maiṇ ḍartá huṇ, to maiṇ tujh par tawakkul kartá
huṇ.
4 Ḳhudá meṇ maiṇ us ke kalám kí saná karuṇgá; merá
tawakkul Ḳhudá par hai, maiṇ ḍarne ká nahíṇ, bashar
merá kyá kar saktá hai.
5 We har roz merí báteṇ káṭte haiṇ, un ke sáre man-
súbe mujhe dukh dene ko haiṇ.

6 Wuh jama hoke ghát meṇ baiṭhe haiṇ; we mere qad-
moṇ ko tákte haiṇ, jab merí ján lene kí intizárí meṇ haiṇ.
7 Badí par un kí bachne kí ummed hai? ai Ḳhudá apne
qahr se ummatoṇ ko girá de.
8 Tú ne merí áwáragí ká shumár kiyá hai, tú mere
áṇsúoṇ ko apne shíshe meṇ rakh; kyá we tere daftar meṇ
mazkúr nahíṇ?
9 Jab maiṇ faryád karuṇgá, tab mere dushman ulṭe
phireṇge; mujhe yih yaqín hai, ki Ḳhudá merí taraf hai.
10 Ḳhudá meṇ maiṇ kálam kí saná karuṇgá; Ḳhudá-
wand meṇ maiṇ kalám kí saná karuṇgá.
11 Merá tawakkul Ḳhudá par hai; maiṇ ḍarne ká nahíṇ;
ádmí merá kyá kar saktá hai;
12 Ai Ḳhudá, terí nazreṇ mujh par haiṇ; maiṇ terá
shukrána adá karuṇgá.
13 Kyuṇki tú ne merí ján maut se bacháí; kyá tú mere
páṇwoṇ ko phisal jáne se na bacháegá, táki maiṇ Ḳhudá
ke huzúr zindoṇ ke núr meṇ chaluṇ phiruṇ.

57 ZABUR.

1 MUJH par rahm kar, ai Ḳhudá, mujh par rahm kar;
kyuṇki merí ján ne terí panáh lí hai; háṇ, maiṇ
tere paroṇ ke sáye tale panáh liye rahuṇgá, jab tak ki yih
áfateṇ ṭal jáweṇ.
2 Maiṇ Ḳhudá se, jo Haqq Taálá hai, faryád karuṇgá;
usí Ḳhudá se, jo mere liye sab kuchh kartá hai.
3 Wuh ásmán par se bhejegá aur mujh ko bacháwegá,
aur jo mujhe niglá cháhtá hai, us ne malámat kí. Ḳhudá
apní rahmat, aur apní sachchái ko bhejegá.
4 Merí ján sheroṇ ke bích meṇ hai; maiṇ átish-mizáj
baní ádam ke darmiyán leṭtá huṇ, jin ke dáṇt barchhíáṇ
aur tír haiṇ, aur jin kí zubán tez talwár hai.
5 Tú ásmánoṇ par buland ho, ai Ḳhudá, sárí zamín par
terá jalál záhir ho.
6 Unhoṇ ne mere páṇw ke liye jál lagáyá hai; merí ján
jhukí hai; unhoṇ ne mere áge gaṛhá khodá, jis meṇ áp
gire haiṇ.

7 Merá dil mustaqím hai, ai Ḳhudá, merá dil mustaqím
hai; main gáungá, aur madhsaráí karungá.
8 Jág, ai merí shaukat; ai bín aur barbart, jág; main
sawere uṭhungá.
9 Main logon ke darmiyán terí sitáish karungá, ai Ḳhudá-
wand, main ummaton ke bích terá madhsará houngá.
10 Ki terí rahmat ásmánon tak buland hai, aur terí
sachcháí badlíon tak.
11 Ai Ḳhudá tú ásmánon par buland ho: sárí zamín par
terá jalál záhir ho.

58 ZABU'R.

1 KYA' tum sach much gúnge ho, ki sadáqat kí báten
nahín bolte, khará insáf nahín karte ho, ai baní
ádam?
2 Hán tum dil se badkáríán karte ho; apne háthon ká
zulm zamín par taulte ho.
3 Ahl i sharárat rihm se begána hote; jhúṭh bolnewále
paidá hote hí bhaṭak játe hain.
4 Un ká zahr sámp ká sá zahr hai; we us bahre nág kí
mánind hain, jo apne kán band kartá hai.
5 Aur mantar paṛhnewálon kí áwáz nahín suntá; baṛe
se baṛe mantar kí us men tásír nahín.
6 Ai Ḳhudá un ke dánt un ke munh men toṛ; ai Ḳhudá-
wand, sher-bachchon kí dáṛhen toṛ ḍál.
7 We páni kí tarah, jo chalá játá hai gal ke chale jáen;
jab wuh apne tír chille men joṛe, to we kaṭe hue maʼlúm hon.
8 Jis tarah ghongá gudáz ho játá we faná howen: we
ʼaurat ke saqte kí tarah áftáb ko na dekhen.
9 Us se peshtar ki tumhárí hándíon men kánṭon kí ánch
lage, ḳhwáh kachchá ḳhwáh pakká ho wuh use uṛá le jáegá.
10 Sádiq jab intiqám ko dekhegá, to ḳhush hogá; wuh
sharír ke lahú se apne pánw dhoegá.
11 Aisá ki ádmí kahegá, yaqínan sádiq ke liye jazá hai;
be-shakk ek Ḳhudá hai, jo zamín par insáf kartá hai.

11 ROZ.—SHÁM KÍ NAMÁZ.

59 ZABÚR.

1 AI mere Ḳhudá, mere dushmanoṇ se mujhe chhuṛá;
mujhe un se jo mujh par chaṛhe haiṇ mahfúz rakh.
2 Mujhe badkároṇ se chhuṛá, aur ḳhúní ádmí se mujhe
bachá.
3 Ki dekh, we merí ján kí ghát meṇ lage haiṇ; zoráwar
merí muḳhálifat par jamạ hue haiṇ; ai Ḳhudáwand, merá
kuchh gunáh aur taqsír nahíṇ.
4 We dauṛte haiṇ, aur áp ko taiyár karte haiṇ, par
mere kisí qusúr ke sabab nahíṇ; tú mujh se milne ke liye
jág, aur dekh.
5 Pas, ai Ḳhudáwand, Rabb ul afwáj, Isráel ke Ḳhudá,
sárí gair qaumoṇ kí tahqíqát ke liye jág; kisí dagábáz bad-
kár par rahm mat kar.
6 We shám ko lauṭte haiṇ; we kutte kí mánind bhauṇkte
haiṇ, aur shahr meṇ ghúmte haiṇ.
7 Dekh, we muṇh se ḍakárte haiṇ, un ke honṭhoṇ ke
andar talwáreṇ haiṇ; kahte haiṇ ki kaun suntá hai?
8 Par tú, ai Ḳhudáwand, un par haṇsegá; tú sárí gair
qaumoṇ ko ṭhaṭṭhe meṇ uṛáwegá.
9 Us ká zor dekhkar maiṇ tujhí par nigáh rakhuṇgá, ki
Ḳhudá merí panáh hai.
10 Merá Ḳhudá jo hai, us kí rahmat mere áge áge
chalegí; Ḳhudá mujh ko mere dushmanoṇ par ḳhushí kí
nazar karne degá.
11 Unheṇ ján se mat már, na ho, ki mere log bhúl jáeṇ;
unheṇ apní qudrat se áwára aur past kar, ai Ḳhudáwand
hamárí sipar.
12 Un ke honṭhoṇ ká kalám unke muṇh kí khatá hai;
we apne ghamand meṇ aur laṇ taṇ karne aur jhúṭh bolne
ke sabab giriftár ho jáweṇ.
13 Qahr se un ko faná kar, faná kar, táki we báqí na
raheṇ; aur log ján jáeṇ ki Ḳhudá Yạqúb par zamín kí
sar haddoṇ tak hukúmat karta hai.

14 Phir shám ko we lauṭenge, aur kutte kí mánind
bhauṇkeṇge, aur shahr meṇ ghúmte phireṇge.
15 We kháne kí talásh meṇ bhaṭakte phireṇge, aur jab
ser na howeṇ, to yuṇ hí rát bitáweṇge.
16 Maiṇ to terí qudrat ká gít gáuṇgá ; aur subh ko pukár
ke terí rahmat kí saná karuṇgá, ki tú mere liye ek qilạ
huá hai, aur merí musíbat ke din jáe panáh.
17 Ai merí quwwat, maiṇ terí madhsaráí karuṇgá, ki
Ḳhudá merá qilạ, merá mihrbán Ḳhudá hai.

60 ZABÚR.

1 AI Ḳhudá, tú ne ham ko radd kar diyá, tú ne ham
ko parágauda kiyá, tú náḳhush huá ; tú hamárí
taraf phir mutawajjih hotá hai.
2 Tú ne zamín ko larzáyá ; tú ne use toṛá : us ke raḳhne
milá de, ki wuh kámptí hai.
3 Tú ne apne logoṇ ko saḳht báteṇ dikhláíṇ ; tú ne ham
ko hairat kí mai piláí.
4 Tú ne un ko jo tujh se ḍarte haiṇ ek jhanḍá diyá, ki
haqq kí ḳhátir khaṛá kiyá jáwe.
5 Táki tere mahbúb riháí páweṇ, tú apne dahne háth se
bachá le, aur hamárí sun.
6 Ḳhudá ne apne taqaddus meṇ farmáyá hai. Pas maiṇ
ḳhushí manáuṇgá ; maiṇ Sikm ko taqsím karuṇgá, aur
Sukkát kí wádí ko mápuṇgá.
7 Jiliád merá hai aur Manassí merá ; Ifráím bhí mere
sir ká ṭop hai ; Yahúdáh merá qánún ṭhahránewálá hai.
8 Moáb mere háth dhone ká lagan hai ; maiṇ Adúm par
apní jútí chaláungá ; ai Filist, mere báis shádyána bajá.
9 Mujh ko hasín shahr meṇ kaun le jáegá ? Adúm tak
mujh ko kauṇ pahuṇcháwegá ?
10 Ai Ḳhudá, kyá tú hí nahíṇ, jis ne hameṇ radd kar
diyá ? tú hí, ai Ḳhudá, jo hamáre lashkaroṇ ke sáth na
chalá ?
11 Musíbat meṇ se hamárí madad karke riháí de, ki
ádmí kí taraf se riháí ạbas hai.
12 Ḳhudá hí se ham bahádurí kareṇge ; aur wuhí
hamáre dushmanoṇ ko pámál karegá.

61 ZABÚR.

1 AI Ḳhudá, merá nála sun; aur merí duạ qabúl kar.
2 Apní dilgírí meṇ maiṇ zamín ke sire se terí faryád
kartá huṇ; us chaṭán tak, jo mujh se úṇchí hai, mujh ko
le pahuṇchá.
3 Kyuṇki tú mere liye ek panáh huá hai; dushman ke
sámhne ek mazbút burj.
4 Maiṇ tere maskan meṇ sadá rahá karuṇgá; maiṇ tere
paroṇ ke sáye tale panáh luṇgá.
5 Ki ai Ḳhudá, tú ne merí nazreṇ qabúl kíṇ; tú ne mujh
ko un logoṇ kí sí, jo tere nám se ḍarte haiṇ, mírás dí.
6 Tú bádsháh kí zindagání bahut baṛháegá, us kí ụmr
pusht dar pusht tak.
7 Wuh Ḳhudá ke huzúr, abad tak sábit rahegá: aisá
kar ki mihr aur sachchái us kí hifázat kare.
8 So maiṇ sadá tere nám kí madhsarái karuṇgá, táki
har roz apní nazreṇ guzránuṇ.

12 ROZ.—FAJR KÍ NAMÁZ.

62 ZABÚR.

1 SIRF Ḳhudá hí kí taraf se merí ján ko chain hai;
usí se merí naját hai.
2 Wuhí akelá merí chaṭán, aur merí naját hai; wuhí
merá qilạ hai, mujh ko ba shiddat jumbish na hogí.
3 Tum kab tak ek mard par hamla karoge? tum sab use
qatl kiyá cháhte ho, wuh to jaisá jhukí huí díwár, aur
ṭúṭí huí báṛ hai.
4 We mansúba báṇdhte haiṇ, faqat is wáste ki use us
kí shaukat se utár deṇ; we jhúṭh se ḳhush hote haiṇ; we
apne muṇh se to barakat bhejte haiṇ, par apne bátin meṇ
lạnat karte haiṇ.
5 Ai merí ján, chupke faqat Ḳhudá hí ke intizár meṇ
rah; ki merí ummed usí se hai.

6 Wuhí akelá merí chaṭán, aur merí naját; wuhí merá
qila hai; mujh ko jumbish na hogí,
7 Merí naját, aur merí shaukat, Ḳhudá kí taraf se hai;
mere zor kí chaṭán, aur merí panáh, ba Ḳhudá hai.
8 Ai logo, har waqt us par tawakkul karo, apne dil us
ke huzúr uṇḍel do: Ḳhudá hamárí panáh hai.
9 Yaqínan, kam-qadr log bátil hain, aur ạlí-qadr jhúṭhe
haiṇ; we tarázú meṇ sab ke sab butlán se halke haiṇ.
10 Zulm par takya na karo, aur lúṭ páṭ karke behúda na
bano; mál harchand baṛhe, us par dil na lagáo.
11 Ḳhudá ne ek bár farmáyá, do martaba maiṇ ne yih
suná, ki qudrat Ḳhudá kí hai.
12 Aur rahmat bhí tujhí se hai, ai Ḳhudáwand; ki tú
har shaḳhs ko us ke aạmál ke mutábiq badlá detá hai.

63 ZABU'R.

1 AI Ḳhudá, tú merá Ḳhudá hai, maiṇ taṛke tujh ko
ḍhúṇḍhúṇgá; merí ján terí pyásí hai, merá jism
terá mushtáq hai, ḳhushk aur súkhí zamín meṇ, jaháṇ
pání nahíṇ.
2 Táki terí qudrat, aur terí hashmat ko dekhuṇ, jaisá ki
maiṇ ne maqdis meṇ tujh ko dekhá hai.
3 Ki terí mihr zindagí se bihtar hai; mere hoṇṭh terí
sitáish karte raheṇge.
4 Isí tarah jab tak maiṇ jítá huṇ, tujhe mubárak kahá
karuṇgá; terá nám le leke apne háth uṭháuṇgá.
5 Merí ján yuṇ ser hogí, jaise gúdá aur charbí se; aur
merá muṇh ḳhurramí ke laboṇ se terí sitáish karegá.
6 Jab ki maiṇ tujhe apne bistar par yád kartá huṇ, to
rát ke pahroṇ meṇ terá dhyán kartá huṇ.
7 Kyuṇki tú merá chára huá hai, aur main tere paroṇ
kí chháoṇ tale ḳhushí manáuṇgá.
8 Merí ján tere píchhe lagí hai; terá dahná háth mujh
ko thámtá hai.
9 So we, jo halákat ke liye merí ján ke ḳhwáháṇ haiṇ,
zamín ke asfal ko játe raheṇge.

10 We talwár se khet áwenge; we gídaroṇ ká luqma howenge.
11 Lekin bádsháh Ḳhudá se ḳhush waqt hogá; har ek shaḳhs, jo us kí qasam khátá, shádiyána bajáwegá; kyuṇki un ká muṇh, jo jhúṭh bolte haiṇ, band ho jáegá.

64 ZABÚR.

1 AI Ḳhudá, merí fikr kí áwáz sun, dushman ke ḳhatre se merí ján kí hifázat kar.
2 Sharíroṇ kí poshída mashwarat se badkároṇ ke balwe se mujhe chhipá;
3 Jo apní zubán ko teg kí mánind tez karte haiṇ, aur kamán khaiṇchte haiṇ, ki karwí bátoṇ ke tír chaláweṇ;
4 Táki chhip ke kámil ádmí ko máreṇ; we nágahání tír lagáte haiṇ, aur ḍarte nahíṇ.
5 Un ke dil ek bure kám par ṭhane hue haiṇ: we poshída phande márne kí bát chít karte haiṇ, we kahte haiṇ ki ham ko kaun dekhegá?
6 We badkárioṇ kí tadbír meṇ haiṇ; kahte haiṇ, ki ham ne ek pakkí tadbír kí hai; ádmí ká dil aur batin gahrá hai.
7 Par Ḳhudá un par ek tír chaláwegá; we hí nágaháṇ gháyal ho jáenge.
8 So we apní zubán ke phande meṇ áp ko phaṇsáwenge; sab jo un ko dekhenge, bhágenge;
9 Aur sab ádmí ḍarenge, aur Ḳhudá ke kám ko bayán karenge; aur us ke fiạl ko achchhí tarah samjhenge.
10 Sádiq ádmí Ḳhudáwand se ḳhushí manáwegá, aur us par tawakkul karegá, aur we sab jo dil ke sídhe haiṇ hamd karenge.

12 ROZ.—SHÁM KÍ NAMÁZ.

65 ZABÚR.

1 AI Ḳhudá, hamd o saná Saihún meṇ tere huzúr chain se hotí hai, aur tujhí ko nazr adá kí jáegí.

2 Ai duá ke sunnewále, sáre bashar tujh pás áwenge.
3 Ḳhatáon ne mujhe maglúb kiyá hai; hamáre gunáhon
ká kafára tú hí karegá.
4 Mubárak hai wuh, jise tú chun letá aur apná muqar-
rab kar rakhtá hai, táki wuh terí bárgáhon men sukúnat
kare: ham tere ghar kí, háṇ, terí muqaddas haikal kí
ḳhúbí se ser honge.
5 Tú sadáqat se haibatnák báten dikháke ham ko jawáb
detá hai, ai hamáre naját denewále Ḳhudá, zamín ke sáre
kináron kí, aur un kí bhí, jo dúr daryá ke bích hain, tú
ummedgáh hai.
6 Tú zor se kamar-basta hoke apní qudrat se paháṛoṇ ko
qáim rakhtá hai;
7 Tú daryáon ke shor, un kí maujoṇ ke shor ko, aur
logoṇ ke dhúm ko faro kartá hai.
8 Aur we, jo zamín kí intihá meṇ baste hain, tere ni-
shánon se khauf kháte hain; tú subh aur shám ke nikalne
kí jagahoṇ ko ḳhush o ḳhurram kartá hai;
9 Tú zamín par tawajjuh farmátá, aur us ko serábí
baḳhshtá hai; tú us ko málámál kartá hai; Ḳhudá ká daryá
pání se bhará hai; un ke liye isí tarah tú use taiyár karke
anáj muhaiyá kartá hai.
10 Tú us kí regháríon ko síṇchtá; tú us ke ḍhelon ko
chauras kartá hai: tú us ko menhon se narm kartá hai;
tú us kí roídagí meṇ barakat bakhshtá hai.
11 Tú apne lutf se sál ko táj baḳhshtá hai; aur terí sair
se raugan ṭapaktá hai.
12 Bayábán men charágáhon par qatre ṭapakte haiṇ; aur
paháṛíán ḳhushí se kamar-basta haiṇ.
13 Charágáheṇ galloṇ se mulabbas huí haiṇ, aur nasheb
galle se dhap gae haiṇ: we ḳhushí kí áwáz sunáte; háṇ we
gáte haiṇ.

66 ZABU'R.

1 AI sárí sarzamíno, Ḳhudá ke liye ḳhushí kí buland
áwáz sunáo.
2 Us ke nam ke jalál kí madhsaráí karo: hamd karte
hue us ká jalál záhir karo.

3 Khudá se kaho, Tere kám kyá hí muhíb hain; terí
qudrat kí bahutáyat se tere dushman tujh se dab jáenge.
4 Sárí zamín tujhe sijda karegí, aur terí madhkhwán
howegí; we tere nám kí madhsaráí karenge.
5 A'o, Khudá ke kám dekho; ki baní A'dam ke haqq
men us ke kám muhíb hain.
6 Us ne samundar ko khushkí se badal dálá; we daryá
se pánw pánw chale gae; wahán ham us ke sabab se khushí
manáwen.
7 Wuh apní qudrat se abadí saltanat kartá hai; us kí
ánkhen qaumon ko dekhtí hain; gardankash apne taín
sar-buland na karen.
8 Ai logo, hamáre Khudá ko mubárak kaho, aur us kí
sitáish kí áwáz sunáo;
9 Jo hamárí ján ko zinda rakhtá hai, aur hamáre pánw
phisalne nahín detá.
10 Ki tú ne ai Khudá, ham ko ázmáyá; tú ne ham ko
yun táyá jaisá rúpá táyá jáwe.
11 Tú ne ham ko dám men phansáyá; tú ne hamárí
kamaron par dukh bándhá.
12 Tú ne logon ko hamáre siron par charháyá; ham ág
aur pání men pare; par tú ne ham ko serí kí jagah pahun-
cháyá hai.
13 Main charháwe leke tere ghar men jáungá; main
tere liye apní nazren adá karungá;
14 Wuh, jo bipat ke waqt main ne apne honthon se
muqarrar kín, aur apne munh se mánín.
15 Main pále hue jánwaron ke charháwe, mendhon kí
khushbúíon samet, tere liye guzránungá; main bachhre
aur bakre charháungá.
16 Ai Khudátarso, tum sab áo: suno, ki main bayán
kartá hun, ki us ne merí ján ke liye kyá kyá kuchh kiyá hai.
17 Main ne apne munh se us ko pukárá; aur us kí baráí
merí zubán se hotí thí.
18 Agar merá dil badkárí par máil hotá, to Khudáwand
merí na suntá.
19 Par Khudá ne to suná hai; us ne merí duá kí áwáz
par kán dhará hai.

20 Mubárak hai Ḳhudá, jis ne merí duạ́ ko nahíṇ pherá
hai, aur na apní rahmat ko mujh se.

67 ZABU'R.

1 KHUDA' ham par rahm kare, aur ham ko barakat dewe; wuh apná chihra ham par jalwagar farmáwe;
2 Táki terí ráh zamín par, terí naját sárí qaumoṇ meṇ
jání jáwe.
3 Ai Ḳhudá, log terí sitáish kareṇ; sáre log terí sitáish
kareṇ.
4 Ummateṇ ḳhush howeṇ, aur ḳhushí ke máre gáweṇ;
ki tú rástí se logoṇ kí ạdálat karegá, aur zamín par ummatoṇ ko hidáyat farmáegá.
5 Ai Ḳhudá, log terí sitáish kareṇ, sáre log terí sitáish
kareṇ.
6 Zamín apná kásil maujúd karegí; Ḳhudá, hamárá
Ḳhudá ham ko barakat degá.
7 Ḳhudá ham ko barakat degá, aur zamín kí sárí sarhadden us se ḍareṇgí.

13 ROZ.—FAJR KÍ NAMÁZ.

68 ZABUR.

1 KHUDA' uṭhe, us ke dushman titar bitar ho jáweṇ; aur we, jo us ká kína rakhte haiṇ, us ke huzúr se bhágeṇ.
2 Jis tarah dhúwáṇ záil ho játá hai, usí tarah tú unheṇ
záil kar; jis tarah mom ág par pighaltá hai, sharír Ḳhudá
ke huzúr meṇ faná howeṇ.
3 Par sádiq shádmán hoṇ, we Ḳhudá ke sámhne masrúr
hoṇ; háṇ, ḳhushí ke máre phúle na samáweṇ.
4 Ḳhudá ke liye gáo; us ke nám kí madhsarái karo; us
ke liye ráh taiyár karo, jo apne nám YA'H se dashtoṇ meṇ
se sawár ho átá hai, aur us ke huzúr ḳhushí karo.

5 Yatímoṇ ká báp aur bewoṇ ká walí apne makán i
muqaddas meṇ, Ḳhudá hai.
6 Ḳhudá tanháoṇ ko gharánewále kartá hai; asíroṇ ko
chhuṛá ke ḳhushwaqtí meṇ pahuṇchátá hai: magar sarkash
ḳhushk zamín meṇ rahte haiṇ.
7 Ai Ḳhudá, jis dam tú apne bandoṇ ke áge áge báhar
niklá, jis dam tú bayábán se guzrá.
8 Zamín larzí, aur ásmán ṭapke, Ḳhudá ke huzúr: yih
Síná Ḳhudá ke huzúr jo Isráel ká Ḳhudá hai.
9 Ai Ḳhudá, tú ne zor ká meṇh barsáyá jis se tú ne
apní zaíf mírás ko qáim kiyá.
10 Terí jamáạt us meṇ basí hai; ai Ḳhudá, tú apne lutf
se miskínoṇ ke liye taiyárí kartá hai.
11 Ḳhudáwand ne hukm diyá, aur ḳhushḳhabarí dene-
wálí baṛí jamáạt thí.
12 Lashkarwále bádsháh bhág bhág gae; aur ạurat ne,
jo ghar meṇ rahí, lúṭ ká mál báṇṭá.
13 Jab tum bheṛsáloṇ ke darmiyán árám karoge, tum
aise hoge, jaise kabútar, jis ke bál rúpe se maṛhe hoṇ, aur
jis ke par ḳhális sone se.
14 Jis waqt Qádir i Mutlaq bádsháhoṇ ko us meṇ titar
bitar kaṛtá, to Zalmún barf kí mánind safed ho játá hai.
15 Ḳhudá ká paháṛ Basan ká paháṛ hai; Basan ká
paháṛ ek úṇchá shikhar paháṛ hai.
16 Tum kyuṇ ḍáh karke tákte ho, ai úṇche shikhar pa-
háṛo? yih wuh paháṛ hai, jis meṇ Ḳhudá ne cháhá, ki
base; háṇ, Ḳhudáwand us meṇ tá abad basegá.
17 Ḳhudá kí gáṛíáṇ bís hazár haiṇ, balki hazárhá hazár
haiṇ; Ḳhudáwand un meṇ hai, aur Síná maqdis meṇ hai.
18 Tú úṇche par chaṛhá; tú ne asíroṇ ko asír kiyá: tú
ne ádmíoṇ ke bích balki sarkashoṇ ke bích bhí, inạm páye,
táki Ḳhudáwand Ḳhudá sukúnat kare.
19 Ḳhudáwand, sadá mubárak hai; ham par bár rakhtá
hai; hamárá naját denewálá Ḳhudá hai.
20 Hamárá Ḳhudá jo hai so naját denewálá Ḳhudá
hai; aur maut se rihái baḳhshná Ḳhudáwand Ḳhudá hí
ká kám hai.

21 Magar Ḳhudá apne dushmanoṇ ke sir, aur us shaḳhs
kí bálwálí khopṛí ko, jo gunáh kartá játá hai, chúr kar degá.
22 Ḳhudáwand ne farmáyá, Maiṇ Basan se unheṇ pher
láuṇgá: maiṇ daryá ke gahráo meṇ se unheṇ pher láuṇgá;
23 Táki tere páṇw tere dushmanoṇ ke lahú se surḳh
hoṇ, aur tere kuttoṇ kí jíbheṇ bhí waisí ho jáweṇ.
24 Unhoṇ ne, ai Ḳhudá, terí cháleṇ dekhíṇ; háṇ, mere
Ḳhudá, mere bádsháh kí cháleṇ maqdis meṇ.
25 Gánewále áge áge chale, bajánewále píchhe píchhe,
un ke darmiyán kuṇwáríáṇ tablá bajátí játíáṇ thíṇ.
26 Jamáatoṇ meṇ Ḳhudá ko mubárak kaho, háṇ, Ḳhudá-
wand ko, tum jo Isráel ke chashme se ho.
27 Waháṇ chhoṭá Binyámín, un ká zer karnewálá;
Yahúdáh ke umrá un ke saṇgsár karnewále; Zablún ke
umrá, aur Naftálí ke umrá haiṇ.
28 Tere Ḳhudá ne terí mazbútí ká hukm kiyá; ai Ḳhudá,
us ko, jo tú ne hamáre liye kiyá, mazbútí baḳhsh.
29 Terí haikal ke sabab jo Yarúsalam meṇ hai bádsháh
tere liye hadiye láeṇge.
30 Tú naistán ke wahshí ko, aur bailoṇ ke jhuṇḍ ko,
qaumoṇ ke bachhṛoṇ samet, ḍáṇṭ; ab cháṇdí ke ṭukṛe
láke, tábiḍár bane; un qaumoṇ ko, jo jaṇg se ḳhush hotí
haiṇ, us ne titar bitar kiyá hai.
31 Sháhzáde Misr se áweṇge; Kúsh ke log chustí se
apne háth Ḳhudá kí taraf baṛháweṇge.
32 Ai zamín kí mamlukato, Ḳhudá ke liye gáo; Ḳhudá-
wand kí madhsaráí karo;
33 Us hí kí, jo qadím falak ul aflák par, sawár hai;
dekh, wuh apní áwaz sunátá hai, jo qawí áwáz hai.
34 Ḳhudá hí kí taraf tum qúwwat mansúb karo: Isráel
ke úpar us kí buzurgí hai, aur us kí qúwwat badlíoṇ meṇ hai.
35 Ai Ḳhudá, tú apne muqaddas makánoṇ meṇ se muhíb
hai. Isráel ká Ḳhudá, wuhí qúwwat aur táqat logoṇ ko
baḳhshtá hai. Ḳhudá mubárak hai.

13 ROZ.—SHÁM KÍ NAMÁZ.

69 ZABUR.

1 AI Ḳhudá, tú mujh ko bachá le, ki pání merí ján
tak pahuṇche haiṇ.
2 Maiṇ gahrí kích meṇ dhas chalá, jaháṇ khaṛe hone kí
jagah nahíṇ: maiṇ gahre pání meṇ paṛá; ḍheo mere úpar
se guzarte haiṇ.
3 Maiṇ chilláte chilláte thaká; merá galá ḳhushk huá
apne Ḳhudá kí intizárí karte karte merí áṇkheṇ dhuṇdhalá
gaíṇ.
4 We, jo be-sabab merá kína rakhte haiṇ, shumár meṇ
mere sir ke báloṇ se ziyáda haiṇ; we, jo mujhe halák kiyá
cháhte haiṇ, mere jhúṭh kahnewále dushman, zabardast
haiṇ: jo kuchh ki maiṇ ne nahíṇ chhíná, so maiṇ pher
detá huṇ.
5 Ai Ḳhudá, tú merí himáqat ko jántá hai, aur mere
gunáh tujh se chhipe nahíṇ.
6 Ai Ḳhudáwand, Rabb ul afwáj, we jo tere muntazir
haiṇ, mere sabab sharminda na hoṇ; we jo tere mutaláshí
haiṇ, ai Isráel ke Ḳhudá, mere báis ruswá na hoṇ.
7 Kyuṇki tere wáste maiṇ ne malámat sah lí, ruswáí ne
mere muṇh ko ḍháṇpá.
8 Maiṇ apne bháíoṇ ke nazdík pardesí, aur apní má ke
farzandoṇ ke nazdík ajnabí ṭhahará.
9 Ki tere ghar kí gairat ne mujh ko khá liyá; aur un kí
malámateṇ jo tujh ko malámat karte haiṇ, mujh par paṛíṇ.
10 Jab maiṇ ne roze meṇ ro ro apní ján halák kí, to
wuh bhí merí malámat ká báis huá.
11 Jab maiṇ ne ṭáṭ ká libás pahiná, to unhoṇ ne mujhe
zarb-ul-masal kiyá.
12 We, jo phāṭak par baiṭhe haiṇ, merí bábat bakte
haiṇ, aur nashebáz mere haqq meṇ gáte haiṇ.
13 Lekin, ai Ḳhudáwand, maiṇ jo huṇ, tujh se duá
máṇgtá huṇ qabúliyat ke waqt, ai Ḳhudá, apní rahmat kí
be-páyání se, apní naját kí sachcháí se merí sun le.

14 Mujhe kích se nikál, ki main na ḍúbuṇ; main un se jo merá kína rakhte haiṇ, aur páníoṇ kí gahráí se, bach nikluṇ.

15 Páni kí báṛh ko mujh par se guzarne na de; gahráo mujhe nigalne na páwe; aur kúá apná muṇh mujh par band karne na páwe.

16 Ai Ḵẖudáwand, merí sun le, ki terí mihr ḵẖúb hai; apní rahmatoṇ kí firáwání ke mutábiq merí taraf mutawajjih ho.

17 Aur apne bande se apná muṇh na chhipá, ki mujh par bipat hai; jald ho, merí sun.

18 Merí ján ke pás á, us ko chhuṛá; mere dushmanoṇ ke sabab mujhe ḵẖalásí de.

19 Tú merí malámat, aur merí sharmindagí, aur merí ruswáí se ágáh hai; mere sáre bairí tere áge haiṇ.

20 Malámat ne merá dil toṛá hai, maiṇ ázárí huṇ; maiṇ táktá rahá, ki koí mujh par tars kháe, par koí nahíṇ; aur koí mujhe dilásá dewe, par na milá.

21 Unhoṇ ne mujhe kháne ke iwaz pitt diyá; aur merí piyás bujháne ko mujhe sirká piláyá.

22 Aisá kar, ki un ká dastarḵẖwán un ke liye phandá ho: aur jo kuchh un kí bihtarí ke liye hai, phaṇsáne ká jál ho.

23 Un kí áṇkheṇ andhí howeṇ, ki na dekheṇ; aur un kí kamareṇ sadá kámptí raheṇ.

24 Apná gazab un par uṇḍel de, aur tere qahr kí jalan unheṇ pakaṛ le.

25 Un ká mahall ujáṛ ho jáe; aur un ke ḵẖaime meṇ rahnewálá koí na rahe.

26 Kyuṇki we tere máre hue ko satáte haiṇ; aur tere zaḵẖmíoṇ kí taklíf bátoṇ se baṛháte haiṇ.

27 Un ke gunáh par gunáh baṛhá, aur unheṇ apní sadáqat meṇ dáḵẖil hone na de.

28 Unheṇ zindoṇ ke daftar se meṭ de, aur sádiqoṇ ke darmiyán un ko qalamband na kar.

29 Par maiṇ miskín aur gamgín huṇ; ai Ḵẖudá apní naját se mujhe úṇchá kar.

30 Maiṇ gít gáwe Ḵẖudá ke nám kí hamd karuṇgá, aur shukrguzárí karke us kí baṛáí karuṇgá.

31 Is se Ḳhudáwand bail aur bachhṛe kí nisbat, jin ke
síng aur khur hote hain, ziyáda ḳhush hogá.
32 Ġaríb log dekhenge, aur ḳhush honge, yane tum jo
Ḳhudá ke tálib ho; aur tumhárá dil zinda rahe.
33 Kyunki Ḳhudáwand muhtájon kí suntá hai, aur apne
asíron kí hiqárat nahín kartá.
34 A'smán aur zamín us kí sitáish kareṇ; samundar aur
har ek chíz, jo us meṇ reṇgtí hai.
35 Ki Ḳhudá Saihún ko naját degá aur Yahúdáh ke
shahroṇ ko banáegá, aur we waháṇ baseṇge, aur use mírás
meṇ leṇge.
36 Us ke bandoṇ kí aulád bhí us par qábiz hogí; aur
we jo us ke nám par ạshiq hain, us meṇ búd o básh kareṇge.

70 ZABU'R.

1 AI Ḳhudá, merí riháí ke liye, ai Ḳhudáwand merí
madad ke liye jald á.
2 We, jo merí ján ke khojí hain, sharminda aur lajjit ho
jáeṇ; we jo merí burái ke cháhnewále hain píchhe haṭeṇ
aur ruswá ho jáeṇ.
3 We, jo kahte hain, A'há, áhá, apní sharmindagí par
ulṭe phiráe jáweṇ.
4 We sab, jo tere tálib hain, tujh se ḳhush aur ḳhurram
hoṇ; aur we, jo terí naját ke ạshiq hain, sadá kahá kareṇ,
ki Ḳhudá kí baṛáí ho.
5 Main to dukhí hun, aur muhtáj; ai Ḳhudá, merí taraf
jald á; tú hí merá chára hai, aur merá chhuṛánewálá; ai
Ḳhudáwand, der na kar.

14 ROZ.—FAJR KÍ NAMA'Z.

71 ZABU'R.

1 AI Ḳhudáwand, merá bharosá tujh par hai: tú
mujhe kabhí sharminda na hone de.
2 Apní sadáqat se mujhe chhuṛá, aur mujhe maḳhlasí
baḳhsh; merí taraf kán dhar, aur mujhe bachá.

3 Tú mere rahne ke liye ek chaṭán ho, jaháṇ maiṇ
hamesha jáyá karuṇ; tú hí ne merí naját ká hukm kiyá hai;
ki tú merí chaṭán, aur merá gaṛh hai.
4 Ai mere Ḳhudá, sharír ke háth se, aur kaj aur be-mihr
insán ke panje se mujhe chhuṛá.
5 Kyuṇki ai Ḳhudáwand Ḳhudá, tú merí ummedgáh hai,
merí laṛkáí se merá bharosá tujhí par hai.
6 Maiṇ us dam se ki peṭ se niklá tujhí se sambhálá gayá,
tú wuh hai, jis ne merí má ke rihm meṇ se nikálá; maiṇ
sadá terí sitáish karnewálá huṇ.
7 Maiṇ bahutoṇ ke liye ek achambhá huá huṇ, par tú
merí qawí panáh hai.
8 Merá muṇh terí sitáish aur tere jamál kí taríf se sáre
din labrez rahe.
9 Buṛhápe ke waqt mujhe pheṇk na de; merí zaífí meṇ
mujhe tark mat kar.
10 Ki mere dushman mujhe báteṇ sunáte hain; aur we,
jo merí ján kí ghát meṇ haiṇ, ápas meṇ maslahat karte.
11 Kahte haiṇ, ki Ḳhudá ne use tark kiyá hai; us ká
píchhá karo, aur use pakṛo; ki us ká chhuṛánewálá koí
nahíṇ.
12 Ai Ḳhudá, mujh se dúr na ho; ai mere Ḳhudá, jald
merí madad kar.
13 We, jo mere jání dushman haiṇ, sharminda aur faná
howeṇ; we jo merá nuqsán cháhte haiṇ, sharm aur ruswáí
se ḍhaṇp jáweṇ.
14 Par maiṇ har dam ummedwár rahuṇgá, aur terí sárí
sitáish ziyáda ziyáda kartá jáuṇgá.
15 Merá muṇh terí sadáqat aur terí naját sáre din bayán
karegá; kyuṇki maiṇ un ká hisáb nahíṇ jántá.
16 Maiṇ Ḳhudáwand Ḳhudá ke qawí kámoṇ ká zikr
kartá huá áuṇgá, maiṇ terí, sirf terí hí sadáqat ká tazkira
karuṇgá.
17 Ai Ḳhudá, tú ne mujhe laṛkáí se tarbiyat kiyá, aur
ab tak maiṇ terí ajáibát bayán kartá rahá huṇ.
18 Ab maiṇ búṛhá aur sir safed huṇ; so ai Ḳhudá, tú
ab bhí mujhe tark na kar, yaháṇ tak ki maiṇ terí qúwwat is
pusht par, aur terá zor har ek shaḳhs par, jo áge ko paidá
hogá, záhir karuṇ.

19 Ai Khudá, terí sadáqat bahut buland hai, ki tú ne
bare bare kám kiye ; ai Khudá, terí misl kaun hai.
20 Tú jis ne hamen barí sakht musíbaten dikhláín, ham
ko phir jiláegá, aur zamín ke gahráon se hamen phir
úpar le áegá.
21 Tú merí baráí ziyáda karegá, aur phir kar mujhe
tasallí bakhshegá.
22 Phir main bín bajá bajá ke, ai Khudá, terí hán terí
wafá kí sitáish karungá ; ai Isráel ke Quddús, main barbat
bajá ke terí madhsaráí karungá.
23 Mere honth, jis waqt ki main terí madhsaráí karungá
niháyat khush honge, aur aise hí merá jí, jise tú ne
khalásí bakhshí hai.
24 Apní zubán se bhí sáre din terí sadáqat kí báten
main kahtá rahungá ; ki merí buráí ke tálib sharminda aur
pashemán ho gae hain.

72 ZABUR.

1 AI Khudá, bádsháh ko apní adálaten, aur bádsháh
ke bete ko apní sadáqat de.
2 Wuh tere logon men sadáqat se hukm karegá ; aur
tere dukhíon men adl se.
3 Pahár logon ke liye salámat záhir karenge, aur tíle
bhí sadáqat se.
4 Wuh qaumon ke dukhíon ká insáf karegá, muhtájon
ke farzandon ko bacháwegá, aur zálim ko tukre tukre
karegá.
5 Jab tak ki súraj aur chánd báqí rahenge, sárí pushton
ke log tujh se dará karenge.
6 Wuh bárish kí mánind jo káte hue ghás par pare,
názil hogá ; aur phúhí ke menh kí tarah, jo zamín ko
sínchtá hai.
7 Us ke zamáne men, jab tak ki chánd báqí rahegá,
sádiq phalenge, aur salámat firáwán hogí.
8 Samundar se samundar tak, aur daryá se intihá i
zamín tak us ká hukm hogá.

9 We, jo bayábán ke báshinde hain, us ke sámhne jhu-
kenge, aur us ke dushman mátí cháṭenge.
10 Tarsís aur jazíron ke salátín nazren láwe ge, aur
Sabá aur Sibá ke bádsháh hadye guzránenge.
11 Hán, sáre bádsháh us ke huzúr sijda karenge; sárí
qaumen us kí ibádat karengí.
12 Kyunki wuh duháí denewále muhtáj ko, aur dukhí
ko, aur un ko, jin ká koí madadgár na ho, chhuṛáegá.
13 Wuh miskín aur muhtáj par tars kháegá, aur muh-
tájon kí ján bachá legá.
14 Wuh un kí jánon ko zor zulm se ḳhalásí degá; aur
un ká ḳhún us kí nazar men besh-qímat hogá.
15 Wuh jítá rahegá, aur Sabá ká soná use diyá jáegá;
aur wuh us ke liye sadá duạ kiyá karegá; wuh sáre din
use mubárakbádí diyá karegá.
16 Ek muṭṭhí bhar dáná, zamín men, paháṛon kí choṭíon
par hogá, us ká phal Lubnán ke darakht kí tarah jhar-
jhaṛáwegá, aur shahr ke log maidán kí ghás kí mánind
sarsabz honge.
17 Us ká nám abad tak báqí rahegá; jab tak ki áftáb
rahegá, us ke nám ká riwáj hogá; aur log us ke báis apne
taín mubárak kahenge; sárí qaumen use mutabarrak gar-
dánengí.
18 Ḳhudáwand Ḳhudá, Isráel ká Ḳhudá, mubárak hai,
jo akelá hí ạjaib kám kartá hai.
19 Aur us ká jalíl nám abad tak mubárak hai; aur sárá
jahán us ke jalál se mạmúr howe; Ámín, phir Ámín.
20 Dáúd bin Yassí kí duạen tamám huín.

14 ROZ.—SHÁM KÍ NAMÁZ.

73 ZABUR.

1 KHUDÁ Isráel ke liye, un ke liye jo sáf dil hain,
sirf ḳhúb hí hai;
2 Lekin main jo hun, so nazdík thá, ki mere pánwon
phisal játe: mere qadamon ká rapaṭ jáná qaríb thá.

3 Ki main faḵhr karnewálon par hasad kartá thá ; main sharíron kí kámyábí par nazar kar rahá thá.

4 Ki un ke marne tak koí uqda nahín ; aur un kí táqat púrí hai.

5 Insán kí tarah un ko dukh nahín, aur na ádmí kí tarah un par áfat átí.

6 Is liye ghamand un kí gardanon ká tauq huá ; zulm ne un ko poshák kí mánind dhámp liyá.

7 Un kí ánkhen charbí ke báis ubhrí huí hain ; un ke dil ke tasawwur hadd se barhte hain.

8 We thatthá márte, aur zulm kí báten karte hain ; gurúr se bolte hain.

9 Unhon ne apne munh ásmánon par kiye hain, aur un kí zubánen zamín kí sair kartíán hain.

10 So us ke log idhar rujú láte hain, aur bahut sá pání un ke liye nichorá játá hai.

11 Aur we kahte hain, Ḵhudá kyunkar jáne? aur Haqq Taálá ko kiyá ágáhí hai?

12 Dekho yih sharír hain, jo sadá sahíh salámat rah ke apne mál matáa barháte játe hain.

13 Yaqínan main ne apne dil ko bas sáf kiyá, aur begunáhí se apne háth dhoe hain.

14 Ki main sáre din be-árám rahtá hun, aur har subh ko tambíh pátá hun.

15 Agar main kahtá, ki yun bayán karungá ; to dekh, ki main terí aulád kí guroh se be-ímání kartá.

16 Aur main ne fikr kí, ki is kí mujhe samajh ho, par mere nazdík yih bará kathin thá.

17 Jab tak ki main Ḵhudá ke maqdis men dáḵhil huá, tab main un ká anjám samajh gayá.

18 Yaqínan tú un ko phisaltí jagahon men bithlátá hai ; tú un ko halákat men dhakel detá hai.

19 We ek dam men kyá hí wírán ho gae : we saḵht dahshaton se kaise faná o barbád ho gae !

20 Jágnewále ke ḵhwáb kí mánind, ai Ḵhudáwand, jab tú jágegá, tú un kí súrat ko haqír jánegá.

21 Ki merá dil malúl huá, aur mere gurde chhid gae.

22 Aisá maiṇ wahshí o nádán thá: maiṇ tere huzúr hai-
wán kí mánind thá.
23 Tab bhí maiṇ hamesha tere hí sáth thá; tú ne merá
dahná háth pakṛá.
24 Tú apní maslahat se mujhe hidáyat karegá; aur
áḳhirash mujhe jalál meṇ shámil kar legá.
25 Ásmán par merá kaun hai, magar tú? zamín par
tere siwá koí nahíṇ, jis ká maiṇ mushtáq huṇ.
26 Merá jism aur merá dil ghaṭá játá hai; par Ḳhudá
mere dil kí chaṭán, aur merá hissa abad tak hai.
27 Ki dekh, we, jo tujh se dúr haiṇ, faná ho játe haiṇ,
tú ne un sab ko, jo terí taraf se phirke zání hue, halák
kiyá hai.
28 Par maiṇ jo huṇ, so merí bhaláí Ḳhudá kí nazdíkí
meṇ hai; maiṇ ne Ḳhudáwand Yahowáh par tawakkul
kiyá hai, táki tere sáre kámoṇ ko bayán karuṇ.

74 ZABÚR.

1 AI Ḳhudá, tú ne kyuṇ ham ko tá abad radd kiyá?
terí charágáh kí bheṛoṇ par tere qahr ká dhúwáṇ
kyuṇ uṭhtá hai?
2 Apní us jamáạt ko, jis kí tú ne qadím se ḳharídárí kí,
apne mírásí firqe ko, jise tú ne ḳhalásí baḳhshí, us koh i
Saihún ko jis meṇ tú ne sukúnat kí, yád farmá.
3 Dáimí wíráníoṇ kí taraf apne qadam baṛhá; dushman
ne Bait i Quds meṇ sab kuchh ḳharáb kar ḍálá hai.
4 Tere dushman tere majmạoṇ ke darmiyán gúṇj rahe
haiṇ; unhoṇ ne apne hí nishán, nishán ṭhahráe haiṇ.
5 Mạlúm hotá hai, ki koí ghane daraḳhtoṇ par kulháṛá
chalátá hai.
6 Phir ab we us kí naqqáshíoṇ ko ekbárgí tabaroṇ aur
hathyároṇ se toṛte haiṇ.
7 Unhoṇ ne tere maqdis meṇ ág lagáí hai; unhoṇ ne
tere nám ke maskan ko zamín tak nápák kiyá.
8 Unhoṇ ne apne dil meṇ kahá, Áo, un ko ek hí sáth
barbád kareṇ; unhoṇ ne mulk bhar meṇ Ḳhudá kí sárí
ịbádatgáhoṇ ko jalá diyá hai.

9 Ham apne nishánoṇ ko nahíṇ dekhte; koí nabí bhí nahíṇ; aur hamáre darmiyán koí nahíṇ, jo jáne, ki yih kab tak hogá.
10 Ai Ḳhudá, dushman kab tak malámat karegá? kyá dushman abad tak tere nám par kufr bakegá?
11 Tú kyuṇ apná háth, balki apná dahná háth, khaiṇch letá hai? use apní bagal meṇ se nikálke tamám kar.
12 Ḳhudá merá qadímí bádsháh hai; jo zamín ke bích naját ke kám kartá hai.
13 Tú ne apní qudrat se daryá ko chírá; tú ne páníoṇ meṇ tinnínoṇ ke sir kuchle.
14 Tú ne livyátán ke siroṇ ke ṭukṛe kiye; tú ne use bayábán ke basnewáloṇ kí ḳhurish kiyá.
15 Tú ne chashmoṇ ko aur sailáb ko chírá; tú ne sadá bahnewále daryáoṇ ko ḳhushk kiyá.
16 Din terá, rát bhí terí hai; núr o áftáb tú hí ne taiyár kar rakhá hai.
17 Zamín kí sárí sarhaddeṇ tú ne muqarrar kíṇ; garmí aur jáṛá tú hí ne banáyá hai.
18 Ai Ḳhudáwand, ise yád kar, ki dushman malámat kartá hai, aur ahmaq log tere nám par kufr bakte haiṇ.
19 Wahshí jamáạt kí ḳhwáhish par apná pinḍuk mat chhoṛ de: apne garíboṇ kí jamáạt abad tak mat bhúl.
20 Ạhd kí taraf mutawajjih ho; ki zamín ke andhere maqám zulm ke maskan se bhar gae.
21 Mazlúm ruswá hoke ulṭá na phire: garíb aur muhtáj tere nam kí sitáish kareṇ.
22 Uṭh, ai Ḳhudá, apná muqaddama áp hí kar; yád kar ki ahmaq sadá tujhe malámat kartá játá hai.
23 Apne dushmanoṇ kí áwáz ko bhúl na já; un ká shor gul jo terá muqábala karte haiṇ, nit uṭhtá játá hai.

15 ROZ.—FAJR KÍ NAMÁZ.

75 ZABÚR.

1 AI Khudá, ham terí hamd karte haiṇ; ham terí
hamd karte haiṇ, ki terá nám nazdík hai: we tere
ạjáib kám bayán karte haiṇ.
2 Ki míạd jab pahuṇchegí tab maiṇ rástí se ạdálat
karuṇgá.
3 Zamín aur us par ke sáre basnewále pighal gae:
maiṇ hí ne us ke sutúnoṇ ko sambhálá hai.
4 Maiṇ ne fakhr karnewáloṇ se kahá, ki fakhr mat karo,
aur sharíroṇ se, Síng mat uṭháo:
5 Apná síṇg úṇchá na karo; gardankashí se mat bolo.
6 Ki na púrab se na pachchhim se na paháṛoṇ ke bayá-
bánoṇ se faisala hai:
7 Balki Khudá hí hákim hai; wuh is ko girátá hai, aur
us ko buland kartá hai.
8 Ki Khudáwand ke háth meṇ ek piyála hai, jis meṇ
surkh mai hai; masálih ghul ke us meṇ bhará huá hai; us
meṇ se wuh undeltá hai; sirf us kí talchhaṭ zamín ke
sáre sharír nichoṛenge, aur píenge.
9 Par maiṇ jo huṇ, abad tak bayán karuṇgá; Yạqúb
ke; Khudá kí hamd gáuṇgá.
10 Aur sharíroṇ ke sab síṇg káṭ ḍáluṇgá, par sádiqoṇ
ke síṇg buland kiye jáeṇge.

76 ZABÚR.

1 YAHÚDAH ke darmiyán Khudá pahchááná huá hai;
Isráel meṇ us ká nám buzurg hai.
2 Aur Sálim meṇ us ká khaima thá, aur Saihún meṇ us
ká maskan.
3 Wahaṇ us ne kamán ke tír, aur sipar, aur talwár aur
laṛáí shikast kar dí.
4 Tú jalíl hai; shikárí paháṛoṇ se ziyáda shaukatwálá
hai.

5 Mazbút dil wále luṭ gae, we apní níṇd meṇ so gae;
aur sáre zabardastoṇ meṇ se kisí ne apne háth na páe.
6 Terí ḍapaṭ se, ai Yạqúb ke Ḳhudá, gáṛíáṇ aur ghoṛe
níṇd meṇ garq hue.
7 Tujh se, háṇ, tujhí se ḍará cháhiye; aur jab tú ek
dafạ qahr kare, to kaun tere huzúr khaṛá rah sake?
8 Tú ne ásmán par se hukm sunáyá, zamín ḍarí, aur
tham gaí;
9 Jis waqt Ḳhudá ạdálat karne uṭhá, táki zamín ke sáre
garíboṇ ko bacháwe.
10 Ki ádmí ká gazab terí sitáish karegá, aur báqí gazab
ko tú rok rakhegá.
11 Tum sab, jo us ke áspás ho, Ḳhudáwand apne Ḳhudá
kí nazreṇ máno, aur unheṇ adá karo: us ke huzúr, jis se
ḍará cháhiye hadye láweṇ.
12 Wuh umráoṇ kí ján letá; wuh zamín ke bádsháhoṇ
ke liye muhíb hai.

77 ZABÚR.

1 MAIṆ Ḳhudá kí taraf apní áwáz se chillátá huṇ,
háṇ, Ḳhudá hí kí taraf apní áwáz se: wuh merí
taraf kán dhare.
2 Bipat ke din maiṇ ne Ḳhudáwand kí talásh kí; mere
háth rát ko uṭhe rahe aur gire nahíṇ; merí ján ne tasallí
páne se inkár kiyá.
3 Maiṇ Ḳhudá ko yád kartá, aur karáhtá huṇ: maiṇ
sochtá aur merá jí udás hotá hai.
4 Tú ne merí áṇkheṇ khulí rakhíṇ; maiṇ ghabrá gayá,
aur bol nahíṇ saktá.
5 Maiṇ agle dinoṇ ko, qadímí barasoṇ ko sochá.
6 Maiṇ apná gít jo rát ke waqt gáyá yád karuṇ; maiṇ
apne dil meṇ sochuṇ; aur merí rúh talásh kare.
7 Kyá Ḳhudáwand abad tak radd karegá? aur phir
kabhí tawajjuh na farmáegá.
8 Kyá us kí mihr abad tak áḳhir ho gaí? kyá wạda sab
pushtoṇ ke liye bátil ho gayá?

9 Kyá Ḳhudá apní karímí bhúl gayá? kyá us ne qahr
se apní rahmatoṇ ko band kar liyá hai?
10 Aur maiṇ ne kahá, yih merá marz hai, aur Haqq
Taạlá ke dahne háth ke baras haiṇ.
11 Maiṇ Ḳhudáwand ke kámoṇ ká tazkira karuṇgá;
kyuṇki maiṇ tere qadímí ạjáibát ko yád karuṇgá.
12 Maiṇ tere sab fiạloṇ ko sochuṇgá, aur tere kámoṇ
par dhiyán karuṇgá.
13 Ai Ḳhudá, quds meṇ terí ráh hai: kaun mạbúd
Ḳhudá ká sá baṛá hai?
14 Tú wuh Ḳhudá hai, jo ạjáib kám kartá hai; tú ne
apne zor ko logoṇ meṇ záhir kiyá.
15 Tú ne apne bázú se apne logoṇ ko, baní Yạqúb aur
baní Yúsuf ko, maḳhlasí baḳhshí.
16 Páníoṇ ne, ai Ḳhudá páníoṇ ne tujh ko dekhá; we
ḍar gae; gahráo bhí kámp uṭhe.
17 Abr ne pání uṇḍelá; bádaloṇ ne kaṛak márí; háṇ
tere tír chároṇ taraf se uṛe.
18 Terí garaj kí áwáz girdbád meṇ huí; bijlíoṇ ne
jahán ko roshan kar diyá; zamín larzí aur kámpí.
19 Terí ráh samundar meṇ, aur terá guzar baṛe páníoṇ
meṇ aur terá naqsh i qadam mạlúm nahíṇ.
20 Tú ne Músá aur Hárún ke háth se galle kí mánind
apne logoṇ kí rahnumáí kí.

15 ROZ.—SHÁM KÍ NAMÁZ.

78 ZABÚR.

1 AI merí guroh, merí sharíạt par kán rakho: aur
mere muṇh kí báteṇ kán dharke suno.
2 Maiṇ apná muṇh kholke ek tamsíl kahuṇgá; maiṇ
rás kí báteṇ jo qadím se haiṇ, záhir karuṇgá.
3 Jinheṇ ham ne suná hai, aur jáná, aur hamáre báp-
dádoṇ ne ham se bayán kiyá.

4 Ham un ke farzandoṇ se poshída na rakheṇge, balki ánewálí pusht par Ḳhudáwand kí sitáish aur us kí qudrateṇ, aur us ke ạjáib kám, jo us ne kiye, záhir kareṇge.

5 Kyuṇki us ne Yạqúb meṇ ek shahádat qáim kí, aur baní Isráel meṇ ek sharíạt kar rakhí, jis kí bábat us ne hamáre bápdádoṇ ko hukm kiyá, ki we us kí aulád ko sikhláweṇ.

6 Táki ánewálí pusht, we farzand jo paidá howeṇ síkheṇ; phir we uṭheṇ, aur apní aulád ko sikhláweṇ.

7 Aur Khudá par apná bharosá rakheṇ, aur Ḳhudá ke kámoṇ ko bhulá na deṇ, balki us ke hukmoṇ ko hifz kareṇ;

8 Aur apne bápdádoṇ kí tarah ek sharír aur sarkash nasl na hoṇ; aisí nasl, ki jis ne apná dil mustaịd na kiyá, aur un ke jí Ḳhudá ke amánatdár na ṭhahre.

9 Baní Ifráím ne jo hathyár báṇdhne aur kamán pakaṛnewále haiṇ, jaṇg ke din píṭh pherí.

10 Unhoṇ ne Ḳhudá ke ạhd ko hifz nahíṇ kiyá, aur us kí sharíạt par chalne se inkár kiyá.

11 Aur us ke kámoṇ ko, aur us kí ạjáibát ko, jo us ne un par záhir kíṇ, bhúl gae.

12 Us ne un ke bápdádoṇ ke sámhne zamín i Misr meṇ, Zuạn ke maidán meṇ ạjáib kám kiye.

13 Us ne samundar ke do hisse kiye, aur unheṇ pár pahuṇcháyá; aur us ne páníoṇ ko túde kí mánind khaṛá kar diyá.

14 Aur din ke waqt us ne badlí se un kí rahbarí kí, aur sárí rát ág ke shuạle se.

15 Us ne bayábán meṇ chaṭánoṇ ko chírá, aur un meṇ se un ke píne ko, goyá baṛe daryáoṇ meṇ se pání bakhshá.

16 Háṇ us ne chaṭán meṇ se sailáb nikále, aur nahroṇ ká sá pání baháyá.

17 Lekin we phir bhí us ke huzúr gunáh karte, jaṇgal meṇ Haqq Taạlá se sarkashí karte chale gae.

18 Aur apne nafs ke liye kháná máṇgke apne diloṇ meṇ Ḳhudá ko ázmáyá.

19 Aur Ḳhudá ke barḳhilaf kalám kiyá: unhoṇ ne kahá, Kyá Ḳhudá dasht meṇ dastarḳhwán bichhá saktá hai?

20 Dekho, us ne chaṭán ko to márá, aisá ki páni bah
niklá, aur dháreṇ phúṭ chalíṇ; kyá wuh roṭí bhí de saktá
hai? kyá apne logoṇ ke liye gosht taiyár kar saktá hai?
21 So Ḳhudáwand ne suná, aur gusse huá; aur Yaqúb
meṇ ek ág bhaṛkí; aur Isráel par bhí qahr uṭhá.
22 Kyuṇki unhoṇ ne Ḳhuda par iạtiqád na rakhá, aur
us kí naját par bharosá na kiyá.
23 Aur us ne úpar se badlíoṇ ko hukm kiyá; aur ásmán
ke darwáze khole;
24 Aur un par mann barsáyá, ki kháweṇ, aur un ko
ásmání galla bakhshá.
25 Ádmí ne firishtoṇ kí roṭí kháí; us ne unheṇ ḳhurák
bhejkar ásúda kiyá.
26 Us ne ásmán meṇ purabí hawá chaláí, aur apne zor
se dakhaní hawá ko bhí baháyá.
27 Aur un par ḳhák kí mánind gosht, aur daryá ke ret
kí mánind pardár murg barsáe.
28 Aur unheṇ, un ke ḳhaimoṇ ke bích, un ke maskanoṇ
ke áspás, giráyá.
29 So unhoṇ ne kháyá, aur ḳhúb ser hue; ki us ne un
ki tamanná unheṇ bakhshí;
30 We apní tamanná se kanáre na rahe. Par jab ki un
ká kháná un ke munh hí meṇ thá.
31 Tab Ḳhudá kí qahr un par bhaṛká aur un meṇ se
tanáwaroṇ ko qatl kiyá, aur Isráel ke jawánoṇ ko már
ḍálá.
32 Báwajúd is sab ke phir unhoṇ ne gunáh kiye, aur us
ke ạjáib kámoṇ ko dekhke bhí iạtiqád na kiyá.
33 Tab us ne un ke dinoṇ ko behúdagí meṇ, aur un ke
barasoṇ ko dahshat meṇ tamám kiyá.
34 Jab us ne unheṇ qatl kiyá, tab unhoṇ ne use ḍhúṇḍhá,
aur báz áe. aur Ḳhuda ke tálib hue;
35 Aur yád kiya, ki Ḳhudá un kí chaṭán, aur Ḳhudá
Taạlá un ká Fidya denewalá thá.
36 Lekin unhoṇ ne apne munh se us ke sáth riyákárí kí,
aur apní zubán se us se jhúṭh bole:
37 Aur un ke dil us ke sáth mustaqím na the, aur we us
ke ạhd meṇ wafádár na rahe.

38 Par wuh hai rahím, badkárí ká bakhshnewálá aur
halák nahíṇ kartá: aur bárhá apne qahr ko phirá detá, aur
apne sáre gazab ko bhaṛkátá nahíṇ.
39 Aur us ne yád kiyá, ki we bashar haiṇ; ek hawá, jo
chaltí hai aur phir nahíṇ átí.
40 Kitní bár unhoṇ ne bayábán meṇ bagáwat kí, aur
wírána meṇ use bezár kiyá.
41 Aur unhoṇ ne phir Khudá ko ázmáyá, aur Isráel ke
Quddús ko mahdúd kiyá.
42 Unhoṇ ne us ke háth ko yád na kiyá, na us din ko
ki jab us ne un ko dushman se chhuṛáyá.
43 Ki kyuṇkar us ne Misr meṇ apne nishán, aur Zuạn
ke maidán meṇ apne ạjáib kám záhir kar dikháe.
44 Us ne un kí nadíoṇ ko lahú kar ḍálá, ki we apní
nahroṇ se pí na sake.
45 Us ne un meṇ makkhíáṇ bhejíṇ, jo unheṇ khá gaíṇ;
aur meṇḍak, jinhoṇ ne unheṇ halák kiyá.
46 Us ne un ke mewe kíṛoṇ ko, aur un kí kamáí ṭiḍḍíoṇ
ko khiláí.
47 Us ne un ke aṇgúroṇ ko oloṇ se aur un ke anjír ke
darakhtoṇ ko pále se márá.
48 Us ne un ke mawáshí ko oloṇ ke hawále kiyá aur
un ke galloṇ ko bijlí ke.
49 Us ne balá ke firishte bhejke un par apne qahr kí
tundí, gussa aur gazab, aur musíbat názil kí.
50 Us ne apne qahr ke liye ráh barábar khol dí; un kí
ján ko maut se chhuṛáyá nahíṇ, balki un kí hayát wabá ke
hawále kí.
51 Aur Misr meṇ sáre pahlauṭhe máre; Hám ke ḍeroṇ
meṇ un ke qúwwat ke pahle phal.
52 Par apne logoṇ ko bheṛoṇ kí mánind rawána kiyá,
aur un ko galle kí tarah bayábán meṇ ráh dikhái.
53 Aur unheṇ amn se le gayá, aisá ki we na ḍare; par
un ke dushmanoṇ ko samundar ne ḍubá liyá.
54 Aur us ne unheṇ apne muqaddas siwáne par pahuṇ-
cháyá, us paháṛ par, ki jise us ke dahne háth ne hásil
kiyá.

55 Aur qaumoṇ ko un ke sámhne se háṇká, aur jaríb se unheṇ mírás báṇtí, aur Isráel ke firqoṇ ko un ke ḳhaimoṇ meṇ basáyá.
56 Tis par bhí unhoṇ ne Ḳhudá Taạla ko ázmáyá, aur us se bagáwạt kí, aur us kí gawáhíoṇ ko hifz na kiyá;
57 Aur bargashta hue, aur apne bápdádoṇ kí mánind be-ímání kí; we ṭeṛhí kamán kí mánind ek taraf phir gae.
58 Aur unhoṇ ne apne úṇche makánoṇ ke sabab use gussa diláyá, aur apní khodí huí múratoṇ se us ko gairat diláí.
59 Ḳhudá yih sunke gussa huá, aur Isráel se nipaṭ ghináyá:
60 Aur us ne Silá ke maskan ko, us ḳhaime ko, jo us ne ádmíoṇ ke darmiyán khaṛá kar diyá thá, tark kiyá.
61 Aur apne zor ko asír karwáyá, aur apní hashmat ko dushman ke háth meṇ kar diyá.
62 Aur apne logoṇ ko talwár ke supurd kiyá, aur apní mírás se gazabnák huá.
63 Ág ne us ke jawánoṇ ko faná kiyá, aur un kí kuṇwá-ríoṇ ke jilwe ká gít na huá.
64 Un ke káhin talwár se máre paṛe, aur un kí bewoṇ ne mátam na kiyá.
65 Tab Ḳhudáwand us shaḳhs kí tarah, jo níṇd se chauṇ-ke jágá; us pahalwán kí mánind jo mai píke lalkártá hai.
66 Aur us ne apne dushmanoṇ kí pichháṛí márí: us ne unheṇ sadá ká nang kiyá.
67 Aur us ne Yúsuf ke ḳhaime ko radd kiyá, aur Ifráím ke firqe ko chun na liyá:
68 Par Yahúdáh ke firqe ko, koh i Saihún ko jo us ká mahbúb thá, barguzída kiyá.
69 Aur apne maqdis ko úṇche paháṛoṇ kí mánind baná-yá, zamín kí mánind jis kí neo hamesha ke liye us ne rakhí.
70 Aur us ne apne bande Dáúd ko barguzída kiyá, aur galloṇ ke bheṛsáloṇ meṇ se use nikál liyá.
71 Us ne use bachchewálí bheṛoṇ ke píchhe se le liyá, táki apne logoṇ, baní Yạqúb ko, aur baní Isráel ko, jo us kí mírás hai, charáwe.

72 So us ne apne dil kí kharáí ke mutábiq unheṇ charáyá aur apne háthoṇ kí fahmíd se un kí rahnumáí kí.

16 ROZ.—FAJR KÍ NAMÁZ.

79 ZABÚR.

1 AI Khudá, gair-qaumoṇ ne terí mírás meṇ dakhl
kiyá; terí muqaddas haikal ko unhoṇ ne nápák
kiyá; Yarusalam ko ḍher kar diyá hai.
2 Tere bandoṇ kí láshoṇ ko unhoṇ ne ásmání parindoṇ
kí, tere muqaddasoṇ ke gosht ko zamín ke wahshíoṇ kí
ḳhurish kiyá.
3 Unhoṇ ne un ke lahú ko Yarusalam ke girdnawáh
meṇ pání kí mánind baháyá; aur un ká koí gáṛnewálá
nahíṇ.
4 Ham apne hamsáyoṇ ke liye ek naṇg un ke liye, jo
hamáre áspás haiṇ, jáe tamasḳhur aur ṭhaṭholí hue.
5 Ai Ḳhudáwand, tú kab tak hamesha bezár rahegá?
kab tak terí gairat átish kí mánind bhaṛaktí rahegí?
6 Apná gussa un qaumon par ḍál de, jinhoṇ ne tujh ko
na pahcháná, aur un bádsháhatoṇ par, ki jinhoṇ ne terí
nám na liyá.
7 Ki unhon ne Yaqúb ko nigal liyá, aur us ke maskan
ko ujáṛ diyá hai.
8 Agloṇ kí badkáríoṇ ko hamáre haqq meṇ yád mat kar;
apní rahmatoṇ ko jald hamáre liye áṛ kar, ki ham bahut
zalíl ho gae haiṇ.
9 Ai hamáre naját denewále Ḳhudá, apne nám ke jalál ke
wáste hamárí madad kar: aur ham ko chhuṛá, aur hamáre
gunáhoṇ ká kafára de, apne nám ke wáste.
10 Gair-qaumeṇ kis liye kaheṇ, ki un ká Ḳhudá kaháṇ
hai? tú hamárí nazar ke áge apne bandoṇ ke ḳhún ká badlá
jo baháyá gayá, gair-qaumoṇ ke darmiyán záhir kar.
11 Asír kí sáṇs ko áp tak pahuṇchne de; apní baṛí qud-
rat ke muwáfiq un ko, jo maut ke liye muqarrar hue haiṇ
bachá le.

12 Aur hamáre hamsáyoṇ kí malámat ká badlá, jis tarah
ki unhoṇ ne, ai Ḳhudáwand, terí malámat kí, sát-guní un
kí god meṇ bhar de.
13 So ham, tere bande, aur terí charágáh kí bheṛ, abad
tak terí hamd kareṇge; pusht dar pusht ham terí sitáish
bayán kareṇge.

80 ZABU'R.

1 AI Isráel ke gaṛariye, tú jo Yúsuf ko galle kí má-
nind le chaltá hai, kán dhar: tú jo karúbím par
baiṭhá hai, jalwagar ho.
2 Ifráím aur Binyámín aur Manassí ke áge, apní quwwat
ko uksá, aur áke ham ko bachá.
3 Ai Ḳhudá, ham ko phirá, aur apne chihre kí roshní
dikhlá, to ham bach jáeṇge.
4 Ai Ḳhudáwand Rabb ul afwáj, tú kab tak apne bandoṇ
kí duạ́ se gazabnák rahegá?
5 Tú unheṇ áṇsúoṇ ká kháná khilátá hai, aur unheṇ
maṭke bhar bhar ke áṇsú pilátá hai.
6 Tú ham ko hamáre hamsáyoṇ ke áge jhagṛe ká sabab
kartá hai; aur hamáre dushman ápas meṇ haṇste haiṇ.
7 Ai Rabb ul afwáj, ham ko phirá, aur apne chihre kí
roshní dikhlá, to kam bach jáeṇge.
8 Tú ek ták ko Misr se nikál láyá; tú ne gair-qaumoṇ
ko ḳhárij kiyá, aur use lagáyá.
9 Tú ne us ke liye taiyárí kí, aur us ne jaṛ pakṛí, aur
zamín ko bhar diyá.
10 Paháṛ us ke sáya tale chhip gae, aur Ḳhudá ke
sanaubar us kí ḍálíoṇ se.
11 Us ne apní ḍálíáṇ samundar tak phailáíṇ, aur apní
ṭahníáṇ daryá tak.
12 Phir tú ne us ke iháte ko kyuṇ toṛ ḍálá? ki we sab,
jo us ráh se guzarte haiṇ, use noch lete haiṇ?
13 Jaṇglí súar use ḳharáb kartá hai, aur dashtí
darinda use khá játá hai.
14 Ai lashkaroṇ ke Ḳhudá, mihrbání karke phir á;
ásmán par se nigáh kar, aur dekh, aur is ták par tawajjuh
kar;

15 Aur jo kuchh tere dahne háth ne lagáyá hai, us kí
hifázat kar, háṇ us shákh kí, jise tú ne apne liye mazbút
kiyá,
16 Wuh ág se jaláí gaí aur káṭí gaí; we tere chihre kí
ḍapaṭ se halák hote haiṇ.
17 Terá háth, tere dahne háth ke insán par ho, us ibni
ádam par jise tú ne apne liye mazbút kiyá.
18 Tab ham tujh se na phireṇge; ham ko jilá, ki terá
nám liyá kareṇge.
19 Ai Khudáwand, Rabb ul afwáj, ham ko phirá; apne
chihre kí roshní dikhlá to ham bach jáeṇge.

81 ZABÚR.

1 PUKÁRKE Khudá kí jo hamárá zor hai, madh gáo;
Yaqúb ke Khudá ke liye khushí se nara máro.
2 Gít gáo, aur tabla bajáo, suhánewálí barbat aur bín
samet.
3 Daras meṇ purnamásí ko hamárí íd ke din narsingá
phúṇko.
4 Kyuṇki yih Isráel ke liye sunnat, yih Yaqúb ke Khudá
ká hukm hai.
5 Us ne yih Yúsuf ke liye ek gawáhí ṭhahráí, jab wuh
use Misr kí zamín par se hoke láyá; waháṇ maiṇ ne ek bolí
suní, jo na samjhá.
6 Maiṇ ne us ke káṇdhe par se bojh utárá; us ke háth
ṭokríoṇ se chhúṭ gae.
7 Tú ne bipat meṇ faryád kí; maiṇ ne tujhe chhuṛáyá;
maiṇ ne garj ke parde meṇ se tujhe jawáb diyá; maiṇ ne
tujhe Maríbáh ke páníoṇ par ázmáyá.
8 Ai mere log, suno; ai Isráel, agar tú merí sunegá, to
maiṇ tujhe tákíd se chitá duṇgá.
9 Tere darmiyán dúsrá mabúd na ho; aur tú kisí ajnabí
mabúd ko sijda mat karná.
10 Maiṇ hí Khudáwand, terá Khudá huṇ, jo tujhe Misr
kí sarzamín se báhar láyá; apná muṇh khol, ki maiṇ use
bhar duṇgá.

11 Par mere logoṇ ne merí áwáz par kán na dhará, aur
Isráel ne mujhe na cháhá.
12 Tab maiṇ ne unheṇ un ke diloṇ kí sharárat ke supurd
kiyá; we apní mashwaratoṇ par chale.
13 Kásh ki mere log merí sunte, aur Isráel merí ráhoṇ
par chaltá.
14 Ki maiṇ jaldí un ke dushmanoṇ ko maglúb kartá;
aur un ke bairíoṇ par apná háth phirátá.
15 Ḳhudáwand ke kína rakhnewále, us se dab chalte;
par in ká waqt abadí hotá.
16 In ko suthre se suthre gehúṇ khilátá, aur chaṭán ke
shahd se maiṇ tujhe ser kartá.

16 ROZ.—SHÁM KÍ NAMÁZ.

82 ZABÚR.

1 KHUDÁ kí jamáạt meṇ Ḳhudá mutaqaddim hai;
Iláhoṇ ke darmiyán wuh ạdálat kartá hai.
2 Tum kab tak be-insáfí se ạdálat karoge, aur sharíroṇ
kí tarafdárí karoge?
3 Miskín aur yatím ká insáf karo; dukhí aur hájat-
mand ká haqq pahuṇcháo.
4 Miskín aur muhtáj kí riháí karo; sharíroṇ ke háth se
unheṇ chhuṛáo.
5 We nahíṇ jánte, aur nahíṇ samjheṇge; we andhero
meṇ chalá karte haiṇ; zamín kí sárí bunyádeṇ jumbish
kartí haiṇ.
6 Maiṇ ne to kahá, ki tum iláh ho; tum sab Haqq
Taạlá ke farzand ho.
7 Par tum ádmí kí tarah maroge, aur sháhzádoṇ meṇ se
ek kí mánind gir jáoge.
8 Ai Ḳhudá, uṭh; tú áp zamín kí ạdálat kar; ki tú sárí
qaumoṇ ko mírás meṇ legá.

83 ZABÚR.

1 AI Ḳhudá, chup mat rah; ḳhámoshí mat kar, aur
chain na le, ai Ḳhudá.
2 Kyuṇki, dekh, tere dushman dhúm macháte haiṇ; aur
unhoṇ ne, jo terá kína rakhte haiṇ, sir uṭháyá hai.
3 We chaturáí se tere log par mansúba báṇdhte haiṇ,
aur tere chhipáe huoṇ ke ḳhiláf saláh karte haiṇ.
4 We kahte haiṇ, ki Áo, un ko ukháṛ ḍáleṇ, ki qaum na
raheṇ, aur Isráel ke nám ká phir zikr na ho.
5 Kyuṇki unhoṇ ne dil lagá ke ek sáth mashwarat kí
hai; unhon ne terí muḳhálifat par ạhd báṇdhá kai.
6 Adúm aur Ismáịlíoṇ ke ḳhaime; Muábí, aur Hájríoṇ
ke:
7 Jabal, aur Ạmmún, aur Ạmáliq, Filist, Súr ke báshin-
doṇ samet:
8 Asúr bhí un se mil gayá hai: we Baní Lút ke madad-
gár haiṇ.
9 Tú un se aisá kar, ki jaisá tú ne Midyáníoṇ, aur
Sisará, aur Yábín se, wádí i Qaisún meṇ kiyá:
10 Jo Ạin-Dor meṇ halák hue; we zamín kí khád ho
gae.
11 Unheṇ, háṇ, un ke amíroṇ ko Ġuráb aur Zaib kí má-
nind kar; aur un ke sáre sardároṇ ko Zibah aur Zillmanạ
kí mánind:
12 Ki unhoṇ ne kahá hai, Áo, Ḳhudá ke gharoṇ ke ham
málik baneṇ.
13 Ai mere Ḳhudá, unheṇ girdbád ke mánind kar; bhus
kí mánind rúbarú hawá ke.
14 Jis tarah ág jaṇgal ko bhasam kartí hai, aur jis tarah
shuạla paháṛoṇ ko jalá detá hai;
15 Usí tarah tú apní áṇdhí se un ká píchhá kar, aur
apne túfán se unheṇ pareshán kar.
16 Ai Ḳhudáwand, un ke muṇh ko ruswáí se bhar de,
táki we tere nám ke tálib howeṇ.
17 We abad tak sharminda aur pareshán hoṇ; háṇ, we
ruswá hoṇ, aur faná ho jáweṇ.
18 Aur we jáneṇ, ki tú hí akelá jis ká nám YAHOWÁH
hai, sárí zamín par ạlá hai.

84 ZABU'R.

1 AI lashkaroṇ ke Khudáwand, tere maskan kyá hí
dilkash haiṇ!
2 Merí rúh Khudáwand kí bárgáhoṇ kí mushtáq, balki
un ke liye bekhud ho játí hai; merá man aur merá tan
zinda Khudá ke liye pukártá hái.
3 Gaure ne bhí apná ghoṇslá aur abábíl ne apná áshiyána
páyá hai, jaháṇ we apne bachche rakheṇ: terí bárgáhoṇ
ko, ai lashkaroṇ ke Khudáwand, mere Bádsháh, aur mere
Khudá.
4 Mubárak we, jo tere ghar meṇ baste haiṇ; we sadá
terí sitáish karte raheṇge.
5 Mubárak wuh insán, jis kí quwwat tujh hí se hai; jin
ke dil meṇ terí ráheṇ haiṇ.
6 We áṇsúoṇ kí wádí meṇ se guzar karte hue use
chashma banáte; barakatoṇ se bhí aglí barsát us ko bhar
detí hai.
7 We quwwat se quwwat tak taraqqí karte chale játe
haiṇ; Khudá ke áge Saihún meṇ házir hote haiṇ.
8 Ai Khudáwand, Rabb ul afwáj merí duá qabúl kar;
ai Yaqúb ke Khudá, kán dhar.
9 Ai Khudá, ai hamárí sipar, nazar kar, aur apne Masíh
ke muṇh par nigáh farmá.
10 Ki ek din, jo terí bárgáhoṇ meṇ kaṭe, ek hazár se
bihtar hai. Mere liye Khudá ke ghar kí darbání sharárat
ke khaimoṇ meṇ rahne se bihtar hai.
11 Ki Khudáwand Khudá ek áftáb, aur sipar hai;
Khudáwand fazl aur jalál bakhshtá hai; un logoṇ se, jo
sídhí chál chalte haiṇ, koí achchhí chíz dareg na karegá.
12 Ai lashkaroṇ ke Khudáwand, mubárak wuh insán jo
tujh par bharosá rakhtá hai.

85 ZABU'R.

1 AI Khudáwand, tú apní zamín par mihrbán huá; tú
Yaqúb ke qaidíoṇ ko pher láyá.
2 Tú ne apne logoṇ ke gunáh bakhsh diye; tú ne un kí
sab khatá chhipá dálí.

3 Tú ne apne sab qahr ko pherá; tú apne gazab kí
shiddat se báz áyá.
4 Ai hamáre naját denewále Ḳhudá, ham ko phirá, aur
apne qahr ko ham par se dafa kar.
5 Kyá tú ham se sadá bezár rahegá; kyá tú sárí pushtoṇ
par apne qahr ko khaiṇchegá?
6 Kyá tú phirke hameṇ na jiláwegá, táki tere log tujh
se ḳhushí kareṇ?
7 Ai Ḳhudáwand, ham ko apní rahmat dikhá, aur apní
naját ham ko baḳhsh.
8 Maiṇ sunúṇgá, ki Ḳhudáwand Ḳhudá kyá farmátá
hai; wuh to apne bandoṇ aur apne muqaddasoṇ se salá-
matí kí bát farmátá hai; lekin we phir himáqat kí taraf
na jáeṇ.
9 Yaqínan us kí naját us ke ḍarnewáloṇ ke nazdík hai,
táki jalál hamárí sarzamín meṇ base.
10 Rahmat aur sachchái mil gaí haiṇ; sadáqat aur
salámat ne ápas meṇ chúmá liyá hai.
11 Sachchái zamín se ugtí, aur sadáqat ásmán par se
níche nazar kartí hai.
12 Háṇ, Ḳhudáwand jo kuchh ḳhúb hai so detá; aur
hamárí sarzamín apná hásil maujúd kartí hai.
13 Sadáqat us ke áge chaltí, aur apne naqsh i qadam ko
ráh banátí hai.

17 ROZ.—FAJR KÍ NAMÁZ.

86 ZABU'R.

1 AI Ḳhudáwand, apná kán jhuká, tú merí sun; ki
maiṇ garíb aur muhtáj huṇ.
2 Merí ján kí hifázat kar, ki maiṇ díndár huṇ; ai tú jo
merá Ḳhudá hai, apne bande ko, jis ká bharosá tujh par
hai, naját de.
3 Ai Ḳhudáwand, mujh par rahm kar, ki maiṇ tamám
din tere áge nála kartá huṇ.
4 Apne bande ke dil ko ḳhush kar, ki ai Ḳhudáwand,
maiṇ apne dil ko terí taraf uṭhátá huṇ.

5 Kyuṇki tú, ai Ḳhudáwand, bhalá hai, aur gafúr, aur
terí rahmat un sab par, jo tujhe pukárte haiṇ, wáfir hai.
6 Ai Ḳhudáwand, merí duạ́ kán dharke sun, aur merí
munáját kí áwáz par máil ho.
7 Maiṇ apní bipat ke din tujhe pukártá huṇ, ki tú merí
suntá hai.
8 Mạbúdoṇ ke darmiyán, ai Ḳhudáwand, tujh sá koí
nahíṇ, aur terí sí sanạteṇ kahíṇ nahíṇ.
9 Ai Ḳhudáwand, sárí qaumeṇ jinheṇ, tú ne paidá kiyá,
áweṇgí, aur tere áge sijda kareṇgí, aur tere nám kí buzurgí
kareṇgí.
10 Ki tú buzurg hai, aur ạjáib kám kartá hai, tú hí akelá,
ai Ḳhudá.
11 Ai Ḳhudáwand, mujh ko apní ráh batá; maiṇ terí
sachchái meṇ chaluṇgá; merá dil ektarfa kar, táki maiṇ
tere nám se ḍaruṇ.
12 Ai Ḳhudáwand mere Ḳhudá, maiṇ apne sáre dil se
terí sitáish karuṇgá; aur abad tak tere nám kí buzurgí
karuṇgá.
13 Ki terí rahmat mujh par bahut hai, aur tú ne merí
rúh ko gahre pátál se rihái dí hai.
14 Ai Ḳhudá, magrúroṇ ne mujh par chaṛhái kí hai, aur
kaṭṭar logoṇ kí jamáạt merí ján ke píchhe paṛí hai; aur
unhoṇ ne tujhe apní áṇkhoṇ ke sámhne nahíṇ rakhá.
15 Lekin tú, ai Ḳhudáwand, Ḳhudá i rahím o karím
hai; bardásht karnewálá hai, aur rahmat aur sachchái
meṇ baṛh kar hai.
16 Merí taraf mutawajjih ho, aur mujh par rahm kar;
apne bande ko apní taraf tawánái baḳhsh, aur apní launḍí
ke beṭe ko naját de.
17 Mujhe bhalái ká koí nishán dikhlá, táki we, jo merá
kína rakhte haiṇ, dekheṇ, aur sharminda howeṇ; ki tú ne,
ai Ḳhudáwand, merí madad kí, aur mujhe tasallí dí hai.

87 ZABU'R.

1 US kí bunyád muqaddas paháṛoṇ meṇ hai.

2 Ḳhudáwand Saihún ke phátakoṇ ko Yaqúb ke sáre maskanoṇ se ziyáda pyár kartá hai.

3 Ai Ḳhudáwand, terí bábat jalálwálí báteṇ kahí játí haiṇ.

4 Maiṇ apne pahchánnewáloṇ meṇ, Rahab aur Bábul ko mazkúr karuṇgá; dekh, Filist, aur Súr, Kúsh samet; yih waháṇ paidá hue.

5 Aur Saihún kí bábat kahá játá hai, ki Fuláná, fuláná us meṇ paidá huá; aur Ḳhudá Taạlá us ko áp qiyám bakhshtá hai.

6 Ḳhudáwand, jis waqt logoṇ ke nám likhegá, to gin ke kahegá, ki Yih shaḳhs waháṇ paidá huạ thá.

7 Gánewále aur bajánewále bhí hoṇge; mere sáre chashme tujh meṇ haiṇ.

88 ZABU'R.

1 AI Ḳhudáwand Ḳhudá mere naját dihinde, maiṇ ne din rát tere áge faryád kí.

2 Merí duạ tere huzúr pahuṇche; apná kán merí faryád par dhar.

3 Ki merá jí dukhoṇ se bhará huá hai, aur merí ján pátál ke nazdík á pahuṇchí hai.

4 Maiṇ un meṇ giná gayá huṇ, jo gaṛhe meṇ gire játe haiṇ; maiṇ us mard kí mánind huṇ, jis kí quwwat kuchh na ho:

5 Murdoṇ ke darmiyán ázád huṇ; un maqtúloṇ kí mánind, jo gor meṇ leṭe haiṇ, jinheṇ tú phir yád nahíṇ farmátá hai; balki we tere háth se káṭ ḍále gae haiṇ.

6 Tú ne mujh ko gaṛhe ke asfal meṇ ḍálá, andhere makánoṇ meṇ, gahráoṇ meṇ.

7 Terá qahr mujh par paṛá rahtá; aur tú ne apní sárí maujoṇ se mujh ko ḍubáyá hai.

8 Tú ne mere ján-pahchánoṇ ko mujh se dúr kiyá, tú ne aisá kiyá, ki unheṇ mujh se nafrat átí hai; maiṇ qaid meṇ paṛ gayá, aur nikal nahíṇ saktá.

9 Merí áṇkheṇ dukh ke sabab dhuṇdhlá gaíṇ haiṇ: ai
Ḳhudáwand, maiṇ harroz tujhe pukár rahá huṇ; apne háth
terí taraf phailáe haiṇ.
10 Kyá tú murdoṇ ke liye ạjáib kám dikhláwegá? kyá
sáye uṭhke terí sitáish kareṇge?
11 Kyá gor meṇ terí rahmat, kyá halákat meṇ terí
wafádárí bayán kí jáegí?
12 Kyá tere ạjáib kám andhere meṇ mạlúm kiye jáeṇge;
aur terí sadáqat farámoshí kí zamín meṇ?
13 Ai Ḳhudáwand, maiṇ jo huṇ, merí duhái tere sámhne
hai; phir subh ko merí ạrz tere liye taiyár rahegí.
14 Ai Ḳhudáwand, tú kyuṇ merí ján ko radd kartá
hai? apná muṇh mujh se kyuṇ chhipátá hai?
15 Laṛakpan se maiṇ dukhí, aur merá dam nikalne hí
par rahá hai; tú mujhe haibatnák nazar áyá; maiṇ nipaṭ
ghabrá játá huṇ.
16 Terá qahr mere sir se guzar gayá: terí dahshatoṇ
ne mujhe faná kiyá hai.
17 We din bhar pání kí mánind merí chároṇ taraf mauj-
zan haiṇ; unhoṇ ne ek sáth mujhe gher liyá hai.
18 Dost aur rafíq tú ne mujh se dúr kar diye; mere ján
pahchán táríkí haiṇ.

17 ROZ.—SHÁM KÍ NAMÁZ.

89 ZABÚR.

1 MAIṆ abad tak Ḳhudáwand kí rahmatoṇ kí madh-
saráí karuṇgá, maiṇ sárí pushtoṇ ko apne muṇh
se terí sachcháí kí ḳhabar duṇgá.
2 Kyuṇki maiṇ ne kahá, ki Rahmat abad tak barqarár
rahegí; tú apní sachcháí ko ásmánoṇ hí par qáim kar
rakhegá.
3 Maiṇ ne apne barguzíde se ek ạhd kiyá hai; apne
bande Dáúd se qasam kháí hai:
4 Maiṇ terí nasl ko abad tak qáim rakhuṇgá, aur tere
taḳht ko pusht dar pusht qarár baḳhshuṇgá.

5 Aur ásmán, ai Khudáwand, tere ajáib kámoṇ kí sitáish
karenge; muqaddas logoṇ kí jamáat terí wafádárí kí bhí.
6 Ki ásmán par Khudáwand ká nazír kaun? Qudrat-
wáloṇ meṇ Khudáwand kí mánind kaun hai?
7 Khudá muqaddasoṇ kí majlis meṇ niháyat muhíb hai;
aur un sab kí, jo us ke gird haiṇ, tazím ke láiq hai.
8 Ai Khudáwand, Rabb ul afwáj, tujh sá qawí, ai
Khudáwand, kaun hai? aur tere áspás terí sachchái hai.
9 Tú samundar ke josh o kharosh par hukmrání kartá
hai; tú us kí maujoṇ ko, jis waqt ki we uṭhtí haiṇ, dhímá
kar detá hai.
10 Tú ne Rahab ko ek qatl kiye hue kí mánind chúr chár
kiyá; tú ne apne zor i bázú se apne dushmanoṇ ko titar
bitar kiyá.
11 Ásmán tere, zamín bhí terí, jahán aur us kí ábádí tú
ne banáí.
12 Uttar aur dakhin ká banánewálá tú hai; Tabúr aur
Harmún tere nám se khushí manáte haiṇ.
13 Terá bázú zor ká hai, terá háth qawí, terá dahná
háth buland hai.
14 Sadáqat aur insáf tere takht ká maqám hai; rahmat
aur sachchái tere áge áge chaltí.
15 Mubárak wuh log jo khushí kí áwáz se wáqif haiṇ;
ai Khudáwand, we tere chihre kí roshní meṇ chalá karenge.
16 Tere nám se we sáre din khushwaqt rahenge; aur
terí sadáqat se sarfarází páwenge.
17 Kyuṇki un kí quwwat kí shaukat tú hí hai; aur tú
apní mihrbání se hamáre síng buland karegá.
18 Ki hamárí sipar Khudáwand kí hai, aur hamárá bád-
sháh Isráel ke quddús ká hai.
19 Tab tú ne royá meṇ apne muqaddas se kálam kiyá
aur kahá, Maiṇ ne ek zabardast ko madad ká báis kiyá;
maiṇ ne guroh meṇ se ek barguzída ko buland kiyá.
20 Maiṇ ne apne bande Dáúd ko páyá; maiṇ ne use
apne muqaddas tel se masíh kiyá.
21 Merá háth us ke sáth baná rahegá; merá bázú bhí
use zor bakhshegá.

22 Dushman use zarar na pahuṇchá sakegá; aur shará-
rat ká farzand use dukh na degá.
23 Aur maiṇ us ke bairíoṇ ko us ke sámhne kuchluṇgá;
aur un ko, jo us ká kína rakhte haiṇ, máruṇgá.
24 Aur merí sachchái aur merí rahmát us ke sáth; aur
mere nám se us ká síṇg buland hogá.
25 Aur maiṇ us ká háth samundar par rakhuṇgá, aur us
ká dahná háth nahroṇ par.
26 Wuh mujhe pukár ke kahegá, ki Tú merá báp, merá
Khudá, aur merí naját kí chaṭán hai.
27 Maiṇ bhí use apná pahlauṭhá ṭhahráuṇgá; zamín ke
bádsháhoṇ se bálá.
28 Abad tak apní rahmat us par qáim rakhuṇgá; aur
merá ahd us ke sáth ustuwár hogá.
29 Us kí nasl ko bhí abad tak páedárí bakhshuṇgá, aur
us ke takht ko ásmán ke dinoṇ ke barábar.
30 Agar us ke farzand merí sharíat ko chhoṛ deṇge, aur
mere hukmoṇ par na chaleṇge;
31 Agar we mere huqúq ko toṛ ḍáleṇge, aur mere huk-
moṇ ko yád na rakheṇge:
32 To maiṇ chhaṛí se un ke gunáhoṇ kí, aur koṛoṇ se
un kí badí kí sazá duṇgá.
33 Lekin maiṇ apní rahmat ko us par se khaiṇch na
luṇgá, aur apní sachchái ko jhuṭhláuṇgá nahíṇ.
34 Maiṇ apne ahd ko na toṛúṇgá, aur jo mere muṇh se
nikal gayá, use na badluṇgá.
35 Maiṇ ne apní quddúsí meṇ ek bát kí qasam kháí; ki
maiṇ Dáúd se jhúṭh na boluṇgá.
36 Us kí nasl abad tak, aur us ká takht mere sámhne
súraj ke barábar báqí rahegá.
37 Wuh cháṇd kí tarah, abad tak qáim rahegá; aur
ásmán par gawáhí baní rahtí hai.
38 Par tú ne to tark kar diyá, aur radd kiyá hai; tú to
apne Masíh se bezár huá.
39 Tú ne us ahd ko jo apne bande se kiyá thá, bátil
kiyá; tú ne us ke táj ko zamín par pheṇk ke nápák banáyá.
40 Tú ne us ke sáre iháṭoṇ ko toṛ ḍálá; us ke gaṛhoṇ ko
gárat kiyá.

41 Sáre ráh guzar use lúṭte haiṇ; wuh apne hamsáyoṇ ká naṇg huá.

42 Tú ne us ke dushmanoṇ ke dahne háth ko buland kiyá; us ke sáre bairíoṇ ko ḳhush kiyá hai.

43 Tú ne us kí talwár kí dhár ko bhí moṛ diyá, aur jaṇg meṇ use khaṛá nahíṇ kará diyá.

44 Tú ne us kí shaukat ko kho diyá, aur us ke taḳht ko ḳhák par de márá.

45 Tú ne us kí jawání ke dinoṇ ko kotáh kiyá; use sharmindagí ke libás se ḍhámpá hai.

46 Ai Ḳhudáwand, kab tak tú apne taíṇ nit chhipáe rahegá? kyá terá gussa ág kí tarah bhaṛaktá rahegá?

47 Yád kar, ki merá waqt kitná kotáh hai; tú ne kyuṇ sáre baní Ádam ko ạbas paidá kiyá;

48 Kaun sá insán jítá hai, jo maut ko na dekhegá? kyá wuh pátál ke qabze se apní ján bachá sakegá?

49 Ai Ḳhudáwand, terí aglí we mihrbáníáṇ kyá huíṇ, jinhoṇ kí bábat tú ne Dáúd se apní sachchái meṇ qasam kháí?

50 Ai Ḳhudáwand, apne bandoṇ kí malámat ko yád kar; ki bahuterí qaumoṇ ko maiṇ goyá bilkull apní god meṇ liye hue huṇ;

51 Ki, ai Ḳhudáwand, tere dushmanoṇ ne malámat kí; aur tere Masíh ke naqsh i qadam ko malámat kí hai.

52 Mubárak hai Ḳhudáwand abad ul ábád. Ámín aur Ámín.

18 ROZ.—FAJR KÍ NAMÁZ.

90 ZABUR.

1 AI Ḳhudáwand, hamárá maskan tú hí rahá hai, pusht dar pusht.

2 Peshtar us se ki pahár paidá hue, aur zamín aur dunyá ko tú ne banáyá thá, azal se abad tak, tú hí Ḳhudá hai.

3 Tú insán ko ḳhák meṇ pher detá hai, aur farmátá hai, ki Ai baní Ádam phiro.

4 Ki hazár baras tere áge aise haiṇ, jaise kal ká din jo
guzar gayá, aur jaise ek pahar rát.
5 Tú unheṇ yuṇ le játá hai, jaise sailáb se; we goyá
ḳhwáb-ḳhiyál haiṇ: we fajr ko us ghás kí mánind haiṇ, jo
ugí ho;
6 Wuh subh ko lahlahátí hai, aur tar o táza hotí hai;
shám ko káṭí játí, aur súkh játí hai.
7 Ki ham tere qahr se gal gae, aur tere gazab se pareshán
hue.
8 Tú ne hamárí badkáríáṇ apne áge rakhíṇ, hamáre
chhipe gunáh apne chihre kí roshní meṇ.
9 Ki hamáre sáre din tere qahr meṇ guzre; ham apne
barasoṇ ko ḳhiyál hí kí tarah káṭte haiṇ.
10 Hamárí zindagí ke din sattar baras haiṇ; aur agar
quwwat ho, to assí baras: táham yih tawánáí mihnat aur
mashaqqat hai; kyuṇki ham jald játe rahte haiṇ, aur uṛ
játe haiṇ.
11 Tere qahr kí shiddat ká nigáh karnewálá kaun hai?
aur tere gazab ká, jaisá tujh se ḍará cháhiye.
12 Hameṇ hamárí ụmr ke din ginná sikhá, aisá ki ham
dáná dil hásil kareṇ.
13 Ai Ḳhudáwand, phir; kab tak? aur bandoṇ kí taraf
phir mutawajjih ho.
14 Ham ko sawere apní rahmat se ser kar, táki ham
apní ụmr bhar ḳhushnúd aur ḳhushwaqt raheṇ.
15 Jitne dinoṇ tak tú ne ham ko dukhí rakhá, aur
jitne baras rak ham ne zabúní dekhí, utne hí ham ko
ḳhushwaqt kar.
16 Apne kám apne bandoṇ ko, aur apní shaukat un ke
farzandoṇ ko dikhlá.
17 Aur Ḳhudáwand hamáre Ḳhudá ká jalál ham par
záhir ho, aur hamáre háthoṇ ká kám ham par qáim kar,
háṇ, tú hamáre háthoṇ ke kám ko qáim kar.

91 ZABUR.

1 WUH jo Haqq Taạlá ke parde tale rahtá hai, so
Qádir i Mutlaq ke sáye tale rát bitátá hai.

2 Maiṇ Ḳhudáwand ko apní panáh aur apná gaṛh, apná
Ḳhudá kahtá huṇ; merá bharosá us par hai.
3 Yaqínan wuh mujh ko shikárí ke phande se, badíoṇ kí
wabá se chhuṛáegá.
4 Wuh tujhe apne paroṇ tale chhipáwegá, aur us ke
pankhoṇ ke níche hoke tú panáh páegá; us kí sachchái
sipar aur pharí hai.
5 Tú rát kí haibat se na ḍaregá, na us tír se, jo din ko
uṛtá hai;
6 Aur na us wabá se, jo andhere meṇ phirtí hai, na us
marí se, jo do pahar ko wírán kartí hai.
7 Tere pás hazár gir jáweṇge, aur das hazár tere dahne
háth par; lekin tujh tak na pahuṇchegí.
8 Faqat tú apní áṇkhoṇ se, nazar karegá, aur sharíroṇ
ke badle ko dekhegá.
9 Kyuṇki tú, ai Ḳhudáwand merí panáh hai. Tú ne
Haqq Taạlá ko apná maskan kiyá:
10 Tujh par koí áfat na paṛegí; aur koí wabá tere ḳhaime
ke pás na pahuṇchegí.
11 Kyuṇki wuh tere liye apne firishtoṇ ko hukm karegá,
ki terí sab ráhoṇ meṇ terí nigahbání kareṇ;
12 We donoṇ háth se tujhe uṭhá leṇge, tá na ho, ki tere
páṇwoṇ ko kisí patthar se ṭhes lage.
13 Tú sher aur sámp ko latáṛegá: tú sher-bachcha aur
tinnín ko páṇw tale kuchlegá.
14 Is liye ki us ne mujh se dil lagáyá, maiṇ use naját
duṇgá: maiṇ use buland karuṇgá, ki wuh merá nám jántá
hai.
15 Wuh mujh ko pukáregá; aur maiṇ use jawáb duṇgá,
dukh ke waqt maiṇ us ke sáth huṇ, maiṇ use chhuṛáuṇgá
aur use ịzzat baḳhshuṇgá.
16 Ụmr kí darází se maiṇ us ko ser karuṇgá, aur apní
naját use dikháuṇgá.

92 ZABU'R.

1 KHUDA'WAND kí hamd karná, aur tere nám kí
sitáish ke gít gáná, ai Haqq Taạlá, bhalá hai;

2 Subh ko terí rahmat ká, aur rát ko terí amánatdárí ká
tazkira karná;
3 Das tár ká sáz, aur bín, aur barbat dhiyán se bajá bajá
ke.
4 Ki tú ne, ai Ḳhudáwand, apne kám se mujhe ḳhush-
waqt kiyá; main tere háthon kí sanaton se shádiyána
bajáungá.
5 Ai Ḳhudáwand, tere kám kyá hí ạzím hain, tere ḳhiyál
niháyat hí ạmíq.
6 Wahshí ạdmí jántá nahín, aur ahmaq is ko nahín
samajhtá hai.
7 Jab ki sharír ghás kí mánind ugte hain, aur sáre bad-
kár phulte hain: to yih is liye hai, ki we abad tak faná ho
jáwen.
8 Par, ai Ḳhudáwand, tú abad ul ábád ạlá hai.
9 Kyunki dekh tere dushman, ai Ḳhudáwand, hán, tere
dushman faná honge; sáre badkárí karnewále titar bitar
honge.
10 Lekin tú mere síng ko arne ke síng kí mánind buland
kartá hai; main táza tel se malá játá hun.
11 Merí ánkhen mere dushmanon ko dekh lengí: mere
kán sharíron kí, jo mujh par charh áe, sun lenge.
12 Sádiq tár ke darakht kí mánind lahlaháegá; wuh
Lubnán ke sanobar kí tarah barhegá.
13 We Ḳhudáwand ke ghar men lagáe gae hain; we
hamáre Ḳhudá kí bárgáhon men phulenge.
14 We burhápe men bhí mewa denge; we mote aur tar
o táza rahenge.
15 Táki záhir karen, ki Ḳhudáwand barhaqq hai: wuh
merí chatán hai; aur us men nárástí nahín.

18 ROZ.—SHÁM KÍ NAMÁZ.

93 ZABÚR.

1 KHUDÁWAND saltanat kartá hai; wuh shaukat
ká ḳhilạt pahine hue hai; pahine hue hai! Ḳhudá-

wand ne quwwat se apní kamar báṇdhí hai; is liye jahán
qáim hai; wuh ṭaltá nahíṇ.
2 Terá taḳht qadím se qáim hai; tú azalí hai.
3 Ai Ḳhudáwand, sailáboṇ ne uṭháí; sailábon ne apní
áwáz uṭhái hai; sailáb josh márke áwáz uṭháte haiṇ.
4 Bahut se qawi pánioṇ kí áwáz se samundar kí maujoṇ
se Ḳhudáwand bulandí par qawítar hai.
5 Terí gawáhíáṇ niháyat hí yaqíní haiṇ; ai Ḳhudáwand,
hamesha tak quddúsí tere ghar ko sajtí hai.

94 ZABUR.

1 AI Ḳhudáwand, intiqámoṇ ke Ḳhudá, ai intiqámoṇ
ke Ḳhudá, jalwagar ho.
2 Ai jahán ke insáf karnewále, apne taíṇ buland kar;
ghamanḍ karnewáloṇ ko badlá de.
3 Ai Ḳhudáwand, sharír kab tak, sharír kab tak shádi-
yána bajáyá kareṇge?
4 We ḍakárte haiṇ; we burí bát bolte, we faḳhr karte
haiṇ, yane sáre badkár log.
5 We, ai Ḳhudáwand, tere logoṇ ko pís ḍálte haiṇ, aur
terí mírás ko dukh dete haiṇ.
6 We bewa aur pardesí ko ján se márte haiṇ, aur
yatímoṇ ko qatl karte haiṇ;
7 Aur kahte haiṇ, Ḳhudáwand na dekhegá; aur Yaqúb
ká Ḳhudá samajh na legá.
8 Ai qaum meṇ ke wahshí logo, samjho; ai ahmaqo,
tum kab hoshyár hoge?
9 Wuh jis ne kán ko paidá kiyá kyá, nahíṇ suntá? wuh,
jis ne áṇkheṇ banáíṇ, nahíṇ dekhtá?
10 Wuh, jo qaumoṇ ko tambíh detá hai, kyá wuh sazá
na caregá? wuh jo ádmí ko ilm sikhlátá hai, kyá wuh
ạlim nahíṇ?
11 Ḳhudáwand insán ke khiyálát jántá hai, ki we bátil
haiṇ.
12 Mubárak wuh insán, jise tú, ai Ḳhudáwand, tambíh
kartá, aur apní sharíạt meṇ se us ko sikhlátá hai.

13 Táki tú us ko buráí ke din chain baḳhshe, yaháṇ
tak ki sharír ke liye gaṛhá khodá jáwe.
14 Ki Ḳhudáwand apne bandoṇ ko tark na karegá, aur
apní mírás ko na chhoṛegá.
15 Kyuṇki ạdálat phir ke sadáqat kí taraf hogí, aur we
sab jin ke dil sídhe haiṇ us ke píchhe ho lenge.
16 Mere wáste sharíroṇ ke muqábil kaun khaṛá hogá?
mere liye badkárí karnewáloṇ ká kaun sámhná karegá?
17 Agar Ḳhudáwand merá madadgár na hotá, to merí
rúh jald ḳhámoshí ke ạlam meṇ já rahtí.
18 Jis waqt maiṇ kahtá ki merá páṇw phisal játá, to ai
Ḳhudáwand, terí rahmat mujh ko thám letí hai.
19 Mere dil ke andeshoṇ kí kasrat meṇ terí tasallíáṇ
mere jí ko ḳhush kartí haiṇ.
20 Kyá sharr ká taḳht, jo áín se buráí ko járí kartá hai,
tere sáth rifáqat rakhtá hai?
21 We sádiq kí ján lene par jamạ hote haiṇ, aur
be-gunáh ke lahú baháne ká fatwá dete haiṇ.
22 Lekin Ḳhudáwand merá qilạ hai, aur merá Ḳhudá
merí panáh kí chaṭán hai:
23 So wuhí un kí badkárí un par ḍálegá, aur unhíṇ kí
buráí meṇ un ko halák karegá; háṇ Ḳhudáwand hamárá
Ḳhudá un ko halák karegá.

19 ROZ.—FAJR KÍ NAMÁZ.

95 ZABUR.

1 AO, Khudáwand kí madhsaráí kareṇ; apní naját kí
chaṭán par ḳhushí se naṛa máreṇ.
2 Us ke huzúr shukrguzárí ke sáth áweṇ; gít gá gáke
us ke sámhne ḳhushí se naṛa máreṇ.
3 Kyuṇki Ḳhudáwand baṛá Ḳhudá, aur sab mạbúdoṇ
se baṛá Bádsháh hai.
4 Zamín kí gahráíáṇ us ke qabze meṇ, aur paháṛoṇ kí
bulandíáṇ usí kí haiṇ.
5 Samundar usí ká hai, aur us ne use banáyá; aur usí
ke háthoṇ ne ḳhushkí ko taiyár kiyá.

6 Áo, ham sijda kareṇ, aur jhukeṇ ; apne paidá karne-
wále Ḳhudáwand ke huzúr ghuṭne ṭekeṇ.
7 Ki wuhí hamárá Ḳhudá hai, aur ham us kí charágáh
ke log, aur us ke háth kí bheṛeṇ haiṇ ; Áj agar tum us kí
áwáz suno,
8 Apne diloṇ ko saḳht na karo, jaisá Maríbáh meṇ, jaisá
Massah ke din jangal meṇ kiyá thá ;
9 Jis waqt tumháre bápdádoṇ ne merá imtihán kiyá,
mujhe ázmáyá merá kám bhí dekhte rahe.
10 Chális baras tak maiṇ us pusht se bezár rahá, aur
maiṇ ne kahá, ki ye we log haiṇ, jin ke dil ḳhatákár haiṇ ;
aur unhoṇ ne merí ráhoṇ ko nahíṇ pahcháná.
11 Un kí bábat maiṇ ne apne gusse meṇ qasam kháí,
ki we mere árám meṇ dáḳhil na hoṇge.

96 ZABÚR.

1 KHUDÁWAND ke liye ek nayá gít gáo ; Ḳhudá-
wand ke liye gáo, ai sárí zamín.
2 Ḳhudáwand ke liye gáo, us ke nám ko mubárak kaho ;
roz roz us ke nám kí bashárat do.
3 Gair-qaumoṇ ke darmiyán us ká jalál, sárí ummatoṇ
ke bích us ke ajáib kám bayán karo,
4 Kyuṇki Ḳhudáwand buzurg aur niháyat hí mahmúd
hai ; wuh sáre mabúdoṇ se ziyáda muhíb hai.
5 Ki ummatoṇ ke sáre mabúd hech haiṇ ; par ásmánoṇ
ká banánewálá Ḳhudáwand hí hai.
6 Azmat aur hashmat us ke áge hai ; quwwat aur jamál
us ke maqdis meṇ.
7 Ḳhudáwand hí kí jáno, ai ummatoṇ ke ḳhándáno,
Ḳhudáwand hí kí hashmat o quwwat samjho.
8 Ḳhudáwand kí taraf us ke nám ká jalál mansúb karo ;
hadya láo, aur us kí bárgáhoṇ meṇ áo.
9 Ḳhudáwand ko taqaddus ke husn ke sáth sijda karo ;
ai sárí zamín us ke huzúr kámpo.
10 Qaumoṇ ke darmiyán kaho, ki Ḳhudáwand saltanat
kartá hai ; is liye jahán qáim hai ; wuh ṭaltá nahíṇ ; wuh
rástí se ummatoṇ ká insáf karegá.

11 Ásmán ḳhushí kareṇ, aur zamín shádiyána bajáwe;
samundar aur us kí mạmúrí shor macháweṇ.
12 Maidán, us ke samet jo un meṇ hai, bág bág howeṇ;
tab ban ke sáre daraḳht lahlaháweṇ,
13 Ḳhudáwand ke áge: kyuṇki wuh átá hai; wuh zamín
kí ạdálat karne átá hai; wuh sadáqat se jahán kí, aur
apní sachchái se ummatoṇ kí, ạdálat karegá.

97 ZABUR.

1 KHUDÁWAND saltanat kartá hai; zamín ḳhushí-
áṇ kare: jazíre jo bahutere haiṇ, shád howeṇ.
2 Badlíáṇ aur kálí ghaṭá us ke ás pás haiṇ; sadáqat aur
ạdálat us ke taḳht ká maqám.
3 Ág us ke áge áge játí hai, aur us ke dushmanoṇ ko
har taraf jalátí hai.
4 Us kí bijlíoṇ ne jahán ko roshan kiyá; zamín dekhte
kí kámp gaí.
5 Pahár, Ḳhudáwand ke áge, sáre zamín ke Ḳhudáwand
ke áge, mom kí mánind, pighal gae.
6 Ásmán us kí sadáqat ká bayán karte haiṇ, aur sárí
ummateṇ us ká jalál dekhtí haiṇ.
7 Sharminda howeṇ we sab, jo khode hue but pújte
haiṇ, aur múratoṇ par phúlte haiṇ; sáre mạbúdo, tum use
sijda karo.
8 Saihún ne suná, aur magan huí: aur Yahúdáh kí
beṭíáṇ, ai Ḳhudáwand, terí ạdálatoṇ se ḳhushwaqt huíṇ.
9 Kyuṇki, ai Ḳhudáwand, tú sárí zamín par bálá hai;
tú sáre mạbúdoṇ se nipaṭ sar buland hai.
10 Tum, jo Ḳhudáwand ke cháhnewále ho, badí se kína
rakho; wuh apne muqaddasoṇ kí jánoṇ ká nigahbán hai,
sharíroṇ ke háth se unheṇ chhuṛátá hai.
11 Núr sádiqoṇ ke liye boyá gayá hai; aur ḳhushí un
ke liye, jin ke dil sídhe haiṇ.
12 Ai sádiqo, tum Ḳhudáwand meṇ ḳhushí manáo, aur
us kí quddúsí ke zikr meṇ hạmd karo.

19 ROZ.—SHÁM KÍ NAMÁZ.

98 ZABÚR.

1 KHUDÁWAND ká nayá gít gáo; kyuṇki us ne
ạjáib kám kiye; us ke dahne háth aur us ke
muqaddas bázú ne use fatḥ baḳhshí.
2 Ḳhudáwand ne apní naját záhir kí; apní sadáqat
ummatoṇ ko sáf dikhláí hai.
3 Us ne Isráel ke gharáne kí bábat apní mihrbání aur
sachcháí yád farmáí; zamín kí sárí haddoṇ ne hamáre
Ḳhudá kí naját dekhí hai.
4 Ai sárí sarzamín, Ḳhudáwand ke liye ḳhushí se nạra
már, pukár pukár ḳhushí se madhsaráí kar.
5 Ḳhudáwand ke liye barbat bajáke gáo, barbat bajáke
sur báṇdhke gáo.
6 Turhí phúṇkte narsinge bajáte Ḳhudáwand Bádsháh
ke áge ḳhushí kí áwáz karo.
7 Samundar aur us kí mạmúrí dunyá aur us ke rahne-
wále shor macháweṇ.
8 Nahreṇ tál deweṇ, pahár milke ḳhushián manáweṇ.
9 Ḳhudáwand ke huzúr; kyuṇki wuh zamím kí ạdálat
karne átá hai; wuh rástí se dunyá kí aur insáf se logoṇ
kí ạdálat karegá.

99 ZABÚR.

1 KHUDÁWAND saltanat kartá hai; ummateṇ
káṃpeṇ; wuh karúbioṇ ke úpar baiṭhá hai;
zamín larze.
2 Ḳhudáwand Saihún meṇ buzurg hai, aur wuh sárí
ummatoṇ se buland hai.
3 We tere buzurg aur muhíb nám kí sitáish kareṇ;
wuh quddús hai;
4 Aur bádsháh kí quwwat kí; wuh ạdálat ko dost rakh-
tá hai; tú hí ne rástí ko ṭhahrá rakhá hai; ạdálat aur sa-
dáqat baní Yạqúb meṇ tú hí ne jári kí hai.

5 Khudáwand hamáre Khudá ko tum buzurg jáno, aur
us ke páṇwoṇ kí kursí pás sijda kkaro: Quddús hai wuh.
6 Músá aur Hárún, us ke káhinoṇ ke darmiyán, aur
Samúel un ke bích, jo us ke nám ke pukárnewále haiṇ;
we Khudáwand ko pukárte haiṇ, aur wuh un kí suntá hai.
7 Us ne badlí ke sutún meṇ se un ke sáth báteṇ kíṇ;
unhoṇ ne us kí gawáhíoṇ ko hifz kiyá, aur us ne unheṇ
sharíạt dí.
8 Ai Khudáwand hamáre Khudá, tú ne un kí suní; tú
un ká bakhshnewálá Khudá thá, aur badlá lenewálá bhí
un ke bad aạmál ká.
9 Khudáwand hamáre Khudá ko buzurg jáno, aur us ke
muqaddas pahár pás sijda karo; ki Khudáwand hamárá
Khudá quddús hai.

100 ZABÚR.

1 AI tamám zamíno, Khudáwand ke liye khushí se
nara máro.
2 Khushí se Khudáwand kí ịbádat karo; gátí huí us ke
huzúr áo.
3 Jáno, ki Khudáwand wuhí Khudá hai; usí ne ham ko
apne log aur apní charágáh kí bheṛeṇ banáyá, na ki ham
ne apne taíṇ.
4 Shukrguzárí karte hue us ke darwázoṇ meṇ, aur
hamd karte hue us kí bárgáhoṇ meṇ dákhil ho; us ke
shukrguzár ho; us ke nám ko mubárak kaho.
5 Ki Khudáwand bhalá hai; us kí rahmat abadí, aur
us kí wafáí pusht dar pusht hai.

101 ZABÚR.

1 MAIṆ rahmat aur ạdálat ke gít gáuṇgá; ai Khudá-
wand, maiṇ terí madhsaráí karuṇgá.
2 Maiṇ ráh i rást meṇ dánishmandí ke sáth chaluṇgá,
Tú mujh pás kab áwegá? maiṇ apne ghar meṇ dil kí rástí
se ṭahaltá phiruṇgá.

3 Maiṇ apní áṇkhoṇ ke rúbarú kisí burí bát ko na rakhuṇgá; kajrawí karne se mujhe ạdáwat hai; wuh mujhe se na lipṭegá.
4 Tirchhá dil mujh se játá rahegá; maiṇ sharr se áshnáí na karuṇgá.
5 Wuh, jo chhip ke apne hamsáye par tuhmat lagátá hai, maiṇ use ján se máruṇgá; jo ghamanḍ se dekhtá, aur jis ká magrá dil hai, maiṇ us kí bardásht na karuṇgá.
6 Merí áṇkheṇ zamín ke ímándároṇ par haiṇ, ki we mere sáth raheṇ; jo ráh i rást par chaltá hai, wuhí merí ḳhidmat karegá.
7 Wuh, jo dagábáz hai, mere ghar meṇ na rahegá; jhúṭh kahnewálá merí nazar ke tale na ṭhahregá.
8 Sawere maiṇ zamín ke sáre sharíroṇ ko halák karuṇgá, táki Ḳhudáwand ke shahr se sáre badkároṇ ko káṭ ḍáluṇ.

20 ROZ.—FAJR KÍ NAMÁZ.

102 ZABÚR.

1 AI Ḳhudáwand, merí duạ sun, aur merí faryád ko apne huzúr pahuṇchne de.
2 Apná muṇh mujh se na chhipá, merí taṇgí ke din merí taraf kán rakh; jis din maiṇ pukáruṇ, jald mujhe jawáb de.
3 Ki merí ụmr dhuweṇ kí tarah gáib ho játí, aur merí haḍḍíáṇ lukṭí kí mánind jal játíṇ.
4 Ghás kí mánind merá dil márá paṛá, aur súkh gayá hai; aisá ki mujhe roṭí khána ká bhí chet nahíṇ rahtá.
5 Mere karáhne ke shor se merí haḍḍíáṇ mere gosht se á milíṇ.
6 Main jaṇgalí hawásil kí mánind huá; maiṇ wíráne ká ullú baná.
7 Maiṇ paṛá jágtá huṇ, aur gaure kí mánind huṇ, jo chhat ke úpar akelá baiṭhá ho.

8 Mere dushman sáre din mujhe malámat karte haiṇ;
we, jo merá nám leke koste haiṇ, merí dushmaní meṇ
díwáne haiṇ.
9 Ki maiṇ roṭí kí jagah ḳhák pháṇktá huṇ, aur apne
pání meṇ áṇsú milátá huṇ,
10 Tere gazab aur qahr ke sabab se; kyuṇki tú ne mujh
ko uṭháyá aur mujhe paṭak diyá.
11 Mere din sáya kí mánind haiṇ, jo záil ho játá hai,
aur maiṇ ghás kí mánind murjháyá.
12 Par, tú ai Ḳhudáwand, abad tak báqí hai, aur terá
zikr pusht dar pusht.
13 Tú uṭhegá, tú Saihún par rahm karegá, ki us par
mihr karne ká waqt, háṇ, us ká muaiyan waqt pahuṇchá
hai.
14 Ki us ke pattharoṇ se tere bande ḳhushí manáte
aur us kí ḳhák par taras kháte haiṇ.
15 Aur qaumeṇ Ḳhudáwand ke nám se ḍareṇgí, aur
zamín ke sáre bádsháh tere jalál se.
16 Ki Ḳhudáwand Saihún ko biná kartá; wuh apne
jalál meṇ záhir hotá hai.
17 Wuh náchár kí duạ kí taraf mutwajjih hotá, aur un
kí duạ ko náchíz nahíṇ jántá hai.
18 Yih pichhlí pusht ke liye likhá jáegá; aur log, jo
paidá howeṇge, Ḳhudáwand kí sitáish kareṇge.
19 Ki us ne apní muqaddas bulandí par se nigáh kí;
Ḳhudáwand ne ásmán par se zamín par nazar kí;
20 Táki qaidí ká karáhná sune; táki unheṇ, jo maut ke
panje meṇ haiṇ, chhuṛáwe;
21 Táki Saihún meṇ Ḳhudáwand ká nám bayán kiyá
jáe, aur Yarúsalam meṇ us kí sitáish;
22 Jab ki ummateṇ aur mamlukateṇ Ḳhudáwand kí
ịbádat ke liye ek sáth jamạ howeṇ.
23 Us ne ráh meṇ merá zor ghaṭá diyá; merí ụmr ko
kotáh kiyá.
24 Maiṇ ne kahá, Ai mere Ḳhudá, merí ádhí ụmr meṇ
mujh ko na uṭhá le; tere baras pusht dar pusht haiṇ.
25 Tú ne qadím se zamín kí biná ḍálí; aur ásmán tere
háth kí sanạteṇ haiṇ.

26 We nest ho jáenge, par tú baqí rahegá; háṇ, we sab
poshák kí mánind puráne ho jáenge; tú unheṇ libás kí
mánind badlegá, aur we mubaddal howenge:
27 Par tú wuhí hai, aur tere barasoṇ kí intihá nahíṇ.
28 Tere bandoṇ ke farzand basenge, aur un kí nasl tere
huzúr qáim rahegí.

103 ZABUR.

1 AI merí ján, Khudáwand ko mubárak kah; aur wuh
sab, jo mujh meṇ ho, us ke muqaddas nám ko.
2 Khudáwand ko mubárak kah, ai merí ján; aur us kí
sab niamatoṇ ko farámosh na kar:
3 Wuh terí sárí badí ko muáf kartá; wuh tujhe sárí
bímáríoṇ se shifá bakhshtá hai;
4 Wuh terí ján ko halákat se khalásí detá; wuh tujh
par tars aur rahmatoṇ ká táj rakhtá hai.
5 Wuh khushí se terí khátir jamaí kartá hai; uqáb kí
mánind terí jawání naí ho játí hai.
6 Khudáwand sadáqat aur insáf ká karnewálá hai, sáre
mazlúmoṇ ke liye.
7 Us ne apní ráheṇ Músá ko batláíṇ; aur apne kám
báni Isráel ko.
8 Khudáwand rahím o karím hai; tahammul karnewálá,
aur niháyat hí mihrbán.
9 Us ká jhunjhláná dáimí nahíṇ; wuh apne gusse ko
abad tak nahíṇ rakh chhoṛtá.
10 Us ne hamáre gunáhoṇ ke muwáfiq ham se nahíṇ
kiyá, aur hamárí khatáoṇ ke mutábiq ham ko badlá nahíṇ
diyá.
11 Ki jis tarah se ásmán zamín ke upar buland hai, usí
tarah us kí rahmat un par baṛí hai jo us se ḍarte haiṇ.
12 Jitní púrab pachchhim se dúr hai, utní dúr tak us ne
hamárí khatáoṇ ko ham se judá kiyá hai.
13 Jis tarah báp betoṇ par tars khátá hai, usí tarah
Khudáwand un par, jo us se ḍarte haiṇ, tars khátá hai.
14 Ki wuh hamárí asl ko jántá hai; use yád hai, ki
ham miṭṭí haiṇ.

15 Ádmí jo hai, us ke din ghás kí mánind hain: wuh
janglí gul kí mánind phúltá hai.
16 Ki hawá us par se guzrí, aur wuh nahín; aur us kí
jagah phir use na pahchánegí.
17 Lekin Khudáwand kí rahmat un par, jo us se darte
hain, azal se abad tak hai, aur us kí sadáqat farzandon ke
farzandon par:
18 Jo kí us ke ahd ko hifz karte hain, aur us ke hukmon
ko yád karke un par amal karte hain.
19 Khudáwand ne ásmánon par apná takht taiyár kar
rakhá hai, aur us kí bádsháhat sab par hukm-rán hai.
20 Khudáwand ko mubárak kaho, ai us ke firishto,
tum, jo zor men qawí ho, aur us ke hukmon par amal karte
ho; tum jo us ke kalám kí áwáz sunte ho.
21 Khudáwand ko mubárak kaho, ai us ke sab lashkaro,
us ke khidmat karnewálo, jo us kí marzí par chalte ho.
22 Khudáwand ko mubárak kaho, ai us ke sáre makhlúq,
us kí mamlukat ke har maqám men; ai merí ján, tú Khudá-
wand ko mubárak kah.

20 ROZ.—SHÁM KÍ NAMÁZ.

104 ZABUR.

1 Ai merí ján Khudáwand ko mubárak kah. Ai
Khudáwand mere Khudá, tú niháyat hí buzurg
hai; tú azmat o hashmat ká libás pahine hue hai.
2 Núr ko poshák kí mánind pahintá hai, ásmánon ko
parde kí mánind phailátá hai:
3 Wuh apne bálákháne pánion se banátá; badlíon ko
apní rath thahrátá; hawá ke bázúon par sair kartá hai:
4 Wuh hawáon ko apne firishte banátá hai; jaltí ág ko
apne khidmatguzár.
5 Us ne zamín ko us kí bunyádon par banáyá, ki use
kabhí abad tak jumbish nahín.
6 Tú ne us ko jaise libás se, gahráon se dhámpá; pání
paháron ke úpar khare hote hain.

7 We terí ghuṛkí se bhágte, terí garj kí áwáz se hálí
hálí chalte;
8 Paháṛoṇ par chaṛhte haiṇ, we nícháíoṇ meṇ utar játe,
us jagah ke bích jo tú ne un ke liye banáí.
9 Tú ne hadd báṇdhí hai; we us se guzarte nahíṇ; we
zamín ko ḍhámpne ke liye phirte nahíṇ.
10 Wuh sotoṇ ko wádíoṇ meṇ bhejtá hai; we paháṛoṇ
ke darmiyán bahte haiṇ.
11 We har ek dashtí haiwán ko pání dete haiṇ: gor-
ḳhar us se apní pyás bujháte haiṇ.
12 Un ke úpar ásmán ke parande basere lete haiṇ; we
ḍál ḍál par chahchaháte haiṇ.
13 Wuh apne báláḳhánoṇ se paháṛoṇ ko síṇchtá hai;
terí sanaṭoṇ ke phal se zamín ser hai.
14 Charindoṇ ke liye ghás, aur insán kí ḳhidmat ke liye
sabzí wuhí ugátá hai; táki zamín se ḳhurák paidá kare;
15 Aur mai, jo insán ke dil ko ḳhush kartí hai, aur
raugan se ziyáda chihre ko chamkátí hai, aur roṭí, jo insán
ke dil ko táqat baḳhshtí hai.
16 Ḳhudáwand ke daraḳht ser haiṇ; Lubnán ke sanau-
bar jo us ne lagáe;
17 Jin meṇ parande áshiyáne banáte haiṇ; aur laglag, jo
hai, saro ke daraḳhtoṇ meṇ us ká ghar hai.
18 U'ṇche paháṛ kohí bakroṇ ke liye haiṇ; aur chaṭán
jaṇglí ḳhargoshoṇ kí panáh ke liye.
19 Us ne cháṇd ko míáḍoṇ ke liye banáyá; áftáb apne
gurúb ko ján rakhtá hai.

20 Tú andherá kartá, aur rát hotí, jis meṇ sáre jaṇglí
chárpáe sair karte haiṇ.
21 Sher bachche apní shikár ke liye garjte haiṇ, aur
Ḳhudá se apní ḳhurák máṇgte haiṇ.
22 A'ftáb nikaltá we jama hote haiṇ, aur apne gároṇ meṇ
já baiṭhte haiṇ.
23 Insán apne kár o bár ke liye báhar nikaltá hai, aur
apní mihnat ke liye shám tak.
24 Ai Ḳhudáwand, terí sanaṭeṇ kyá hí bahut haiṇ! tú
ne un sab ko hikmat se banáyá; zamín tere mál se pur
hai.

25 Phir yih samundar hai, baṛá aur chauṛá, jis meṇ be-
shumár chhoṭe aur baṛe chalnewále jánwar haiṇ.
26 Us meṇ jaház chalte haiṇ: livyátán bhí, jo tú ne
banáyá, ki us meṇ kheltá phire.
27 Ye sab terí taraf tákte haiṇ, ki tú waqt par un kí
ḳhurák pahuṇchá dewe.
28 Tú unheṇ detá hai, we'le lete haiṇ; tú apní muṭṭhí
kholtá hai, we achchhí chízoṇ se ser ho játe haiṇ.
29 Tú apná chihra chhipátá hai, we ghabrá játe haiṇ;
tú un ká dam pher letá hai, we mar játe aur apní máṭí meṇ
phir mil játe haiṇ.
30 Tú apná dam bhejtá hai; we paidá hote haiṇ, aur tú
rú i zamín ko sar i nau kar dikhlátá hai.
31 Ḳhudáwand ká jalál abad tak ho: Ḳhudáwand apne
kámoṇ se ḳhushí manáwe.
32 Wuh zamín par nazar kartá hai, so kámp játí hai;
wuh paháṛoṇ ko chhútá hai, un se dhuwáṇ uṭhtá hai.
33 Maiṇ jab tak merí zindagí hai, tab tak Ḳhudáwand
ke gít gáuṇgá; maiṇ, jab tak maiṇ huṇ, apne Ḳhudá kí
madhsaráí karuṇgá.
34 Merá soch use pasand áwe; maiṇ Ḳhudáwand se
ḳhushwaqt houṇgá.
35 Gunahgár zamín par se faná ho jáwenge, aur sharír
báqí na rahenge. Ai merí ján, Ḳhudáwand ko mubárak
kah. Hallelú-yáh!

21 ROZ.—FAJR KÍ NAMÁZ.

105 ZABU'R.

1 KHUDA'WAND kí sitáish karo; us ká nám leke
pukáro; ummatoṇ ke darmiyán us ke kámoṇ ko
záhir karo.
2 Us ke gít gáo; us kí madhsaráí karo: us ke sab ạjáib
kámoṇ ko socho.
3 Us ke muqaddas nám par faḳhr karo; Ḳhudáwand ke
táliboṇ ke dil ḳhushwaqt howeṇ.

4 Khudáwand aur us kí quwwat ká khoj karo; sadá us
ke chihre kí talásh meṇ raho.
5 Us ke ạjáib kámoṇ ko, jo us ne kiye, muạjizoṇ ko aur
us ke muṇh kí ạdálatoṇ ko yád karo,
6 Ai nasl i Ibráhím, us ke bando; ai baní Yạqúb, us ke
barguzído.
7 Wuhí Ḳhudáwand hamárá Ḳhudá hai; tamám rú i
zamín par us kí ạdálateṇ haiṇ.
8 Us ne abad tak apne ạhd ko, us kalám ko, jo us ne
hazár pushtoṇ ke liye farmáyá yád kiyá hai:
9 Jis ko us ne Ibráhím se kiyá, aur Isháq se us kí
qasam kháí;
10 Aur use Yạqúb ke liye ek sharíạt Isráel ke liye ek
abadí ạhd ṭhahráyá;
11 Yih kahte hue, ki tujhe maiṇ Kanạn kí zamín, tum-
hárí mírás ká hissa duṇgá.
12 Jis waqt ki we shumár meṇ thoṛe, bahut thoṛe the,
aur zamín meṇ pardesí.
13 Aur we qaum ba qaum aur mamlukat ba mamlukat
phirá kiye.
14 Us ne kisí ko un par zulm karne na diyá; aur un kí
ḳhátir bádsháhoṇ ko tambíh kí.
15 Ki, Mere mamsúhoṇ ko mat chhúo, aur mere nabíoṇ
ko dukh mat deo.
16 Aur us ne us sarzamín par kál ko buláyá; us ne
roṭí kí ṭek bilkull toṛí.
17 Us ne un ke áge ek shaḳhs ko bhejá: Yúsuf bechá
gayá ki gulám ho;
18 Jis ke páṇwoṇ ko unhoṇ ne paikaṛíáṇ pahináke dukh
diyá; us kí ján lohe kí qaid huí.
19 Jis waqt tak ki us ká kalám pahuṇchá; Ḳhudáwand
ke suḳhan ne use táyá.
20 Bádsháh ne bhejá, aur use riháí dí; ummatoṇ ke
hákim ne, aur use ázád kiyá.
21 Us ne use apne ghar ká muḳhtár aur apní sárí milki-
yat par hákim ṭhahráyá;
22 Táki us ke sardároṇ ko, jab cháhe, báṇdh ḍále, aur
us ke buzurgoṇ ko ạql sikhláwe.

23 Isráel bhí Misr meṇ áyá, aur Yaqúb Hám kí zamín
meṇ musáfir huá.
24 Aur us ne apne log ko bahut hí baṛháyá, aur unheṇ
un ke dushmanoṇ se ziyáda qawí kiyá.
25 Us ne un ke diloṇ ko pherá, ki we us ke log se adá-
wat karne lage, aur us ke bandoṇ se fitrat.
26 Us ne apne bande Músá ko bhejá, aur Hárún ko jise
us ne chuná.
27 Inhoṇ ne un ke darmiyán, Hám kí zamín meṇ us ke
nishánoṇ aur muajizoṇ ko záhir kiyá.
28 Us ne táríkí bhejí, so andherá huá; aur unhoṇ ne us
ke sukhan se sarkashí na kí.
29 Us ne un ke pánioṇ ko lahú kar ḍálá, aur un kí
machhlíoṇ ko már ḍálá.
30 Un kí zamín ne bahut se menḍak ugle; un ke bád-
sháhoṇ kí koṭhríoṇ meṇ bhí.
31 Us ne hukm kiyá, aur makkhíáṇ aur machchhaṛ un kí
sab haddoṇ meṇ áíṇ.
32 Us ne meṇh kí jagah un par ole barsáe; un kí sar-
zamín meṇ bhaṛaktí huí ág.
33 Aur un ke aṇgúr aur un ke anjíroṇ ke bág barbád
kiye, aur un kí haddoṇ ke darakht toṛ ḍále.
34 Us ne hukm kiyá, aur ṭiḍḍí áí aur malakh, aur we
be-shumár the;
35 Aur un kí zamín kí sárí sabzíáṇ khá gae, aur un ke
mulk ke mewe nigal gaíṇ.
36 Aur us ne un kí sarzamín meṇ sáre pahlauṭhe máre;
un kí tamám quwwat ke pahle phal.
37 Aur wuh unheṇ rúpe, aur sone ke sáth nikál láyá,
aur un ke firqoṇ meṇ ek bhí nátawán na thá.
38 Un ke nikal jáne se Misr khush huá; kyuṇki un ká
khauf un par paṛá thá.
39 Us ne badlí ko phailáyá, táki sáya kare; aur ág ko,
táki rát ke waqt roshní dewe.
40 Unhoṇ ne máṇgá, us ne baṭereṇ pahuṇchá díṇ, aur
un ko ásmání roṭí se ser kiyá.
41 Us ne chaṭán ko chírá, aur pání uchhle; we nahr
kí mánind khushkí par bahe.

42 Kyuṇki us ne apne muqaddas kalám ko, aur apne
bande Ibráhím ko yád rakhá.
43 Aur apne log ko ḳhushí ke sáth, apne barguzídoṇ ko
kaṛak ke sáth nikál láyá;
44 Aur unheṇ qaumoṇ kí sarzamíneṇ díṇ: aur ummatoṇ
ká hásil unhoṇ ne mírás meṇ páyá:
45 Táki we us ke hukmoṇ ko hifz kareṇ, aur us kí
sharíạt ko yád rakheṇ. Hallelú-yáh!

21 ROZ.—SHÁM KÍ NAMÁZ.

106 ZABÚR.

1 HALLELÚ-YÁH Ḳhudáwand kí sitáish karo, kyuṇki
wuh bhalá hai; ki us kí rahmat abadí hai.
2 Kaun Ḳhudáwand ke zabardast kámoṇ ká bayán kar
saktá hai? kaun us kí púrí taṛíf suná saktá hai?
3 Mubárak we, jo ạdl ko yád rakhte haiṇ; wuh jo har
waqt sadáqat par ạmal kartá.
4 Ai Ḳhudáwand, wuh mihr mere haqq meṇ yád farmá,
jo tú apne bandoṇ par kartá hai: mujh par apní naját
leke mutawajjih ho;
5 Táki maiṇ tere barguzídoṇ kí bhaláí dekhúṇ; terí
qaumoṇ kí ḳhushí se ḳhush houṇ, terí mírás ke sáth shádi-
yána bajáuṇ.
6 Ham ne apne bápdádoṇ samet gunáh kiye: ham ne
náfarmání kí; ham ne sharárat kí.
7 Hamáre bápdáde Misr ke bích terí ạjáib qudratoṇ ko
na samjhe; unhoṇ ne terí rahmatoṇ kí kasrat ko yád na
kiyá; balki daryá par, daryá i Qulzum par, bagáwat kí.
8 Lekin us ne apne nám ke wáste unheṇ bacháyá, táki
apní qudrat záhir kare.
9 Aur us ne daryá i Qulzum ko ḍáṇṭá, so wuh súkh
gayá: aur wuh unheṇ sahráioṇ meṇ se pár le gayá, jaise
bayábán meṇ se.
10 Aur us ne unheṇ us ke háth se, jo un ká kína rakhtá
thá, naját dí, aur dushmanoṇ ke háth se unheṇ ḳhalásí bakh-
shí.

11 Aur páníoṇ ne un ke bairíoṇ ko chhipá liyá; un meṇ
se ek bhí na bachá.
12 Tab we us ke kalám par ímán láe; we us kí hamd ká
gít gáe.
13 We jaldí karke us ke kámoṇ ko bhúl gae; us kí
saláh ke intizár meṇ na rahe.
14 Unhoṇ ne jaṇgal meṇ hirs se ḳhwáhish kí, aur
bayábán meṇ Ḳhudá ko ázmáyá.
15 Aur us ne un ká matlab púrá kiyá, par un kí jánoṇ
meṇ dublápá bhejá.
16 Aur unhoṇ ne ḳhaimagáh meṇ Músá par, aur Ḳhudá-
wand ke muqaddas mard Hárún par, hasad kiyá.
17 Aur zamín phaṭí, aur Dátan ko nigal gaí; aur
Abirám kí jamáạt ḍhámp lí.
18 Aur un kí jamáạt meṇ ág jal uṭhí; shuạle ne sharíroṇ
ko bhasam kiyá.
19 Unhoṇ ne Húreb meṇ ek bachhṛá banáyá, aur ḍhálí
huí múrat ko sijda kiyá.
20 Aur apne jalál ko ek bail kí tashbíh se, jo ghás khátá
hai, badal ḍálá.
21 Unhoṇ ne apne naját denewále Ḳhudá ko bhulá diyá,
jis ne Misr meṇ baṛe baṛe kám kiye the;
22 Ạjáib kám Hám kí zamín meṇ; haibatnák kám daryá
i Qulzum par.
23 Aur us ne farmáyá, ki Maiṇ unheṇ halák karuṇgá;
agar us ká barguzída Músá darár meṇ us ke áge na khaṛá
hotá, táki us ke gazab ko phere, na howe ki wuh unheṇ
halák kar ḍále.
24 Háṇ, unhoṇ ne us dilpizír zamín kí hiqárat ki; we
us ke kalám par ímán na láe;
25 Aur apne ḳhaimoṇ meṇ kuṛkuṛáe; we Ḳhudáwand
kí áwáz ke shanwá na hue.
26 Aur us ne apná háth un par uṭháyá, ki unheṇ
bayábán meṇ girá de;
27 Aur un kí nasl ko qaumoṇ meṇ girá de, aur unheṇ
mulkoṇ meṇ titar bitar kar de.
28 Phir we Bạl-Fagúr se mil gae, aur murdoṇ kí
qurbániáṇ kháne lage.

29 Aur unhoṇ ne us ko apne ạmaloṇ se gussa diláyá ; aur wabá un meṇ ṭúṭ paṛí.
30 Us waqt Finihás uṭhá aur insáf kiyá ; so wabá mauqúf ho gaí.
31 Aur yih us ke wáste sadáqat giní gaí, pusht dar pusht abad tak.
32 Unhoṇ ne phir us ko Maríbáh ke páníoṇ par gussa diláyá ; aur un ke sabab Músá se buráí huí :
33 Kyuṇki unhoṇ ne us kí rúh ko diqq kiyá, aisá ki wuh apne hoṇṭhoṇ se námunásib bolá.
34 Unhoṇ ne un qaumoṇ ko halák na kiyá, jin ke haqq meṇ Khudáwand ne unheṇ farmá diyá thá ;
35 Balki gair-qaumoṇ se mel kiyá, aur un ke kám síkhe.
36 Aur un ke butoṇ kí parastish kí ; aur ye un ke liye phandá ho gae.
37 Aur unhoṇ ne apne beṭoṇ aur apní beṭíoṇ ko Shayátín ke liye qurbání kiyá ;
38 Aur bequsúr lahú yaṇe apne beṭoṇ aur apní beṭíoṇ ká lahú baháyá, jinheṇ Kanán ke butoṇ ke áge zabh kiyá, aur zamín lahú se nápák huí.
39 Aur we apne kámoṇ se palíd ho gae, aur apne fiạloṇ se zinákár ṭhahare.
40 Tab Khudáwand ká gussa apne log par bhaṛká, aur us ne apní mírás se nafrat kí ;
41 Aur unheṇ gair-qaumoṇ ke qabze meṇ kar diyá ; aur we, jo un ká kína rakhte the, un par málik hue.
42 Aur un ke dushmanoṇ ne un par zulm kiyá ; aur we zerdast hoke un ke taht ho gae.
43 Us ne bárhá un ko chhuṛáyá ; aur unhoṇ ne apní mashwarat se sarkashí kí ; aur we apní badí ke sabab past hue.
44 So us ne un ke dukh par nazar kí ; jab ki us ne un ká nála suná.
45 Aur us ne un ke liye apne ạhd ko yád farmáyá, aur apní rahmatoṇ kí firáwání ke mutábiq pachhtáyá.
46 Aur aisá kiyá, ki un sab ne, jo unheṇ asír karke le gae, un par tars kháyá.

47 Ai Ḳhudáwand, hamáre Ḳhudá, ham ko naját baḳhsh,
aur ham ko gair-qaumoṇ meṇ se nikálke jamạ kar, táki
tere muqaddas nám kí sitáish kareṇ; aur terí saná meṇ
shádiyána bajáweṇ.
48 Mubárak hai Ḳhudáwand, Isráel ká Ḳhudá, azal se
abad tak; aur sáre log boleṇ, Ámín.—Hallelú-yáh.

22 ROZ.—FAJR KÍ NAMÁZ.

107 ZABÚR.

1 KHUDÁWAND kí sitáish karo, ki wuh bhalá hai,
ki us kí rahmat abad tak hai.
2 We, jo Ḳhudáwand ke ḳhalás kiye hue haiṇ, yuṇ
kaheṇ; jinheṇ us ne dushman ke háth se ḳhalás kiyá hai.
3 Aur mulkoṇ meṇ se jamạ kiyá, púrab aur pachchhim
se, uttar aur samundar se.
4 We jaṇgal meṇ us wíráne meṇ, jaháṇ ráh nahíṇ,
bhaṭakte the; unheṇ koí shahr na miltá thá, jaháṇ baseṇ.
5 Bhúkhe aur pyáse, un kí ján gash khátí thí.
6 Aur unhoṇ ne apní bipat meṇ Ḳhudáwand ko pukárá;
us ne un kí musíbatoṇ se unheṇ chhuṛáyá.
7 Aur unheṇ sídhí ráh meṇ chaláyá, táki we basne láiq
shahr meṇ pahuṇcheṇ.
8 We Ḳhudáwand ke áge us kí rahmat kí, aur baní
Ádam ke liye us ke ạjáib kámoṇ kí sitáish kareṇ!
9 Kyuṇki us ne mushtáq ján ko ásúda kiyá, aur bhúkhe
ká jí ḳhúbí se bhar diyá hai.
10 We, jo tárík í meṇ aur maut ke sáye meṇ baiṭhe the,
aur musíbat aur lohe se jakṛe hue;
11 Kyuṇki unhoṇ ne Ḳhudá ke hukmoṇ se bagáwat kí,
aur Haqq Taạlá kí maslahat kí hiqárat kí;
12 Is liye us ne un ke diloṇ ko mashaqqat se ạjiz
kiyá; we gir paṛe, aur koí madadgár na thá.
13 Aur unhoṇ ne apní bipat meṇ Ḳhudáwand ko pukárá;
us ne unheṇ musíbatoṇ se chhuṛáyá.
14 Us ne unheṇ tárík í aur maut ke sáye tale se báhar
nikálá, aur un ke bandhanoṇ ko toṛ ḍálá.

15 We Khudáwand ke áge us kí rahmat kí, aur baní Ádam ke liye us ke ajáib kámoṇ kí sitáish kareṇ!

16 Kyuṇki us ne pítal ke darwáze toṛe, aur lohe ke benḍe kát diye.

17 Ahmaq apní badcháli se aur apní badkárí ke sabab ranjída hue.

18 Un ke jí ko har ek tarah ke kháne se nafrat huí, aur we maut ke darwázoṇ pás á pahuṇche.

19 Aur unhoṇ ne apní bipat meṇ Khudáwand ko pukárá; us ne unheṇ un kí musíbatoṇ se chhuṛáyá.

20 Us ne apná kalám bhejá, aur unheṇ changá kiyá, aur unheṇ un kí halákatoṇ se riháí bakhshí.

21 We Khudáwand ke áge us kí rahmat kí, aur baní Ádam ke liye us ke ajáib kámoṇ kí sitáish kareṇ!

22 Aur hamd ke zabíhoṇ ko guzráneṇ, aur shádmání se us ke kámoṇ ko bayán kareṇ.

23 We, jo jaházoṇ meṇ samundar kí sair karte haiṇ; aur baṛe pánioṇ par kám rakhte haiṇ:

24 We hí Khudáwand ke kámoṇ ko, aur gahráo meṇ us ke ajáibát ko dekhte haiṇ.

25 Ki wuh hukm kartá hai, túfání hawá uṭhtí aur us kí maujoṇ ko buland kartí hai.

26 We ásmán par charhte haiṇ; phir gahráo meṇ utarte haiṇ; un kí jáneṇ pareshání se pighal játí haiṇ.

27 We badmast kí tarah ḍagmagáte aur laṛkharáte haiṇ; aur un ke hawáss bilkull uṛ gae haiṇ.

28 Aur we apní bipat meṇ Khudáwand ko pukárte haiṇ; aur wuh un kí musíbatoṇ se unheṇ chhuṛátá hai.

29 Wuh túfán ko thamá detá hai; aur us kí maujeṇ qarár pakaṛtí haiṇ.

30 Tab we khush hote haiṇ, ki unheṇ chain milá; aur wuh un ko, jis bandar meṇ jáyá cháhte haiṇ, pahuṇchátá hai.

31 We Khudáwand ke áge us kí rahmat kí, aur baní Ádam ke liye us ke ajáib kámoṇ kí sitáish kareṇ!

32 Aur logoṇ kí jamáat meṇ us kí baṛáí kareṇ, aur buzurgoṇ kí majlis meṇ us kí sitáish bajá láweṇ.

33 Wuh nahroṇ ko sahrá, aur pání ke chashmoṇ ko sukhí zamín baná ḍáltá hai;

34 Mewadár zamín ko shor kar detá hai, un kí sharárat
ke sabab, jo wahán baste hain.
35 Wuh bayábán ko jhíl, aur khushk zamín ko chashme
banátá hai.
36 Aur wahán bhúkhon ko basátá hai; aur we rahne ke
liye shahr taiyár karte hain;
37 Aur khetí karte, aur angúron ke bag lagáte, aur phal
kí tahsíl karte hain.
38 Aur wuh unhen barakat detá hai; so we bahut ho
játe hain, aur un kí mawáshí ko kam hone nahín detá.
39 We phir ghat játe hain, aur zalíl hote hain, zulm aur
musíbat aur gam ke máre.
40 Wuh amíron par zillat dáltá hai; aur aisá kartá hai,
ki we jangal jangal be-ráh bhatakte phirte hain.
41 Aur wuh muhtáj ko dukh se chhurá buland kartá
hai, aur galle kí tarah gharáne kar detá hai.
42 Sádiq log dekhenge, aur khush honge, aur sárí badí
ká munh band ho jáegá.
43 Kaun hai hakím ki in báton par nigáh rakhe? we hí
Khudáwand kí mihr ko samjhenge.

22 ROZ.—SHÁM KÍ NAMÁZ.

108 ZABÚR.

1 AI Khudá, merá dil mustaqím hai; main apní
shaukat ke sáth gáungá, aur madhsaráí karungá.
2 Jág, ai bín aur barbat; main sawere jágungá.
3 Ai Khudáwand, main ummaton ke darmiyán terí
sitáish karungá; aur qaumon ke bích terí hamd gáungá.
4 Kyunki barí hai terí rahmat ásmánon ke úpar; aur
terí sachchái badlíon tak.
5 Ai Khudá ásmánon ke úpar buland ho, aur terá jalál
sárí zamín ke úpar.
6 Táki tere azíz chhuráe jáwen, apne dahne háth se
naját de, aur merí sun.
7 Khudá ne apne taqaddus men farmáyá hai: main
khushí manáungá, main Sikm ko taqsím karungá, aur
Sukkát kí wádí ko mápungá.

8 Jiliąd merá hai ; aur Manassí merá, aur Ifráím mere sir ká zor hai ; Yahúdáh merá qánún ṭhahránewálá ;

9 Moáb mere dhone ká lagan, Adúm par main apní jútí chaláungá, Filist par shádiyána bajaungá.

10 Hasín shahr men kaun mujhe le jáegá ? Adúm tak merá rahbar kaun hogá ?

11 Ai Ḳhudá, kyá tú nahín, jis ne hamen radd kiyá ? aur tú ai Ḳhudá, jo hamáre lashkaron ke sáth nahín chaltá ?

12 Musíbat men se hamárí madad karke riháí de, ki ádmí kí taraf se madad abas hai.

13 Ḳhudá hí ke sabab se ham bahádurí karenge ; aur wuhí hamáre dushmanon ko latáṛ máregá.

109 ZABUR.

1 AI Ḳhudá, mere mahmúd chup mat rah ;

2 Kyunki sharír ká munh aur dagábáz ká munh mujh par khulá hai ; we jhúṭhí zubán se mere sáth bát karte hain.

3 Kína kí báton se unhon ne mujh ko gher liyá hai, aur we be-sabab mujh se larte hain.

4 Merí dostí ke iwaz men we mujhe satáte hain ; par main jo hun duá kartá.

5 Bhaláí ke iwaz we merí buráí karte hain ; aur merí mahabbat ke badle men adáwat.

6 Tú ek sharír ko us par muqarrar kar, aur us ke dahne háth shaitán khará rahe.

7 Jab us kí adálat kí jáwe, to wuh mujrim ṭhahare, aur us kí duá gunáh giní jáwe.

8 Us ke din thoṛe howen ; us ká udha dúsrá páwe.

9 Us ke bachche yatím ho jáwen, aur us kí jorú bewa ho jáwe.

10 Us ke bachche máre máre phiren, aur bhíkh mángen ; aur apne wíránon se khurák dhundhte phiren.

11 Súdḳhor use phansá us ká sab kuchh le le, aur pardesí us kí kamáí ko lúten.

12 Koí us par tars na kháwe ; aur us ke yatímon par koí rahm karnewálá na ho.

13 Us kí nasl báqí na rahe, aur dúsrí pusht meṇ us ká
nám mitáyá jáwe.
14 Us ke bápdádoṇ kí badkáríán Khudáwand ke huzúr
mazkúr rahen, aur us kí má ká gunáh mitáyá na jáwe.
15 We nit Khudáwand ke áge raheṇ, aur wuh zamín par
se un ká tazkira nábúd kar de.
16 Kyunki us ne rahímí ko yád na kiyá; balki garíb aur
muhtáj aur dil shikasta ke píchhe paṛá, táki use qatl
kare.
17 Jaisá us ne lạnat karne ko dost rakhá, so wuh us par
á paṛe; aur jaisá wuh barakat cháhne se bezár rahá, so
barakat us se dúr rahe.
18 Jaisá us ne lạnat karne ko khilạt kí mánind pahin
liyá, waise lạnat pání kí mánind us kí antríoṇ meṇ, aur tel
kí tarah us kí haḍḍíon men, ghuse.
19 Wuh us ke liye aisá howe, jaisá poshák, jo wuh
pahintá hai, aur jaise paṭká, jo sadá us kí kamar ke gird
lipṭá rahtá hai.
20 Khudáwand kí taraf se mere mukhálifon ká, aur un
ká, jo merí ján ko burá kahte haiṇ, yihí badlá howe.
21 Par tú mujh se, ai Khudáwand Khudá, apne nám ke
wáste sulúk kar; ki terí rahmat khúb hai; mujhe naját de.
22 Ki maiṇ garíb aur muhtáj huṇ, aur merá dil mujh
men chhidá huá hai.
23 Main ḍhaltí huí chhánw kí mánind tamám ho chalá;
main tiḍḍí kí tarah jhaṛká gayá hun.
24 Mere ghutne fáqe se sust ho gae, aur mere gosht kí
chiknáí játí rahí.
25 Main un ká naṇg bhí huá; we mujhe tákte haiṇ; we
apná sir hiláte hain.
26 Ai Khudáwand, mere Khudá, merí madad kar; apní
rahmat ke mutábiq mujhe naját de;
27 Táki we ján jáeṇ, ki yih terá háth hai; tú hí ne, ai
Khudáwand, yih kiyá hai.
28 We lạnat kareṇ, par tú barakat de; we uṭhe aur
sharminda ho jáwenge; par terá banda khushí manáwegá.
29 Mere mukhálif ruswáí kí poshák se mulabbas hoṇ,
aur apní sharmindagí kí chádar se áp ko chhipá leweṇ.

30 Main apne muṇh se Khudáwand kí bahut hí sitáish
karuṇgá; aur bahutoṇ ke darmiyán us kí hamd gáuṇgá.
31 Kyuṇki wuh muhtáj ke dahne háth par khaṛá hai, ki
us ko us kí ján ke fatwá denewáloṇ se bacháwe.

23 ROZ.—FAJR KÍ NAMÁZ.

110 ZABU'R.

1 KHUDA'WAND ne mere Khudáwand ko farmáyá,
Tú mere dahne háth baiṭh, jab tak ki maiṇ tere
dushmanoṇ ko tere páṇwoṇ tale kí chaukí karuṇ.
2 Khudáwand tere zor ká ạsá Saihún meṇ se bhejegá: tú
apne dushmanoṇ ke darmiyán hukmrání kar.
3 Tere log terí quwwat ke din husn i taqaddus ke sáth
apní khushí se áp hí hadiye hoṇge: subh ke rihm se tere
liye terí jawání kí os hai.
4 Khudáwand ne qasam khái hai, aur wuh na pachhtá-
wegá, Tú Malik i Sidq ke taur par abad tak káhin hai.
5 Khudáwand tere dahne háth par apne qahr ke din
bádsháhoṇ ko de máregá.
6 Wuh qaumoṇ meṇ ạdálat karegá; láshoṇ se un ko
bhar degá; wuh bahut mamlukatoṇ par siroṇ ko máregá.
7 Wuh ráh meṇ nále ká pání píegá: is liye wuh sir bu-
land karegá.

111 ZABU'R.

1 HALLILU'-YA'H! Main tamám dil se Khudáwand
kí sitáish karuṇgá, rástoṇ kí majlis meṇ, aur ja-
máạt meṇ.
2 Khudáwand ke kám baṛe haiṇ; daryáft kiye hue haiṇ
un sab se jo unheṇ cháhte haiṇ.
3 Ạzmat aur hashmat us ká kám hai, aur us kí sadáqat
abad tak qáim hai.
4 Us ne apne ạjáib kámoṇ ke liye yádgárí kar rakhí;
Khudáwand karím o rahím hai.

5 Rátib apne ḍarnewálon ko us ne diyá ; wuh abad tak
apne ahd ko yád farmáwegá.
6 Us ne apne kámoṇ ká zor apne logoṇ ko dikhláyá,
táki unheṇ qaumon kí mírás bakhshe.
7 Us ke háth ke kám haqq aur ạdálat haiṇ ; us ke sáre
ahkám muạtabir haiṇ.
8 We hamesha abad tak páedár, sachchái aur rástí se
kiye gae hain.
9 Us ne apne logoṇ ke liye ḳhalásí bhejí ; apne ạhd ko
abad tak farmá rakhá hai ; us ká nám quddús aur muhíb
hai.
10 Hikmat ká shurụ́ jo hai so Ḳhudáwand ká khauf hai :
un sab ká, jo un par ạmal karte haiṇ, ḳhúb zihn hai ; us kí
sitáish abad tak qáim hai.

112 ZABU'R.

1 HALLILU'-YA'H ! Mubárak wuh ádmí, jo Ḳhudá-
wand se dartá hai, so us ke farmánoṇ se niháyat
ḳhushí manátá hai
2 Us kí nasl zamín par zoráwar hogí ; rástbạzoṇ kí aulád
mubárak hogí.
3 Us ke ghar meṇ mál matáạ, aur us kí sadáqat abad tak
qáim hai.
4 Rástbázon ke liye táríkí men núr chamaktá hai ; wuh
mihrbán, aur dardmand, aur sádiq hai.
5 Bhalá hai wuh ádmí jo mihrbání kartá, aur qarz detá
hai ; wuh apne kár o bár ko rástí se chalátá hai.
6 Yaqínan us ko abad tak jumbish na hogí ; sádiq kí
yádgárí abadí hogí.
7 Wuh burí khabren sun ke daregá nahíṇ ; us ká dil
mustaqím. us ká bharosá Ḳhudáwand par hai.
8 Barqarár hai us ká dil ; wuh na ḍaregá, yaháṇ ták ki
apne dushmanon ko dekh na le.
9 Us ne bikhráyá, muhtájoṇ ko diyá hai : us kí sadáqat
abad tak báqí hai ; us ká síṇg jalál ke sáth sarfaráz hogá.
10 Sharír dekhegá, aur kurhegá, apne dáṇt písegá, aur
gal jáwegá ; sharíroṇ kí tamanná faná ho jáegí.

113 ZABÚR.

1 HALLILÚ-YÁH. Hamd karo, ai Ḳhudáwand ke
bando; Ḳhudáwand ke nám kí hamd karo.
2 Ḳhudáwand ká nám is dam se abad tak mubárak
howe.
3 Áftáb ke tulú se lekeus ke magrib tak Ḳhudáwand ke
nám kí hamd kí jáe.
4 Ḳhudáwand sárí qaumoṇ par buland hai; us ká jalál
ásmánoṇ par hai.
5 Ḳhudáwand hamáre Ḳhudá kí mánind kaun hai;
bulandí par rahtá hai.
6 Aur níche, ásmán aur zamín par nazar kartá hai?
7 Wuh miskín ko ḳhák se uṭhá letá hai; wuh muhtáj ko
ghúre se uṭhá ke buland kartá hai.
8 Táki use umrá ke sáth, apne log ke umrá ke sáth,
biṭhláwe.
9 Wuh ghar kí bánjh aurat ko bachchoṇ kí ḳhushí kar-
newálí má karke basátá hai. Hallilú-yáh.

23 ROZ.—SHÁM KÍ NAMÁZ.

114 ZABÚR.

1 JAB Isráel Misr se niklá; Yaqúb ká gharáná ajnabí
zubán bolnewále logoṇ meṇ se:
2 To Yahúdáh us kí maqdis huí, aur Isráel us kí mamlu-
kat huí.
3 Samundar ne dekhá, aur palaṭ gayá; Yardan ne bhí
aur ulṭí phirí;
4 Pahároṇ ne meṇḍhoṇ kí mánind chhaláṇgeṇ máríṇ;
pahárioṇ ne bheṛ ke bachchoṇ kí mánind.
5 Ai samundar, tujhe kyá huá, jo tú bhágtá hai? aur,
tujhe ai Yardan, ki tú ulṭí phirtí hai?
6 Aur kyá huá, ai pháṛo, jo tum meṇḍhoṇ kí mánind
aur ai ṭílo, jo tum bheṛ ke bachchoṇ kí mánind chhaláṇgeṇ
márte ho?

7 Ai zamín, tú Ḳhudáwand ke huzúr tharthará, Yaqúb
ke Ḳhudá ke huzúr;
8 Jo patthar ko pání ká hauz banátá hai; chaqmaq ke
patthar ko pání ká chashma.

115 ZABÚR.

1 HAM ko, ai Khudáwand, nahín, ham ko nahíṇ, balki
apne nám ko buzurgí de, apní rahmat ke liye, aur
apní sachchái ke liye.
2 Qaumeṇ kyun kaheṇ, ki un ká Ḳhudá ab kahán hai?
3 Hamárá Ḳhudá to ásmán par hai; us ne jo kuchh
cháhá, so kiyá.
4 Un ke but rúpá aur soná haiṇ, ádmíoṇ kí dastkáríáṇ.
5 We muṇh rakhte haiṇ, par bolte nahíṇ; we áṇkheṇ
rakhte hain, par dekhte nahíṇ;
6 We kán rakhte haiṇ, par sunte nahíṇ; un kí nákeṇ
bhí hain, par súnghte nahíṇ;
7 We háth rakhte haiṇ, par pakaṛte nahíṇ; we páṇwoṇ
rakhte haiṇ, par chalte nahíṇ; we apne gale se bhí áwáz
nahín nikálte.
8 We, jo unheṇ banáte hain, aur we sab, jo un ká bharosá
rakhte haiṇ, unhín kí mánind haiṇ.
9 Ai Isráel, tú Ḳhudáwand par bharosá kar; wuhí un ká
madadgár aur un kí sipar hai.
10 Ai Hárún ke gharáne, Ḳhudáwand par bharosá karo;
wuhí un ká madadgár aur un kí sipar hai.
11 Tum, jo Ḳhudáwand se ḍarte ho, Ḳhudáwand par
bharosá karo; wuhí un ká madadgár aur un kí sipar hai.
12 Ḳhudáwand ne hamárí khabar lí hai; wuh barakat
degá; wuh Isráel ke gharáne ko barakat degá; wuh Hárún
ke gharáne ko barakat degá.
13 Wuh un ko jo Ḳhudáwand se ḍarte haiṇ, chhoṭon
baṛoṇ ko barakat degá.
14 Ḳhudáwand tumhárí baṛhtí kare, tumhárí aur tum-
háre laṛkon kí.
15 Tum Ḳhudáwand kí taraf se, jis ne ásmán aur
zamín ko paidá kiyá, mubárak ho.

16 A'smán jo haiṇ, háṇ ásmán Ḳhudáwand ke liye haiṇ;
aur zamín jo hai, so us ne baní A'dam ko ịnáyat kí.
17 Murde Ḳhudáwand kí sitáish nahíṇ karte, na we sab,
jo ḳhámoshí ke ạlam meṇ utar játe haiṇ.
18 Lekin ham is waqt se leke abad tak Ḳhudáwand ko
mubárak kaheṇge. Hallilú-yáh.

24 ROZ.—FAJR KÍ NAMÁZ.

116 ZABU'R.

1 MAIṆ mahabbat rakhtá huṇ, kyuṇki Ḳhudáwand
merí áwáz aur merí minnateṇ suntá hai.
2 Ki us ne merí taraf kán dhare, so maiṇ, jab tak ki jítá
rahuṇgá, us ká nám liye jáuṇgá.
3 Maut ke dukhoṇ ne mujhe ko gherá, aur qabr ke
dardoṇ ne mujhe pakṛá; maiṇ dukh aur gam meṇ giriftár
huá.
4 Tab maiṇ ne Ḳhudáwand ká nám liyá, ki Ai Ḳhudá-
wand mihrbání karke merí ján bachá.
5 Ḳhudáwand mihrbán aur sádiq hai; aur hamárá Ḳhudá
rahm karnewalá hai.
6 Ḳhudá sáda logoṇ ká nigahbán hai; maiṇ ạjiz ho gayá
thá, usí ne mujhe bacháyá.
7 Ai merí ján, apní árámgáh meṇ phir, ki Ḳhudáwand
ne tujh par ihsán kiyá hai.
8 Tú ne mujh ko marne se, merí áṇkhoṇ ko áṇsú baháne
se, aur mere páṇw ko phisalne se bacháyá.
9 Maiṇ Ḳhudáwand ke áge zindagí kí zamín meṇ
chaluṇgá.
10 Maiṇ ímán láyá, is liye maiṇ bolá; mujh par baṛí
bipat thí:
11 Maiṇ ne apní ghabráhaṭ meṇ kahá, ki sáre ádmí
jhúṭhe haiṇ.
12 Maiṇ Ḳhudáwand ko, us kí sárí niạmatoṇ ke ịwaz jo
mujhe milíṇ, kyá duṇ?
13 Maiṇ naját ká piyála uṭháuṇgá, aur Ḳhudáwand ká
nám pukáruṇgá.

14 Maiṇ abhí us ke sáre logon ke sámhne Ḳhudáwand
ke liye apní nazreṇ adá karuṇgá.
15 Ḳhudáwand kí nigáh meṇ us ke muqaddas logoṇ
ká marná giran qadr hai.
16 Ai Ḳhudáwand, main ʿarz kartá hun, kyunki terá
banda hun; main terá banda, terí laundí ká beṭá; tú ne
mere bandhan khole.
17 Maiṇ tere huzúr shukrguzárí ke zabíh chaṛháuṇgá,
aur Ḳhudáwand ká nám pukáruṇgá.
18 Maiṇ abhí us ke sáre logon ke áge apní nazreṇ
Ḳhudáwand ke liye adá karuṇgá;
19 Ḳhudáwand ke ghar kí bárgáhoṇ meṇ, tere darmi-
yán, ai Yarúsalam. Hallilú yah.

117 ZABUR.

1 Ai sárí qaumo, Ḳhudáwand kí hamd karo; ai sárí
ummaton, us kí taríf karo.
2 Kyunki us kí mihr ham par qawí hai, aur Ḳhudá-
wand kí sachchái abad tak. Hallilú-yáh.

118 ZABUR.

1 Khudáwand kí shukrguzárí karo, ki wuh
bhalá hai; ki abad tak us kí rahmat hai.
2 Kásh ki Isráel kahe, ki Us kí rahmat abad tak hai.
3 Kásh ki Hárún ká gharáná kahe, ki Us kí rahmat
abad tak hai.
4 Kásh ki we, jo Ḳhudáwand se ḍarte haiṇ, kahen, ki
Us kí rahmat abad tak hai.
5 Maiṇ ne taṇgí men Ḳhudáwand ko pukárá: Ḳhudá-
wand ne merí sunke kushádagí bakhshí.
6 Ḳhudáwand merí taraf hai, maiṇ nahíṇ ḍarne ká; in-
sán merá kyá kar saktá hai?
7 Ḳhudawand merí taraf mere madadgároṇ men hai; so
main unhen, jo merá kína rakhte haiṇ, dekh lungá.
8 Tawakkul karná Ḳhudáwand par us se bihtar hai, ki
insán ká bharosá rakhe.

9 Ḳhudáwand par tawakkul karná us se bihtar hai, ki
amíroṇ ká bharosá rakhe.
10 Sárí qaumoṇ ne mujh ko gher liyá; Ḳhudáwand ke
nám se maiṇ albatta un ko nábúd karuṇgá.
11 Unhoṇ ne mujhe gherá, háṇ, unhoṇ ne to mujhe
gherá hai; Ḳhudáwand ke nám se maiṇ albatta unheṇ
nábúd karuṇgá.
12 Unhoṇ ne mujhe shahd kí makkhíoṇ kí tarah gher
liyá; we káṇṭoṇ kí ág kí mánind bujh gae; Ḳhudáwand
ke nám se maiṇ albatta unheṇ nábúd karuṇgá.
13 Tú ne mujhe baṛe zor se ḍhakelá, táki mujhe girá
de; lekin Ḳhudáwand ne merí madad kí.
14 Ḳhudáwand merá zor aur merá faḳhr hai; aur wuh
merí naját huá.
15 Sádiqoṇ ke ḳhaimoṇ meṇ ḳhushí aur naját kí áwáz
hai. Ḳhudáwand ká dahná háth bahádurí kartá hai.
16 Ḳhudáwand ká dahná háth buland huá; Ḳhudáwand
ká dahná háth bahádurí kartá hai.
17 Maiṇ na maruṇgá, balki jíúṇgá; Ḳhudáwand ke kám
bayán karuṇgá.
18 Ḳhudáwand ne mujhe ḳhúb tambíh kí; lekin mujhe
maut ke hawále ne kiyá.
19 Sadáqat ke darwáze mere liye kholo; maiṇ un se
andar jáuṇgá; maiṇ Ḳhudáwand kí sitáish karuṇgá.
20 Ḳhudáwand ká darwáza yih hai; us meṇ sádiq dáḳhil
hote haiṇ.
21 Maiṇ terí hamd karuṇgá, ki tú ne merí sun lí; aur
merí naját huá.
22 Wuh patthar, jis ko miṃmároṇ ne radd kiyá, kone ká
sirá ho gayá hai.
23 Yih Ḳhudáwand se huá; so hamárí nazar meṇ ajíb
hai.
24 Yihí wuh din hai jise Ḳhudáwand ne paidá kiyá:
ham us meṇ ḳhush o ḳhurram howeṇ.
25 Ai Ḳhudáwand, ham arz karte haiṇ, ab naját
baḳhshiye; ai Ḳhudáwand, ham arz karte haiṇ, ab kámyábí
baḳhshiye.

26 Mubárak wuh, jo átá hai, Ḳhudáwand ke nám se; ham Ḳhudáwand ke ghar meṇ se tum ko mubárakbádí dete haiṇ.

27 Ḳhudáwand wuhí Ḳhudá hai; aur us ne ham ko núr dikhláyá; qurbání ko mazbah ke síṇgoṇ tak rassíoṇ se báṇdho.

28 Merá Ḳhudá tú hai; aur maiṇ terí sitáish karuṇgá; merá Ḳhudá, maiṇ terí buzurgí karuṇgá.

29 Ḳhudáwand kí sitáish karo; ki wuh bhalá hai, ki us kí rahmat abad tak hai.

24 ROZ.—SHÁM KÍ NAMÁZ.

119 ZABÚR.

ALAF.

1 MUBÁRAK we, jo ráh meṇ sídhe, jo Ḳhudáwand kí shara par chalte haiṇ.

2 Mubárak we, jo us kí shahádatoṇ ko yád rakhte haiṇ, jo apne sáre dil se use ḍhuṇḍhte haiṇ.

3 We badí bhí nahíṇ karte; we us kí ráhoṇ par chalte haiṇ.

4 Tú ne apne qáide farmáye, ki ham koshish se unheṇ hifz kareṇ.

5 Kásh ki merí ráheṇ tere hukmoṇ ko hifz karne ke liye mustaqím hoṇ.

6 Tab hí maiṇ sharminda na houṇgá, jab ki tere sáre hukmoṇ par nigáh rakhuṇgá.

7 Main terí sadáqat kí ạdálatoṇ ko síkhke dil kí rástí se terí sitáish karuṇgá.

8 Maiṇ tere hukmoṇ ko hifz karuṇgá; tú mujhe áḳhir tak na chhoṛ.

BET.

9 Jawán ádmí apní ráh kis tarah se sáf kar rakhe? tere kalám ke mutábiq us kí ḳhabardárí karne se.

10 Maiṇ ne apne sáre dil se terí talásh kí hai: tú mujh ko apne hukmoṇ se bhaṭakne mat de.

11 Maiṇ ne tere kalám ko apne dil ke bích chhipá liyá,
táki maiṇ terá gunáh na karuṇ.
12 Ai Ḳhudáwand, tú mubárak hai; apne ahkám mujhe
sikhlá.
13 Maiṇ ne apne hoṇṭhoṇ se tere muṇh kí sárí ạdálatoṇ
ko bayán kiyá.
14 Maiṇ terí shahádatoṇ kí ráh meṇ aisá ḳhush huá huṇ,
jaise tamám daulat se.
15 Maiṇ tere qáịdoṇ meṇ gaur karuṇgá, aur terí ráhoṇ
ko nigáh meṇ rakhuṇgá.
16 Maiṇ tere hukmoṇ meṇ ḳhushí manáuṇgá; terá
kalám na bhúluṇgá.

JÍMAL.

17 Mihrbání karke apne bande se sulúk kar, ki maiṇ jí
jáuṇ, aur terá kalám yád rakhuṇ.
18 Merí áṇkheṇ khol to maiṇ terí sharíạt kí ạjáibát ko
dekhuṇgá.
19 Maiṇ zamín par ek musáfir huṇ: apne hukm mujh
se na chhipá.
20 Merá jí har dam terí ạdálatoṇ ke ishtiyáq meṇ paṛá
taṛaptá hai.
21 Tú ne magrúroṇ ko, jo lạnatí haiṇ, jo tere hukmoṇ
se bhaṭak játe haiṇ, ḍáṇṭá hai.
22 Malámat aur hiqárat mujh par se dafạ kar; kyuṇki
maiṇ ne terí shahádatoṇ ko hifz kar rakhá hai.
23 Amíroṇ ne bhí majlis karke mere ḳhiláf báteṇ kíṇ;
terá banda tere hukmoṇ par dhyán lagáe hue hai.
24 Háṇ terí shahádateṇ merí ịshrateṇ aur merí saláh
denewálíáṇ haiṇ.

DÁLAT.

25 Merí ján ḳhák se lagí játí hai; tú apne kalám ke
mutábiq mujh ko jilá.
26 Maiṇ ne apní ráheṇ bayán kíṇ, aur tú ne merí sun
hai; mujhe apne ahkám sikhlá.

27 Apne qáïde kí ráh ko mujhe bujhá de, to main tere ajáïb kámon yar dhyán karungá.

28 Merí ján máre gam ke pighal játí hai; apne kalám ke mutábiq mujh ko sambhál.

29 Jhúth kí ráh mujh se dúr kar; aur mihrbání karke apní sharíat mujhe bakhsh.

30 Main ne sachchái ki ráh iḳhtiyár kí; terí aḍálaten main ne apne rúbarú rakhín.

31 Main terí shahádaton se chimaṭ rahá hun; ai Ḳhudáwand mujhe sharminda na kar.

32 Main tere hukmon kí ráh men dauṛungá, ki tú merá dil kusháda kartá hai.

25 ROZ.—FAJR KÍ NAMÁZ.

HE.

33 Ai Ḳhudáwand, mujhe apne hukmon kí ráh batlá; aur main use áḳhir tak yád rakhungá.

34 Mujh ko fahm ináyat kar, aur main terí sharíat ko yád rakhungá; aur use apne sáre dil se hifz karungá.

35 Mujhe apne hukmon ke ráste men chalá, ki merí ḳhushí us men hai.

36 Mere dil ko apní shahádaton kí taraf máil kar, aur na lálach kí taraf.

37 Merí áṇkhon ko pher de, ki butlán par nazar na karen; apní ráh men mujhe jilá.

38 Apne bande ke liye apná kalám, jo tere ḍarnewálon ke liye hai, púrá kar.

39 Merí malámat ko, jis se main ḍartá hun, mujh se dúr kar; ki terí aḍálaten achchhí hain.

40 Dekh, ki main tere qáïdon ká mushtáq hun: apní sadáqat men mujhe jilá.

WÁO.

41 Ai Ḳhudáwand, apní rahmaton ko, hán apní naját ko apne qaul ke mutábiq mujh tak áne de.

42 Aur maiṇ apne malámat karnewáloṇ ko jawáb duṇgá; kyuṇki mujhe tere kalám ká bharosá hai.
43 Aur haqq ká kalám mere muṇh se bilkull chhín na le; ki maiṇ terí ạdálatoṇ kí intizárí meṇ huṇ.
44 Aur maiṇ terí sharíạt ko har waqt abad ul ábád tak hifz kar rakhuṇgá.
45 Aur maiṇ kusháda jagah meṇ chaltá phirtá rahuṇgá; ki tere qáịdoṇ ko ḍhuṇḍhtá huṇ.
46 Aur maiṇ bádsháhoṇ ke áge terí shahádatoṇ ká zikr karuṇgá; aur sharminda na houṇgá.
47 Aur tere hukmoṇ se ḳhushí manáuṇgá; unheṇ maiṇ cháhtá huṇ.
48 Aur maiṇ tere hukmoṇ kí taraf, jin se mahabbat rakhtá huṇ, apne háth uṭháuṇgá; aur tere farmánoṇ par gaur karuṇgá.

ZAIN.

49 Apne bande kí ḳhátir apne kalám ko yád farmá, ki tú ne mujhe umnedwár kiyá hai.
50 Mere dukh meṇ merí yihí tasallí hai, ki tere qaul ne mujhe jiláyá hai.
51 Magrúroṇ ne mujh se bahut ṭhaṭholíáṇ kíṇ; maiṇ terí sharíạt se nahíṇ haṭá.
52 Ai Ḳhudáwand, maiṇ ne terí qadímí ạdálatoṇ ko yád kiyá, aur tasallí páí.
53 Sharíroṇ ke sabab, jo terí sharíạt ko chhoṛ dete haiṇ, jaljaláhaṭ ne mujhe á pakṛá.
54 Mere musáfir-ḳháne meṇ tere ahkám mere gít haiṇ.
55 Ai Ḳhudáwand, maiṇ ne terá nám rát ko yád kiyá hai, aur terí sharíạt kí muháfizat kí hai.
56 Yih mujh ko huá hai, ki maiṇ ne tere qáịdoṇ par ạmal kiyá hai.

ḲHET.

57 Tú merá bakhra, ai Ḳhudáwand, maiṇ ne kahá hai, ki maiṇ terí bátoṇ ko hifz karuṇgá.

58 Maiṇ ne apne sáre dil se tere huzúr darḳhwást kí; tú apne qaul ke mutábiq mujh par mihr kar.
59 Maiṇ ne apní ráhoṇ par gaur kiyá, aur apne qadam terí shahádatoṇ kí taraf phere.
60 Maiṇ ne phurtí kí, aur derí na kí, ki tere hukmoṇ ko hifz karuṇ.
61 Sharíroṇ ke jáloṇ ne mujhe gherá; terí sharíạt ko maiṇ bhúlá nahíṇ.
62 Adhí rát ko maiṇ uṭhuṇgá ki terí sadáqat kí ạdálatoṇ par terí sitáish karúṇ.
63 Maiṇ un sab ká sáthí huṇ, jo tujh se ḍarte haiṇ, aur un ká jo tere qáidoṇ par ạmal karte haiṇ.
64 Ai Ḳhudáwand, zamín terí rahmat se mạmúr hai: mujhe apne ahkám sikhlá.

TET.

65 Ai Ḳhudáwand, tú ne apne kalám ke mutábiq apne bande se ḳhush-sulúkí kí hai.
66 Achchhá zihn aur ịlm mujhe sikhlá de, ki maiṇ tere hukmoṇ par ímán láyá huṇ.
67 Us se peshtar ki mujhe dukh huá maiṇ bhaṭak játá thá; par ab maiṇ ne tere kalám ko hifz kiyá hai.
68 Tú nek hai, aur nekí kartá hai; mujhe apne hukm sikhlá.
69 Magrúroṇ ne mujh par jhúṭh báṇdhá hai; maiṇ tere qáịdoṇ ko apne sáre dil se hifz kar rakhuṇgá.
70 Un ká dil charbí kí mánind chikná ho rahá hai; maiṇ terí sharíạt se magan huṇ.
71 Bhalá huá, ki maiṇ ne dukh páyá; táki tere hukmoṇ ko síkhuṇ.
72 Tere muṇh kí sharíạt mere liye hazároṇ ashrafíoṇ aur rupayoṇ se bihtar hai.

X

25 ROZ.—SHÁM KÍ NAMÁZ.

YOD.

73 Tere háthoṇ ne mujhe banáyá, aur mujhe taiyár kiyá: mujhe taʻlím de, to maiṇ tere ahkám síkhuṇgá.
74 We, jo tujh se ḍarte haiṇ, mujhe dekhke khush honge; kyuṇki tere kalám se mujhe ummed hai.
75 Ai Khudáwand, maiṇ ján gayá, ki terí ʻadálateṇ rást haiṇ; aur yih ki tú ne wafáí se mujh ko dukh diyá.
76 Kásh ki terí mihr, jis tarah ki terá qaul tere bande se hai mujhe tasallí de.
77 Terí rahmateṇ mere shámil hál howeṇ, to maiṇ jíúṇgá; kyuṇki terí sharíʻat merí khushí hai.
78 Magrúr sharminda ho jáeṇ, ki unhoṇ ne jhúṭh se merí bát bigáṛí; maiṇ tere qáʻidoṇ par dhyán rakhuṇgá.
79 We, jo tujh se ḍarte haiṇ, aur we, jo terí shahádatoṇ ko jánte haiṇ, merí taraf phireṇ.
80 Merá dil tere hukmoṇ par mustaqím ho; táki maiṇ sharminda na hoúṇ.

KAF.

81 Merí ján terí naját ke shuaq meṇ murchhit huí; tere kalám par merí ummed hai.
82 Merí áṇkheṇ tere qaul ke intizár meṇ yih kahte hue faná huiṇ, ki tú mujhe kab tasallí degá?
83 Ki maiṇ us mashk kí mánind huá, jo dhuweṇ meṇ dharí ho; tere hukmoṇ ko maiṇ bhúlá nahíṇ.
84 Tere bande ke din kitne haiṇ? tú kab mere satánewáloṇ kí ʻadálat karegá?
85 Magrúroṇ ne, jo terí sharíʻat ke pairau nahíṇ, mere liye gaṛhe khode haiṇ.
86 Tere sáre hukm barhaqq haiṇ; we náhaqq mujh ko satáte haiṇ; tú merí madad kar.
87 Nazdík thá, ki we mujhe zamín par se nest o nábúd kar ḍálte; lekin maiṇ ne tere qáʻidoṇ ko tark nahíṇ kiyá.

88 Apní rahmat ke mutábiq mujhe jilá to main tere munh kí shahádat ko hifz karungá.

LÁMAD.

89 Ai Khudáwand, terá kalám ásmán par abad tak mustahkam hai.
90 Terí sachcháí pusht dar pusht hai; tú ne zamín ko qáim kiyá, aur wuh thaharí hai.
91 We terí adálaton ke liye áj ke din thahare hue hain; kyunki sab tere bande.
92 Agar terí sharíat merí khushí na hotí, to main apní musíbat men halák ho játá.
93 Main tere qáidon ko kabhí na bhúlungá; ki tú ne un ke wasíle se mujhe jiláyá hai.
94 Main terá hun, mujhe bachá le; ki main tere qáidon ká tálib hun.
95 Sharír merí ghát men lage húe hain, ki mujhe halák karen; main terí shahádaton ko sochtá hun.
96 Tamám kámilyat kí hadd main ne dekhí hai: terá hukm bahut hí chaurá hai.

MEM.

97 Kyá hí main terí sharíat se mahabbat rakhtá hun! tamám din us hí men merá dhyán hai.
98 Tú apne hukmon ke wasíle se mujh ko mere dushmanon se ziyáda dánishmand kartá hai; ki we hamesha mere sáth hain.
99 Merí dánish un sab se, jo mujhe talím dete hain, ziyáda hai; kyunki terí shahádaton par merá dhyán hai.
100 Main búrhon se ziyáda samajhtá hun; kyunki tere qáidon par merí nigáh hai.
101 Main ne har ek burí ráh se apne pánw báz rakhe, táki tere kalám ko hifz karun.
102 Main terí adálaton se hatá nahín; kyunki tú hí ne mujhe talím dí hai.

103 Terí báteṇ mere tálú ko kyá hí míṭhí lagtí haiṇ; shahd se ziyáda mere muṇh ko.
104 Tere qáidoṇ ke wasíle se maiṇ samajhdár ho játá huṇ; is liye har ek jhúṭhí ráh se ạdáwat rakhtá huṇ.

26 ROZ.—FAJR KÍ NAMÁZ.

NÚN.

105 Terá kalám mere páṇwoṇ ke liye chirág, aur merí ráh kí roshní hai.
106 Maiṇ ne qasam kháí hai, aur use púrá karuṇgá, ki maiṇ terí sadáqat kí ạdálatoṇ ko yád rakhuṇgá.
107 Mujh par baṛí musíbat hai: ai Ḳhudáwand, apne kalám ke mutábiq mujhe jilá.
108 Ai Ḳhudáwand, maiṇ bintí kartá huṇ, mere muṇh ke hadyoṇ ko manzúr farmá, aur apní ạdálateṇ mujhe sikhlá.
109 Merí ján hamesha merí hathelí par hai; par maiṇ terí sharíạt ko bhúlá nahíṇ.
110 Sharíroṇ ne mere liye phandá lagáyá hai, par maiṇ tere qáidoṇ se kanáre na huá.
111 Maiṇ ne terí shahádatoṇ ko mírás samajh kar abad tak le liyá: kyuṇki wuhí mere dil kí ḳhushí hai.
112 Maiṇ ne apná dil máil kiyá hai, ki tere hukmoṇ par hamesha áḳhir tak ạmal karuṇ.

SÁMAK.

113 Jo do dile haiṇ, un se maiṇ ạdáwat rakhtá, par terí sharíạt se mahabbat rakhtá huṇ.
114 Tú mere chhipne ká makán, aur merí sipar hai; maiṇ tere kalám se ummed rakhtá huṇ.
115 Ai badkáro, mere pás se dúr ho jáo; ki maiṇ apne Ḳhudá ke hukmoṇ par nigáh rakhuṇgá.
116 Apne qaul ke mutábiq mujhe sambhál, táki maiṇ jíúṇ: aur apní ummed se sharminda na houṇ.

117 Mujh ko thámbh, to main salámat rahuṉgá; aur hamesha tere hukmon kí taraf nazar rakhungá.

118 Tú ne un sab ko radd kiyá hai, jo tere hukmoṉ se bhatak gae; ki un ká fareb ek jhúṭh hai.

119 Tú ne zamín ke sab sharíron ko mail kí mánind dúr kiyá; is liye main terí shahádaton se mahabbat rakhtá huṉ.

120 Merá jism tere ḳhauf se kámptá hai, aur maiṉ terí ạdálatoṉ se ḍartá huṉ.

ẠIN.

121 Main ne ạdl aur sadáqat kí hai; mujhe un ke hawále na kar, jo mujh par zulm karte hain.

122 Ḳhair ke liye apne bande ká zámin ho, magrúr mujh par zulm na karen.

123 Merí áṉkhen terí naját ke, aur terí sadáqat ke qaul ke intizár men faná ho gaíṉ.

124 Apne bande se apní rahmat ke mutábiq sulúk kar, aur mujh ko apne ahkám sikhlá.

125 Main terá banda huṉ, mujh ko fahm de, to maiṉ terí shahádatoṉ ko jánuṉgá.

126 Ḳhudáwand ko kám karne ká waqt pahuṉchá hai; unhon ne terí sharíạt ko torá hai.

127 Is liye maiṉ tere hukmoṉ ko sone se, balki chokhe sone se, ziyáda ạzíz rakhtá huṉ.

128 Is liye tere sáre qáide mere nazdík bilkull durust haiṉ, maiṉ sab jhúṭhí ráhoṉ ko dushman rakhtá huṉ.

FE.

129 Terí shahádateṉ ạjíb haiṉ, is liye merí ján ne unheṉ nigáh meṉ rakhá hai.

130 Tere kálam ká khul jáná roshní baḳhshtá hai; sáda logon ko wuh samajhdár kartá hai.

131 Main apná munh kholke pará háṉptá huṉ; kyuṉki main tere hukmoṉ ká mushtáq huṉ.

132 Mujh par tawajjuh farmá, aur mujh par mihr kar, jis tarah terá dastúr hai un ke sáth karná, jo tere nám se mahabbat rakhte haiṉ.

133 Apne qaul se mere qadmoṇ ko durust kar rakh; aur koí badí mujh par iḳhtiyár na páwe.
134 Ádmí ke zulm se mujh ko ḳhalásí de, to maiṇ tere qáidoṇ ko hifz karuṇgá.
135 Apne bande par apná chihra jalwagar farmá, aur mujhe apne ahkám sikhlá.
136 Pání kí nahreṇ merí áṇkhoṇ se bahtí haiṇ, is liye ki log terí sharíat hifz nahíṇ karte haiṇ.

SÁDE.

137 Ai Ḳhudáwand, tú sádiq hai, aur terí ạdálateṇ wájibí haiṇ.
138 Tú ne sadáqat aur niháyat wafáí se apní shahádateṇ farmáí haiṇ.
139 Merí gairat ne mujhe khá liyá hai, ki mere dushmanoṇ ne tere hukmoṇ ko farámosh kiyá hai.
140 Terá qaul ḳhúb táyá huá hai; aur terá banda us se mahabbat rakhtá hai.
141 Main chhoṭá aur zalíl huṇ; tere qáidoṇ ko maiṇ nahíṇ bhúltá.
142 Terí sadáqat abad tak sadáqat hai, aur terí sharíạt haqq hai.
143 Musíbat aur áfat ne mujhe á liyá hai; tere ahkám merí ḳhushí haiṇ.
144 Terí shahádatoṇ kí sadáqat abad tak hai: mujhe samajh de to maiṇ jíúṇgá.

26 ROZ.—SHÁM KÍ NAMÁZ.

QOF.

145 Maiṇ ne apne sáre dil se pukárá hai; ai Ḳhudáwand, merí sun; maiṇ tere hukmoṇ par nigáh rakhuṇgá.
146 Maiṇ ne tujhe pukárá hai; mujhe bachá le; to maiṇ terí shahádatoṇ ko yád rakhuṇgá.
147 Maiṇ subh se peshtar chillátá hun; mujhe tere kalám se ummed hai.

148 Merí áṇkhen pahron se peshtar ráh dekhtí haiṇ, táki main tere qaul par gaur karun.

149 Apní rahmat ke mutábiq merí áwáz sun, aı Ḳhudáwand, apní ạdalaton ke muwáfiq mujhe jilá.

150 We, jo buráí par kamar báṇdhte, qaríb hue : wẹ terí sharíat se dúr haiṇ.

151 Ai Ḳhudáwand, tú qaríb hai, aur teıe sáre ahkám haqq haiṇ.

152 Qadím se main ne terí shahádaton se mạlúm kiyá, ki tú ne un ko abad tak muqarrar kiyá hai.

RESH.

153 Merí musíbat par nazar kar, aur mujhe riháí de; kí terí sharíat ko maiṇ bhúlá nahíṇ.

154 Merá muqaddama lạr aur mujhe ḳhalásí de ; apnẹ qaul ke mutábıq mujhe jilá.

155 Naját sharíroṇ se dúr hai ; kyuṇki we tere hukmoṇ ko khojte nahíṇ.

156 Ai Khudáwand, terí rahmateṇ bahut haiṇ ; apní ạdálatoṇ ke mutábiq mujhe jilá.

157 Mere satánewále, aur mere jo dushman haiṇ, so bahut hain ; maıṇ terí shahádaton se nahíṇ haṭá.

158 Main ne be-ímánoṇ ko jinhon ne tere qaul ko yád nahíṇ rakhá hai, dekhá, aur dılgír huá.

159 Dekh, ki main tere qáıdoṇ ko cháhtá huṇ : ai Ḳhudáwand, apní rahmat ke mutábıq mujhe jilá.

160 Terá kalám sarásar haqq hai ; aur terí sadáqat kı har ek ạdálat abad tak.

SHÍN.

161 Sardáron ne be-sabab merá píchhá liyá hai ; aur merá dil tere kalám se ḍar ke máre kámptá hai.

162 Main tere qaul se, us kí mánind, jise baṛí lúṭ mıl jáwe, ḳhushí kartá huṇ.

163 Main jhúṭh se ạdáwat aur nafrat rakhtá huṇ ; terí sharíạt ko maiṇ dost rakhtá huṇ.

164 Terí sadáqat kí ạdálatoṇ par har roz sát martabe maiṇ terí sitáish kartá huṇ.
165 Un kí baṛí salámatí hai, jo terí sharíạt ko dost rakhte haiṇ; aur un ko kisí tarah kí ṭhokar nahíṇ hai.
166 Ai Ḳhudáwand, maiṇ terí naját ká ummedwár huṇ; aur tere hukmoṇ ko ạmal meṇ láyá.
167 Merí rúh ne terí shahádatoṇ ko hifz kiyá hai, aur maiṇ unheṇ ba shiddat ạzíz rakhtá huṇ.
168 Maiṇ ne tere qáịdoṇ aur terí shahádatoṇ ko hifz kiyá hai; ki merí sárí ráheṇ tere áge haiṇ.

TAU.

169 Ai Ḳhudáwand, mere nále ko apne huzúr qaríb áne do; apne kalám ke mutábiq mujh ko samajh de.
170 Mere iltimás ko apne huzúr pahuṇchne de; apne qaul ke mutábiq mujhe rihái de.
171 Mere hoṇṭhoṇ se terí sitáish niklegí, jab tú mujhe apne ahkám sikhláe.
172 Merí zubán terí bátoṇ ko duhráegí; ki tere sáre ahkám sadáqat haiṇ.
173 Terá háth merá madadgár ho; ki maiṇ ne tere qáịdoṇ ko iḳhtiyár kiyá hai.
174 Ai Ḳhudáwand, maiṇ terí naját ká mushtáq huṇ, aur terí sharíạt merí ḳhurramí hai.
175 Merí ján jítí rahe aur terí sitáish kare; aur terí ạdálateṇ merí madad kareṇ.
176 Maiṇ khoí huí bheṛ kí mánind bhaṭak gayá; apne bande ko ḍhuṇḍh; ki maiṇ tere hukmoṇ ko nahíṇ bhúlá.

27 ROZ.—FAJR KÍ NAMÁZ.

120 ZABÚR.

1 APNÍ musíbat meṇ maiṇ ne Ḳhudáwand ko pukárá, aur us ne merí suní.
2 Ai Ḳhudáwand, merí ján ko jhúṭhe hoṇṭhoṇ se, dagábáz zubán se rihái de.

3 Ai dagábáz zubán, tujhe kyá milegá, aur tujhe kyá
hásil hogá?
4 Pahalwán ke tez tír, ratam ke jalte hue koelon samet.
5 Mujh par afsos, ki Masak men mujhe musafir honá
pará, ki Qádir ke khaimon pás mujhe rahná huá hai.
6 Ai merí ján tujh ko un ke sáth bahut rahná huá, jo
sulh ká kína rakhte hain.
7 Main to sulh ká ádmí hun: lekin jab main boltá hun
to we jang par taiyár hote hain.

121 ZABUR.

1 MAIN apní ánkhen pahároṇ kí taraf uṭhátá hun:
kahán se merí madad áwegí.
2 Merí madad Khudáwand se hai, jis ne ásmán o zamín
ko paidá kiyá.
3 Wuh tere páṇw ko phisalne na de; wuh, jo terá háfiz
hai, na únghe.
4 Dekh, wuh, jo Isráel ká háfiz hai, hargiz na únghegá,
aur na soegá.
5 Khudáwand terá háfiz hai; Khudáwand tere dahne
háth par terá sáyabán hai.
6 Áftáb se din ko, aur máhtáb se rát ko, tujhe kuchh
zarar na pahunchegá.
7 Khudawand har ek burái se tujhe mahfúz rakhegá;
wuh terí ján ko mahfúz rakhegá.
8 Khudáwand tere jáne áne men, is waqt se leke abad
tak, terá háfiz rahegá.

122 ZABUR.

1 MAIN un se khush huá, jo mujhe kahte the, Áo,
Khudáwand ke ghar chalen.
2 Ai Yarúsalam, hamáre páṇw tere darwázoṇ meṇ
ṭhahare hain.
3 Ai Yarúsalam tú us shahr kí mánind baní huí hai, ki
báham khúb paiwasta hai:

4 Jis meṇ firqe, Ḳhudáwand ke firqe, jaisá Isráel ko
hukm thá, chaṛh játe haiṇ, ki Ḳhudáwand ke nám kí
sitáish kareṇ.
5 Kyuṇki us meṇ ạdálat ke taḳht, Dáúd ke ḳhándán ke
taḳht, rakhe hue haiṇ.
6 Yarúsalam kí salámatí ke liye duạ́ máṇgo; we, jo
tujh ko dost rakhte haiṇ, salámat raheṇ.
7 Terí chárdíwárí meṇ salámatí, tere mahloṇ meṇ aman
o chain howe.
8 Apne bháíoṇ aur apne dostoṇ kí ḳhátir maiṇ ab kahtá
huṇ, Tujh meṇ salámatí howe.
9 Ḳhudáwand hamáre Ḳhudá ke ghar ke liye maiṇ terí
ḳhairiyat ká tálib rahuṇgá.

123 ZABU'R.

1 MAIṆ ne apní áṇkh terí taraf uṭháí, ai ásmán par
baiṭhnewále.
2 Dekho, jis tarah ki gulámoṇ kí áṇkheṇ apne Ḳhudá-
wand ke háth kí taraf, jis tarah lauṇḍí kí áṇkheṇ apní bíbí
ke háthoṇ kí taraf lagí rahtí haiṇ, isí tarah hamárí áṇkh
Ḳhudáwand apne Ḳhudá kí taraf lagí haiṇ, jab tak ki wuh
ham par rahm na farmáwe.
3 Ai Ḳhudáwand, ham par rahm farmá; ham par rahm
farmá, ki ham hiqárat se ḳhúb ser ho gae.
4 Dandanánewáloṇ kí ṭhaṭṭhebází se, magrúroṇ kí hiqá-
rat se hamárí ján ḳhúb ser huí.

124 ZABU'R.

1 AGAR Ḳhudáwand hamárí taraf na hotá, kásh ki
Isráel kahe;
2 Agar Ḳhudáwand hamárí taraf na hotá, jis waqt ki
log hamáre muqábile meṇ uṭhe.
3 To usí waqt we ham ko jítá nigal játe, jab ki un ká
gazab ham par bhaṛká;
4 Usí waqt ham pání meṇ garq ho játe; dhárá hamárí
ján par guzar játí;

5 Usí waqt umaṇḍte páni hamárí ján hí par guzar karte.

6 Mubárak ho Khudáwand, jis ne ham ko un ke dáṇton ká shıkár na hone diyá.

7 Hamárí ján chiriyá kí tarah saiyád ke jál se chhúṭí; jál ṭútá, aur ham chhúṭ gae.

8 Hamári madad Khudáwand ke nám se hai, jis ne ásmán aur zamín ko paidá kiyá.

125 ZABUR.

1 We, jin ká bharosá Khudáwand par hai, koh i Saihún kí mánind hain, jo ṭaltá nahíṇ; sadá qáim hai.

2 Yarúsalam ke áspás paháṛ hain; aur Khudáwand apne logou ke áspás hai, is waqt se leke abad tak;

3 Ki sharíroṇ ká sontá sádiqoṇ ke hisse men ṭhaharne ká nahín; tá na howe, ki sádiq badkárí kí taraf apne háth baṛháwen.

4 Ai Khudáwand, bhaloṇ se aur un se, jo sídhe-dil hain, bhaláí kar.

5 Par we, jo apni teṛhí ráhoṇ kí taraf bhaṭak játe hain, Khudáwand un ko badkároṇ ke sáth rawána karegá: Isráel par salámatí howe.

27 ROZ.—SHÁM KÍ NAMÁZ.

126 ZABUR.

1 KHUDÁWAND ne jis waqt Saihúní asíroṇ ko phiráyá, us waqt ham un kí mánind the, jo khwáb dekhte hain.

2 Tab hamáre muṇh hansí se bhar gae, aur hamárí zubán gáne se; tab gair-qaumon ke darmiyán yih charchá thá, ki Khudáwand ne ham se bare sulúk, kiye hain.

3 Hán, Khudáwand ne ham se bare sulúk kiye hain; ham khush hain.

4 Ai Ḳhudáwand, hamáre asíroṇ ko pher lá, dakhin kí nahroṇ kí mánind.
5 We, jo áṇsúoṇ ke sáth bote haiṇ, ḳhushí ke sáth káṭeṇge.
6 Bone ke liye bíj uṭháe hue, wuh rotá huá chalá jatá; apne púle uṭháe hue ḳhushí ke sáth wuh phir átá hai.

127 ZABÚR.

1 JAB ki Ḳhudáwand hí ghar na banáwe, to un kí mihnat, jo use banáte haiṇ, befáida hai, agar Ḳhudáwand hí shahr ká nigahbán na ho to pásbán kí hoshyárí ạbas hai.
2 Tumheṇ kuchh fáida nahíṇ, jo sawere uṭhte ho, aur der kar árám karte ho, aur mihnatoṇ kí roṭí kháte ho; so wuh apne pyáre ko nínd meṇ detá hai.
3 Dekho, laṛke Ḳhudáwand kí taraf se mírás haiṇ, aur peṭ ká phal mazdúrí.
4 Jaise pahalwán ke háth meṇ tír, waise hí jawání ke laṛke haiṇ.
5 Mubárak wuh mard, jis ká tarkash un se mạmúr hai: we pashemán na howeṇge, jis waqt darwáze par dushmanoṇ se guftagú kareṇge.

128 ZABÚR.

1 MUBÁRAK hai har ek, ki Ḳhudáwand se ḍartá, aur us kí ráhoṇ par chaltá hai.
2 Ki tú apne háthoṇ kí kamáí kháwegá; tú sạdatmand, aur ḳhair tere sáth hai.
3 Terí joṛú us daraḳht i angúr kí mánind hogí, jo mewe se ladá huá tere ghar ke áspás hai; tere bachche tere dastarḳhwán ke gird zaitún ke paudhoṇ kí mánind hoṇge.
4 Dekho, wuh insán, jo Ḳhudáwand se ḍartá hai, aisá mubárak hogá.
5 Ḳhudáwand Saihún meṇ se tujhe barakat degá, ki tú apní ụmr bhar Yarúsalam kí iqbálmandí dekhe;
6 Aur apne bachchoṇ ke bachche dekhe. Isráel par salámatí howe.

129 ZABU'R.

1 MERI' jawání se leke unhon ne aksar mujhe dukh
diyá, Isráel ab kahe;
2 Merí jawání se leke aksar unhoṇ ne mujhe dukh díyá;
par we mujh par gálib na hue.
3 Halwáhoṇ ne merí píṭh par hal jotá; unhoṇ ne apní
reghárían lambí kíṇ.
4 Ḳhudáwand sádiq hai; us ne sharíroṇ kí rassíoṇ ko
káṭ ḍálá hai.
5 We sab, jo Saihún se bugz rakhte haiṇ, sharminda
hoṇge, aur ulṭe phiráe jáenge.
6 We chhatoṇ kí ghás kí mánind hoṇge, jo peshtar us se,
ki koí use ukháre khushk ho játí hai:
7 Jis se kátnewálá apní muṭṭhí aur púle bándhnewálá
apná dáman nahín bhartá;
8 Aur ráhguzar nahín kahte, ki Ḳhudáwand kí barakat
tum par ho: ham Ḳhudáwand ká nám leke tumháre liye
duạ́ karte haiṇ.

130 ZABU'R.

1 AI Ḳhudáwand, maiṇ gahráoṇ meṇ se tujhe pukártá
huṇ.
2 Ai Ḳhudáwand, merí áwáz sun; merí minnat kí áwáz
par tere kán mutawajjih howen.
3 Ai Ḳhudáwand, agar tú gunáh ká hisáb le, to ai Ḳhu-
dáwand, kaun khará rah sake?
4 Par tere pás to magfirat hai, táki terá ḍar rakhen.
5 Main Ḳhudáwand ke intizár meṇ hun; merí ján inti-
zár meṇ hai, aur mujhe us ke kalám ká bharosá hai.
6 Merí ján Ḳhudáwand ke intizár meṇ hai, pásbánon se
ziyáda jo subh kí ráh, háṇ, pásbánoṇ se ziyáda jo subh kí
ráh takte hain.
7 Ai Isráel, Ḳhudáwand par tawakkul kar; ki rahmat
Ḳhudáwand ke pás hai; aur us ke pás kasrat se ḳhalásí hai.
8 Aur wuhí Isráel ko us kí sárí badkárioṇ se maḳhlasí
degá.

131 ZABÚR.

1 AI Ḳhudáwand, mere dil meṉ magrúí nahíṉ, aur
maiṉ buland-nazar nahíṉ huṉ; aur baṛí baṛí bátoṉ
meṉ, aur un ináṃaloṉ meṉ jo mere liye anuṭhe haiṉ, merá
shugl nahíṉ.
2 Yaqínan maiṉ ne us laṛke kí mánind, jis ká dúdh us kí
má ne chhuṛáyá ho, apne jí kí ḳhátirjamaí kí, aur use chup
kar rakhá hai: merá jí us laṛke ká sá hai jis ká dúdh
chhuṛáyá gayá ho.
3 Ai Isráel Ḳhudáwand par bharosá rakh, is dam se
abad tak.

28 ROZ.—FAJR KÍ NAMÁZ.

132 ZABÚR.

1 AI Ḳhudáwand, Dáúd ke báb meṉ us ke sáre ande-
she ko yád kar:
2 Ki us ne Ḳhudáwand kí qasam kháí, Yaqúb ke Qádir
kí nazr máni.
3 Yaqínan maiṉ apne ghar ke andar na jáungá; yaqínan
maiṉ apne palaṉg ke bichhaune par na chaṛhuṉgá;
4 Yaqínan maiṉ apní áṉkhoṉ meṉ níṉd ko aur apní pala-
koṉ meṉ úṉgháí ko áne na duṉgá;
5 Jab tak ki Ḳhudáwand ke liye ek maqám, Yaqúb ke
Qádir ke liye ek maskan na páuṉ.
6 Dekho, ham ne us kí ḳhabar Ifrátá meṉ suní; ham
ne us ko jaṉgal ke maidánoṉ meṉ páyá.
7 Ham us ke maskanoṉ meṉ jáeṉge; ham us ke páṉw
kí chaukí ke sámhne sijda kareṉge.
8 Uṭh, ai Ḳhudáwand, apní árámgáh meṉ dákhil ho, tú
aur terí quwwat ká sandúq.
9 Tere káhin sadáqat ká jáma pahineṉ; aur tere muqad-
das log ḳhushí se lalkáreṉ.
10 Apne bande Dáúd kí ḳhátir apne Masíh ká chihra
námanzúr mat kar.

11 Ḳhudáwand ne sachcháí ke sáth Dáúd se qasam kháí,
us se wuh na phiregá, ki main tere pet ke phal men se tere
liye tere takht par biṭhláungá.
12 Agar tere laṛke mere ahd aur merí shahádat ko, jo
main unhen sikháungá, hifz karenge, to un ke laṛke bhí
tere takht par abad tak baiṭhte chale jáenge.
13 Ki Ḳhudáwand ne Saihún ko chun liyá; apne rahne
ke liye use pasand kiyá hai:
14 Yihí mere árám kí jagah abad tak; yahín main
rahungá; ki use main ne pasand kiyá hai.
15 Main us kí rozí men bahut sí barakat dungá; main
us ke muhtájon ko roṭí se ser karungá.
16 Aur us ke káhinon ko naját ká jáma pahináungá, aur
us ke muqaddas log khushí se lalkárenge.
17 Waháṇ main Dáúd kí shákh shigufta karungá: main
ne apne Masíh ke liye ek chirág taiyár kar rakhá hai.
18 Main us ke dushmanon ko sharmindagí ká jáma
pahináungá, lekin us ke úpar us ká táj ḍahḍaháegá.

133 ZABÚR.

1 DEKHO, kyá ḳhúb aur kyá suháni bát hai, ki bháí
mile jule rahen!
2 Yih us mahang-mole iṭr kí mánind hai, jo sir par dálá
jáwe; aur bahke ḍáṛhí par, Hárún kí ḍáṛhí par hoke, us ke
pairáhan ke garebán tak pahunche.
3 Harmún kí os kí mánind hai, wuh os jo Saihún ke
paháṛon par girtí hai: ki waháṇ Ḳhudáwand ne barakat
ká, hamesha kí zindagí ká hukm farmáyá.

134 ZABÚR.

1 DEKHO, ai Ḳhudáwand ke sab bando, jo rát ko
Ḳhudáwand ke ghar men khaṛe rahte ho, Ḳhudá-
wand ko mubárak kaho.
2 Maqdis kí taraf apne háth uṭháo, aur Ḳhudáwand ko
mubárak kaho.
3 Ḳhudawand ásmán aur zamín ká ḳháliq, tujhe Saihún
men se barakat baḳhshe.

135 ZABU'R.

1 HALLILU'-YA'H! Ḳhudáwand ke nám kí hamd
karo; ai Ḳhudáwand ke bando, us kí hamd karo,
2 Tum, jo Ḳhudáwand ke ghar meṇ, hamáre Ḳhudá ke
ghar kí bárgáhoṇ meṇ, khaṛe rahte ho.
3 Hallilú-yáh! Kyuṇki Ḳhudáwand bhalá hai; us ke
nám kí madhsaráí karo; yih suhána hai.
4 Ki Ḳhudáwand ne Yaqúb ko apne liye, Isráel ko apne
ḳháss ḳhazáne hone ke liye chun liyá.
5 Ki mujh ko yaqín hai, ki Ḳhudáwand buzurg hai; aur
hamárá Rabb sáre maḅúdoṇ se baṛá hai.
6 Jo kuchh ki Ḳhudáwand ne cháhá, us ne ásmán, aur
zamín, aur daryáoṇ, aur sáre gahráoṇ meṇ kiyá.
7 Buḳhárát zamín kí atráf se wuhí uṭhátá hai; meṇh ke
liye bijlí banátá hai; hawá ko apne maḳhzanoṇ se nikál
látá hai.
8 Us ne Misr ke pahlauṭhe máre, kyá insán ke, kyá
haiwán ke.
9 Us ne nishániáṇ o ạjáibát ai Misr, tujh meṇ, Firaụn
aur us ke sáre ḳhádimoṇ par bhejí.
10 Us ne bahut qaumoṇ ko márá, aur zabardast bád-
sháhoṇ ko qatl kiyá.
11 Amúríoṇ ke bádsháh Saihún ko, aur Basan ke bád-
sháh U'j ko aur Kanạn kí tamám saltanaton ko:
12 Aur un kí zamín mírás meṇ, apne log Isráel ko mírás
meṇ dí.
13 Ai Ḳhudáwand, terá nám abad tak hai; ai Ḳhudá-
wand, terá zikr pusht dar pusht báqí rahegá.
14 Ki Ḳhudáwand apne logoṇ ká insáf karegá, aur apne
bandoṇ ke liye pachhtáegá.
15 Ġair-qaumoṇ ke but soná aur rúpá, ádmíoṇ kí dast-
káríáṇ haiṇ.
16 We zubán rakhte haiṇ, par bolte nahíṇ; áṇkheṇ
rakhte haiṇ, par dekhte nahíṇ;
17 We kán rakhte haiṇ, par sunte nahíṇ; we to muṇh
se sáṇs bhí nahíṇ lete.

18 We, jo un ke banánewále haiṇ, sab jinheṇ un ká
bharosá hai, unhíṇ kí mánind haiṇ.
19 Ai Isráel ke gharáne, Khudáwand ko mubárak kaho;
ai Hárún ke gharáne, Khudáwand ko mubárak kaho.
20 Ai Láwí ke gharáne, Khudáwand ko mubárak kaho;
ai tum jo Khudáwand se ḍarte ho, Khudáwand ko mubá-
rak kaho.
21 Saihún meṇ se Khudáwand mubárak, jo Yarúsalam
meṇ rahtá hai. Hallilú-yáh!

28 ROZ.—SHÁM KÍ NAMÁZ.

136 ZABÚR.

1 KHUDÁWAND ká shukr karo; ki wuh bhalá hai;
ki us kí rahmat abad tak hai.
2 Us ká, jo iláhoṇ ká Khudá hai, shukr karo; ki us kí
rahmat abad tak hai.
3 Us ká, jo khudáwandoṇ ká Khudáwand hai, shukr
karo; ki us kí rahmat abad tak hai.
4 Us ká, jo akelá baṛe ajáib kám kartá hai; ki us kí
rahmat abad tak hai.
5 Us ká, jis ne hikmat se ásmán banáe; ki us kí rahmat
abad tak hai.
6 Us ká, jis ne zamín ko pánioṇ par phailáyá; ki us kí
rahmat abad tak hai.
7 Us ká, jis ne baṛe baṛe naiyir banáe; ki us kí rahmat
abad tak hai:
8 Áftáb, ki jis ká amal din ko hai; ki us kí rahmat
abad tak hai:
9 Máhtáb aur sitáre, jin ká amal rát ko hai; ki us kí
rahmat abad tak hai.
10 Us ká, jis ne Misr ko, us ke pahlauṭhoṇ samet márá;
ki us kí rahmat abad tak hai.
11 Aur Isráelíoṇ ko un ke darmiyán se nikál láyá; ki
us kí rahmat abad tak hai:
12 Qawí háth se, aur baṛháe hue bázú se; ki us kí rah-
mat abad tak hai.

13 Us ká, jis ne daryá i Qulzum do hissa kiyá; ki us kí
rahmat abad tak hai:
14 Aur Isráelíoṇ ko us ke darmiyán se pár le gayá; ki
us kí rahmat abad tak hai.
15 Aur Firaún ko, us ke lashkar samet, daryá i Qulzum
meṇ jhár ḍála; ki us kí rahmat abad tak hai.
16 Us ká, jo bayábán meṇ apne log ká rahnumá huá;
ki us kí rahmat abad tak hai.
17 Us ká, jis ne baṛe baṛe bádsháhoṇ ko qatl kiyá; ki
us kí rahmat abad tak hai:
18 Aur qawí salátín ko ján se márá; ki us kí rahmat
abad tak hai:
19 Amúríoṇ ke bádsháh Saihún ko; ki us kí rahmat
abad tak hai:
20 Aur Basan ke bádsháh Új ko; ki us kí rahmat abad
tak hai:
21 Aur un kí sarzamín ko mírás kar diyá; ki us kí rah-
mat abad tak hai:
22 Apne bande Isráel kí mírás; ki us kí rahmat abad
tak hai.
23 Us ká, jis ne ham ko hamárí pastí kí hálat meṇ, yád
farmáyá; ki us kí rahmat abad tak hai.
24 Aur ham ko hamáre dushmanoṇ se chhuṛá liyá; ki
us kí rahmat abad tak hai.
25 Us ká, jo har jándár ko rozí detá hai; ki us kí rah-
mat abad tak hai.
26 Ásmán ke Khudá kí shukrguzárí karo; ki us kí rah-
mat abad tak hai.

137 ZABÚR.

1 BÁBUL kí nahroṇ par, waháṇ ham baiṭhe, aur Sai-
hún ko yád karke roe.
2 Ham ne apní barbateṇ bed ke darakhtoṇ meṇ, jo us
ke bích meṇ the, ṭáng díṇ.
3 Ki waháṇ hamáre qaid karnewáloṇ ne cháhá ki ham
gít gáweṇ, aur hamáre lúṭnewáloṇ ne ki ham khushí manáweṇ,
yih kahke ki Saihún ke gítoṇ meṇ se hamáre liye ek
gít gáo.

4 Ajnabí zamín meṇ ham kyuṇkar Khudáwand ká gít gáweṇ?

5 Ai Yarúsalam, agar maiṇ tujh ko bhúl jáuṇ, to merá dahná háth apní hikmat bhúle.

6 Agar maiṇ tujh ko yád na rakhuṇ; agar main Yarúsalam ko apní awwal ḳhushí se ziyádatar ạzíz na jánuṇ; to merí zubán tálú se lag jáe.

7 Ai Ḳhudáwand, Yarúsalam ke din ko, baní Adúm kí bábat yád rakh, ki unhoṇ ne kahá, ḍhá deo; beḳh o bun se us ko ḍhá deo.

8 Ai Bábul kí betí, barbád kí huí! kyá hí mubárak wuh jo tujh se us sulúk ká, jo tú ne ham se kiyá, intiqám lewe.

9 Mubárak wuh, jo tere laṛkoṇ ko pakaṛke pattharoṇ par paṭak dewe.

138 ZABÚR.

1 MAIN apne sáre dil se terí sitáish karungá; mabúdon ke áge main terí madhsaráí karuṇgá.

2 Main terí muqaddas haikal kí taraf sijda karungá, aur tere nám kí sitáish karungá, terí rahmat ke sabab, aur terí sachcháí ke sabab; ki tú ne apne qaul ko apne sáre nám ke úpar barháyá hai.

3 Jis din main ne pukárá, tú ne merí suní; tú ne merí rúh ko himmat deke qawí kiyá.

4 Ai Ḳhudáwand, zamín ke sab bádsháh tere muṇh ke kalám sun ke terí sitaish karenge.

5 Aur Ḳhudáwand kí ráhoṇ meṇ gáeṇge, ki Ḳhudáwand ká jalál bará hai

6 Ki Ḳhudáwand buland hai aur paston par tawajjuh kartá hai; par magrúron ko dúr se jántá hai.

7 Harchand main dukh ke ạlam meṇ chaltá phirtá huṇ, par tú mujhe jilávegá; tú mere dushmanoṇ ke qahr par apná háth baṛháegá aur apne dahne háth se mujhe bacháegá.

8 Ḳhudáwand mere liye sab kuchh karegá; ai Ḳhudáwand terí rahmat abad tak hai; apne háthoṇ ke kámoṇ ko tark mat kar.

29 ROZ.—FAJR KÍ NAMÁZ.

139 ZABÚR.

1 AI Khudáwand, tú ne mujhe jáṇchá hai; aur tú
jántá hai.
2 Tú merá baiṭhná aur merá uṭhná jántá hai; tú mere
khiyál ko dúr se daryáft kartá hai.
3 Tú merí rawish aur mere bistar ko chhán letá hai,
aur merí sárí ráhoṇ se wáqfiyat rakhtá hai.
4 Ki dekh, merí zubán par koí aisí bát nahíṇ, ki jise tú,
ai Khudáwand, bilkull nahíṇ jántá hai.
5 Tú áge píchhe merá ghernewálá hai, aur tú ne apná
háth mujh par rakhá hai.
6 Aisá ilm mere liye niháyat ajíb hai; yih buland hai,
maiṇ use nahíṇ pahuṇch saktá.
7 Terí Rúh se maiṇ kidhar jáuṇ, aur terí huzúrí se maiṇ
kaháṇ bháguṇ?
8 Agar asmán ke úpar charh jáuṇ, to tú waháṇ hai;
agar pátál meṇ apná bistar bichháuṇ, to dekh, tú waháṇ
bhí hai.
9 Agar subh ke paṇkh leke maiṇ samundar kí intihá
meṇ já baiṭhuṇ:
10 To waháṇ bhí terá háth mujhe le chalegá, aur terá
dahná háth mujhe sambhálegá.
11 Agar maiṇ kahuṇ, ki andherí beshakk mujhe ḍhám-
pegí; to rát mere gird roshní ho jáegí.
12 Yaqínan táríkí tere sámhne tárík nahíṇ kar saktí,
par rát din kí mánind roshan hai; táríkí aur roshní donoṇ
eksáṇ haiṇ.
13 Ki tú ne mere gurdoṇ ko baná rakhá hai; merí má
ke peṭ meṇ tú ne hifázat se mujhe ḍhámp liyá.
14 Maiṇ terí sitáish kartá rahuṇgá, is liye ki maiṇ
muhíb o ajíb tarah baná huṇ; tere kám ajíb haiṇ; is ká
mere jí ko baṛá yaqín hai.
15 Jab ki maiṇ parde meṇ banáyá játá, zamín ke asfal
meṇ buná játá thá, to merí súrat tujh se chhipí na thí.

16 Terí áṇkhon ne mere betartíb madde ko dekhá ; aur
tere daftar men sab aiyám jo honewále the, likhe hue the,
jab hanoz un men se koí maujúd na thá.
17 Aur mujh ko kyá hí beshqímat haiṇ tere ḳhiyál, ai
Bárí Taálá ! un kí jama kyá hí bahut hai.
18 Main unheṇ kyá ginun ? we to shumár men ret se
ziyáda hain ; main jág játá aur phir bhí tere sáth huṇ.
19 Ai Ḳhudáwand, tú yaqínan sharíroṇ ko qatl karegá ;
pas, ai khúnío, mere pás se dúr ho jáo.
20 We to sharárat ke liye terá zikr karte haiṇ ; tere
dushman terá nám bejá lete hain.
21 Kyá tere kína rakhnewáloṇ se, ai Ḳhudáwand maiṇ
kína na rakhun ? aur jo terí muḳhálifat meṇ uṭhte haiṇ,
un se main nafrat na karun ?
22 Maiṇ shiddat se un ká kína rakhtá huṇ ; we mere
nazdík dushman hain.
23 Ai Ḳhudá, mujhe jánch, aur mere dil ko ján ; mujhe
ázmá, aur mere andeshon ko ján.
24 Aur dekh ki mujh meṇ kisí tarah kí ḳharábí kí ráh
hai ; aur mujh ko abadí ráh meṇ chalá.

140 ZABU'R.

1 AI Ḳhudáwand, bure ádmí se mujh ko chhuṛá ;
zálim insán se mujhe bachá rakh.
2 Jo dil meṇ buráí ká mansúba báṇdhte haiṇ ; we har
roz laráíon par jama hote hain.
3 Sámpoṇ kí mánind unhon ne apní zubán tez kí hai ;
un ke honṭhon men afaí ká zahr hai.
4 Ai Ḳhudáwand, sharír ke háth se mujhe mahfúz rakh ;
zálim insán se mujhe bachá ; jinhoṇ ne mansúba báṇdhá
hai, ki merí ráhoṇ men mujh ko páemál karen.
5 Magrúroṇ ne chhipke mere liye phandá aur rassíáṇ
taiyár kí hain ; unhon ne ráhguzar meṇ jál bichháyá hai ;
unhon ne mere liye dám lagáe haiṇ.
6 Maiṇ ne Ḳhudáwand se kahá, Tú merá Ḳhudá hai ;
Ai Ḳhudáwand, merí munáját kí áwáz sun.

7 Ai Yahowáh Khudáwand, merí naját ke zor, jaṇg ke din tú ne mere sir par sáya kiyá.

8 Ai Khudáwand, sharír kí khwáhishoṇ ko manzúr mat kar; us ká iráda púrá hone na de; nahíṇ to we sir uṭháeṇge.

9 Jinboṇ ne mujhe chároṇ taraf se gher liyá hai, un ke houṭhoṇ kí burái unhíṇ ke sir ḍhámpegí.

10 Un par angáre ḍále jáeṇge; wuh unheṇ ág meṇ jhoṇkegá; aur gahráoṇ meṇ, ki we phir na uṭh sakeṇge.

11 Bad zubán insán zamín par qáim na rahegá; zálim insán burái ká shikár hoke halák ho jáegá.

12 Mujh ko yaqín hai, ki Khudáwand garíboṇ ká muqaddama laṛegá, muhtájoṇ ká haqq pahuṇcháegá.

13 Filhaqíqat sádiq log tere nám kí hamd kareṇge; we, jo rást haiṇ, tere huzúr meṇ baseṇge.

141 ZABUR.

1 AI Khudáwand, maiṇ tujhe pukártá huṇ; merí taraf jald á; jab maiṇ tujhe pukáruṇ merí áwáz par kán dhar.

2 Merí duá tere huzúr bakhúr kí tarah sadá manzúr rahe; mere háthoṇ ká uṭháná shám kí qurbání kí mánind.

3 Ai Khudáwand, mere muṇh par nigahbán biṭhlá; mere houṭhoṇ ke darwáze kí darbání kar.

4 Mere dil ko kisí burí bát kí taraf máil hone na de, ki wuh badkároṇ meṇ shámil hoke badkárí kare; aur mujhe un ke mazadár khánoṇ meṇ se kuchh kháne na de.

5 Sádiq mihrbání se mujh ko máre, aur mujhe tambíh de; merá sir sir ke tel ká inkár na kare; ki phir bhí un kí musíbatoṇ ke waqt maiṇ duá máṇguṇgá.

6 Un ke hákim chaṭán kí atráf meṇ giráe gae; aur unhoṇ ne merí báteṇ suníṇ, ki we míṭhí thíṇ.

7 Jis tarah ki koí zamín ko chástá aur chír detá hai, usí tarah hamárí haḍḍíáṇ qabr ke muṇh par bikhar gaíṇ.

8 Lekin, ai Yahowáh Khudáwand, merí áṇkheṇ terí taraf haiṇ; merá tawakkul tujh par hai; merí ján ko halák hone na de.

9 Mujh ko us phande se bachá, jo unhoṇ ne mere liye bichháyá, aur badkároṇ ke jáloṇ se.
10 Jab tak ki maiṇ pár ho jáuṇ sharír apne hí dámoṇ meṇ ek sáth phaṇs jáweṇ.

29 ROZ.—SHÁM KÍ NAMÁZ.

142 ZABU'R.

1 MAIṆ Ḳhudáwand ke áge apní áwáz se chillátá huṇ: apní áwáz se Ḳhudáwand ke áge minnat kartá huṇ.
2 Maiṇ apní faryád us ke huzúr khol khol ke kartá huṇ; apná dukh us ke huzúr bayán kartá huṇ.
3 Jis waqt merá jí udás hai tú mere raste se wáqif hai. Jis ráh meṇ ki mujh ko chalná hai unhoṇ ne chhipke mere liye phandá lagáyá hai.
4 Dahne háth nigáh kar, aur dekh, ki koí nahíṇ, jo mujhe pahchántá ho; mujhe kahíṇ panáh na rahí; kisí ko merí ján kí fikr nahíṇ.
5 Ai Ḳhudáwand, maiṇ tere áge chilláyá; maiṇ ne kahá, Tú hí merí panáh, merá baḳhra zindagí kí sarzamín meṇ.
6 Mere nále par tawajjuh farmá; kyuṇki maiṇ bahut past ho gayá huṇ; mere satánewáloṇ se mujhe chhuṛá le; ki we mujh se zoráwar haiṇ.
7 Merí rúh ko qaid se nikál, táki tere nám kí sitáish howe: sádiq mere áspás jamạ ho jáeṇge jab tú mujh par mihrbání farmáwegá.

143 ZABU'R.

1 AI Ḳhudáwand, merí duạ́ sun, merí minnatoṇ par kán rakh; apní wafáí se, apní sadáqat se merá jawáb de.
2 Aur apne bande ko ạdálat meṇ na lá, kyuṇki koí insán jándár tere huzúr rástbáz ṭhahar nahíṇ saktá.

3 Ki dushman merí ján ke píchhe paṛá hai; us ne merí
zindagí ko ḳhák par páemál kiyá; us ne mujh ko un kí
mánind, jo muddat se mar gae haiṇ, táríkí meṇ basáyá
hai.
4 Aur merá jí mujh meṇ udás ho gayá; merá dil mere
bích meṇ ujaṛ gayá hai.
5 Maiṇ agle dinoṇ ko yád kartá huṇ; tere sáre kámoṇ
ko sochtá huṇ; maiṇ terí dastkárí par gaur kartá huṇ.
6 Maiṇ apne háth terí taraf phailátá huṇ; merí rúh
ḳhushk zamín kí mánind terí pyásí hai.
7 Ai Ḳhudáwand, jald merí sun; merí rúh be-ḳhud ho
gaí hai: mujh se muṇh na moṛ, nahíṇ to maiṇ un kí má-
nind ho jáuṇgá, jo gaṛhe meṇ girte haiṇ.
8 Subh ko apní mihr kí áwáz mujhe suná; kí tujh
par merá bharosá hai; wuh ráh jis par mujh ko chalná hai,
mujh ko batá, kyuṇki maiṇ apní rúh ko terí taraf uṭhátá
huṇ.
9 Ai Ḳhudáwand, mujh ko mere dushmanoṇ se chhuṛá
le; maiṇ tere pás panáh letá huṇ.
10 Mujhe apní marzí par chalná sikhlá; kyuṇki tú hí
merá Ḳhudá hai; terí achchhí rúh chauras sarzamín meṇ
mujhe le chale.
11 Ai Ḳhudáwand, tú apne nám ke wáste mujhe jiláegá;
tú apní sadáqat meṇ merí ján musíbat se chhuṛáegá.
12 Aur apní rahmat se tú mere dushmanoṇ ko faná
karegá; aur un sab ko, jo mere jí ko dukh dete haiṇ,
nábúd karegá; kyuṇki maiṇ terá banda huṇ.

30 ROZ.—FAJR KÍ NAMÁZ.

144 ZABUR.

1 MUBÁRAK hai, Ḳhudáwand merí chaṭán; wuh
mere háthoṇ ko jaṇg karná, merí uṇglíoṇ ko
laṛná sikhlátá hai:

2 Merá mihrbání karnewálá, aur merá gaṛh, merá úṇchá
burj, aur merá rihái-denewálá, merí sipar, aur us par merá
bharosá hai; wuh mere tale mere log ko maglúb kartá hai.
3 Ai Khudáwand, insán kyá hai, ki tú use pahcháne?
ibn i A'dam kaun hai, ki tú us ká khiyál kare.
4 Insán to butlán kí mánind hai: us ke din ek guzarte
hue sáye kí mánind.
5 Ai Khudáwand, apne ásmánoṇ ko jhuká, aur utar á
paháṛoṇ ko chhú, to un se dhuwáṇ uṭhegá.
6 Bijlí girá aur unheṇ titar bitar kar; apne tír chalá
aur unheṇ ghabrá de.
7 U'par se apná háth phailá, mujhe khalásí de; aur
bahut páníoṇ se, ajnabí aulád ke háth se mujhe chhuṛá le.
8 Jin ke muṇh se wáhí báteṇ nikaltí haiṇ, aur un ká
dahná háth jhúṭh ká dahná háth hai.
9 Ai Khudá, maiṇ tere liye ek nayá gít gáuṇgá; das tár
kí bín bajáke terí madhsarái karuṇgá.
10 Jo sháhoṇ ko naját bakhshtá, jo apne bande Dáúd ko
burí teg se bachátá hai.
11 Mujh ko ajnabí aulád ke háth se khalásí de aur
chhuṛá le, jin ke muṇh se wáhí kalám nikaltá hai, aur un
ká dahná hath jhúṭh ká dahná háth hai.
12 Táki hamáre beṭe paudhoṇ kí mánind apní jawání
meṇ zor se baṛheṇ; hamárí beṭíáṇ záwiya kí sí khush tarásh
súrateṇ, mahall ke naqshe par howeṇ;
13 Táki hamáre makhzan malámál howeṇ, jin meṇ se
har qism kí chíz muyassar ho: hamárí bheṛeṇ hazároṇ
lákhoṇ hamáre galloṇ meṇ janeṇ.
14 Hamáre bail lade hue hoṇ; kuchh nuqsán aur khurúj,
aur hamáre bázároṇ meṇ kisí tarah kí nálish na ho.
15 Mubárak wuh log jis ká yih raṇg ho; mubárak wuh
log jis ká Khudá Khudáwand hai.

145 ZABU'R.

1 AI Khudá, mere bádsháh, maiṇ terí baṛái karuṇgá;
aur abad ul ábád tere nám ko mubárak kahuṇgá.

2 Maiṇ har roz tujhe mubárak kahuṇgá; aur abad ul ábád tere nám kí sitáish karuṇgá.
3 Ḳhudáwand buzurg hai, aur wuh niháyat sitáish ke láiq hai; aur us kí buzurgí daryáft se báhar hai.
4 Har ek pusht dúsrí pusht se tere kámoṇ kí ṭaríf karegí, aur tere zabardast kámoṇ ká bayán karegí.
5 Maiṇ terí janáb kí jalíl ịzzat par, aur tere ạjáib kámoṇ par dhiyán karuṇgá.
6 Aur log tere haulnák kámoṇ kí qudrat ká charchá kareṇge; aur maiṇ terí buzurgí ká bayán karuṇgá.
7 We terí baṛí ḳhúbí ká bahut sá zikr kareṇge, aur terí sadáqat ke gít gáeṇge.
8 Ḳhudáwand karím o rahím hai; gussa karne meṇ dhímá, aur niháyat mihrbán.
9 Ḳhudáwand sab ke liye bhalá hai, aur us kí rahmateṇ us ke sáre kámoṇ par haiṇ.
10 Ai Ḳhudáwand, tere sáre kámoṇ se terí madhsaráí hotí hai; aur tere muqaddas log tujhe mubárak kahte haiṇ.
11 We terí saltanat ke jalál ko bayán karte, aur terí qudrat ká charchá karte haiṇ.
12 Táki us ke zabardast kámoṇ ko, aur us kí saltanat kí jalíl shaukat ko baní Ádam par záhir kareṇ.
13 Terí saltanat abadí saltanat hai, aur terí hukúmat pusht dar pusht.
14 Ḳhudáwand un sab ko, jo girte haiṇ, thámtá hai, aur un sab ko, jo nihuṛ gae haiṇ, uṭhá khaṛá kartá hai.
15 Sab kí áṇkheṇ tujh par lagí haiṇ; aur tú unheṇ waqt par rozí detá hai.
16 Tú apní muṭṭhí kholtá hai, aur har ek jándár ká peṭ bhartá hai.
17 Ḳhudáwand apní sárí ráhoṇ meṇ sádiq hai, aur apne sab kámoṇ meṇ mihrbán.
18 Ḳhudáwand un sab ke, jo us ko pukárte haiṇ, nazdík hai; un sab ke, jo sachcháí se us ko pukárte haiṇ.
19 Wuh un kí murád, jo us se ḍarte haiṇ, púrí karegá; aur un kí faryád sunegá, aur unheṇ bacháegá.
20 Ḳhudáwand sab ká jo us se mahabbat rakhte haiṇ, háfiz hai; aur sáre sharíroṇ ko halák karegá.

21 Merá muṇh Ḳhudáwand kí sitáish bayán karegá ; aur
har ek bashar abad ul ábád us ke muqaddas nám ko mubá-
rak kahá kare.

146 ZABÚR.

1 HALÍLÚ-YÁH! Ai merí ján, Ḳhudáwand kí hamd
kar.
2 Main jab tak jítá rahungá, Khudáwand kí hamd ka-
ruṇgá; maiṇ jab tak maujúd hun apne Ḳhudá kí madhsaráí
karuṇgá.
3 Amíron par, baní A'dam par bharosá mat rakho; kí un
meṇ naját kí táqat nahín.
4 Us ká dam nikal játá, wuh apní máṭí meṇ phir játá
hai; usí din us ke mansúbe faná ho jate haiṇ.
5 Mubárak hai wuh, jis ká madadgár Yaqúb ká Ḳhudá
hai, jis ká bharosá Ḳhudáwand apne Khudá par hai;
6 Jis ne ásmán, aur zamín, samundar aur jo kuchh un
men hai banáyá; wuh sachcháí kí pásdárí nit kartá hai.
7 Wuh mazlúmon ká insáf kartá hai; wuh bhúkhoṇ ko
roṭí detá; Khudáwand asíroṇ ko chhuṛátá hai.
8 Ḳhudáwand andhon kí ánkhen khol detá hai; Ḳhudá-
wand unheṇ, jo nihuṛ gae haiṇ, sídhá khaṛá kartá hai;
Ḳhudáwand sádiqoṇ ko azíz rakhtá hai.
9 Ḳhudáwand pardesíoṇ kí nigahbání kartá hai; wuh
yatímoṇ aur bewon ko sambháltá hai; lekin sharíron kí
rah ko ṭeṛhí meṛhí kartá hai.
10 Ḳhudáwand abad tak bádsháhat karegá, terá Ḳhudá
ai Saihún, pusht dar pusht. Halílú-yáh.

30 ROZ.—SHÁM KÍ NAMÁZ.

147 ZABÚR.

1 KHUDÁWAND kí hamd karo: ki hamáre Ḳhudá
kí madhsaráí karná bhalá kám hai; kyuṇki yih
suhátá hai: hamd karná sajtá.

2 Khudáwand Yarúsalam ko tamír kartá hai; wuh
Isráelí bichhre húon ko jama kartá hai.
3 Wuh shikasta-dilon ká iláj kartá hai; aur un ke zakh-
mon ko bándhtá hai.
4 Wuh sitáron ká shumár batlátá hai; wuh un sab ko
nám le le pukártá hai.
5 Hamárá Khudáwand buzurg hai, aur bará qádir; us
ká fahm bayán se báhar hai.
6 Khudáwand garíbon ko sambháltá; wuh sharíron ko
zamín par patak detá hai.
7 Khudáwand kí hamd duhráo; barbat bajáke hamáre
Khudá kí madhsaráí karo:
8 Jo ásmán par badlíon ká parda dáltá hai; jo zamín ke
liye menh taiyár kartá; jo paháron par ghás ugátá hai;
9 Jo haiwánon ko, kauwon ke bachchon ko, ki chilláte
hain, rozí pahunchátá hai.
10 Us kí khushí ghore ke zor se nahín; na us kí khurramí
mard kí pindlíon se.
11 Khudáwand ko un se khushí hai, jo us se darte hain,
jo us kí rahmat ke ummedwár hain.
12 Ai Yarúsalam, Khudáwand kí taríf kar; ai Saihún,
apne Khudá kí sitáish kar.
13 Kyunki us ne tere darwázon ke bendon ko mazbútí
bakhshí, aur tujh men tere bachchon ko barakat dí.
14 Wuh terí sarhaddon men amn bakhshtá; wuh tujhe
suthre se suthre gehún se ásúda kartá hai.
15 Wuh apná hukm zamín par bhejtá hai; us ká kalám
niháyat tez rau hai.
16 Wuh barf ún kí mánind detá hai; pálá rákh kí
mánind bakhertá hai.
17 Wuh apne yakh ko luqmon kí mánind phenktá hai;
us kí thand kí bardásht kaun kar saktá hai?
18 Wuh apná payám bhejhtá hai, aur unhen galá detá
hai; wuh apní hawá chalátá hai, pání bah játá hai.
19 Wuh apná kalám Yaqúb par, apne ahkám aur apní
adálaten Isráel par záhir kartá hai.
20 Us ne kisí qaum se aisá kuchh nahín kiyá, aur we
adálaten nahín jánte hain. Halílú-yáh.

148 ZABÚR.

1 HALÍLÚ-YÁH! Ásmánoṇ par se Ḳhudáwand kí
hamd karo; bulandíoṇ par us kí hamd karo.
2 Ai us ke sab firishto, us kí hamd karo: ai us ke sab
lashkaro, us kí hamd karo.
3 Ai súraj, aur chánd, us kí hamd karo; ai chamakne-
wále sitáro, tum sab us kí hamd karo.
4 Ai ásmánoṇ ke ásmáno, aur ai páníо, jo ásmán ke
úpar ho, us kí hamd karo.
5 We Ḳhudáwand ke nám kí hamd kareṇ, ki us ne
hukm diyá, aur we maujúd ho, gaye.
6 Aur un ko abad tak páedárí baḳhshí; us ne hadd lagá
dí jis ke we pár nahíṇ játe.
7 Ai tinníno, aur ai sab gahrápo, zamín par se us kí
hamd karo.
8 Ág aur ole, barf aur buḳhár, aur zor kí áṇdhí, jo us
ke hukm ko bajá láte haiṇ;
9 Paháṛ aur sáre ṭílo mewadár daraḳht aur sáre sanau-
bar.
10 Darinde aur sáre charinde; kíṛe makoṛe, aur parinde;
11 Zamín ke bádsháho, aur sárí qaumo, umrá aur
zamín ke sáre munsifo;
12 Jawáno o kuṇwárío bhí, aur buḍḍho, laṛkoṇ samet;
13 We Ḳhudáwand ke nám kí hamd kareṇ; ki us ká nám
akelá ʿálíshán hai; usí ká jalál zamín aur ásmán ke úpar hai.
14 Aur wuhí apne log ká síng buland kartá hai; apne
sáre muqaddas log kí, baní Isráel kí, us ummat kí jo us ke
nazdík hai, shauqat. Halílú-yáh!

149 ZABÚR.

1 HALÍLÚ-YÁH! Ḳhudáwand ká ek nayá gít gáo;
us kí madh muqaddasoṇ kí jamáʿat meṇ.
2 Isráel apne banánewále meṇ shádmán howe; baní
Saihún apne Bádsháh meṇ ḳhushí manáweṇ.
3 We us ke nám kí hamd karte húe nácheṇ; tablá aur
barbat bajáte us kí madhsaráí kareṇ.